Le Livre de Poche Jeunesse

La Pyramide rouge

Titre original :
Kane Chronicles book one : The red pyramid
(Première publication : Hyperion Books for Children, New York, 2010).

Rick Riordan

La Pyramide rouge

Traduit de l'anglais (américain)
par Nathalie Serval

Pour tous mes amis bibliothécaires, génies des livres,
véritables magiciens de la Maison de vie,
sans qui les auteurs erreraient à jamais dans la Douât.

AVERTISSEMENT

Ce qui suit est la transcription d'un enregistrement numérique. Par endroits, sa mauvaise qualité nous a obligés à nous livrer à des interprétations. Lorsque c'était possible, nous avons reproduit les symboles mentionnés dans le récit. Nous n'avons pas tenu compte des bruits parasites tels que les coups et les insultes échangés par les deux locuteurs. L'auteur de ces lignes ne garantit pas l'authenticité de cet enregistrement. Il paraît impossible que les deux jeunes narrateurs aient raconté la vérité, mais le lecteur se fera sa propre opinion.

CARTER

1. *L'aiguille de la mort*

On n'a que quelques heures, alors écoute bien.

Si tu entends cette histoire, ça veut dire que tu es déjà en danger. Sadie et moi sommes peut-être ta seule chance.

File à l'école. Trouve le casier. Je ne précise pas quelle école ni quel casier. Si tu es la personne que je crois, tu sauras. La combinaison est 13/32/33. À la fin de ce récit, tu connaîtras la signification de ces chiffres. Rappelle-toi que l'histoire que tu vas entendre est inachevée. Son dénouement ne dépend que de toi.

Encore une chose, la plus importante : quand tu auras ouvert le paquet et découvert ce qu'il contient, ne le garde pas plus d'une semaine. Tu seras tenté, je le sais. Car enfin, ce truc te procurera un pouvoir presque illimité. Mais si tu l'utilises trop, il te consumera. Dépêche-toi d'apprendre ses secrets et cache-le pour la personne qui le trouvera après toi, comme Sadie et moi l'avons fait. Ensuite, crois-moi, ta vie va devenir très intéressante.

Sadie me dit que je perds du temps et que je ferais mieux d'en venir aux faits. D'accord. Je crois que tout a commencé à Londres, la nuit où notre père a fait sauter le British Museum.

Je m'appelle Carter Kane. J'ai quatorze ans, et toute ma vie tient dans une valise.

Tu penses que j'exagère ? Depuis que j'ai huit ans, je parcours le monde. Je suis né à Los Angeles, mais avec un père archéologue, je n'ai pas arrêté de voyager. Sa spécialité, c'est l'Égypte. Entre dans une librairie, prends n'importe quel livre sur l'Égypte, il y a de fortes chances pour qu'il ait été écrit par le professeur Julius Kane. Tu veux savoir comment les Égyptiens retiraient le cerveau des momies ou ont construit les pyramides, tu te poses des questions sur la malédiction de Toutankhamon ? Demande à mon père. En réalité, il avait d'autres raisons de voyager, mais à l'époque j'ignorais son secret.

Je n'ai jamais été en classe. Mon père me faisait l'école à la maison, si l'on peut dire, car nous n'avions pas de maison. Il m'a appris ce qui lui semblait important. C'est pour ça que je sais des quantités de choses sur l'Égypte, sur les championnats de basket-ball et les musiciens préférés de papa. J'ai aussi beaucoup lu – tout ce qui me tombait sous la main, livres d'histoire ou romans de fantasy –, pour tuer le temps. En effet, j'ai passé d'innombrables heures dans des hôtels, des aéroports ou sur des chantiers de fouilles, dans des pays étrangers où je ne connaissais personne. Mon père me disait souvent de poser mon bouquin et de prendre plutôt un ballon, mais essaie un peu de dribbler en plein temple d'Assouan...

Très jeune, j'ai appris à faire entrer tout ce que je possédais dans un bagage qui tienne au-dessus d'un siège d'avion. En plus de sa propre valise, papa emportait partout une sacoche contenant son matériel d'archéologue. Je n'avais pas le droit de regarder à l'intérieur. C'était la règle numéro un, et je l'ai toujours respectée. Jusqu'à l'explosion.

C'était le 24 décembre. On était à Londres pour voir ma sœur, Sadie.

Il faut te dire que papa n'a le droit de la voir que deux jours par an, un en été, un en hiver. Tout ça parce que nos grands-parents le détestent. Quand maman – leur fille – est morte, ils ont engagé une bataille judiciaire contre lui. Après avoir usé six avocats, deux explications à coups de poing et une agression à la spatule qui aurait pu être fatale (crois-moi, mieux vaut ne pas connaître les détails), ils ont obtenu le droit de garder Sadie. Elle avait six ans, moi huit. Ils ne pouvaient pas nous élever tous les deux – enfin, c'est ce qu'ils ont raconté. Aussi, à elle la vie tranquille en Angleterre pendant que je faisais le tour du monde avec papa. Donc, on voyait Sadie deux fois par an, et ça m'allait très bien comme ça.

(La ferme, Sadie. C'est bon, j'y viens.)

Ce jour-là, notre avion avait atterri en retard à Heathrow. C'était un après-midi froid et bruineux. Dans le taxi qui nous emmenait en ville, papa avait l'air inquiet. Pourtant, mon père, il en faut beaucoup pour l'impressionner. C'est un grand type à la peau foncée (comme moi), aux yeux noirs perçants. Avec son crâne rasé et son bouc, on dirait un savant maléfique mais costaud. Ce jour-là, il portait son manteau en cachemire pardessus son meilleur costume – celui qu'il met pour donner des conférences, le marron. Il est toujours un peu nerveux quand on voit Sadie, mais cette fois c'était différent. Il n'arrêtait pas de regarder derrière lui, comme si on nous suivait.

Au moment où on quittait l'autoroute, j'ai demandé :

– Papa ? Il y a un problème ?

Je l'ai entendu murmurer :

– Aucun signe d'eux.

Puis il a dû réaliser qu'il avait parlé à voix haute, parce qu'il m'a jeté un regard effaré.

– Non, Carter. Tout va bien.

Ce qui n'a pas contribué à me rassurer, car 1) mon père ment très mal, 2) il ne lâchait pas sa sacoche. D'habitude, quand il fait ça, ça signifie qu'on est en danger. Comme la fois où des hommes armés ont fait irruption dans notre hôtel, au Caire. En entendant des coups de feu dans le hall, je m'y suis précipité, craignant pour mon père. Je l'ai trouvé en train de refermer sa sacoche, très calme. Au-dessus de lui, trois types inconscients étaient pendus au lustre, la tête en bas. Leurs djellabas remontées laissaient voir leurs caleçons. Papa a affirmé ne pas savoir comment ils étaient arrivés là. La police a fini par conclure à un accident, dû à un défaut de fabrication du lustre. Une autre fois, à Paris, on s'est retrouvés dans une manifestation qui avait dégénéré. Mon père a couru vers la plus proche voiture garée et m'a poussé à l'intérieur, m'ordonnant de me baisser. Plaqué contre le sol à l'arrière, les yeux fermés, je l'ai entendu se glisser sur le siège du conducteur et fouiller dans sa sacoche en marmonnant tandis qu'autour de nous, la foule hurlait et détruisait tout ce qu'elle pouvait. Quelques minutes plus tard, il m'a dit de me relever. Toutes les voitures dans la rue avaient été retournées et incendiées. La nôtre, lavée et briquée de frais, avait plusieurs billets de vingt euros coincés sous les essuie-glaces.

C'est pour ça que je respectais la sacoche de mon père. Je la considérais un peu comme un talisman. Mais quand papa la serrait contre lui, ça signifiait qu'on allait avoir besoin de sa protection.

On roulait vers l'est à travers Londres, dépassant les grilles dorées du palais de Buckingham, puis la colonne de Trafalgar Square. Londres est super, mais quand on a parcouru le monde, toutes les villes finissent par se confondre. Quand je discute avec des gens de mon âge, beaucoup me disent : « T'en as de la veine ! Ça doit être génial de voyager autant. » Mais ce n'est pas comme si on faisait du tourisme et qu'on ne descendait que dans des palaces. Parfois on doit loger à la dure et on reste rarement plus de quelques jours au même endroit. Le plus souvent, notre existence évoque moins celle de touristes que de fugitifs.

Franchement, qui aurait imaginé que mon père faisait un métier dangereux ? Il donnait des conférences sur des sujets – « La magie égyptienne peut-elle tuer ? » ou « Les principaux châtiments dans l'au-delà des Égyptiens » – qui n'intéressaient qu'une poignée de gens. Pourtant, il regardait sans cesse derrière lui et à l'hôtel, il ne me laissait jamais entrer dans la chambre avant de l'avoir fouillée. Je ne m'en plaignais pas. J'adorais voyager avec lui, mais on ne peut pas dire que notre vie était de tout repos.

Mes grands-parents, les Faust, habitent Canary Wharf, au bord de la Tamise. Le taxi s'est rangé le long du trottoir pas loin de leur maison, et papa a demandé au chauffeur de nous attendre.

On avait à peine marché quelques mètres quand papa s'est immobilisé. Puis il s'est retourné.

J'ai demandé :

– Qu'est-ce qu'il y a ?

C'est alors que j'ai aperçu un homme appuyé contre un grand arbre mort, de l'autre côté de la rue. Trapu, le teint foncé, il était vêtu d'un imper et d'un élégant costume noir rayé. Un chapeau de feutre mou, également noir, recouvrait ses cheveux, longs et tressés, et il portait des lunettes rondes aux verres sombres – des lunettes d'aveugle. Il ressemblait à un de ces musiciens de jazz aux concerts desquels mon père s'entêtait à me traîner. On ne voyait pas ses yeux, mais j'ai eu l'impression qu'il nous regardait. Il n'avait pas l'air content.

– Continue sans moi, m'a dit mon père.

– Mais...

– Va chercher ta sœur. Je vous retrouve au taxi.

Il a traversé la rue et s'est dirigé vers l'homme à l'imper, ce qui me laissait deux possibilités : le suivre et voir ce qui allait se passer, ou lui obéir.

J'ai choisi la moins dangereuse – même si ça se discute – et suis allé chercher ma sœur.

Avant que j'aie pu frapper, Sadie a ouvert la porte.

– En retard, a-t-elle dit. Comme toujours.

Elle portait dans ses bras sa chatte, Muffin, « cadeau de séparation » de notre père, six ans plus tôt. Muffin ne semble pas vieillir ni grossir. Avec sa robe sable tachetée de noir, on dirait une panthère miniature. Elle a des yeux jaunes et vifs et des oreilles trop grandes pour sa tête. Une médaille égyptienne en argent pend de son collier. Elle ne ressemble pas du tout à un muffin, mais Sadie était petite quand elle l'a appelée comme ça, alors un peu d'indulgence, s'il te plaît.

Sadie n'avait pas beaucoup changé depuis l'été.

(Alors que je te parle, elle se tient devant moi et me jette des regards menaçants. J'ai intérêt à bien choisir les mots pour la décrire.)

On ne devinerait jamais que nous sommes frère et sœur. D'abord, Sadie a vécu si longtemps en Angleterre qu'elle en a pris l'accent. Ensuite, elle tient de notre mère, si bien qu'on la croirait blanche à cent pour cent. Elle a des cheveux caramel – ni bruns ni vraiment blonds – qu'elle rehausse habituellement d'une touche de couleur. Ce jour-là, elle s'était fait des mèches rouges sur le côté gauche. Et puis, elle a les yeux bleus. Sérieux ! Aussi bleus que ceux de maman. À douze ans, elle est déjà aussi grande que moi, ce qui m'agace prodigieusement. Elle mastiquait un chewing-gum, selon son habitude. Elle portait un jean fatigué, une veste en cuir et des bottes militaires, comme si elle allait à un concert et avait l'intention de marcher sur les pieds des gens. Elle avait des écouteurs autour du cou, au cas où elle se serait ennuyée à mourir avec nous.

(C'est bon, elle ne m'a pas frappé. Ça veut dire qu'elle est satisfaite de ma description.)

J'ai expliqué :

– C'est l'avion qui avait du retard.

Elle a fait une bulle avec son chewing-gum et a gratté la tête de Muffin avant de la poser à terre.

– Mamiiiiie, a-t-elle crié. Je sors !

À l'intérieur de la maison, la grand-mère Faust a dit quelque chose que je n'ai pas compris. Sans doute : « Surtout, ne les laisse pas entrer ! »

Sadie a refermé la porte et m'a regardé comme si j'avais été une souris morte rapportée par sa chatte : un cadeau dont elle se serait bien passée.

– Te revoilà, a-t-elle commenté.

– Eh oui !

– Bon, on y va ou quoi ?

Pas : « Salut, qu'est-ce que tu as fait depuis six mois ? » Ou : « Ça me fait plaisir de te voir. » Mais je m'en fichais. Quand un frère et une sœur ne se voient que deux fois par an, ils sont comme des cousins éloignés. On n'avait rien en commun, à part nos parents.

On a descendu les marches du perron. Je me faisais la réflexion que Sadie sentait à la fois la « maison de vieux » et le chewing-gum quand elle s'est arrêtée si brusquement que je me suis cogné contre elle.

– C'est qui, lui ? a-t-elle demandé.

J'avais presque oublié le type à l'imper. Debout près de l'arbre, notre père et lui semblaient se disputer. Papa nous tournait le dos, si bien que je ne voyais pas son visage, mais il faisait de grands gestes, comme toujours quand il est énervé. L'autre secouait la tête d'un air buté.

J'ai répondu :

– J'en sais rien. Il était déjà là quand on est arrivés.

– Sa tête me dit quelque chose, a repris Sadie, plissant le front. Viens.

– Papa a demandé de l'attendre dans le taxi...

Mais Sadie s'éloignait déjà. Elle a remonté le trottoir sur une trentaine de mètres en se cachant derrière les voitures, puis elle a traversé et s'est accroupie derrière un muret en pierre. Je n'avais pas d'autre choix que de l'imiter, même si je me sentais ridicule.

J'ai marmonné :

– Six ans en Angleterre et ça se prend pour James Bond...

Sadie m'a filé un coup de coude sans même me regarder, puis elle s'est remise à avancer.

Quelques secondes plus tard, on était derrière le gros arbre mort. J'ai entendu papa dire :

– ... Il le faut, Amos. Tu sais que j'ai raison.

– Non, a répondu l'homme à l'imper.

Il a ajouté, d'un ton grave et insistant :

– Si je ne t'arrête pas, Julius, c'est eux qui le feront. Le Per-Ankh te suit comme ton ombre.

Sadie s'est retournée vers moi et a articulé : « Le Per *quoi* ? »

J'ai secoué la tête, aussi paumé qu'elle.

– Fichons le camp d'ici, ai-je murmuré, mal à l'aise.

On n'allait pas tarder à se faire repérer, et alors, ce serait notre fête. Bien sûr, Sadie ne m'a pas écouté.

– Ils ignorent mon plan, disait notre père. Le temps qu'ils le découvrent...

– Et tes enfants ? a demandé Amos. Tu as pensé à eux ?

À ces mots, j'ai sursauté.

– J'ai pris des dispositions pour les protéger, a affirmé papa. Et si je ne le fais pas, on sera tous en danger. Maintenant, laisse-moi.

– Pas question.

– Un duel, c'est ça que tu veux ? a dit notre père d'un air sinistre. Tu sais que tu n'auras pas le dessus, Amos.

Je ne l'avais pas vu recourir à la violence depuis l'affaire de la spatule et pour être franc, je n'avais aucune envie de revivre ça. Mais Amos et lui semblaient au bord de l'affrontement.

Avant que j'aie pu réagir, Sadie s'est dressée comme un ressort, criant « Papa ! » puis elle s'est ruée vers lui, manquant de le renverser, afin de le serrer dans ses bras. Il a eu l'air surpris, mais pas autant qu'Amos. En reculant, ce dernier s'est pris les pieds dans son imper.

Entre-temps, il avait enlevé ses lunettes, et je me suis fait la même réflexion que Sadie. Son visage me disait quelque chose, comme un souvenir très lointain.

– Il... il faut que j'y aille, a-t-il bafouillé.

Il a redressé son chapeau avant de s'éloigner d'un pas pesant.

Notre père l'a suivi du regard, un bras autour des épaules de ma sœur et une main glissée à l'intérieur de sa sacoche qu'il portait en bandoulière. Une fois Amos disparu, il s'est détendu et a souri à Sadie.

– Bonjour, chaton.

Elle s'est écartée de lui, les bras croisés sur la poitrine.

– Chaton, hein ? T'es en retard. La journée est déjà presque terminée ! C'était qui, ce type ? Et le « Per-Ankh » ?

Papa s'est raidi. Il semblait se demander ce qu'on avait entendu au juste.

– Personne, a-t-il répondu en en faisant des tonnes pour paraître insouciant. J'ai un plan génial pour la soirée. Ça vous dirait une visite privée du British Museum ?

Sadie s'est affalée sur la banquette du taxi entre papa et moi.

– J'y crois pas, a-t-elle grommelé. On n'a qu'une soirée à passer ensemble, et tu la consacres à tes recherches !

Papa a tenté de sourire.

– Tu verras, on va bien s'amuser. Le conservateur du département des antiquités égyptiennes m'a personnellement invité à...

Sadie a soufflé pour chasser une mèche de cheveux striée de rouge de son visage.

– Quelle surprise ! Un réveillon avec de vieilles momies toutes moisies... Ça t'arrive de penser à autre chose qu'au boulot ?

Papa ne s'est pas mis en colère. Je ne l'ai jamais vu se fâcher contre Sadie.

– Oui, a-t-il répondu, regardant la pluie et le ciel qui s'assombrissait à travers la vitre. Ça m'arrive.

Quand son regard se perdait ainsi dans le vide, ça voulait dire qu'il pensait à notre mère. Je l'avais souvent vu dans cet état au cours des derniers mois. Plus d'une fois, en entrant dans notre chambre d'hôtel, je l'avais trouvé avec son téléphone portable à la main, en train de contempler la photo de maman qui lui sert de fond d'écran – son sourire, ses cheveux rangés sous un foulard, ses yeux bleus dont le désert à l'arrière-plan soulignait l'éclat. Ou bien, sur un champ de fouilles, il levait soudain les yeux vers l'horizon, et je devinais alors qu'il repensait à leur rencontre, dans la Vallée des Rois. À l'époque, ils étaient deux jeunes scientifiques, lui égyptologue, elle anthropologue recherchant des traces d'ADN ancien. Il m'avait raconté cette histoire des milliers de fois.

Notre taxi se faufilait dans le trafic le long de la Tamise. Au niveau du pont de Waterloo, papa est brusquement devenu nerveux.

– Arrêtez-vous un moment, a-t-il dit au chauffeur.

La voiture s'est rangée sur le bord de l'Embankment.

– Qu'est-ce qu'il y a ? ai-je demandé.

Il est descendu du taxi sans répondre. Quand on l'a rejoint sur le trottoir, il regardait l'aiguille de Cléopâtre.

Au cas où tu l'ignorerais, l'aiguille en question est un obélisque et n'a aucun rapport avec Cléopâtre. J'imagine que les Anglais ont trouvé cool de l'appeler ainsi après l'avoir rapportée d'Égypte. Elle devait paraître impressionnante aux yeux des anciens Égyptiens, mais plantée au bord de la Tamise, au milieu d'immeubles immenses, elle a l'air minuscule et triste. On peut très bien passer devant sans avoir conscience de l'existence de cet ouvrage antérieur de quinze siècles à la fondation de Londres.

– Tu comptes t'arrêter devant tous les monuments ? a demandé Sadie d'un ton impatient.

– Je voulais la revoir, a murmuré papa, le regard levé vers le sommet de l'obélisque. C'est ici que c'est arrivé...

Un vent glacial soufflait de la rivière. J'aurais voulu remonter en voiture, mais notre père m'inquiétait. Je ne l'avais jamais vu aussi troublé.

– Quoi donc ? ai-je dit. Qu'est-ce qui est arrivé ?

– C'est ici que je l'ai vue pour la dernière fois.

Sadie m'a jeté un regard hésitant puis elle s'est tournée vers papa :

– Tu parles de maman ?

Sans répondre, papa a tendu la main vers elle afin de ramener une mèche de ses cheveux derrière son oreille. Prise au dépourvu, elle ne l'a même pas repoussé.

Cependant, j'avais l'impression de m'être changé en bloc de glace. La mort de maman avait toujours été un sujet tabou. Tout ce que je savais, c'est qu'elle avait été tuée dans un accident à Londres, et que nos grands-parents en tenaient notre père pour responsable. J'avais depuis longtemps renoncé à lui demander des détails. Pour ne pas raviver son chagrin, et aussi parce qu'il avait toujours refusé de me dire quoi que ce soit. « Quand tu seras plus âgé », me répondait-il chaque fois, ce que je trouvais parfaitement frustrant.

– Elle est morte ici, devant l'aiguille de Cléopâtre ? me suis-je exclamé. Mais comment ?

Il a baissé la tête.

– Papa ! a protesté Sadie. Je passe ici tous les jours, et je n'étais même pas au courant.

– Tu as toujours ton chat ? lui a demandé papa – une question idiote, à mon avis.

– Bien sûr ! Mais quel rapport avec...

– Et ton amulette ?

Sadie a porté la main à son cou. Juste avant qu'elle ne nous quitte pour vivre chez nos grands-parents, notre père nous avait offert à chacun une amulette égyptienne. La mienne représentait l'Œil d'Horus, un symbole protecteur très populaire en Égypte ancienne.

Je la porte en permanence sous mes vêtements. Je m'attendais à ce que Sadie ait perdu ou jeté la sienne, mais à ma grande surprise, elle a acquiescé.

– Oui, je l'ai. Mais ne change pas de sujet. Mamie n'arrête pas de répéter que c'est toi qui as causé la mort de maman. Dis, ce n'est pas vrai ?

Pour une fois, Sadie et moi désirions exactement la même chose : la vérité.

– La nuit où votre mère est morte, a commencé notre père, ici même, au pied de l'aiguille...

Soudain une vive lumière a éclairé le quai, m'aveuglant presque. En me retournant, j'ai aperçu deux silhouettes : un homme de haute taille, au teint clair, avec une barbe fourchue et une djellaba blanc cassé, et une fille à la peau cuivrée, portant une robe bleu nuit et coiffée d'un foulard – des vêtements typiquement égyptiens. Debout côte à côte, à moins de dix mètres de nous, ils nous regardaient. Puis la lumière s'est dissipée, les deux silhouettes se sont brouillées, et le temps que mes yeux s'habituent de nouveau à l'obscurité, elles avaient disparu.

– Vous avez vu ? a demandé Sadie d'une voix troublée.

– Remontez dans le taxi, a dit notre père en nous poussant vers la voiture. On est en retard.

Il a promis au chauffeur un pourboire de dix livres s'il nous conduisait au British Museum en moins de cinq minutes, puis il n'a plus prononcé un mot.

J'ai tenté de le tirer de son silence :

– Ces gens, au bord de la Tamise...

– Et l'autre type, Amos, a renchéri Sadie. Ils appartiennent à la police égyptienne ou quoi ?

– Écoutez-moi, tous les deux, a dit notre père. Je vais avoir besoin de votre aide. Je sais que c'est difficile, mais je vous demande un peu de patience. Je vous expliquerai tout au Museum, promis. Je vais tout arranger.

– Tu vas arranger quoi ? a insisté Sadie.

Le visage de papa exprimait plus que de la tristesse, presque du remords. J'ai frissonné en repensant aux accusations de nos grands-parents. C'était de ça qu'il voulait nous parler, de la mort de notre mère ?

Le taxi a tourné dans Great Russell Street et s'est arrêté devant les grilles du British Museum.

– Comportez-vous normalement devant le conservateur, nous a dit papa.

J'ai pensé que Sadie était incapable de se comporter normalement, mais j'ai gardé mes réflexions pour moi.

On est descendus de voiture, et papa a tendu une poignée de billets au chauffeur. Puis il a jeté sur la banquette arrière ce qui ressemblait à des cailloux – je n'ai pas bien vu parce qu'il faisait sombre – et a dit :

– Conduisez-nous à Chelsea.

C'était absurde, pourtant le chauffeur a redémarré. Juste avant que la voiture ne tourne le coin de la rue et ne disparaisse dans la nuit, j'ai aperçu les silhouettes d'un homme et de deux ados, assis à l'arrière.

Il ne pouvait pas avoir chargé de nouveaux clients aussi rapidement. J'ai interrogé mon père du regard, mais il s'est contenté de répondre :

– Les taxis ne restent jamais longtemps inoccupés à Londres. Venez, les enfants.

On a hésité une seconde sur le trottoir.

– Carter, qu'est-ce qui se passe ? a murmuré Sadie.

J'ai secoué la tête.

– Je ne suis pas sûr de vouloir le savoir.

– Reste ici à te geler si ça te chante, mais moi, je ne repartirai pas d'ici sans avoir eu des explications.

Sur ces paroles, elle a emboîté le pas à notre père, me laissant planté là.

Par la suite, je me suis souvent répété que j'aurais dû la retenir et m'enfuir avec elle, le plus loin possible. Au lieu de ça, j'ai franchi les grilles à sa suite.

CARTER

2. Un Noël explosif

Ce n'était pas la première fois que j'allais au British Museum. En fait, j'ai visité plus de musées que je ne l'avouerai jamais, pour ne pas paraître prétentieux.

(Sadie me crie que quoi que je dise ou fasse, j'ai l'air prétentieux. Merci, petite sœur.)

Le bâtiment était éteint, mais le conservateur et deux vigiles nous attendaient en haut de l'escalier.

Le conservateur, gros et court sur pattes, portait un costume bon marché. J'ai déjà vu des momies avec plus de cheveux et de meilleures dents. Il a serré la main de notre père comme s'il s'agissait d'une rock star.

– Professeur Kane ! Votre article sur Imhotep était une merveille ! Je me demande comment vous avez réussi à traduire ces incantations...

– Imho-qui ? m'a murmuré Sadie.

– Imhotep. Grand prêtre et architecte. Certains prétendent qu'il était aussi magicien. Tu sais, c'est lui qui a construit la toute première pyramide.

– En vérité, je m'en fiche. Mais sympa de m'avoir répondu.

Papa a remercié le conservateur de son invitation, puis il a posé une main sur mon épaule.

– Professeur Martin, je vous présente Carter et Sadie.

– Ah ! Votre fils, je suppose. Et cette jeune personne est... ?

– Ma fille.

Le professeur Martin est resté sans voix. Même les gens les plus ouverts et les plus polis ne peuvent cacher leur surprise en apprenant que Sadie est du même sang que nous. Ça me rend dingue, mais avec le temps, ça a cessé de m'étonner.

Le conservateur a rapidement retrouvé son sourire.

– Bien sûr, bien sûr... Par ici, professeur. C'est un honneur de vous accueillir.

Les vigiles ont refermé les portes derrière nous et nous ont débarrassés de nos bagages.

– Non ! a dit notre père quand l'un d'eux a tendu la main vers sa sacoche. Merci, mais je préfère la garder.

Les vigiles sont restés dans le hall pendant qu'on pénétrait dans la Grande Cour. Celle-ci est encore plus impressionnante la nuit. La faible clarté qui tombe de la coupole vitrée projette sur les murs un lacis d'ombres évoquant une toile d'araignée géante. Nos pas résonnaient sur le sol en marbre blanc.

– Vous me conduisez à la Pierre ? a demandé notre père à Martin.

– Oui, même si je ne vois pas ce que vous pourriez en tirer de plus. Des centaines de chercheurs l'ont déjà étudiée. C'est notre pièce la plus célèbre, évidemment.

– Évidemment. Mais vous pourriez être surpris.

– Ils parlent de quoi ? a chuchoté Sadie.

Je n'ai pas répondu. J'avais ma petite idée sur la nature de la Pierre en question, mais pourquoi notre père tenait-il tant à nous la montrer la nuit de Noël ? Et pourquoi se retournait-il sans cesse, comme s'il craignait de voir surgir les deux inconnus bizarres qu'on avait aperçus au pied de l'aiguille de Cléopâtre ? On se trouvait à l'intérieur d'un musée rempli de vigiles et de moyens de surveillance ultramodernes. On ne risquait rien ici – enfin, c'était à souhaiter.

On a tourné dans l'aile égyptienne. Le long des murs étaient alignées d'imposantes statues représentant des pharaons ou des divinités. Sans leur accorder un regard, notre père s'est dirigé vers la principale attraction du département, au centre de la salle.

– Magnifique, a-t-il murmuré. Ce n'est pas une reproduction ?

– Non, non, a répondu Martin. Nous n'exposons pas toujours l'original, mais en votre honneur...

On s'était arrêtés devant une plaque de roche gris foncé haute d'environ un mètre, posée sur un piédestal et protégée par une vitrine. Sa surface se divisait en trois parties dans le sens horizontal. La première était gravée de hiéroglyphes, l'ancien système d'écriture égyptien. Celle du milieu était rédigée en démotique – j'ai dû me creuser la tête pour retrouver le nom –, une écriture datant de l'époque où les Grecs dominaient l'Égypte. Les dernières lignes étaient en grec.

– La Pierre de Rosette, ai-je dit.

– C'est pas le nom d'un logiciel ? a demandé Sadie.

Je m'apprêtais à la traiter d'idiote, mais Martin m'a devancé avec un rire gêné :

– Jeune fille, la Pierre de Rosette a fourni la clé pour le déchiffrage des hiéroglyphes ! Elle a été trouvée par l'armée napoléonienne en 1799 et...

– Oh ! a fait Sadie. Ça me revient, maintenant.

Elle avait dit ça uniquement pour le faire taire, mais notre père ne l'a pas lâchée :

– Sadie, jusqu'à la découverte de cette pierre, aucun mortel... je veux dire, personne n'avait réussi à déchiffrer des hiéroglyphes. Cette écriture était tombée dans l'oubli. Puis un Anglais, Thomas Young, a démontré que la Pierre de Rosette comportait le même texte en trois langues. Un Français,

Champollion, s'est appuyé sur ses travaux pour « craquer » le code des hiéroglyphes.

Sadie a continué à mastiquer son chewing-gum, pas du tout impressionnée.

– Ce texte, il dit quoi ?

– Rien d'intéressant. Pour résumer, il s'agit d'une lettre de remerciements adressée par des prêtres au pharaon Ptolémée V. À l'époque où elle a été gravée, cette pierre ne valait pas grand-chose. Mais au fil des siècles, elle est devenue un symbole puissant, peut-être le lien le plus important entre l'Égypte ancienne et le monde moderne. J'ai été idiot de ne pas déceler plus tôt le potentiel qu'elle recelait.

Là, je ne le suivais plus, et à voir l'expression du conservateur, je n'étais pas le seul.

– Professeur ? a-t-il dit. Vous vous sentez bien ?

Papa a pris une profonde inspiration.

– Pardon. Je... je pensais à voix haute. Pourriez-vous ouvrir la vitrine, et m'apporter les documents que je vous ai demandés ?

Le professeur Martin a entré un code dans un boîtier de commande à distance, et le panneau frontal de la vitrine s'est ouvert avec un déclic.

– Il va me falloir quelques minutes pour aller chercher les documents, a-t-il expliqué. J'aurais hésité avant d'accorder le libre accès à la Pierre à n'importe qui d'autre, mais je compte sur vous pour en prendre soin.

Il nous a regardés, ma sœur et moi, comme s'il nous prêtait de mauvaises intentions.

– Nous y ferons très attention, a promis papa.

Il a attendu que l'écho des pas du professeur Martin se soit éteint pour se tourner vers nous.

– Les enfants, nous a-t-il dit avec une lueur affolée dans le regard, je veux que vous quittiez cette pièce. C'est très important.

Il a fait glisser sa sacoche de son épaule et l'a entrouverte juste assez pour en sortir un antivol de vélo muni d'un cadenas.

– Suivez le professeur Martin. Son bureau se trouve à l'extrémité de la Grande Cour, sur la gauche. Il ne possède qu'une issue. Quand il sera à l'intérieur, enroulez ceci autour des poignées de porte afin de le retarder.

– Tu veux qu'on l'enferme dans son bureau ? s'est exclamée Sadie, enthousiaste. Cool !

J'ai demandé :

– Qu'est-ce qui se passe, papa ?

– Je n'ai pas le temps de vous l'expliquer. *Ils* arrivent.

– Qui ça ?

Papa a pris Sadie par les épaules.

– Je t'aime, ma chérie. Et je regrette... Je regrette beaucoup de choses. Si mon plan fonctionne, je promets de tout réparer. Carter, je compte sur toi. Mais toi aussi, tu vas devoir me faire confiance. N'oubliez pas : une fois que vous aurez enfermé Martin, ne revenez pas dans cette salle.

On n'a eu aucun mal à s'acquitter de notre mission. Mais quand on s'est retournés, on a vu une clarté bleutée s'échapper de l'aile égyptienne, comme si notre père y avait installé un aquarium géant.

Sadie s'est tournée vers moi :

– Tu peux me dire ce qu'il est en train de fabriquer ?

– J'en ai pas la moindre idée. Mais je le trouve bizarre depuis quelque temps. Il n'arrête pas de penser à maman. Il a mis sa photo en...

Je me suis tu. Sadie a acquiescé comme si elle comprenait.

– Qu'est-ce qu'il trimballe dans son sac ? a-t-elle demandé.

– J'en sais rien. Il m'a interdit de regarder dedans.

– Et tu lui as obéi ? Franchement, Carter, t'es désespérant.

Je m'apprêtais à me défendre quand le sol a tremblé.

Sadie a agrippé mon bras.

– Il nous a défendu d'entrer. Là encore, tu comptes lui obéir ?

Pour être franc, cette interdiction me convenait parfaitement, mais Sadie a couru vers l'aile égyptienne. Après une seconde d'hésitation, je l'ai imitée.

On s'est arrêtés net sur le seuil de la salle. Face à la Pierre de Rosette, le dos tourné à l'entrée, notre père se tenait au centre d'un cercle bleu fluorescent tracé sur le sol.

Il avait ôté son manteau, et sa sacoche ouverte à ses pieds révélait un coffret en bois peint de motifs égyptiens.

– Qu'est-ce qu'il tient à la main ? a murmuré Sadie. Un boomerang ?

Papa a levé le bras, brandissant une sorte de baguette blanche courbée. On aurait vraiment dit un boomerang, mais au lieu de le lancer, il l'a approché de la Pierre. Sadie a étouffé un cri de surprise : des traits lumineux dessinaient sur le granit une paire de cornes au-dessus d'un rectangle et d'une croix.

– « Ouverture », a murmuré Sadie.

Je lui ai lancé un regard étonné : au ton de sa voix, on aurait pu croire qu'elle venait de traduire le mot, mais c'était impossible. Même moi qui vivais avec notre père depuis des années, je n'étais capable de déchiffrer que quelques hiéroglyphes.

Papa a levé les bras en scandant « *Wo-ziir-i-ei* », et d'autres hiéroglyphes se sont inscrits en bleu sur la Pierre :

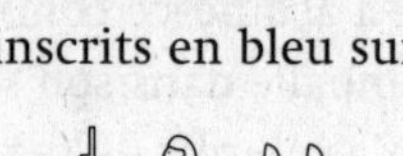

J'ai reconnu dans le premier groupe de symboles le nom du dieu des morts égyptien.

– « Osiris », ai-je dit dans un souffle.

– « Osiris, viens », a complété Sadie, comme en transe.

Soudain ses yeux se sont agrandis et elle a crié :

– Papa, non !

Notre père a fait volte-face.

– Les enfants... a-t-il articulé.

Au même moment, une vibration s'est élevée du sol, la lumière bleue a viré au blanc aveuglant, et la Pierre de Rosette a explosé.

La première chose que j'ai entendue en revenant à moi, c'était un rire. Un rire moqueur, atroce, qui se mêlait aux hurlements des alarmes.

J'avais l'impression qu'un tracteur m'avait roulé dessus. Je me suis relevé, étourdi, et j'ai craché un morceau de la Pierre de Rosette. Il ne restait de la salle qu'un champ de ruines. Les flammes couraient sur le sol telles des vagues déferlant vers le rivage. Les statues monumentales, les sarcophages s'étaient renversés. Sous la violence de l'explosion, des fragments de la Pierre s'étaient encastrés dans les piliers, les murs, les autres pièces exposées.

Sadie était étendue à mes côtés, inconsciente mais apparemment indemne. Je l'ai secouée et elle a grogné.

Devant nous, à l'endroit où se trouvait auparavant la Pierre, se dressait un piédestal tronqué encore fumant. Le sol avait noirci tout autour, sauf à l'intérieur du cercle bleu qui entourait notre père.

Celui-ci nous faisait face, mais il ne paraissait pas nous voir, les mains serrées autour de sa baguette blanche. Son crâne présentait une entaille sanglante.

Je n'ai pas compris tout de suite ce qu'il regardait, puis le même rire horrible a retenti de nouveau, juste devant moi.

Il y avait quelque chose entre notre père et nous. D'abord je n'ai perçu qu'une ondulation, comme quand il fait très chaud, puis en me concentrant, j'ai distingué une silhouette flamboyante.

L'homme était plus grand que notre père, et son rire me transperçait telle une lance.

– Bien joué, Julius, a-t-il dit.

– Je ne t'ai pas invoqué ! a protesté papa.

L'homme a tendu un doigt, et la baguette a jailli des mains de papa pour se fracasser contre le mur.

– Personne ne m'invoque jamais, a-t-il repris d'un ton suave. Mais quand on ouvre une porte, on ne sait pas toujours qui va la franchir.

– Retourne à la Douât ! a rugi mon père. J'ai le pouvoir du Grand Roi !

– Je tremble de peur, a ironisé l'inconnu. Même si tu maîtrisais son pouvoir, ce qui n'est pas le cas, sache qu'il n'a jamais fait le poids face à moi. À présent, tu vas connaître le même sort que lui.

Je ne comprenais rien à ce qui se passait, mais j'étais sûr d'une chose : il fallait que j'aide papa. J'ai voulu ramasser un bloc de granit, mais dans ma terreur, mes doigts ont refusé de m'obéir.

Du regard, papa m'a donné l'ordre de ne pas m'en mêler. J'ai réalisé qu'il faisait en sorte d'occuper son adversaire pour nous laisser le temps de fuir, Sadie et moi.

J'ai tiré ma sœur, toujours groggy, derrière une colonne. Quand elle a tenté de protester, j'ai plaqué une main sur sa bouche, ce qui a achevé de la réveiller. En découvrant la scène, elle a aussitôt cessé de se débattre.

Les alarmes hurlaient toujours. Les vigiles n'allaient pas tarder à rappliquer, mais je n'étais pas sûr que ça arrange nos affaires.

Papa s'est accroupi, sans quitter son adversaire des yeux, et a ouvert le coffret en bois peint. Il en a sorti un bâton court. Puis il a marmonné quelque chose, et le bâton s'est allongé pour devenir aussi grand que lui.

Sadie a poussé un couinement de souris. Je n'en croyais pas mes yeux non plus, mais on n'était pas au bout de nos surprises.

Papa a jeté son bâton sur le sol, et il s'est transformé en un serpent de trois mètres presque aussi gros que moi, aux écailles cuivrées et aux yeux rouges. Le monstre a rampé vers l'homme, qui l'a saisi sans effort. Sa main a paru s'enflammer, réduisant le serpent en cendres.

– Tu me déçois, Julius, a-t-il dit d'un ton grondeur.

Le regard de papa nous a de nouveau suppliés de fuir. Je refusais en partie de croire ce que je voyais. J'étais peut-être inconscient, ou en train de faire un cauchemar. Sadie a ramassé un bloc de pierre.

Notre père a demandé précipitamment, comme s'il cherchait à détourner l'attention de son adversaire :

– Combien en ai-je libéré ?

– Tous les cinq, a répondu l'inconnu. Tu sais bien que nous ne nous déplaçons jamais les uns sans les autres. Bientôt, j'en libérerai davantage, et pour me prouver leur reconnaissance, ils me nommeront de nouveau roi.

– Ils t'arrêteront avant que les jours des démons ne soient passés.

L'homme a éclaté de rire.

– Qui ça, la Maison de vie ? Pour ça, il faudrait d'abord qu'ils arrêtent de se chamailler. Mais il est temps que l'histoire se répète... Et cette fois, tu n'es pas près de ressusciter !

Il a levé une main, et le cercle de lumière bleue autour des pieds de papa s'est brusquement éteint tandis que son coffret s'éloignait de lui en glissant sur le sol.

– Adieu, Osiris, a dit l'homme.

D'un nouveau geste, il a fait apparaître un cercueil transparent autour de notre père. Comme celui-ci se débattait et le frappait de ses poings, il a peu à peu gagné en consistance. Bientôt, nous avons eu devant les yeux un authentique sarcophage égyptien en or incrusté de pierreries. Papa m'a lancé un dernier regard, et je l'ai vu articuler le mot « Fuyez » juste avant que le cercueil ne s'enfonce dans le sol.

J'ai hurlé :

– Papa !

Sadie a lancé sa pierre en direction de l'homme, mais elle a traversé sa tête sans lui causer le moindre mal.

Il s'est alors retourné, et pendant quelques secondes terribles, il nous est apparu en entier parmi les flammes. On aurait dit qu'il possédait deux visages superposés – l'un presque humain, au teint pâle et à l'expression cruelle, et l'autre animal, à la fourrure sombre, aux crocs acérés. Un animal que je n'avais encore jamais vu, plus redoutable qu'un loup ou un lion. Ses yeux flamboyants se sont posés sur moi, et j'ai su que j'allais mourir.

Derrière moi, des pas lourds résonnaient sur le sol de marbre de la Grande Cour, des voix hurlaient des ordres. Les vigiles, ou peut-être des policiers... Jamais ils n'arriveraient à temps.

L'homme au regard de feu s'est jeté sur nous, mais une force invisible l'a repoussé. L'air s'est brusquement chargé d'électricité, l'amulette autour de mon cou est devenue presque brûlante.

Il m'a considéré avec attention.

– C'est donc toi... a-t-il dit d'une voix sifflante.

Le bâtiment a tremblé de nouveau. Une partie du mur du fond de la salle a explosé dans un éclair aveuglant, laissant apparaître deux silhouettes – l'homme et la fille qu'on avait vus au pied de l'aiguille de Cléopâtre. Leurs vêtements tourbillonnaient autour d'eux. Chacun serrait un bâton dans ses mains.

L'homme au double visage m'a regardé une dernière fois.

– À bientôt, mon garçon, a-t-il grondé.

Puis un torrent de flammes a balayé la pièce. Je me suis écroulé, les poumons en feu.

À demi inconscient, j'ai vu l'homme à la barbe fourchue et la fille en bleu se dresser au-dessus de moi. Les cris se rapprochaient. La fille s'est accroupie, tirant de sa ceinture un long poignard recourbé.

– Il faut faire vite, a-t-elle dit à l'homme.

– Pas encore, a-t-il répondu avec un fort accent français. Avant de les détruire, nous devons être sûrs.

J'ai fermé les yeux et les ténèbres m'ont englouti.

SADIE

3. Enfermée avec Muffin

(File-moi ce fichu micro.)

Salut, moi c'est Sadie. Désolée, mon frère est nul pour raconter des histoires. Mais t'inquiète pas, je prends le relais.

On en était où, déjà ? Ah oui ! L'explosion, la Pierre de Rosette en mille morceaux, le sale type qui a enfermé papa dans un sarcophage, le Français flippant, la fille au poignard, et nous deux dans les vapes. Bien !

À mon réveil, ça grouillait de flics autour de nous. Ils m'ont séparée de mon frère. Pas grave, de toute manière, il me soûle. Mais ce que je n'ai pas aimé, c'est qu'ils m'ont enfermée pendant des heures dans le bureau du conservateur. En plus, ces crétins avaient bloqué la porte avec notre antivol.

J'étais sonnée, comme tu t'en doutes. J'avais été assommée, et j'avais vu mon père disparaître dans le sol à l'intérieur d'un sarcophage. J'ai essayé d'en parler aux flics, mais crois-tu qu'ils m'ont écoutée ? Non.

Le pire, c'est que je n'arrivais pas à me réchauffer. On aurait dit qu'on m'enfonçait des aiguilles de glace dans la nuque. Ça avait commencé pendant que papa traçait des symboles sur la Pierre de Rosette. Je les avais déchiffrés au premier coup d'œil. Si ça se trouve, ces trucs-là, c'est héréditaire. Un peu comme une maladie. Ce serait bien ma veine !

Mon chewing-gum n'avait plus de goût depuis longtemps quand une femme policier est venue me chercher. Elle ne m'a posé aucune question. Elle m'a juste fait monter à bord d'une voiture et m'a ramenée à la maison. Puis, sans me laisser le temps d'expliquer quoi que ce soit à papy et à mamie, elle m'a poussée à l'intérieur de ma chambre et m'a dit d'attendre.

Je déteste attendre.

Ma chambre n'a rien d'extraordinaire. C'est juste une pièce mansardée avec une fenêtre, un lit, un bureau et pas grand-chose pour passer le temps. À mon entrée, Muffin m'a reniflé la jambe, et sa queue s'est hérissée. Il faut croire qu'elle n'aime pas l'odeur des musées. Elle a soufflé avant de disparaître sous le lit.

Sympa, l'accueil.

J'ai ouvert la porte. La femme flic montait la garde sur le palier.

– L'inspecteur ne va pas tarder, m'a-t-elle dit. Veuillez l'attendre à l'intérieur.

J'ai jeté un coup d'œil au bas de l'escalier et ai aperçu papy qui marchait de long en large. Carter était assis sur le canapé avec un inspecteur de police. Je n'ai pas entendu ce qu'ils se disaient.

– Je peux aller aux toilettes ? ai-je demandé à la gentille femme flic.

– Non.

Elle m'a claqué la porte au nez. Comme si j'allais faire exploser la chasse d'eau !

J'ai pris mon iPod et j'ai fait défiler les titres de ma playlist. Rien ne m'inspirait. Dégoûtée, je l'ai jeté sur le lit. Quand je suis trop préoccupée pour écouter de la musique, c'est que ça va mal. Pourquoi la police avait-elle interrogé Carter en premier ? Trop injuste...

Ensuite, j'ai tripoté le collier que m'a offert papa. Je n'ai jamais bien su ce que représentait le pendentif. Apparemment, celui de Carter figure un œil, mais le mien ressemble un peu à un ange, ou à un robot tueur extraterrestre.

Papa m'avait demandé si je l'avais toujours. Qu'est-ce qu'il s'imaginait ? C'est le seul cadeau qu'il m'ait jamais fait. À part Muffin, mais au vu de son attitude, j'hésite à la considérer comme un cadeau.

Je te rappelle que papa m'a pratiquement abandonnée à l'âge de six ans. Depuis, ce collier était la seule chose qui me reliait à lui. Dans mes bons jours, je pensais à lui avec amour en le regardant. Dans mes mauvais jours (les plus fréquents), je lançais le collier à travers la pièce et le piétinais en traitant mon père de tous les noms. Ça me soulageait un peu, mais je finissais toujours par le remettre.

En tout cas – et ça, je ne l'invente pas –, quand le sale type du musée s'était jeté sur nous, le pendentif était devenu très chaud. J'avais failli l'enlever, mais je ne l'ai pas fait : ça paraît ridicule, mais j'ai eu l'impression qu'il me protégeait.

« Je promets de tout réparer », avait dit papa avec cet air coupable qu'il affichait souvent en me regardant.

Eh bien, c'était réussi !

J'avais tenté de me convaincre que tout ça – les hiéroglyphes phosphorescents, la transformation du bâton en serpent, le sarcophage – n'était qu'un mauvais rêve. Mais même dans mes pires cauchemars, je n'avais jamais rien vu d'aussi horrible que le visage du sale type quand il s'était retourné vers nous. « À bientôt », avait-il dit à Carter. Rien que d'y repenser, j'avais les mains qui tremblaient. Je m'interrogeais aussi sur l'insistance de papa pour s'arrêter devant l'aiguille de Cléopâtre. On aurait dit qu'il cherchait à s'armer de courage, comme si ce qu'il avait fait au British Museum avait un rapport avec maman.

Mon regard s'est fixé sur mon bureau, et j'ai pensé, *Non, ne fais pas ça.*

Mais je me suis levée, j'ai ouvert le tiroir et déplacé de vieux magazines, ma provision de bonbons, une pile de devoirs de maths jamais rendus, quelques photos où on me voit essayer des chapeaux ridicules avec mes copines Liz et Emma au marché de Camden, avant de trouver ce que je cherchais : la photo de maman.

Papy et mamie en ont des tonnes. Ils ont transformé le placard de l'entrée en chapelle dédiée à leur fille : ses dessins d'enfant, ses bulletins scolaires, sa photo de remise de diplôme universitaire, ses bijoux préférés... Limite malsain. Je me suis jurée de ne pas faire comme eux, vivre dans le passé. Après tout, c'est à peine si je me rappelle ma mère, et rien ne pourra jamais la ramener.

Pourtant, j'ai gardé une photo prise juste après ma naissance, dans notre maison de Los Angeles. Debout sur le balcon, sur fond d'océan Pacifique, elle tient dans ses bras un bébé tout ridé : moi. Il n'y a pas grand-chose à dire de moi, mais maman est magnifique, même en short et tee-shirt déchiré : des cheveux blonds coiffés en arrière, des yeux d'un bleu profond, une peau parfaite... Tout le monde dit que je lui ressemble. Tu parles ! Même sans boutons sur le menton, j'ai peur de ne jamais être aussi belle, aussi radieuse qu'elle.

(Pas la peine de ricaner, Carter.)

Cette photo me fascine parce que je n'ai presque aucun souvenir de notre vie d'avant, tous les quatre ensemble. Mais si je la garde précieusement, c'est surtout à cause du symbole sur le tee-shirt de maman : l'ankh, la croix de vie.

☥

Ma mère morte, portant le symbole de la vie… Je n'ai jamais rien vu d'aussi triste. Mais elle sourit à l'objectif comme si mon père et elle partageaient un secret.

Une pensée m'a traversé l'esprit : le Per-Ankh… Le type en imper qui s'était disputé avec notre père dans la rue avait prononcé ces mots. L'ankh, je connaissais. Mais Per-Ankh… ? Rien à voir avec le père Noël, j'imagine.

Soudain j'ai eu le sentiment étrange que si je voyais ces deux mots écrits en hiéroglyphes, j'arriverais à percer leur sens.

J'ai reposé la photo, pris un crayon et retourné une vieille copie. Que se passerait-il si j'essayais de *dessiner* les mots « Per-Ankh » ?

J'approchais la pointe du crayon du papier quand la porte s'est ouverte.

– Mademoiselle Kane ?

J'ai sursauté et lâché le crayon. Un inspecteur de police se tenait sur le seuil de ma chambre.

– Qu'est-ce que vous faites ? a-t-il demandé d'un air soupçonneux.

– Des maths.

Comme le plafond est bas, l'inspecteur a dû se baisser pour entrer. Son costard était assorti à ses cheveux gris et à son teint cendreux.

Il s'est présenté :

– Je suis l'inspecteur-chef Williams. Si on bavardait un peu, tous les deux ? Asseyez-vous, Sadie.

Je suis restée debout. Du coup, il en a fait autant, ce qui n'a pas paru le réjouir. Difficile de faire preuve d'autorité en étant aussi voûté que Quasimodo.

– Racontez-moi tout ce qui s'est passé depuis que votre père est venu vous chercher.

– J'ai déjà tout dit à vos collègues, au musée.

– Si ça ne vous ennuie pas, j'aimerais que vous recommenciez.

Alors je lui ai tout déballé à nouveau. Plus je parlais, plus son sourcil gauche se levait.

– Quelle imagination ! s'est-il exclamé à la fin.

– Je ne mens pas, inspecteur. On dirait que votre sourcil gauche essaie de s'échapper.

Il a tenté d'apercevoir ses propres sourcils, puis son visage s'est brusquement durci.

– Je sais que vous traversez une dure épreuve, et je comprends que vous vouliez protéger la réputation de votre père. Mais maintenant qu'il a disparu...

– Oui, dans le sol. Il est toujours en vie.

– Sadie, je suis vraiment désolé, mais il semble que votre père ait trouvé la mort en détruisant des pièces d'une valeur inestimable. Nous tâchons de comprendre les raisons de son acte.

– Vous voulez dire que mon père était un terroriste ? N'importe quoi !

– Nous avons appelé plusieurs de ses confrères. Tous disent qu'il avait changé depuis la mort de votre mère. Il s'était isolé et paraissait obsédé par ses recherches. Il passait de plus en plus de temps en Égypte...

– Normal, il est égyptologue ! Vous feriez mieux de le chercher au lieu de poser des questions idiotes !

J'ai lu dans son regard qu'il se retenait de m'étrangler. Bizarrement, je provoque cette réaction chez beaucoup d'adultes.

– Sadie, il existe en Égypte des groupes terroristes qui ne supportent pas que des musées étrangers détiennent des antiquités égyptiennes. Peut-être ces gens ont-ils approché votre père. Dans son état, il devait être une proie facile. Si vous l'avez entendu citer des noms...

Je me suis précipitée vers la fenêtre. Dans ma colère, j'avais du mal à aligner deux pensées. Papa n'était pas mort. Non, non, non. Un terroriste, lui ? Allons donc ! C'est toujours pareil avec les adultes. Ils te demandent de dire la vérité, et quand tu le fais, ils refusent de te croire.

Pendant que je regardais la rue obscure, l'impression de froid qui ne m'avait pas quittée depuis le musée s'est accentuée. Mon regard s'est arrêté sur l'arbre mort. Debout auprès de celui-ci, vaguement éclairé par un lampadaire, se tenait un type en imper noir, avec des lunettes rondes et un feutre mou – l'homme que papa avait appelé Amos, et avec lequel il s'était disputé.

J'aurais dû me sentir menacée par sa présence, surtout qu'il levait les yeux vers moi. Mais son visage exprimait l'inquiétude, et il avait quelque chose de familier. Ça me rendait folle de ne pas me rappeler où je l'avais vu.

Derrière moi, l'inspecteur s'est éclairci la voix.

– Sadie, on ne vous reproche rien. Nous savons que c'est contre votre gré que vous avez pris part à l'attaque du musée.

J'ai fait volte-face.

– Contre mon gré ? C'est moi qui ai enfermé le conservateur dans son bureau !

Il a de nouveau levé le sourcil gauche.

– Quand bien même, vous ignoriez les intentions de votre père. Mais croyez-vous que votre frère soit impliqué ?

Je lui ai ri au nez.

– N'importe quoi !

– Je vois que vous êtes également décidée à le défendre. Vous le considérez comme votre vrai frère, n'est-ce pas ?

Je n'en croyais pas mes oreilles. Je l'aurais giflé.

– Vous dites ça parce qu'il ne me ressemble pas, hein ?

– Je voulais juste...

– J'ai très bien compris. Eh bien oui, Carter est mon frère !

Williams a levé les mains pour s'excuser, mais je bouillais de fureur. Même si Carter m'agace, j'ai toujours détesté le regard que les gens jetaient à notre père quand il nous présentait comme ses enfants, comme si on n'avait pas le droit de former une famille. Cet imbécile de Martin, l'inspecteur Williams... Ils avaient tous la même réaction. Tous !

– Sadie, je suis désolé. Croyez-moi, je souhaite seulement faire toute la lumière sur cette affaire. Ce sera beaucoup plus facile pour tout le monde si vous coopérez. Je suis preneur de toute information, de tout nom que votre père aurait pu prononcer devant vous.

– Amos, lui ai-je balancé, juste pour voir sa réaction. Aujourd'hui, il a rencontré un certain Amos.

– Sadie, a soupiré Williams. Vous savez que c'est faux. Nous nous sommes entretenus au téléphone avec cet Amos il y a moins d'une heure. Il se trouvait chez lui, à New York.

– Vous mentez ! Il n'est pas à New York, il...

J'ai jeté un coup d'œil par la fenêtre. Amos avait disparu. Évidemment.

J'ai murmuré :

– C'est impossible...

– En effet.

– Mais il était là, dans la rue ! Et d'abord, c'est qui, ce type ? Un collègue de papa ? Comment avez-vous eu son numéro ?

– Sadie, cette comédie a assez duré.

– Une comédie ?

Il m'a dévisagée, puis il a paru prendre une décision.

– Nous connaissons déjà la vérité par Carter. Je ne vous l'ai pas dit plus tôt pour vous préserver. Il a compris qu'il n'y avait plus lieu de protéger votre père. Aidez-nous, et nous ne retiendrons aucune charge contre vous.

– C'est mal de mentir à des enfants ! ai-je hurlé, espérant qu'on m'entendrait jusqu'au rez-de-chaussée. Carter ne dirait jamais de mal de notre père, et moi non plus !

Williams n'a même pas eu la décence de paraître gêné.

– Je regrette votre entêtement, Sadie. Puisque c'est ainsi, nous allons descendre et discuter des conséquences de votre attitude avec vos grands-parents.

SADIE

4. Un visiteur pas tout à fait inconnu

J'adore les réunions familiales : l'ambiance chaleureuse, les guirlandes de Noël décorant la cheminée, la théière fumante... et un inspecteur de Scotland Yard qui brûle de te passer les menottes.

À moitié affalé sur le canapé, Carter serrait le sac de papa sur sa poitrine. J'ai trouvé bizarre qu'on lui ait permis de le garder – c'était une pièce à conviction, non ? – mais Williams avait l'air de s'en moquer.

Mon frère faisait une tête encore pire que d'habitude. Pourtant, il n'est pas trop moche dans son genre : assez grand, bien bâti, des cheveux pas mal, les mêmes yeux que papa. En voyant sa photo, Liz et Emma ont dit qu'il était « trop mignon », une affirmation à prendre avec des pincettes, car 1) elles parlaient de mon frère, 2) mes copines sont folles. Pour être vraiment « mignon », il faudrait déjà qu'il renouvelle sa garde-robe. À son âge, il s'habille comme un prof : pantalon kaki, chemise à col boutonné, mocassins.

(Oh, ne me regarde pas comme ça, Carter ! Tu sais que j'ai raison.)

Quoi qu'il en soit, je n'avais pas le cœur à le blâmer : la disparition de papa semblait l'atteindre encore plus que moi.

Assis de part et d'autre de Carter, papy et mamie

paraissaient nerveux. Il y avait une théière pleine et une assiette de biscuits sur la table, mais personne n'y avait touché. L'inspecteur-chef Williams m'a fait asseoir dans un fauteuil, puis il a pris la pose devant la cheminée. Deux flics gardaient la porte – la femme que j'avais déjà vue et un grand type qui n'arrêtait pas de lorgner les biscuits.

– Monsieur et madame Faust, a déclaré Williams, j'ai le regret de vous dire que vos petits-enfants refusent de coopérer.

Mamie tripotait l'ourlet de sa robe. À la voir, on a du mal à croire qu'elle est la mère de maman. Mamie est toute frêle et incolore, tandis que sur les photos, maman avait toujours l'air heureuse et pleine de vie.

– Ce ne sont que des enfants... a-t-elle avancé.

– Peuh ! a fait papy. Inspecteur, tout ceci est ridicule. Ces gosses ne sont pas responsables.

Papy est un ancien rugbyman. Il a des avant-bras comme des jambons, un ventre qui déborde de sa ceinture et de petits yeux enfoncés – on dirait que quelqu'un a tenté de les faire entrer dans sa tête à coups de poing. (C'est un peu ce qu'a fait papa il y a quelques années, mais c'est une autre histoire.) La plupart des gens évitent de l'asticoter, mais Williams n'a pas paru impressionné.

– Monsieur Faust, a-t-il repris, je vous laisse imaginer les gros titres des journaux demain matin : « Attentat au British Museum. La Pierre de Rosette détruite. » Votre gendre...

– Ex-gendre, a rectifié papy.

– ... a probablement été volatilisé dans l'explosion, à moins qu'il n'ait réussi à prendre la fuite, auquel cas...

J'ai protesté :

– Il ne s'est pas enfui !

– ... nous devons découvrir où il se cache. Et les seuls témoins, vos petits-enfants, refusent de parler.

Carter est intervenu :

– On vous a dit la vérité. Papa n'est pas mort. Il a été avalé par le sol.

Williams a jeté un regard entendu à papy, puis il s'est tourné vers Carter, adoptant le tutoiement :

– Mon garçon, ton père s'est rendu coupable d'un acte criminel avant de vous abandonner...

– C'est faux !

Ma voix tremblait de rage. Bien sûr, je ne croyais pas une seconde que papa nous ait laissés volontairement aux mains de la police. Mais l'idée qu'il ait pu m'abandonner... Comme je l'ai déjà dit, c'est une question sensible.

– Chérie, je t'en prie, m'a suppliée mamie. L'inspecteur ne fait que son travail.

– Alors, il le fait mal.

– Et si nous buvions une tasse de thé ? a-t-elle proposé.

– Non !

Carter et moi avions crié en même temps. Mamie s'est pratiquement recroquevillée sur le canapé. J'ai eu un peu de peine pour elle.

– Nous pouvons retenir des charges contre toi, m'a dit Williams d'un air menaçant. D'ailleurs...

Il s'est tu et a cligné plusieurs fois des yeux, comme s'il avait oublié ce qu'il allait dire ensuite.

– Inspecteur ? a fait papy.

– Oui... a murmuré Williams d'un ton rêveur.

Il a sorti de sa poche un petit livret bleu – un passeport américain – qu'il a jeté sur les genoux de Carter.

– Tu as vingt-quatre heures pour quitter le territoire, lui a-t-il dit. Si on a besoin de t'interroger à nouveau, on te contactera par l'intermédiaire du FBI.

Carter m'a lancé un regard surpris. Williams était sur le point de nous arrêter tous les deux, ça ne faisait aucun doute, et voilà qu'il expulsait mon frère ? Même les autres flics n'en revenaient pas.

– Chef ? a dit la femme. Vous êtes sûr que...

– Silence, Linley. Vous deux, vous pouvez vous retirer.

La femme et le grand type ont hésité, puis Williams les a chassés de la main, et ils sont sortis en refermant la porte derrière eux.

– C'est une blague ? a dit Carter. Mon père a disparu, et vous me demandez de quitter le pays ?

– Ton père est soit mort soit en fuite. Dans ton cas, l'expulsion apparaît comme une mesure de clémence. Nous avons pris les dispositions nécessaires...

– Qui ça ? s'est enquis papy. D'où vient l'autorisation ?

Williams a eu une nouvelle absence.

– Elle vient... des autorités compétentes. Croyez-moi, ça vaut mieux que la prison.

Carter avait l'air trop anéanti pour protester, mais avant que j'aie pu le plaindre, Williams s'est tourné vers moi :

– Même chose pour toi, Sadie.

J'ai eu l'impression qu'on m'avait assommée avec une massue.

– Vous m'expulsez ? Mais je vis ici !

– Tu es une citoyenne américaine. Dans ces circonstances, il vaut mieux que tu rentres chez toi.

Chez moi... Le seul chez-moi que j'avais jamais connu, c'était chez mes grands-parents. Mon école, mes amies, ma chambre – toute ma vie était là.

– Mais je n'ai nulle part où aller !

– Inspecteur, a dit mamie d'une voix émue. Ce n'est pas juste. Je ne peux pas croire...

Williams l'a interrompue :

– Je vous accorde quelques minutes pour vous dire au revoir.

Puis il a froncé les sourcils, comme si son propre comportement le laissait perplexe.

– Je... Il faut que je vous laisse.

Tout ça n'avait aucun sens. Williams lui-même semblait en être conscient, mais il s'est quand même dirigé vers la porte. Quand il l'a ouverte, j'ai failli tomber de mon fauteuil : Amos se trouvait derrière. Il s'était débarrassé de son imper et de son chapeau, mais il portait toujours son costume rayé et ses lunettes rondes. Des perles dorées brillaient dans ses cheveux tressés.

Je m'attendais à ce que Williams manifeste de l'étonnement, mais il a dépassé Amos sans dire un mot et s'est éloigné dans la nuit.

Amos est entré et a refermé la porte. Mes grands-parents se sont levés d'un bond.

– Vous ! a grondé papy. J'aurais dû m'en douter. Si j'étais plus jeune, je vous réduirais en bouillie.

Amos les a salués puis nous a regardés, Carter et moi, comme si nous étions un problème à résoudre.

– Monsieur et madame Faust, il est temps que nous ayons une conversation.

Apparemment très à l'aise, Amos s'est laissé tomber dans le canapé et s'est versé une tasse de thé. Il a également pris un biscuit, ce que j'ai trouvé très courageux : les gâteaux de mamie sont infects.

J'ai cru que la tête de papy allait exploser. Son teint avait viré au rouge brique. Debout derrière Amos, il a levé le poing comme s'il avait l'intention de l'écraser, mais l'autre a continué à grignoter son biscuit.

– Asseyez-vous, je vous prie, nous a-t-il dit.

On a tous obtempéré. Même papy est venu s'asseoir à côté de lui avec un soupir écœuré.

Amos me fixait d'un air mécontent tout en sirotant son thé. J'ai pensé qu'il exagérait. Je n'étais pas si affreuse que ça, surtout si on tenait compte de ce que je venais de vivre. Puis il a regardé Carter et a marmonné :

– On ne pouvait pas imaginer plus mauvais timing. Ça ne nous laisse pas le choix. Les enfants vont devoir partir avec moi.

J'ai sursauté :

– Pardon ? Il est hors de question que j'aille où que ce soit avec un inconnu qui a des miettes de biscuits sur le menton.

C'était vrai, il en avait, mais apparemment, il s'en moquait. Il n'a même pas pris la peine de vérifier.

– Je ne suis pas un inconnu, Sadie, a-t-il rétorqué. Tu ne te rappelles pas ?

Ça m'a fichu la trouille de l'entendre me parler comme ça. J'ai jeté un coup d'œil à Carter, mais il avait l'air aussi paumé que moi.

– Amos, non, l'a supplié mamie. Nous avions passé un accord. Vous ne pouvez pas emmener Sadie.

– Julius vient de rompre cet accord. Après ce qui est arrivé, vous ne pouvez plus veiller sur Sadie. Leur seule chance est de venir avec moi.

Carter est intervenu :

– Et pourquoi on irait avec vous ? Cet après-midi, vous avez failli vous battre avec notre père !

– Je vois que tu as conservé sa sacoche, a remarqué Amos. Tant mieux. Tu vas en avoir besoin. Pour ce qui est de notre dispute, sache que ce n'était pas la première. Au cas où tu ne l'aurais pas compris, je tentais de l'empêcher de commettre une folie. Nous n'en serions pas là s'il m'avait écouté.

– Vous et vos maudites superstitions ! s'est exclamé papy. Je vous ai déjà dit que je ne voulais pas entendre parler de ça.

Amos a désigné les portes-fenêtres à travers lesquelles on pouvait admirer les jeux de lumière sur la Tamise. Le spectacle était magnifique. La nuit, on ne voyait pas à quel point certains bâtiments étaient délabrés.

– C'est vous qui parlez de superstitions ? a-t-il dit. Vous qui vous êtes installé à l'est de la rivière ?

Papy est devenu encore plus rouge.

– C'était une idée de Ruby. Elle pensait que ça nous protégerait. Mais elle s'est trompée sur beaucoup de choses. Pour commencer, elle vous a fait confiance, à vous et à Julius !

Amos est resté impassible. Il se dégageait de lui une odeur intéressante, un mélange d'épices, d'ambre et de benjoin qui rappelait un peu les boutiques d'encens de Covent Garden.

Il a fini son thé avant de s'adresser à mamie :

– Madame Faust, vous savez ce qui est en train de se passer. La police est le moindre de vos soucis.

– Vous... vous avez influencé cet inspecteur. C'est vous qui l'avez poussé à expulser Sadie.

– Il s'apprêtait à arrêter les enfants.

– Vous avez influencé l'inspecteur Williams ? ai-je dit. Comment ?

– Ça ne durera pas. D'ici à une heure, il va commencer à se demander ce qui lui a pris. Il vaudrait mieux que nous soyons déjà à New York à ce moment-là.

Carter a éclaté de rire.

– Il est impossible de se rendre à New York en moins d'une heure, même avec le plus rapide des avions.

– C'est pourquoi nous n'allons pas prendre l'avion.

Amos s'est ensuite tourné vers mamie, comme si la question était réglée.

– Madame Faust, la seule chance qu'ont ces enfants de s'en sortir est de m'accompagner à mon manoir de Brooklyn. Là-bas, je pourrai les protéger...

Carter l'a coupé :

– Vous avez un manoir ? À Brooklyn ?

Amos a souri.

– Plutôt une maison de famille. Vous y serez en sécurité.

– Mais notre père...

– Vous ne pouvez plus rien pour lui, a dit Amos d'une voix triste. Crois bien que je le regrette, Carter. Je vous expliquerai tout plus tard, mais votre père aurait voulu que je vous mette à l'abri du danger. Pour ça, il va falloir faire vite. J'ai bien peur que tu n'aies que moi.

C'était un peu brutal, mais Carter a acquiescé d'un air sombre. Il savait que nos grands-parents ne voulaient pas de lui parce qu'il leur rappelait trop notre père. C'est idiot, mais c'est comme ça.

J'ai dit :

– Carter fait ce qu'il veut, mais moi, je reste ici. Pas vrai ?

J'ai regardé mamie, quêtant son appui, mais elle paraissait soudain fascinée par les motifs du napperon de dentelle sur la table.

– Papy...

Lui aussi a détourné les yeux.

– Vous savez comment leur faire quitter le pays ? a-t-il demandé à Amos.

Celui-ci s'est levé, a brossé les miettes de sa veste et s'est dirigé vers les portes-fenêtres.

– La police ne va pas tarder à revenir, a-t-il dit en contemplant la rivière. Racontez-leur n'importe quoi. Ils n'ont aucune chance de nous retrouver.

– Vous comptez nous enlever ? me suis-je écriée, abasourdie.

Je me suis ensuite tournée vers Carter :

– Et toi, tu ne dis rien ?

Carter a glissé la bandoulière du sac sur son épaule, comme s'il était brusquement pressé de partir, et s'est tourné vers Amos :

– Vous avez un plan pour nous conduire à New York ? Vous avez dit qu'on ne prendrait pas l'avion.

Amos a touché la vitre du doigt et tracé des signes dans la buée – encore ces fichus hiéroglyphes.

– Un bateau, ai-je murmuré.

Je me suis aperçue que je venais de traduire à voix haute, alors que j'étais censée ne rien y connaître.

Amos m'a jeté un regard par-dessus ses lunettes.

– Comment as-tu... ?

J'ai inventé un bobard :

– Le dernier dessin m'a fait penser à un bateau. Mais ça ne peut pas être ça.

– Viens voir ! s'est exclamé Carter.

Je l'ai rejoint devant la porte-fenêtre. Un bateau était amarré le long du quai – un bateau en roseau égyptien, avec deux torches allumées à l'avant et un gouvernail à l'arrière. Un homme en imper noir, coiffé d'un chapeau – celui d'Amos ? – se tenait debout près de la barre.

J'avoue que pour une fois, je suis restée sans voix.

Carter a été le premier à réagir :

– C'est ce truc qui va nous emmener à Brooklyn ?

– Nous ferions bien de nous mettre en route, a simplement répondu Amos.

J'ai supplié ma grand-mère du regard :

– Mamie...

Elle a essuyé une larme.

– C'est mieux ainsi, chérie. Tu devrais aller chercher Muffin.

Amos a acquiescé :

– Ah oui ! Le chat… Il ne faut pas l'oublier.

Il s'est tourné vers l'escalier. Comme obéissant à un signal, un bolide tacheté a dévalé les marches et a sauté dans mes bras. D'habitude, Muffin déteste les inconnus. Mais la présence de cet homme ne semblait pas la déranger.

– Qui êtes-vous ? ai-je demandé à Amos. On ne peut pas partir comme ça, avec un étranger…

Il m'a souri.

– Je ne suis pas un étranger.

Soudain un souvenir tellement lointain qu'il était presque effacé a surgi de ma mémoire : un visage souriant penché vers moi tandis qu'une voix prononçait les mots « Bon anniversaire, Sadie ».

– Oncle Amos ? ai-je dit d'un ton hésitant.

– Lui-même. Le frère de Julius. Venez, maintenant. Nous avons une longue route à faire.

CARTER

5. Rencontre avec un singe remarquable

C'est encore moi, Carter. Pardon. On a dû interrompre cet enregistrement parce qu'on était poursuivis par... J'y reviendrai.

Sadie te racontait comment on avait quitté Londres, c'est ça ?

On a donc suivi Amos jusqu'au bateau. Je serrais la sacoche de mon père sous mon bras. J'avais toujours du mal à admettre sa disparition. Je me sentais coupable de partir sans lui, mais Amos avait raison au moins sur un point : pour le moment, on ne pouvait rien pour lui. Je n'avais aucune confiance en notre oncle, mais si je voulais découvrir ce qui était arrivé à papa, j'avais intérêt à être bien avec lui. Apparemment, il était le seul à savoir quelque chose.

Amos a sauté à bord du bateau, aussitôt imité par Sadie. J'ai hésité : j'avais déjà vu des embarcations de ce genre sur le Nil, et elles m'avaient toujours paru instables.

Celle-ci était faite de fibres de roseau entrecroisées, tel un tapis géant flottant. Les torches allumées à la proue m'effrayaient un peu – si nous avions la chance de ne pas couler, nous risquions de brûler. Le pilote, tout petit, portait l'imperméable d'Amos et son chapeau. Ce dernier, bien enfoncé sur sa tête, cachait son visage tandis que ses mains et ses pieds disparaissaient dans les plis du manteau.

J'ai demandé :

– Ce truc se déplace comment ? Il n'a pas de voile.

– Fais-moi confiance, a dit Amos en me tendant une main.

La nuit était froide. Pourtant, à l'instant où j'ai pris pied sur le bateau, j'ai senti la chaleur m'envelopper, comme si la lumière des torches formait un halo protecteur autour de nous. Une tente faite de nattes se dressait au milieu du pont. Muffin, toujours blottie dans les bras de Sadie, l'a reniflée et a grondé.

Amos nous a proposé de nous asseoir à l'intérieur.

– J'ai peur que ça secoue un peu, a-t-il ajouté.

– Merci, a rétorqué Sadie, mais je préfère rester debout. C'est qui ? a-t-elle demandé en désignant le petit homme à la poupe.

Négligeant de répondre, Amos a fait un signe au pilote, et le bateau s'est élancé.

Tu as déjà eu la sensation que ton estomac se décrochait au moment où ton chariot abordait la descente des montagnes russes ? Eh bien, c'était un peu pareil, sauf qu'on ne tombait pas et qu'il ne s'agissait pas d'une impression passagère. Le bateau avançait à une vitesse stupéfiante. Les lumières de la ville se sont diluées dans un épais brouillard. L'obscurité bruissait de sons étranges : sifflements, chuintements, cris lointains, murmures dans des langues inconnues...

Soudain les bruits se sont amplifiés au point que j'ai failli hurler, au bord de la nausée. Puis le bateau a ralenti, le silence est revenu et le brouillard s'est dissipé. Les lumières ont brillé de nouveau, plus vives qu'avant.

Devant nous se dressait un pont illuminé, plus haut que n'importe quel pont de Londres. J'ai distingué à gauche les silhouettes familières du Chrysler Building et de l'Empire State Building.

J'ai poussé un cri :

– On est à New York !

Sadie était verte – comme moi, je suppose. Dans ses bras, Muffin fermait les yeux. On aurait dit qu'elle ronronnait.

– Impossible, a balbutié ma sœur. Le voyage n'a duré que quelques minutes.

Pourtant on était bien sur l'East River, juste au pied du pont de Williamsburg. Notre bateau s'est rangé le long du quai, côté Brooklyn. Devant nous s'étendait une friche industrielle pleine de ferraille et d'engins de chantier abandonnés. Sur la berge s'élevait un immense entrepôt couvert de graffitis, dont les issues étaient condamnées par des planches.

– C'est pas un manoir, a remarqué Sadie, déçue.

Quel sens de l'observation !

– Regarde mieux, a dit Amos, désignant le sommet du bâtiment.

– Comment...

Ma voix s'est brisée. J'ignore comment j'avais pu ne pas le voir jusque-là, mais le fait est qu'un manoir de quatre étages occupait le toit de l'entrepôt, pareil à une maquette plantée sur un gâteau.

– C'est une longue histoire, a dit Amos. Nous avions besoin de nous abriter des regards.

– À l'est de la rivière, a observé Sadie. Comme la maison de nos grands-parents, à Londres.

Amos a souri.

– Très juste, Sadie. Dans l'Antiquité, la rive orientale du Nil symbolisait la vie – c'était là que le soleil se levait. On enterrait toujours les morts sur la rive occidentale, et celle-ci était réputée dangereuse. Cette tradition perdure parmi... notre peuple.

– Notre peuple ? ai-je demandé.

Mais Sadie s'est imposée avec une nouvelle question :

– Donc, tu ne peux pas habiter à Manhattan ?

Amos a tourné son regard vers l'Empire State Building.

– Manhattan a d'autres problèmes. D'autres dieux. Mieux vaut ne pas en approcher.

– D'autres *quoi* ? a insisté Sadie.

– Rien.

Amos s'est alors dirigé vers le pilote et l'a dépouillé de son manteau et de son chapeau. Il n'y avait personne dessous. Notre oncle a ensuite coiffé son couvre-chef, a plié son imper sur son avant-bras et nous a désigné sur le côté de l'entrepôt un escalier métallique tournant qui permettait d'accéder au manoir.

– Bienvenue au Nome Vingt et un.

– Un gnome ? ai-je demandé en montant l'escalier derrière lui. Le manoir porte le nom d'une espèce de lutin mal embouché ?

– Grands dieux, non ! s'est exclamé Amos. Je déteste les gnomes. Ils sentent horriblement mauvais.

– Mais tu viens de dire...

– « Nome, n-o-m-e. » Un terme très ancien désignant un district, une région. Autrefois, l'Égypte était divisée en quarante-deux provinces. Aujourd'hui, on raisonne à l'échelle planétaire. Notre monde comprend trois cent soixante nomes. L'Égypte est le premier, bien sûr, et New York, le vingt et unième.

Ma sœur m'a regardé en vrillant un index sur sa tempe.

– Non, Sadie, je ne suis pas fou, a lancé Amos sans même se retourner. Vous avez beaucoup à apprendre.

On avait atteint le toit. D'une hauteur d'environ trente mètres, le manoir était construit avec d'énormes blocs de calcaire. Les cadres métalliques des fenêtres étaient entourés de hiéroglyphes gravés. Les murs éclairés évoquaient un croisement entre un musée contemporain et un temple antique. Mais le plus étrange, c'était que le bâtiment semblait disparaître quand on détournait les yeux. J'ai fait l'expérience à plusieurs reprises, pour vérifier. Si je le regardais du coin de l'œil, le manoir était invisible. Il fallait se concentrer pour le voir apparaître, et même ça exigeait un effort de volonté.

Amos s'est immobilisé devant l'entrée – un large panneau de bois sombre, à peu près de la taille d'une porte de garage, sans poignée ni serrure visibles.

– Après toi, Carter.

– Euh, on fait comment...

– À ton avis ?

Super, un mystère de plus. J'allais suggérer à notre oncle d'utiliser son crâne comme bélier quand j'ai eu une sensation bizarre. J'ai levé un bras, lentement, sans toucher la porte, et celle-ci a coulissé vers le haut avant de disparaître à l'intérieur du mur.

– T'as fait comment ? s'est exclamée Sadie, stupéfaite.

– J'en sais rien. Il y a peut-être un détecteur de mouvement ?

Amos avait l'air troublé.

– Intéressant, a-t-il dit. J'aurais procédé autrement, mais c'est remarquable.

– Merci.

Sadie a voulu entrer, mais à peine s'est-elle avancée que Muffin a poussé un cri et s'est débattue pour lui échapper.

Sadie a reculé.

– Qu'est-ce qui te prend, minette ?

– Oh ! pardon, a dit Amos.

Une main posée sur la tête de Muffin, il a repris d'un ton solennel :

– Tu peux entrer.

– La chatte a besoin d'une autorisation ? ai-je demandé.

– Oui, dans des circonstances spéciales, a répondu Amos.

Sur cette explication qui n'en était pas une, il a franchi la porte. Nous l'avons imité, et cette fois, Muffin n'a pas bronché.

– Ça alors ! a murmuré Sadie.

Elle ouvrait si grand la bouche que j'ai cru qu'elle allait cracher son chewing-gum.

– La grande salle, a indiqué Amos.

Celle-ci n'avait pas usurpé son nom. Le plafond, d'une hauteur de trois étages et constitué de poutres en cèdre, était soutenu par des colonnes de pierre gravées de hiéroglyphes. Une collection hétéroclite d'armes et d'instruments de musique antiques décorait les murs. Trois balcons faisaient le tour de la pièce, dotés de portes donnant sur le vaste espace central. La cheminée, tellement large et profonde qu'on aurait pu y garer une voiture, était surmontée d'un téléviseur à écran plasma auquel faisaient face deux canapés en cuir. Le sol était recouvert d'un tapis en peau de serpent d'environ dix mètres sur cinq – plus grand que n'importe quel reptile connu. Une immense baie vitrée laissait voir une terrasse avec piscine, coin repas et brasero. À l'opposé de la salle, une double porte ornée de l'Œil d'Horus était fermée par une demi-douzaine de cadenas. Que pouvait-elle bien cacher ?

Mais le clou du spectacle, c'était la statue monumentale qui se dressait au centre de la salle. Tout en marbre noir, elle représentait un dieu égyptien avec une tête d'oiseau à long bec et un corps d'homme.

Vêtu d'un pagne, d'une ceinture et d'un large collier, le dieu tenait d'une main un calame et de l'autre, un papyrus sur lequel on distinguait un ankh dont la partie supérieure était enfermée dans un rectangle.

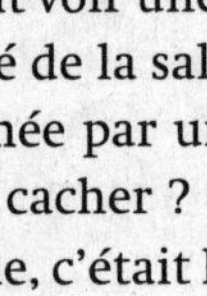

– Le Per-Ankh ! s'est exclamée Sadie.

Je lui ai lancé un regard incrédule.

– Tu lis les hiéroglyphes, toi ?

– Non, mais c'est évident : le rectangle représente la maison.

– Où est-ce que tu vas chercher ça ? C'est juste une boîte !

En réalité, elle avait raison : je connaissais ce symbole, et c'était bien l'image simplifiée d'une maison avec une porte. Mais ça n'avait rien d'évident pour la plupart des gens, surtout tels que ma sœur. Pourtant, elle était catégorique.

– Ça représente une maison, a-t-elle insisté. Et dessous, c'est l'ankh, le symbole de la vie. Per-Ankh, la Maison de vie.

Amos semblait impressionné.

– Excellent, Sadie. Et cette statue représente le seul dieu autorisé à entrer dans la Maison de vie, du moins en principe. Tu l'as reconnu, Carter ?

Un déclic s'est fait dans mon esprit : l'oiseau était un ibis, un échassier des bords du Nil.

J'ai répondu :

– C'est Thot, le dieu de la connaissance. L'inventeur de l'écriture.

– Pourquoi les dieux égyptiens ont-ils tous des têtes d'animaux ? a demandé Sadie. Ça leur donne l'air bête.

– Normalement, ils n'apparaissent pas sous cette forme, a expliqué Amos. Pas dans la vraie vie.

– À t'entendre, on dirait que tu les as rencontrés en personne, ai-je remarqué.

L'expression d'Amos n'était pas faite pour me rassurer. Il semblait évoquer des souvenirs particulièrement désagréables.

– Les dieux peuvent revêtir quantité de formes, a-t-il repris. Le plus souvent, ils adoptent une apparence entièrement humaine, ou entièrement animale, mais parfois, ils préfèrent une forme hybride. Ce sont des forces primitives, voyez-vous, reliant l'homme à la nature. On les représente avec des têtes d'animaux pour indiquer qu'ils existent sur deux plans à la fois. C'est clair ?

– Pas du tout, a répondu Sadie.

– Normal, vous avez encore beaucoup à apprendre. Sachez seulement que Thot a créé la Maison de vie, dont cette demeure est en quelque sorte l'agence régionale. Du moins l'était-elle à l'origine... Avant votre arrivée, il ne restait plus que moi au Nome Vingt et un.

Les questions se bousculaient dans ma tête :

– C'est quoi, la Maison de vie ? Pourquoi Toth est-il le seul dieu autorisé à y entrer ? Et pourquoi...

Amos m'a souri.

– Carter, je comprends ta curiosité, mais il vaut mieux parler de ces choses-là à la lumière du jour. Vous avez besoin de repos, et je n'aimerais pas que vous fassiez des cauchemars.

– Je ne crois pas que j'arriverai à dormir, ai-je rétorqué.

Muffin s'est étirée dans les bras de Sadie et a bâillé à s'en décrocher la mâchoire.

Amos a frappé dans ses mains et appelé :

– Khéops !

J'ai d'abord cru qu'il avait éternué, puis un petit homme de la taille d'un enfant à la chevelure dorée, entièrement vêtu de violet, a descendu les escaliers en se dandinant. Il m'a fallu une seconde pour réaliser qu'il s'agissait d'un babouin portant un maillot des Los Angeles Lakers.

Le babouin a sauté de la dernière marche pour atterrir devant nous. Il a montré les dents en produisant un bruit entre le rot et le rugissement. Son haleine empestait les chips goût fromage.

J'ai dit le premier truc qui m'est passé par la tête :

– Les Lakers sont mon équipe de basket préférée !

Le babouin s'est frappé le front à deux mains en faisant le même bruit bizarre.

– Khéops a l'air de t'apprécier, a observé Amos. Je crois que vous allez bien vous entendre, tous les deux.

– Donc, tu as un serviteur babouin, a dit Sadie, abasourdie. Pourquoi pas ?

Muffin ronronnait dans ses bras, indifférente à Khéops.

Celui-ci a poussé un grognement en me regardant.

Amos a ri.

– Il dit qu'il aimerait faire quelques paniers avec toi, a-t-il traduit. Pour savoir ce que tu vaux.

– Euh... Pas de problème. Mais comment as-tu...

– Carter, je crains que tu ne sois pas au bout de tes surprises. Mais si vous voulez survivre et sauver votre père, vous allez d'abord devoir vous reposer.

– Tu as bien dit « survivre et sauver votre père » ? est intervenue Sadie. Tu pourrais développer ?

– On en reparlera demain, après le test d'orientation. Khéops, montre-leur leurs chambres, s'il te plaît.

Avec un nouveau grognement, le babouin s'est détourné et a commencé à gravir les marches. Malheureusement, son maillot n'était pas assez long pour couvrir son postérieur multicolore.

J'allais le suivre quand Amos a repris :

– Carter, la sacoche. Il vaut mieux que je l'enferme dans la bibliothèque.

J'ai hésité. J'avais presque oublié la sacoche pendue à mon épaule, mais elle était tout ce qui me restait de papa – sa valise était toujours au British Museum, avec la mienne. J'avais trouvé étonnant que les policiers ne me la prennent pas, mais aucun d'eux n'avait paru y prêter attention.

– Je te la rendrai, m'a assuré Amos. Quand le temps sera venu.

Il l'avait demandée gentiment, mais quelque chose dans son regard indiquait que je n'avais pas vraiment le choix.

Je lui ai tendu la sacoche. Il l'a prise avec précaution, comme si elle était remplie d'explosifs.

– À demain matin.

Il s'est dirigé vers la double porte, qui s'est entrouverte juste assez pour lui livrer passage sans rien révéler de ce qu'elle dissimulait. Puis les battants se sont refermés, et les chaînes ont repris leur place.

Sadie et moi avons échangé un regard. La perspective de rester seuls dans la grande salle, face à l'imposante statue de Thot, n'avait rien de réjouissant, alors on a suivi Khéops.

Les deux chambres contiguës que Sadie et moi occupions au deuxième étage étaient les plus chouettes que j'avais jamais vues.

La mienne comportait un coin cuisine avec un placard rempli de canettes de Ginger Ale (non, Sadie. Ce n'est pas une boisson de vieux. Maintenant, silence !), de barres Twix et de sachets de Skittles. Mes préférés ! Comment Amos avait-il deviné ? Il y avait aussi une télé, un ordinateur, une chaîne stéréo dernier cri. La salle de bains était approvisionnée en dentifrice, déodorant, etc. Et que dire du lit extra large, même si l'oreiller semblait un peu bizarre ? En fait, il s'agissait d'un repose-nuque en ivoire comme j'en avais vu dans des tombes égyptiennes, décoré de lions et de hiéroglyphes – évidemment.

La chambre possédait même un balcon donnant sur le port de New York – on apercevait Manhattan et la statue de la Liberté au loin – mais la porte-fenêtre coulissante ne s'ouvrait pas.

Je me suis retourné vers Khéops, mais il avait disparu, et la porte de ma chambre était fermée à clé de l'extérieur.

Une voix étouffée m'est parvenue de la pièce voisine :

– Carter ?

– Oui, Sadie ?

J'ai tenté d'ouvrir la porte de communication entre nos deux chambres. Également fermée à clé.

– On dirait qu'on est prisonniers, a repris Sadie. Tu crois qu'Amos... À ton avis, on peut lui faire confiance ?

Après tout ce que j'avais vu ce jour-là, je n'avais plus confiance en rien ni en personne, mais j'ai perçu de la peur dans la voix de ma sœur. Ça a éveillé en moi un sentiment inconnu, comme un besoin de la protéger. Pourtant, j'avais toujours trouvé Sadie plus courageuse que moi. Elle n'en faisait qu'à sa tête, sans craindre les conséquences de ses actes. Mais pour l'heure, je me sentais obligé d'endosser un rôle que je n'avais pas joué depuis très, très longtemps : celui de grand frère.

– Tout va bien se passer, ai-je dit d'un ton qui se voulait rassurant. Si Amos avait voulu nous faire du mal, il n'aurait pas attendu. Essaie de dormir un peu.

– Carter ?

– Sadie ?

– Ce qui est arrivé au musée, le bateau d'Amos, cette maison... C'est de la magie, pas vrai ?

– Je crois, oui.

Elle a soupiré.

– Ouf ! Je ne suis pas en train de devenir folle.

– Maintenant, va faire téter les puces, ai-je dit.

Au même moment, il m'est venu à l'esprit que je n'avais pas prononcé cette phrase depuis l'époque où on habitait tous les quatre à Los Angeles, quand maman était encore en vie.

– Papa me manque, a ajouté Sadie. Je ne le voyais presque jamais, je sais... Mais quand même.

Mes yeux se sont embués. Je me suis rapidement ressaisi. Pas question de flancher. Sadie avait besoin de moi. Notre père avait besoin de nous.

– On le retrouvera, ai-je promis. Fais de beaux rêves.

J'ai tendu l'oreille, mais j'ai seulement entendu Muffin miauler et gambader à travers la chambre. Elle au moins avait l'air heureuse.

Je me suis déshabillé puis couché. Le lit était douillet, mais l'oreiller me faisait mal à la nuque, alors je l'ai posé par terre, décidé à m'en passer.

Quelle erreur !

CARTER

6. Pancakes et crocodile

Comment décrire cette expérience ? Ce n'était pas un cauchemar, non. C'était beaucoup plus réel et terrifiant.

Tandis que je dormais, je me suis soudain senti léger, très léger. Je me suis élevé vers le plafond, et en me retournant, je me suis vu endormi dans mon lit.

J'ai pensé, *Je suis mort.* Mais non, je n'étais pas un fantôme. J'avais à présent une forme chatoyante et dorée, avec des ailes à la place des bras. (Non, Sadie, pas comme une dinde. Tu veux bien me laisser raconter ?)

Je savais qu'il ne s'agissait pas d'un rêve – je ne rêve jamais en couleur, et encore moins avec mes cinq sens. Un faible parfum de jasmin flottait dans la chambre. J'entendais éclater les bulles à l'intérieur de la canette ouverte sur la table de chevet. Un souffle d'air froid ébouriffait les plumes de mes ailes. J'ai alors constaté que les fenêtres étaient ouvertes. Je n'avais aucune envie de partir, mais un courant irrésistible m'entraînait hors de la pièce, telle une feuille emportée par la tempête.

Bientôt les lumières de la vaste demeure se sont brouillées, la ligne d'horizon s'est estompée. Je filais à toute allure à travers le brouillard et l'obscurité. Des voix étranges murmuraient autour de moi. Il m'a semblé que mon estomac se décrochait, comme à bord du bateau d'Amos. Puis la brume s'est dissipée.

Je flottais au-dessus d'une montagne aride. Les lumières d'une grande ville tapissaient la vallée loin au-dessous. De toute évidence, il ne s'agissait pas de New York. Malgré la nuit, je savais que je me trouvais dans le désert. Sous la morsure du vent, ma peau me paraissait aussi fragile que du papier. Curieusement, mon visage semblait être resté le même, comme si je ne m'étais qu'à moitié transformé en oiseau. (Très drôle, Sadie : un Carter à tête de piaf. T'es contente de toi ?)

Soudain j'ai aperçu deux silhouettes sur une corniche en contrebas. Elles, en revanche, ne me voyaient pas : j'avais cessé de briller et étais presque invisible dans la nuit. Je les distinguais juste assez pour savoir qu'elles n'étaient pas humaines. En me concentrant, j'ai vu que l'une était trapue, avec une peau visqueuse qui luisait à la clarté des étoiles – un amphibien dressé sur deux pattes. L'autre, grande et maigre, possédait des serres à la place des pieds et un visage rougeâtre, à l'aspect moite – je me suis réjoui de ne pas mieux le voir.

– Il est où ? a coassé l'espèce de crapaud.

– Il n'a pas encore trouvé d'hôte permanent, a répondu son compagnon. D'ici là, il ne peut apparaître qu'un court instant.

– T'es sûr qu'on est au bon endroit ?

– Puisque je te le dis, imbécile ! Il ne va pas tarder.

Une forme flamboyante s'est brusquement matérialisée sur la corniche. Les deux créatures se sont prosternées, le front dans la poussière, et j'ai souhaité de toutes mes forces être vraiment invisible.

– Maître ! s'est exclamé le crapaud.

La silhouette du nouveau venu se détachait sur la nuit.

– Comment appelle-t-on cet endroit ? a-t-il demandé.

J'ai reconnu sans doute possible la voix de l'homme qui avait attaqué papa au British Museum. La terreur que j'avais ressentie alors a resurgi, me paralysant. Je me suis revu, incapable de lancer la pierre que j'avais ramassée. J'avais échoué à sauver mon père.

– Maître, a répondu la créature aux pieds de rapace, cette montagne s'appelle Camelback Mountain, et la ville, Phoenix.

Le nouveau venu a éclaté d'un rire tonitruant.

– Un nom on ne peut plus approprié. Et ce désert me rappelle le mien. Il ne reste plus qu'à en effacer toute forme de vie. Car un désert doit être parfaitement stérile, vous ne croyez pas ?

– Oh oui, Maître ! a approuvé le crapaud. Mais, et les quatre autres ?

– L'un se trouve déjà dans la tombe, une autre sera facile à manipuler. Quant aux deux derniers, je leur réglerai bientôt leur compte.

– Euh... comment ?

L'homme que les deux autres appelaient « Maître » brillait à présent d'un éclat presque aveuglant.

– Je te trouve bien curieux, misérable têtard.

Il a pointé un doigt vers le crapaud dont la peau s'est mise à fumer.

Je ne décrirai pas ce qui a suivi. C'est au-dessus de mes forces. Mais si tu as déjà vu de sales gosses mettre du sel sur un escargot, tu devineras ce qui est arrivé au crapaud. Bientôt, il n'est plus rien resté de lui.

Pieds de rapace a eu un mouvement de recul – comment lui en vouloir ?

– Nous construirons mon temple ici, sur cette montagne, a dit son maître, comme s'il ne s'était rien passé. Quand il sera achevé, je provoquerai la plus grosse tempête qu'on ait jamais vue et je nettoierai tout. Tout !

– Oui, Maître, a vivement acquiescé Pieds de rapace. Et si je puis me permettre, afin d'accroître votre puissance...

Le serviteur s'est avancé, le dos courbé, pour murmurer quelque chose à l'oreille du Maître.

Je m'attendais à ce que celui-ci le transforme en poulet rôti, pourtant il s'est laissé approcher. Je n'ai rien entendu de ce que lui disait l'autre, mais son éclat s'est encore accentué.

– Excellent ! Si tu réussis, tu seras récompensé. Sinon...

– Compris, Maître.

– Dans ce cas, va. Déchaîne nos forces. Envoie-leur d'abord les Longs Cous. Et amène-moi les deux novices. Je les veux vivants, avant qu'ils n'aient appris à maîtriser leurs pouvoirs. Ne me déçois pas.

– Non, Maître.

– Phoenix, a répété le Maître. Décidément, ça me plaît.

Sa main a balayé la ligne d'horizon, comme s'il imaginait la ville en flammes.

– Bientôt, je surgirai de tes cendres. Ça fera un merveilleux cadeau d'anniversaire.

Je me suis réveillé, le cœur battant. J'avais si chaud que j'ai cru que le Maître avait commencé à me carboniser. Puis j'ai aperçu Muffin, couchée sur ma poitrine.

Elle m'a regardé, les yeux mi-clos.

– Miaou !

– Comment es-tu entrée ?

Je me suis assis, me demandant où j'étais. Dans une chambre d'hôtel ? J'allais appeler mon père quand tout m'est revenu. Le musée... Le sarcophage.

Le choc m'a presque coupé le souffle.

Ressaisis-toi, ai-je pensé. *Ce n'est pas le moment de céder au chagrin.*

Cette voix intérieure semblait appartenir à un autre – plus mûr, plus fort. J'ai jugé que c'était bon signe. Ou alors, j'étais en train de devenir fou.

Rappelle-toi, a repris la voix. *Il va revenir te tuer. Tu dois t'y préparer.*

J'ai frissonné. J'aurais voulu croire à un cauchemar, mais je savais qu'il n'en était rien. J'avais vécu trop de choses au cours des dernières vingt-quatre heures pour douter de ce que j'avais vu. J'étais sorti de mon corps dans mon sommeil pour me rendre à Phoenix, à plusieurs milliers de kilomètres de New York, j'avais vu le Maître de mes yeux et l'avais entendu donner l'ordre à son serviteur de capturer « les novices ». À ton avis, de qui parlait-il ?

Muffin a sauté du lit, reniflé le repose-nuque en ivoire et levé les yeux vers moi, comme si elle voulait me faire passer un message.

– Tu peux le garder, lui ai-je dit. Il n'est pas du tout confortable.

Elle m'a regardé d'un air accusateur.

– Miaou !

– Comme tu veux.

Je me suis levé et ai pris une douche. Quand j'ai voulu m'habiller, j'ai constaté que mes vêtements avaient disparu pendant la nuit. Ceux que j'ai trouvés dans le placard étaient à ma taille, mais très différents de ce que je portais d'habitude : chemises et pantalons amples en lin blanc, ces derniers serrés à la taille par un lacet, robes en laine de fellahs, les paysans égyptiens. Pas vraiment mon style.

Sadie prétend que je n'ai aucun style, que je m'habille comme un vieux. Peut-être, mais j'aime ça, et papa m'a toujours répété qu'on jugeait les gens à leur allure.

La première fois, j'avais dix ans. On était en route pour l'aéroport d'Athènes, il faisait plus de 40°, et je me plaignais d'avoir trop chaud. Pourquoi n'avais-je pas le droit de porter un short et un tee-shirt ? On n'avait aucun rendez-vous important ce jour-là.

Mon père avait posé une main sur mon épaule.

« Carter, m'avait-il dit, n'oublie jamais que tu es un Afro-Américain. Les gens nous jugent plus sévèrement. C'est pourquoi nous devons toujours paraître impeccables.

– C'est pas juste !

– La justice, ce n'est pas que chacun reçoive la même part, mais que chacun reçoive ce dont il a besoin. Et le meilleur moyen de recevoir ce dont on a besoin, c'est de l'obtenir soi-même. Tu comprends ? »

Je n'avais pas compris, mais comme toujours, j'avais fait ce qu'il attendait de moi. C'est pour ça que je me suis intéressé à l'Égypte, au basket, à la musique, pour ça que j'ai appris à faire tenir toutes mes affaires dans une valise. J'ai pris l'habitude de m'habiller comme mon père le souhaitait parce qu'il avait généralement raison. En fait, je ne l'avais jamais vu se tromper... Jusqu'à cette fameuse nuit de Noël, au British Museum.

J'ai quand même passé les vêtements que j'avais trouvés dans la penderie. Les sandales étaient confortables, même si je pense que j'aurais eu du mal à courir avec.

La porte de communication avec la chambre de Sadie était ouverte, mais ma sœur ne se trouvait pas à l'intérieur.

Heureusement, celle de ma chambre aussi a bien voulu s'ouvrir. J'ai descendu l'escalier, Muffin sur mes talons. On est passés devant une grande quantité de chambres inoccupées. La maison aurait pu accueillir une centaine d'invités, au lieu de quoi elle semblait vide et triste.

Dans la grande salle, j'ai trouvé Khéops assis sur le sofa. Un ballon de basket coincé entre les pieds, il tenait à la main un morceau de viande couvert de plumes roses. La télévision était allumée, et il regardait les résultats sportifs de la veille.

– Salut, ai-je dit, même si ça me faisait drôle de parler à un babouin. Les Lakers ont gagné ?

Il m'a regardé et a tapé sur son ballon, comme s'il voulait jouer.

– Agh, agh...

Une plume rose pendait de son menton. Mon estomac s'est soulevé.

– On jouera plus tard, d'accord ?

Je venais d'apercevoir Amos et Sadie en train de prendre leur petit déjeuner au bord de la piscine. Il devait geler à l'extérieur, mais grâce au brasero, ni l'un ni l'autre ne semblait avoir froid. Je me suis dirigé vers eux, marquant un arrêt devant la statue de Thot. En plein jour, le dieu à tête d'ibis avait l'air moins effrayant. Toutefois, son regard paraissait me transpercer.

Qu'avait dit le Maître pendant la nuit ? Qu'il fallait nous capturer avant que nous ayons appris à maîtriser nos pouvoirs. À ce souvenir, j'ai senti une force immense m'envahir, comme la veille, quand j'avais ouvert la porte du manoir rien qu'en levant la main. Je me sentais capable de soulever n'importe quoi, même cette statue immense. J'ai fait un pas vers elle, dans une sorte de transe...

Muffin a donné un coup de tête dans ma jambe, me ramenant à la réalité.

– T'as raison, ai-je dit. C'était une idée stupide.

Une odeur de pain grillé, de bacon et de chocolat chaud parvenait à présent à mes narines. Comment en vouloir à Muffin de s'impatienter ? Je l'ai suivie sur la terrasse.

– Ah, Carter ! s'est exclamé Amos. Joyeux Noël, mon garçon. Joins-toi à nous.

– Pas trop tôt, a grommelé Sadie. Ça fait des heures que je suis levée.

Nos regards se sont croisés, et j'ai deviné qu'elle pensait la même chose que moi : c'était la première fois qu'on passait le jour de Noël ensemble depuis la mort de maman. Je me suis demandé si elle se rappelait les décorations qu'on fabriquait avec des bâtons de sucette et du fil de coton.

Amos s'est versé du café. Il était vêtu avec autant de classe que la veille : costume de laine marine sur mesure, chapeau de feutre assorti, perles de lapis-lazuli – une pierre bleue avec laquelle les Égyptiens faisaient des bijoux – piquées dans ses cheveux impeccablement tressés... Même les verres de ses lunettes rondes étaient teintés en bleu. J'ai remarqué un sax ténor sur son support près du foyer. J'imaginais bien notre oncle jouant une sérénade face à l'East River.

Sadie, elle, portait des vêtements en lin blanc genre pyjama, comme moi, mais elle s'était débrouillée pour garder ses bottes militaires – sans doute avait-elle dormi avec. Ses mèches rouges contrastaient de façon comique avec son costume, mais je me sentais mal placé pour me moquer.

– Amos, ai-je dit, j'espère que tu n'élèves pas d'oiseaux. Je viens de voir Khéops manger un truc avec des plumes.

Amos a bu une gorgée de café avant de répondre :

– J'espère que ça ne t'a pas choqué. Khéops est très difficile. Il ne mange que des choses dont le nom se termine par le son « o » : Doritos, burrito, oiseau...

J'ai cru que j'avais mal entendu.

– Pardon ?

– Carter, ne pose pas de questions, m'a dit Sadie, gênée.

J'en ai déduit qu'elle avait déjà eu cette conversation avec Amos avant mon arrivée.

– Compris. Pas de questions.

Amos m'a désigné une table garnie de mets variés.

– Je t'en prie, sers-toi. Ensuite, nous passerons aux explications.

Il n'y avait pas d'oiseaux sur la table – à mon grand soulagement – mais à peu près tout ce qui pouvait se manger. J'ai pris quelques pancakes au sirop d'érable, du bacon et un verre de jus d'orange.

C'est alors que j'ai vu quelque chose bouger du coin de l'œil. J'ai fait volte-face vers la piscine. Une longue forme pâle glissait juste sous la surface.

J'ai failli lâcher mon assiette.

– C'est...

– Un crocodile, oui, a acquiescé Amos. Pour attirer la chance sur cette maison. Il est albinos, mais évite d'en parler devant lui. Il est très sensible.

– Il s'appelle Philippe de Macédoine, a indiqué Sadie.

Son calme m'impressionnait. En même temps, si elle ne paniquait pas, c'était probablement qu'il n'y avait pas de raison de le faire.

– Un nom bien long, ai-je remarqué.

– Aussi long que lui. Au fait, il adore le bacon.

Pour preuve, elle a jeté une tranche de bacon par-dessus son épaule. Philippe s'est dressé hors de l'eau et l'a rattrapée au vol. Il avait une peau d'un blanc parfait et des yeux roses. Sa gueule était si grande qu'il aurait pu engloutir un cochon entier.

– Il ne fait pas de mal aux amis, a assuré Amos. Dans les temps anciens, un temple digne de ce nom possédait un étang rempli de crocodiles. Ce sont des créatures puissantes, dotées de pouvoirs magiques.

– Un babouin, un crocodile... ai-je récapitulé. Cette maison abrite-t-elle d'autres bestioles ?

Amos a réfléchi avant de répondre :

– Visibles ? Non, je ne crois pas.

Je me suis assis aussi loin que possible de la piscine. Muffin est venue se frotter contre mes jambes en ronronnant. J'espérais qu'elle aurait l'intelligence de rester loin du crocodile magique appelé Philippe.

– Alors, ces explications ? ai-je articulé entre deux bouchées de pancakes.

– Ah oui ! a fait Amos. Voyons, par où commencer... ?

– Par notre père, a suggéré Sadie. Qu'est-ce qui lui est arrivé ?

– Julius a tenté d'invoquer un dieu. Malheureusement pour lui, il a réussi.

Comment le prendre au sérieux, alors qu'il parlait d'invoquer les dieux en étalant du beurre sur un petit pain ?

J'ai demandé d'un ton détaché :

– Un dieu en particulier ? Ou bien a-t-il lancé un appel au hasard ?

Sadie m'a filé un coup de pied sous la table. Elle semblait gober tout ce que racontait Amos.

Celui-ci a mordu dans son petit pain.

– Il existe de nombreux dieux égyptiens, Carter. Mais ton père voulait faire apparaître l'un d'eux en particulier.

Il m'a lancé un regard appuyé, et un souvenir a surgi dans mon esprit.

– « Osiris, viens », ai-je murmuré. Ce sont les mots que papa a prononcés devant la Pierre de Rosette. Mais Osiris n'existe pas vraiment. Ce n'est qu'une légende.

– J'aimerais pouvoir te donner raison...

Amos a dirigé son regard vers Manhattan, dont les bâtiments étincelaient au soleil au-delà de l'East River.

– Les anciens Égyptiens n'étaient pas idiots, Carter. Ils ont construit les pyramides, créé le premier grand État-nation... Leur civilisation s'est perpétuée durant des millénaires.

– Ouais... N'empêche qu'ils ont fini par disparaître.

Amos a secoué la tête.

– Un tel héritage ne peut disparaître complètement. À côté des Égyptiens, les Grecs et les Romains n'étaient que des enfants, et nos nations modernes, de misérables vermisseaux.

La plus ancienne racine de la civilisation, du moins en Occident, se situe en Égypte. Pense à la pyramide sur le billet d'un dollar. Et le Washington Monument, le plus grand obélisque au monde ? L'Égypte est toujours vivante... et ses dieux aussi, malheureusement.

– Tu veux rire ! ai-je protesté. Je veux bien croire à la magie, mais aux dieux antiques...

Mais alors même que je disais ça, j'ai repensé au Maître tel qu'il m'était apparu au musée, avec son visage passant sans cesse de l'humain à l'animal, et à l'impression d'être suivi du regard par la statue de Thot.

– Carter, a repris Amos, jamais les Égyptiens n'auraient adoré des dieux imaginaires. Les entités décrites dans leurs mythes sont tout ce qu'il y a de réelles. Les prêtres antiques les invoquaient afin d'accomplir des prouesses surnaturelles. C'est l'origine de ce que nous appelons aujourd'hui la magie. Comme beaucoup de choses, celle-ci a été inventée par les Égyptiens. Chaque temple possédait une section de magiciens, la Maison de vie, réputée dans tout le monde antique.

– Tu es toi-même un magicien.

Amos a acquiescé.

– Julius en était un aussi. Tu l'as constaté de tes yeux la nuit dernière.

Je pouvais difficilement nier que notre père avait fait des trucs bizarres au musée – des trucs qui ressemblaient à de la magie. Pourtant, je me suis entêté :

– Son métier, c'est archéologue.

– Ça, c'est sa couverture. Si tu te rappelles, il est spécialisé dans la traduction des sorts anciens, lesquels sont incompréhensibles à moins de pratiquer soi-même la magie. La famille Kane fait partie de la Maison de vie presque depuis ses origines, et celle de votre mère est quasi aussi ancienne.

– Les Faust ?

J'ai tenté de me représenter nos grands-parents en magiciens, mais ça semblait impossible, à moins de considérer que le fait de regarder un match de rugby à la télé ou de rater une fournée de cookies relevait de la magie.

– Ils n'ont pas pratiqué durant des générations, a admis Amos. Pas jusqu'à votre mère. Néanmoins, ils appartiennent à une lignée très ancienne.

Sadie a secoué la tête d'un air incrédule.

– Maman, une magicienne ? C'est une blague !

– Je suis sérieux, Sadie. Ton frère et toi êtes les héritiers de deux familles très anciennes, dont chacune entretient depuis longtemps des relations compliquées avec les dieux. Vous êtes les Kane les plus puissants qui soient nés depuis des siècles.

Il m'a fallu quelques secondes pour digérer cette nouvelle. Je ne me sentais pas très puissant, mais paumé.

– Tu veux dire que nos parents adoraient en secret des dieux à têtes d'animaux ?

– Ils ne les adoraient pas, a corrigé Amos. Les dieux anciens sont des forces primitives assurément redoutables, mais pas divines au sens où on l'entend habituellement. Elles ont été créées, de même que les mortels. On peut les respecter, les craindre, se servir de leur pouvoir ou les combattre afin d'en garder le contrôle...

– On combat les dieux ? s'est exclamée Sadie.

– Constamment, a affirmé Amos. Mais Thot nous a enseigné à ne pas les adorer.

Je me suis tourné vers ma sœur, quêtant son soutien, mais elle semblait boire les paroles de cette espèce de fou.

J'ai demandé :

– Pourquoi papa a-t-il détruit la Pierre de Rosette ?

– Il s'agit certainement d'un accident, a répondu Amos. L'idée même l'aurait horrifié. J'imagine que nos frères londoniens ont réparé les dégâts à l'heure qu'il est. Quand le conservateur fera l'inventaire de ses réserves, il constatera que la Pierre a miraculeusement survécu à l'explosion.

– Mais elle a volé en éclats ! Comment pourrait-on la réparer ?

Amos a pris une soucoupe et l'a jetée sur le sol où elle s'est brisée.

– J'aurais pu obtenir le même résultat avec la magie, a-t-il expliqué, en prononçant le mot *ha-di*, mais c'était plus simple ainsi. Et maintenant... *Hi-nehm !*

Il a tendu le bras, et des hiéroglyphes bleutés se sont matérialisés au-dessus de sa paume ouverte.

Même les plus minuscules débris de la soucoupe ont volé jusqu'à lui et se sont assemblés dans sa main, tel un puzzle. Il a replacé la soucoupe reconstituée sur la table.

– Pas mal, ai-je dit, feignant l'indifférence.

J'ai repensé à tous les incidents bizarres survenus durant nos années de vie commune, à mon père et à moi, comme les trois types qui avaient fini accrochés à un lustre, au Caire. Était-ce vraiment papa qui avait fait ça ?

Amos a versé du lait dans la soucoupe avant de la poser par terre. Muffin s'est approchée sur la pointe des pattes.

– Jamais votre père n'aurait endommagé une antiquité de son plein gré. Simplement, il aura mal mesuré le pouvoir contenu dans la Pierre de Rosette. Avec le déclin de la civilisation égyptienne, sa magie s'est concentrée dans ses vestiges. La plupart sont demeurés sur place, mais on en trouve dans presque tous les grands musées. Il est possible de les utiliser comme foyer pour amplifier la puissance d'un sort.

– Je suis perdu, ai-je avoué.

– Désolé, Carter. L'apprentissage de la magie exige des années d'études, et je ne dispose que d'une matinée pour vous expliquer beaucoup de choses. Mais il importe que vous reteniez ceci : votre père a passé les six dernières années à chercher le moyen d'invoquer Osiris, et il croyait avoir trouvé dans la Pierre l'outil idéal.

– Mais pourquoi voulait-il faire apparaître Osiris ?

Sadie m'a lancé un regard troublé.

– Carter, Osiris est le dieu des morts. Quand papa nous a promis de « tout arranger », il voulait parler de maman.

Soudain il m'a semblé qu'il faisait plus froid. Une rafale de vent a fait crépiter le feu.

– Il voulait ramener maman à la vie ? Mais c'est impossible !

J'ai perçu une hésitation chez Amos.

– Follement imprudent, certes, mais pas impossible. Julius est un magicien expérimenté. Si tel était son objectif, il aurait pu l'atteindre, grâce au pouvoir d'Osiris.

– Ne me dis pas que tu y crois ? ai-je demandé à Sadie.

– Tu as vu comme moi ce qui est arrivé au musée. Papa a vraiment fait surgir quelque chose de la Pierre.

– Mais ce n'était pas Osiris, ai-je repris, songeant à mon rêve.

– Votre père a bien libéré l'esprit d'Osiris. Je crois même qu'il a fusionné avec lui...

– Comment ça ?

– Encore une longue histoire. Disons qu'il a « absorbé » son pouvoir. Mais il n'a pas eu le temps d'en profiter : d'après ce que m'a dit Sadie, Julius a libéré non pas un, mais cinq dieux qui étaient emprisonnés à l'intérieur de la Pierre de Rosette.

Je me suis tourné vers Sadie :

– Tu lui as tout raconté ?

– Carter, lui seul peut nous aider.

Je ne faisais toujours pas confiance à Amos même s'il s'agissait de notre oncle, mais je n'avais pas vraiment le choix.

– Le type que papa a fait apparaître... Il a dit un truc du genre : « Tu nous as libérés tous les cinq. » Qu'est-ce qu'il entendait par là ?

Amos a bu une gorgée de café. Son expression lointaine me rappelait papa.

– Je ne voudrais pas vous effrayer...

– Trop tard.

– Les dieux égyptiens sont très dangereux. Cela fait deux mille ans que nous autres magiciens passons le plus clair de notre temps à les contrer et les bannir chaque fois qu'ils apparaissent. En fait, notre première loi, édictée par le chef lecteur Iskandar à l'époque romaine, nous interdit de libérer les dieux ou d'utiliser leur pouvoir. Votre père l'avait déjà enfreinte en une occasion.

Sadie a brusquement pâli.

– Ça a quelque chose à voir avec la mort de maman ?

– En effet, Sadie. Vos parents pensaient bien faire. Ils ont pris un risque énorme, et votre mère y a laissé la vie. La faute en est retombée sur votre père. Il a été en quelque sorte exilé, condamné à se déplacer constamment parce que la Maison de vie surveillait ses moindres gestes. Ils craignaient qu'il ne poursuive ses... recherches. Ce qui était d'ailleurs le cas.

J'ai pensé à toutes les fois où j'avais vu papa lancer des regards par-dessus son épaule en copiant des inscriptions anciennes, où il m'avait réveillé en pleine nuit pour m'annoncer qu'on changeait d'hôtel, m'avait défendu de regarder le contenu de sa sacoche ou de copier telle image dans un temple antique, comme si nos vies en dépendaient.

– C'est pour ça que tu ne venais jamais nous voir ? a demandé Sadie.

– La Maison de vie m'avait interdit d'entrer en contact avec Julius. J'adorais mon frère. Il m'était pénible de rester éloigné de lui... et de vous. Mais hier, j'ai décidé d'agir. Depuis la mort de votre mère, Julius était dévoré de chagrin. Son obsession pour Osiris n'avait fait que croître au fil des ans. Quand j'ai su qu'il s'apprêtait à violer de nouveau la loi, j'ai tenté de l'en dissuader. Cette seconde infraction aurait entraîné sa condamnation à mort. Malheureusement, j'ai échoué. Il était trop entêté pour m'écouter.

J'ai baissé les yeux vers mon assiette. Mon déjeuner avait refroidi. Muffin a sauté sur la table et s'est frottée contre ma main. Voyant que je ne la chassais pas, elle s'est enhardie à manger mon bacon.

J'ai dit :

– La nuit dernière, au musée, il y avait une fille armée d'un poignard et un type avec une barbe fourchue. Eux aussi, ce sont des magiciens ? Ils appartiennent à la Maison de vie ?

– Oui. Ils étaient chargés de surveiller votre père. Vous avez eu de la chance qu'ils vous laissent partir.

– La fille voulait nous tuer. Mais l'homme a dit : « Pas encore. »

– Ils ne tuent qu'en cas d'absolue nécessité. Ils attendent de voir si vous représentez une menace.

– Une menace, nous ? est intervenue Sadie. On est des gosses ! C'est pas nous qui avons eu l'idée d'invoquer Osiris.

Amos a repoussé son assiette avant de déclarer :

– Ce n'est pas pour rien que vous avez été élevés séparément.

– Les Faust ont intenté un procès à papa, ai-je dit, et il a perdu.

– Il y a une autre raison. La Maison a insisté pour qu'on vous sépare. Votre père voulait vous garder tous les deux, même sachant combien c'était dangereux.

Sadie a vacillé comme si elle avait reçu un coup sur la tête.

– C'est vrai ?

– Oui. Mais la Maison est intervenue et a fait en sorte que vos grands-parents obtiennent ta garde, Sadie. Élevés ensemble, Carter et toi seriez devenus très puissants. Peut-être avez-vous déjà perçu des changements depuis hier.

J'ai pensé à la brusque montée d'énergie que j'avais ressentie à plusieurs reprises, et à la soudaine aptitude de Sadie à déchiffrer les hiéroglyphes. Puis un événement encore plus ancien est remonté à ma mémoire.

J'ai dit à Sadie :

– Ton sixième anniversaire.

Elle a ajouté :

– Le gâteau.

On aurait dit que le souvenir avait surgi entre nous telle une étincelle électrique.

Le jour du sixième anniversaire de Sadie – le dernier qu'on a fêté ensemble – une dispute a éclaté entre elle et moi, j'ai oublié pour quelle raison. Je crois que je voulais souffler les bougies à sa place. Toujours est-il qu'on s'est mis à hurler. Elle m'a agrippé par le col de ma chemise, j'ai tenté de la repousser... Je revois papa accourir vers nous, mais avant qu'il n'ait pu intervenir, le gâteau a explosé, éclaboussant de crème les murs, nos parents, les visages des copains et copines de Sadie. Après nous avoir séparés, papa et maman m'ont envoyé dans ma chambre. Plus tard, ils nous ont raconté qu'on avait dû heurter accidentellement le gâteau en nous battant, mais je savais que c'était faux. J'avais la sensation obscure que l'explosion était la conséquence de notre colère. Je revoyais Sadie en larmes, un morceau de gâteau écrasé sur le front, une bougie collée au plafond, la mèche encore allumée, et les lunettes saupoudrées de sucre glace d'un invité...

– Le type aux lunettes, ai-je dit, me tournant vers Amos. C'était toi. Tu étais présent à l'anniversaire de Sadie.

– Délicieux, le sucre glace à la vanille. Ce jour-là, j'ai compris qu'il allait être difficile de vous élever sous le même toit.

– Et maintenant ? ai-je demandé.

Je ne l'aurais avoué pour rien au monde, mais l'idée d'être à nouveau séparé de Sadie m'était insupportable. Elle ne représentait pas grand-chose à mes yeux, mais elle était tout ce qui me restait.

– Maintenant, vous allez suivre une formation appropriée, que ça plaise ou non à la Maison de vie.

– Pourquoi est-ce que ça leur déplairait ?

– Je vous expliquerai tout, ne vous inquiétez pas. Mais il est urgent d'entamer votre éducation, si vous voulez retrouver votre père. Le monde est en danger. Si seulement nous savions où...

– Phoenix, ai-je lâché.

Amos en est resté bouche bée.

– Quoi ?

– La nuit dernière, j'ai... Ce n'était pas à proprement parler un rêve, mais...

Je lui ai raconté ce qui m'était arrivé pendant mon sommeil, même si je me sentais ridicule.

À voir la tête de notre oncle, la situation était encore plus grave que je ne l'imaginais.

– Tu es sûr qu'il a parlé d'un « cadeau d'anniversaire » ? m'a-t-il demandé.

– Oui.

– Et il n'avait pas encore d'hôte permanent ?

– C'est ce qu'a dit Pieds de rapace.

– Un démon. Un serviteur du chaos. Si les démons ont commencé à envahir notre monde, ça veut dire que le temps nous est compté.

– Surtout pour les habitants de Phoenix.

– Carter, notre ennemi n'en restera pas là. S'il a acquis une telle puissance en si peu de temps... Qu'est-ce qu'il a dit au juste à propos de la tempête ?

– « Je provoquerai la plus grosse tempête qu'on ait jamais vue. »

– La dernière fois qu'il a dit ça, il a créé le Sahara. Une tempête de cette taille pourrait détruire l'Amérique du Nord et générer assez d'énergie pour le rendre presque invincible.

– Mais enfin, c'est qui ce type ?

Amos a esquivé la question.

– Dis-moi plutôt pourquoi tu n'as pas dormi avec le repose-nuque ?

– Trop inconfortable. Toi non plus, tu n'as pas dormi avec ?

J'ai cherché un soutien du côté de Sadie, mais elle a levé les yeux au ciel.

– Bien sûr que si ! C'était évident qu'on l'avait mis là pour une bonne raison.

Par moment, je déteste vraiment ma sœur. (Aïe ! Mon pied !)

Amos en a rajouté une couche :

– Le sommeil est dangereux, Carter. C'est une porte ouverte sur la Douât.

– Super, a marmonné Sadie. Un monde bizarre de plus.

– Oh ! pardon... La Douât est la dimension des esprits et de la magie. Elle s'étend sous le monde conscient, tel un vaste océan formé de strates et de régions. Nous avons plongé sous sa surface la nuit dernière pour gagner New York, car les déplacements sont beaucoup plus rapides dans la Douât. Ton esprit a voyagé à travers ses couches supérieures pendant ton sommeil, Carter. C'est ainsi que tu as vu ce qui se passait à Phoenix. Heureusement, tu as survécu. Mais plus on s'enfonce dans la Douât, plus on y rencontre de choses horribles et plus on a de mal à en revenir. On y trouve des colonies de démons, des palais où les dieux existent sous leur forme essentielle, capable de réduire un homme en cendres par sa seule présence, des prisons renfermant des entités épouvantablement maléfiques, des gouffres si profonds et chaotiques que même les dieux refusent de s'y aventurer. Maintenant que vos pouvoirs se sont éveillés, dormir sans protection vous expose aux assauts de la Douât... ou à des excursions involontaires à l'intérieur de celle-ci. Le repose-nuque est conçu afin de fixer l'esprit au corps.

J'avais un goût métallique dans la bouche.

– Tu veux dire que j'ai vraiment... Il aurait pu me tuer ?

– Le fait que ton âme puisse voyager de cette manière indique que tu progresses plus vite que je ne le croyais, a dit Amos d'un air grave. Plus vite même que je ne le croyais possible. Si le Seigneur rouge t'a aperçu...

– Le Seigneur rouge ? l'a interrompu Sadie. Le type qu'on a vu au musée et qui brillait dans le noir ?

– On ne va pas attendre sans rien faire qu'il vous ait retrouvés, a repris Amos en se levant. Et s'il a vraiment l'intention de déclencher une tempête le jour de son anniversaire, quand il sera en pleine possession de ses moyens...

– Tu comptes aller à Phoenix ? Amos, ce type a balayé papa d'un revers de main. Maintenant, en plus, il a des serviteurs, et il est devenu plus fort... Il te tuera !

Amos m'a adressé un sourire crispé, comme s'il avait déjà réfléchi aux dangers qui l'attendaient. Son expression à cet instant me rappelait cruellement celle de papa la dernière fois où je l'avais vu.

– Ne crois pas que je parte vaincu, Carter. J'ai plus d'un tour dans mon sac. Et je dois juger moi-même de la situation si nous voulons sauver votre père et arrêter le Seigneur rouge. Je ferai vite et je serai prudent. Vous deux, vous restez ici. Muffin veillera sur vous.

– Quoi, la chatte de Sadie ? Tu ne peux pas nous laisser comme ça ! Et notre formation ?

– Je promets de m'en occuper à mon retour. Ne vous inquiétez pas, la maison est protégée. Ne sortez pas et n'ouvrez à personne. Et quoi qu'il arrive, je vous interdis d'entrer dans la bibliothèque. Je serai de retour d'ici à ce soir.

Sans nous laisser le temps de protester, il s'est avancé jusqu'au bord de la terrasse et a sauté dans le vide.

– Non ! a hurlé Sadie.

On s'est précipités vers la rambarde. L'East River s'écoulait trente mètres plus bas. Il n'y avait aucune trace d'Amos. Il s'était volatilisé.

Philippe de Macédoine s'est retourné dans son bassin, éclaboussant tout autour. Muffin a sauté sur la rambarde, quémandant des caresses.

On était livrés à nous-mêmes dans un endroit inconnu, avec un babouin, un crocodile et un chat pour toute compagnie. Et apparemment, le monde courait un grave danger.

J'ai demandé à Sadie :

– On fait quoi, maintenant ?

Elle a croisé les bras sur la poitrine.

– C'est évident, non ? On explore la bibliothèque.

SADIE

7. *Le petit bonhomme en cire*

Je te jure... Parfois, Carter est tellement bête que j'ai du mal à croire que c'est mon frère.

Franchement, quand on t'interdit de faire un truc, c'est que ça en vaut la peine, non ?

Sans hésiter, j'ai marché vers la bibliothèque.

– Attends ! s'est écrié Carter. Tu n'as pas...

– Mon cher frère, à moins que ton âme n'ait de nouveau quitté ton corps pendant qu'Amos parlait, tu l'as entendu comme moi : les dieux égyptiens existent. Le Seigneur rouge ? Très méchant, et c'est bientôt son anniversaire – mauvais, ça. La Maison de vie ? Un tas de vieux croûtons qui détestent notre famille parce que notre père était une sorte de rebelle – entre parenthèses, tu ferais bien de t'inspirer de lui. En conclusion, papa a disparu, un dieu maléfique s'apprête à détruire le monde, et notre oncle vient de sauter du toit – remarque, je le comprends.

J'ai repris mon souffle avant d'ajouter (oui, Carter, même moi, j'ai besoin de respirer de temps en temps) :

– J'ai rien oublié ? Ah si ! J'ai un frère très puissant, issu d'une lignée très ancienne, bla-bla-bla, et qui a la trouille d'entrer dans une bibliothèque. Bon, tu t'amènes ?

À voir la tête de Carter, on aurait pu croire que je venais de le gifler – dans un sens, c'était un peu le cas.

– Je... je crois qu'on devrait faire attention, a-t-il bafouillé.

Le pauvre était mort de peur. Je ne pouvais pas lui en vouloir, mais quand même... Carter était mon grand frère, il avait appris des tas de choses en parcourant le monde avec notre père. Il aurait dû savoir encaisser les coups, surtout ceux de sa petite sœur, non ? J'y étais peut-être allée un peu fort...

J'ai repris :

– Cette bibliothèque doit contenir des trucs hyper puissants, sinon Amos ne la laisserait pas fermée en permanence. Tu veux sauver papa, oui ou non ?

– Oui, a répondu Carter, mal à l'aise. Bien sûr...

La question était réglée. Mais quand Khéops nous a vus nous diriger vers la bibliothèque, il a sauté du sofa pour venir se planter devant la porte. C'est drôlement rapide, un babouin, et ça a des crocs immenses. En plus, celui-ci venait de mastiquer un oiseau exotique au plumage rose.

Carter a tenté de parlementer :

– On ne va rien voler, Khéops. On veut juste...

– Agh ! a fait le singe en dribblant comme un malade.

– Laisse tomber, ai-je dit à Carter. Regarde ce que j'ai là, Khéops. Tadam !

J'ai agité devant le babouin le mini-paquet de céréales que j'avais pris sur la table du petit déjeuner.

– Des Cheerios... Ça se termine par « o ». Miam !

Khéops a poussé un grognement de convoitise.

J'ai repris d'un ton enjôleur :

– T'en veux ? Oui ? Alors, retourne t'asseoir et fais comme si tu ne nous avais pas vus.

J'ai lancé le paquet en direction du canapé. Le babouin l'a attrapé au vol. Dans son excitation, il a alors escaladé le mur pour s'asseoir sur le dessus de la cheminée et dévorer les Cheerios qu'il tirait du paquet un à un.

Carter m'a regardée avec admiration, même s'il ne l'aurait avoué pour rien au monde.

– Comment tu as...

– Disons que j'avais prévu le coup. Maintenant, ouvrons ces fichues portes.

C'était plus facile à dire qu'à faire. Les portes étaient solides, fermées par d'énormes chaînes en acier munies de cadenas. Et puis quoi encore ?

Carter s'est approché et a levé la main, espérant reproduire son exploit de la veille, sans succès. Il a ensuite tenté la manière forte, tirant sur les chaînes, s'efforçant de briser les cadenas, pour un résultat identique.

Soudain j'ai ressenti des picotements le long de la nuque, accompagnés de l'impression que quelqu'un – ou quelque chose – me soufflait une idée.

– Tu te rappelles le mot qu'a prononcé Amos tout à l'heure, avec la soucoupe ?

– Pour la recoller ? *Hi-nehm*, je crois.

– Non, l'autre. Celui qui signifie « détruire ».

– Ah, celui-là... *Ha-di*. Mais pour que ça marche, il faut s'y connaître en magie. Et même...

Sur une inspiration, j'ai pointé trois doigts vers la porte et j'ai lancé :

– *Ha-di !*

Des hiéroglyphes dorés se sont inscrits sur le plus gros des cadenas.

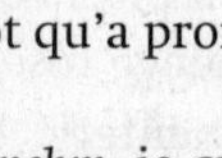

Puis les portes ont explosé. Carter s'est jeté au sol tandis que les chaînes se brisaient et que des éclats de bois volaient à travers la pièce. Quand la poussière est retombée, je l'ai vu se relever, indemne. Je n'avais rien non plus. Muffin se frottait tranquillement à mes jambes en miaulant, comme si tout ça était parfaitement normal.

– Comment... a balbutié Carter.

– Aucune idée. En tout cas, la bibliothèque est ouverte.

– Tu ne crois pas que t'as un peu exagéré ? On va avoir des ennuis.

– Bah ! On trouvera bien un moyen de recoller les morceaux.

– La prochaine fois, vas-y mollo. Cette explosion aurait pu nous tuer.

– À ton avis, si on essayait ce sort sur quelqu'un...

– Tais-toi ! Je ne veux même pas y penser.

J'ai réprimé un sourire, flattée d'avoir fichu la trouille à mon grand frère. Mais pour être franche, j'aurais eu du mal à faire exploser qui que ce soit dans la foulée. J'avais à peine franchi le seuil de la bibliothèque que j'ai senti mes jambes mollir.

Carter m'a rattrapée de justesse.

– Tu te sens bien ?

– Super, ai-je menti. Juste fatiguée... et affamée, ai-je ajouté comme mon estomac grondait.

– Tu viens de déjeuner.

Il avait raison, pourtant il me semblait que je n'avais rien mangé depuis des semaines.

– T'inquiète, ça ira, ai-je assuré.

Il m'a dévisagée d'un air perplexe.

– Les hiéroglyphes que tu as fait apparaître, ils étaient dorés. Ceux de papa et d'Amos étaient bleus. Pourquoi ?

– Il faut croire que la couleur varie en fonction de la personne. Qui sait ? Les tiens seront peut-être rose bonbon.

– Très drôle.

– Grouille-toi, ô maître de la magie rose. On a du boulot.

La bibliothèque était tellement extraordinaire que j'en ai presque oublié mon étourdissement. Plus vaste que je ne l'avais imaginée, c'était une pièce circulaire creusée profondément dans la roche, tel un puits géant. Ça paraissait impossible – la maison d'oncle Amos se dressait sur le toit d'un entrepôt –, mais on n'en était pas à notre première surprise, pas vrai ?

Un escalier conduisait au niveau inférieur, trois étages plus bas. Les murs, le sol, le plafond en coupole étaient décorés d'images colorées représentant des gens, des dieux et des monstres. J'avais déjà vu ce genre d'illustrations dans les bouquins de papa (je l'avoue, il m'arrivait d'entrer dans la grande librairie de Piccadilly et de feuilleter ses livres – pour maintenir un lien symbolique avec lui, pas par envie de les lire), mais les contours en étaient flous et les couleurs presque effacées, tandis que celles-ci semblaient avoir été peintes la veille. La pièce entière était une œuvre d'art.

J'ai murmuré :

– C'est magnifique.

Des étoiles scintillaient au plafond, à l'intérieur d'un ciel qui, à y bien regarder, dessinait la silhouette d'une femme couchée sur le côté, les genoux ramenés vers la poitrine. Son corps, ses bras, ses jambes bleu nuit étaient constellés de points brillants. De la même manière, le sol représentait un homme à la peau noire et verte, au corps couvert de forêts, de collines et de villes. Une rivière serpentait à travers sa poitrine.

Cette bibliothèque n'abritait aucun livre. Elle ne possédait même pas de rayonnages, mais ses murs étaient percés d'alvéoles, comme l'intérieur d'une ruche, chacune contenant une sorte de cylindre en plastique.

Les quatre points cardinaux étaient matérialisés par une statue de forme humaine, haute d'environ un mètre, avec une jupe, des sandales, des cheveux noirs lustrés et une bonne couche d'eye-liner sur les paupières.

(« Pas de l'eye-liner, du khôl », me dit Carter. C'est pas la même chose ?)

Une des statues tenait un rouleau de papyrus et un roseau taillé, une autre une boîte, une autre encore une baguette recourbée. La dernière avait les mains vides.

Carter m'a désigné la longue table en pierre au centre de la salle. La sacoche de notre père était posée dessus.

Il s'est avancé vers l'escalier, mais je l'ai retenu par le bras.

– Attends ! Et les pièges ?

– Quels pièges ?

– Les Égyptiens piégeaient leurs tombes, non ?

– Quelquefois, oui. Mais on n'est pas dans une tombe. Et ils préféraient les maléfices : la malédiction qui démange, celle de l'âne...

– Très rassurant.

En le voyant descendre les marches, je me suis sentie stupide : en principe, c'est moi la fonceuse. Mais si l'un de nous devait être atteint d'un eczéma géant ou se faire attaquer par un âne ensorcelé, je préférais encore que ce soit lui.

Je l'ai rejoint au centre de la salle. Jusque-là, on n'avait rencontré ni pièges, ni maléfices. Carter a ouvert la sacoche et en a sorti la boîte que j'avais vue entre les mains de notre père, au British Museum.

Elle était en bois, et assez grande pour contenir un pain rond. Son couvercle était décoré dans le même esprit que la bibliothèque, avec des dieux, des monstres et des types représentés à la fois de face et de profil.

– Les Égyptiens marchaient vraiment de profil, avec les bras et les jambes raides ? ai-je demandé.

– Pas dans la vraie vie, a répondu Carter du ton qu'il aurait employé pour parler à une débile.

– Pourquoi ils se représentaient comme ça, alors ?

– Pour eux, quand on peignait quelqu'un, il était important de montrer ses deux bras et ses deux jambes. Sinon, il risquait de renaître avec un morceau en moins dans l'au-delà.

– Dans ce cas, pourquoi ils se dessinaient de profil ? Ils n'avaient pas peur de se réveiller avec une moitié de visage ?

Carter a hésité.

– Sans doute craignaient-ils qu'un visage peint de face n'ait l'air trop humain et ne tente de prendre la place du modèle.

– En somme, ils avaient peur de tout ?

– Pas des petites sœurs. Celles qui parlaient trop, ils les jetaient aux crocodiles.

Pendant une seconde, je l'ai cru – je n'étais pas habituée à ce que Carter fasse de l'humour –, puis je lui ai filé un coup de coude dans les côtes.

– Et si tu ouvrais cette boîte, au lieu de dire des bêtises ?

Il en a d'abord sorti un bloc d'une matière blanchâtre un peu molle.

– De la cire, a-t-il annoncé.

– Fascinant.

À mon tour, j'ai retiré de la boîte un morceau de bois taillé en pointe, des flacons en verre contenant des encres colorées – noire, rouge et dorée – et une palette pour étaler celles-ci.

– Un kit de peinture préhistorique, ai-je commenté.

La boîte contenait encore de la ficelle marron, une statuette de chat en ébène, et un rouleau de papier – non, pas de papier, de papyrus. Papa m'avait expliqué un jour comment les Égyptiens fabriquaient celui-ci à partir d'une plante des bords du Nil. En voyant combien il était épais et rêche, je me suis demandé si les malheureux utilisaient aussi du papyrus aux toilettes. Si oui, c'était pas étonnant qu'ils aient marché en crabe.

Pour finir, j'ai pêché une figurine en cire au fond de la boîte. Sa forme humaine était à peine esquissée, comme si celui qui l'avait fabriquée avait manqué de temps. Elle avait les bras croisés, la bouche ouverte, des jambes qui s'arrêtaient au genou, une mèche de cheveux enroulée autour de la taille.

Muffin a sauté sur la table et a reniflé le petit bonhomme en cire.

– Rien d'intéressant, a dit Carter, l'air déçu.

– Qu'est-ce qu'il te faut de plus ? On a trouvé de la cire, un rouleau de PQ en papyrus, une statuette affreuse...

– J'espérais découvrir une explication à ce qui est arrivé à papa. Comment on va le ramener ? Et qui est le type qu'il a invoqué ?

– T'as entendu, sac à verrues ? ai-je dit au bonhomme en cire. Déballe ce que tu sais.

Je rigolais, bien sûr. Mais le bonhomme est devenu tout mou et tiède dans ma main, comme s'il était fait de chair.

J'ai poussé un cri de surprise et l'ai lâché – t'aurais fait quoi, à ma place ?

Le bonhomme est tombé sur la tête.

– Ouille ! a-t-il fait.

Comme Muffin s'approchait de lui, intriguée, il s'est mis à jurer dans une langue bizarre – peut-être le vieil égyptien. Voyant que ça ne servait à rien, il a ajouté d'une voix stridente :

– Fiche le camp ! Je ne suis pas une souris !

J'ai pris Muffin dans mes bras et l'ai déposée sur le sol.

Carter était aussi blanc que le bonhomme.

– C'est quoi, ce truc ? a-t-il bafouillé.

– Un ouchebti, tiens !

Le bonhomme a frotté sa tête sur laquelle on distinguait une marque à l'endroit où elle avait heurté la table. Sa forme était toujours aussi grossière, mais à présent, il paraissait vivant.

– Le maître m'a surnommé Tibiscuit, a-t-il repris, mais je trouve ça blessant. Je vous autorise à m'appeler « Puissance suprême qui écrase ses ennemis ».

– Pigé, Tibiscuit.

Il m'a semblé qu'il me lançait un regard furieux – pas facile de déchiffrer l'expression de son visage bouffi.

– Vous n'étiez pas censés m'activer ! a-t-il protesté. Seul le maître en a le droit.

– Le maître, c'est bien pa... Julius Kane ? ai-je demandé.

– Oui, a grommelé Tibiscuit. Bon, vous en avez terminé avec moi ? J'ai accompli ma tâche ?

Carter avait l'air paumé, mais je commençais à comprendre.

– Je t'ai activé en te prenant dans ma main et en te donnant l'ordre de dire ce que tu savais, c'est ça ?

Tibiscuit a croisé ses petits bras.

– Vous vous moquez de moi ? Évidemment, c'est ça ! Seul le maître est censé pouvoir m'activer. J'ignore comment vous avez fait, mais quand il l'apprendra, il vous réduira en bouillie.

Carter est intervenu :

– Le maître est notre père, Tibiscuit, et il a disparu. Tu dois nous aider à...

– Le maître a disparu ?

Un large sourire a fendu le visage de cire de Tibiscuit.

– Enfin libre ! Adieu, les boulets !

Il a essayé de fuir, mais n'ayant pas de jambes, il s'est étalé de tout son long. Il s'est alors mis à ramper sur les mains, répétant « Libre ! Libre ! »

Arrivé au bord de la table, il s'est laissé tomber dans le vide et s'est écrasé sur le sol, ce qui n'a pas paru le décourager.

– Libre ! Libre !

Il avait parcouru environ deux centimètres quand je l'ai ramassé et jeté dans la boîte à magie de papa. Il a tenté de s'en échapper, mais elle était juste assez profonde pour qu'il ne puisse pas en atteindre le bord – sans doute était-ce voulu.

– Raté ! a-t-il pleurniché. Raté !

– Silence ! Tu parleras quand je te le demanderai. Maintenant, c'est moi ta maîtresse.

Carter a haussé les sourcils.

– Et pourquoi donc ?

– Parce que j'ai été assez maligne pour l'activer.

– Tu parles ! Tu faisais l'andouille.

Ignorant mon frère – un autre de mes multiples talents – je me suis adressée au bonhomme en cire :

– Pour commencer, tu vas me dire ce qu'est un ouchebti.

– Si j'obéis, tu me laisseras sortir ?

– Tu es obligé d'obéir, lui ai-je rappelé. Et la réponse est non.

Il a soupiré.

– *Ouchebti* signifie « répondant ». Mais ça, même le plus stupide des esclaves aurait pu te le dire.

– Ça me revient ! s'est exclamé Carter. Les Égyptiens façonnaient des statuettes en cire ou en argile destinées à les servir dans l'au-delà. Elles étaient supposées prendre vie à l'appel de leur maître. Comme ça, le défunt se la coulait douce pour l'éternité pendant que les ouchebtis faisaient son boulot.

– C'est typique des hommes ! a craché Tibiscuit. Se prélasser et nous faire trimer à leur place. Si encore les ouchebtis ne travaillaient que dans l'au-delà... Mais les magiciens nous exploitent également dans ce monde-ci. Qu'est-ce qu'ils feraient sans nous ? Et d'abord, si vous savez autant de choses, pourquoi toutes ces questions ?

J'ai demandé :

– Pourquoi papa t'a-t-il coupé les jambes et laissé une bouche ?

– Je...

Tibiscuit a plaqué ses mains minuscules sur sa bouche.

– C'est honteux de maltraiter une pauvre figurine en cire ! Cette brute m'a coupé les jambes pour m'empêcher de fuir, et aussi pour éviter que je ne m'éveille sous une forme parfaite et ne tente de le tuer. Les magiciens sont cruels. Ils n'hésitent pas à nous mutiler pour mieux nous contrôler. La vérité, c'est qu'ils ont peur de nous !

– S'il t'avait donné une forme parfaite, tu aurais vraiment tenté de le tuer ?

– Sans doute. Tu as fini de me tourmenter ?

– Pas encore. Qu'est-ce qui est arrivé à notre père ?

– Comment veux-tu que je le sache ? Mais je ne vois ni son bâton ni sa baguette dans la boîte.

– Le bâton – le truc qui s'est transformé en serpent – a brûlé, a répondu Carter. Et la baguette... Tu veux parler de l'espèce de boomerang ?

– Dieux de l'Égypte éternelle, quelle paire d'ânes bâtés ! Oui, c'est bien sa baguette.

– Elle s'est brisée.

– Dites-moi comment.

Alors Carter lui a tout raconté. Je n'étais pas sûre que ce soit une bonne idée, mais d'un autre côté, une statuette de dix centimètres ne risquait pas de nous faire beaucoup de mal – si ?

– Magnifique ! s'est exclamé Tibiscuit.

– Tu penses que notre père a survécu ?

– Non, il est presque certainement mort. Mais les cinq dieux des jours des démons sont libres, et quiconque provoque le Seigneur rouge en duel...

Je l'ai interrompu :

– Minute ! Je t'ordonne de me dire ce qui s'est passé.

– Je suis tenu de dire ce que je sais, pas de formuler des hypothèses. J'estime avoir accompli ma tâche.

Sur ce, il est redevenu inerte. Je l'ai ramassé et secoué.

– Attends ! Je t'ordonne de formuler des hypothèses !

– Il a peut-être une sorte de minuteur, a suggéré Carter. Ou alors, tu l'as cassé.

– Carter, pour une fois, essaie de te rendre utile. On fait quoi, maintenant ?

Il a regardé les quatre statues en terre cuite.

– Peut-être...

– Tu crois que ce sont aussi des ouchebtis ?

– Ça vaut la peine d'essayer, non ?

Si les statues étaient des « répondants », alors elles portaient mal leur nom. On leur a parlé en essayant de les soulever, malgré leur poids. Puis on leur a crié des ordres, l'index pointé vers elles. Voyant que ça ne marchait pas, on leur a demandé poliment d'obéir, sans plus de succès.

Ça m'a tellement énervée que si je m'étais écoutée, je les aurais fait exploser. Mais comme je me sentais encore affamée et fatiguée, j'ai préféré me ménager.

En désespoir de cause, on a entrepris de vérifier le contenu des alvéoles qui couvraient les murs. Chaque cylindre en plastique abritait un papyrus roulé. Certains semblaient neufs, d'autres très anciens. Les étiquettes étaient rédigées en hiéroglyphes et – heureusement – en écriture moderne.

Carter a déchiffré l'une d'elles :

– « Le Livre de la vache céleste ». Tu parles d'un titre ! C'est quoi, le tien ? « Le Blaireau céleste » ?

– Non, « Le Livre d'Apophis le Destructeur ».

Muffin a miaulé à mes pieds. Je l'ai regardée. Elle avait la queue hérissée.

– Qu'est-ce qui lui prend ?

– Apophis était un serpent monstrueux, a répondu Carter. Normal qu'elle ne l'aime pas.

Muffin a fait volte-face et a remonté l'escalier à toute allure pour regagner la grande salle. Ah ! les chats... Toujours aussi imprévisibles.

Carter a déroulé un nouveau manuscrit.

– Sadie, jette un coup d'œil là-dessus.

Le papyrus qu'il venait de trouver était long et presque recouvert de hiéroglyphes.

– Qu'est-ce que tu lis ?

Je me suis concentrée sur le texte. Bizarrement, j'étais incapable de le déchiffrer, excepté la première ligne.

– « Le Sang de la grande maison »... Qu'est-ce que ça veut dire ?

– « La grande maison », a répété Carter, songeur. Ça se prononce comment en égyptien ?

– *Per-roh*. Oh ! « Pharaon », c'est ça ? Mais je croyais que le pharaon était un roi !

– C'est vrai, mais le mot signifie littéralement « grande maison » – le palais, quoi. C'est comme quand on parle de « la Maison Blanche » pour désigner le président des États-Unis. J'imagine que « le sang » du titre fait référence à l'ensemble de la lignée royale, et pas à un pharaon en particulier.

– Pourquoi je n'arrive pas à lire le reste ?

Carter a reporté son attention sur le texte. Soudain ses yeux se sont agrandis.

– Ce sont des noms ! Regarde, ils sont écrits dans des cartouches.

– Des cartouches ? Comme dans une imprimante ?

– Tu vois ces cadres autour des hiéroglyphes ? Les cartouches, c'est ça. Ils symbolisent des cordes, censées protéger la personne désignée des maléfices... et aussi empêcher qu'un magicien ne déchiffre son nom, on dirait, a-t-il ajouté à mon intention.

Il avait raison. À part le titre, tous les hiéroglyphes étaient protégés par des cartouches, et je n'en lisais aucun.

Soudain Carter m'a poussée du coude, désignant un nom tout en bas du document – le dernier d'un catalogue qui en comptait apparemment plusieurs milliers.

À l'intérieur du cartouche, deux signes représentaient un panier et une vague.

– KN, a épelé Carter. C'est notre nom... Kane.

– Il manque des lettres, non ?

– Les Égyptiens n'utilisaient que des consonnes. Il faut deviner les voyelles d'après le contexte.

– C'est débile ! On pourrait aussi bien lire KÉNO, KINÉ ou même AKNÉ...

– Je te l'accorde. N'empêche que c'est notre nom, Kane. Un jour, j'ai demandé à papa de me l'écrire en hiéroglyphes, et ça donnait ça. Mais qu'est-ce qu'on fait dans cette liste ?

De nouveau ces picotements le long de la nuque... J'ai repensé à ce que nous avait dit Amos, au fait qu'on était issus de deux familles très anciennes. À voir l'expression de Carter, il avait eu la même pensée que moi.

– Impossible ! ai-je protesté.

– C'est sûrement un canular, a ajouté Carter. Aucun arbre généalogique ne remonte aussi loin.

On avait vécu plein de trucs bizarres depuis vingt-quatre heures, mais c'est seulement à ce moment-là, en voyant notre nom inscrit sur le papyrus, que j'ai commencé à y croire – les dieux, les magiciens, les monstres... et au cœur de cette histoire de dingues, notre famille.

Depuis que je savais que notre père avait cherché à ramener notre mère d'entre les morts, je luttais contre un sentiment effroyable. Pas la peur, même si cette idée avait de quoi filer les jetons – encore plus glauque que le sanctuaire que nos grands-parents entretenaient dans le placard de l'entrée. Je sais, j'ai dit que je m'efforçais de vivre dans le présent, et que rien ne changerait le fait que notre mère n'était plus là. Mais j'ai menti. Pour être franche, depuis l'âge de six ans, je ne rêve que d'une chose : revoir maman vivante. Apprendre à la connaître, lui parler, faire du shopping avec elle, ne serait-ce qu'une fois, pour pouvoir ensuite me raccrocher à un souvenir digne de ce nom. Ce sentiment que je tentais de refouler, c'était l'espoir. Je savais que je risquais une déception colossale. Mais s'il existait réellement une possibilité pour ramener maman, alors j'étais prête à faire exploser toutes les Pierres de Rosette au monde pour qu'elle se réalise.

– Continuons à chercher, ai-je proposé.

Au bout de quelques minutes, j'ai trouvé une image représentant cinq dieux à têtes d'animaux côte à côte, avec une silhouette de femme étoilée étirée au-dessus d'eux tel un voile protecteur. Papa avait libéré cinq dieux, non ?

– Carter, ai-je appelé. C'est quoi, ça ?

Carter a jeté un coup d'œil à l'image et son visage s'est éclairé.

– Les cinq... et au-dessus d'eux, leur mère, Nout.

– Knut ? C'est un nom de Viking !

– Pas Knut, Nout... La déesse du ciel.

Carter a désigné du doigt la femme au corps bleu semé d'étoiles qui ornait le plafond – la même que sur le papyrus.

– Et alors ?

– Alors, je sais qu'il y a une légende autour de ces cinq dieux et de leur naissance, mais ça fait un bout de temps que papa m'en a parlé. Il me semble que le papyrus est rédigé en hiératique, une écriture simplifiée. Tu arrives à le lire ?

J'ai secoué la tête. Apparemment, mon anomalie mentale ne me permettait de déchiffrer que les hiéroglyphes en bonne et due forme.

– Si seulement je trouvais une traduction de l'histoire de Nout, a soupiré Carter.

Au même moment, on a entendu un craquement. La statue aux mains vides venait de descendre de son piédestal et marchait droit vers nous. Pas rassurés, on s'est écartés de son chemin. Elle nous a dépassés, est allée cueillir un cylindre dans une alvéole et l'a rapporté à Carter.

– Un bibliothécaire en terre cuite, ai-je murmuré.

Carter a pris le cylindre d'un geste nerveux.

– Euh... Merci.

L'ouchebti est remonté sur son piédestal et a retrouvé son immobilité de statue.

Je me suis tournée vers lui, pleine d'espoir :

– Un sandwich et un paquet de chips, s'il te plaît.

Hélas ! Aucune statue n'est descendue de son piédestal pour me servir. On n'avait peut-être pas le droit de manger dans la bibliothèque.

Carter a extrait le papyrus du cylindre et l'a déroulé. Je l'ai entendu pousser un soupir de soulagement.

– C'est bien une traduction.

Mais tandis qu'il lisait, son visage s'est assombri.

– Ça n'a pas l'air de te faire plaisir, ai-je remarqué.

– Les cinq dieux... Si papa les a vraiment libérés, on a du souci à se faire.

– Minute ! Reprends au début, je te prie.

– D'accord. Donc, la déesse du ciel, Nout, était la femme du dieu de la terre, Geb.

– Ce type, là ?

J'ai frappé du talon l'image du géant couvert de collines et de forêts qui s'étalait sur le sol.

– Oui. Geb et Nout voulaient des enfants, mais le roi des dieux, Rê – le soleil – a eu connaissance d'une prophétie disant qu'un de leurs fils tenterait un jour de le renverser. Quand il a appris que Nout était enceinte, il a flippé à mort et lui a interdit d'accoucher durant n'importe quel jour ou n'importe quelle nuit de l'année.

– Il voulait qu'elle reste éternellement enceinte ? C'est nul !

– Nout a trouvé le moyen de déjouer l'interdiction. Elle a défié le dieu de la lune, Khonsou, aux dés. Pour chaque partie perdue, Khonsou devait céder un peu de lumière à Nout. À la fin, elle avait gagné de quoi créer cinq journées.

– N'importe quoi ! On ne peut pas gagner de la lumière en jouant aux dés. Et en admettant que ce soit possible, comment veux-tu fabriquer des jours avec ?

– Il s'agit d'un mythe... Pour les Égyptiens de l'époque, l'année comptait trois cent soixante jours, autant qu'il y a de degrés dans un cercle. Les cinq créés par Nout – les jours des démons – se sont rajoutés au calendrier sans pour autant faire partie de l'année normale.

– Ça explique pourquoi l'année a maintenant trois cent soixante-cinq jours. Et j'imagine que Nout a mis ses enfants au monde...

– ... pendant ces cinq jours supplémentaires, oui.

– Encore une fois, aucune femme ne peut accoucher cinq fois en cinq jours.

– On parle d'une déesse, je te rappelle.

– Une déesse avec un nom de Viking, je sais. Mais continue, je t'en prie.

– Quand Rê l'a appris, il a pété un câble, mais c'était trop tard. Les enfants étaient déjà nés. Ils s'appelaient Osiris...

– C'est lui que papa voulait faire apparaître.

– ... Horus, Seth, Isis et, hum, Nephtys, a complété Carter après avoir jeté un coup d'œil au papyrus. Celle-ci, je l'oublie toujours.

– Le sale type du musée, il a dit : « Tu as libéré les cinq. »

– Exact. Papa ne savait peut-être pas qu'ils étaient enfermés ensemble. Ou alors, il est impossible d'invoquer l'un sans faire apparaître les autres. Le problème, c'est que l'un d'eux, Seth, est un peu le super-méchant de l'Égypte ancienne : le dieu du mal, du chaos et des tempêtes de sable.

J'ai frissonné.

– Et aussi du feu ?

Carter m'a désigné un des personnages représentés sur le papyrus. Il avait une tête d'animal, mais de quelle espèce ? Chien ? Fourmilier ? Lapin psychopathe ? En tout cas, ses cheveux et ses vêtements étaient d'un rouge éclatant.

– Le Seigneur rouge, ai-je murmuré.

– Ce n'est pas tout. Durant ces cinq journées – les jours des démons – les Égyptiens redoublaient de prudence. Ils se couvraient d'amulettes et évitaient toute entreprise risquée. Et au musée, papa a dit à Seth : « Ils t'arrêteront avant que les jours des démons ne soient passés. »

– Tu crois qu'il parlait de nous ?

– Possible. Et sachant que les jours des démons correspondent aux cinq derniers du calendrier, ils commencent le 27 décembre – après-demain.

L'ouchebti semblait attendre que je lui donne un ordre, mais je me sentais complètement impuissante. J'avais l'impression que ma tête allait exploser. Des jours funestes, un dieu à tête de lapin psychopathe... Et puis quoi encore ?

Le pire, c'était la petite voix qui rabâchait à l'intérieur de ma tête : *Tout ça est bien réel. On va devoir affronter Seth pour sauver papa.*

Pourtant, je ne me rappelais pas avoir coché cette ligne dans ma « Liste des choses à faire pendant les vacances de Noël ». « Voir papa », oui. « Acquérir des pouvoirs surnaturels », à la rigueur. Mais « Vaincre le dieu du chaos »...

Soudain un vacarme assourdissant a éclaté au-dessus de nos têtes, et Khéops s'est mis à pousser des cris affolés.

Carter et moi, on s'est regardés, puis on a couru vers l'escalier.

SADIE

8. Muffin lanceuse de couteaux

Dans la grande salle, c'était « Total Khéops ».

Le babouin bondissait de colonne en colonne, de balcon en balcon, renversant poteries et statues, puis il courait jusqu'à la baie vitrée donnant sur la terrasse et regardait à l'extérieur avant de recommencer son manège.

Tapie derrière la vitre, la queue frémissante, Muffin semblait guetter une proie.

– Ils ont peut-être repéré un oiseau, ai-je suggéré, pleine d'espoir.

Je ne suis pas certaine que Carter m'ait entendue, avec les cris stridents de Khéops.

On s'est approchés de la porte-fenêtre. Je n'ai d'abord rien remarqué d'inquiétant, puis une immense gerbe d'eau a jailli de la piscine, et j'ai failli faire une crise cardiaque. Notre crocodile, Philippe de Macédoine, combattait des créatures monstrueuses. Je ne les distinguais pas bien, mais je peux affirmer qu'il ne s'agissait pas d'oiseaux et qu'elles étaient deux contre un. Les combattants ont replongé sous la surface bouillonnante tandis que Khéops hurlait et courait à travers la pièce en se frappant la tête avec son paquet de Cheerios vide – pas sûr que ça nous aidait beaucoup.

– Des Longs Cous ! s'est exclamé Carter. Sadie, t'as vu ça ?

J'allais lui répondre quand un des deux monstres, éjecté de la piscine, est venu s'écraser contre la vitre juste devant nous. J'ai bondi en arrière. Je n'avais jamais rien vu d'aussi terrifiant. Imagine un corps de léopard – mince et souple, gainé de fourrure tachetée – un cou démesuré, couvert d'écailles vertes, et une tête de chat plantée au bout. Mais pas un chat ordinaire : il nous a regardés de ses yeux flamboyants et a poussé un véritable rugissement, exhibant une langue fourchue et des crocs dégoulinants de venin verdâtre.

J'ai senti mes jambes mollir. À ma grande honte, un gémissement s'est échappé de ma gorge.

D'un bond, le monstre a rejoint son compagnon dans la piscine où le crocodile luttait en vain.

J'ai crié :

– Ils vont tuer Philippe !

J'ai tendu la main vers la poignée, mais Muffin a grogné.

– Sadie, non ! a hurlé Carter. T'as entendu Amos : on ne doit ouvrir les portes sous aucun prétexte. Philippe va devoir se débrouiller tout seul.

– Et s'il ne fait pas le poids ? Philippe !

Le vieux crocodile s'est retourné. Pendant une seconde, son œil rose s'est fixé sur moi, comme s'il avait perçu mon inquiétude. Le chat-serpent lui a alors mordu le ventre, et Philippe s'est dressé au-dessus de l'eau. Seule la pointe de sa queue touchait encore la surface. Son corps s'est mis à rougeoyer, un bourdonnement a envahi l'air – on aurait dit un réacteur d'avion – puis Philippe est retombé sur la terrasse.

Sous le choc, la maison entière a tremblé. Le ciment de la terrasse s'est lézardé, la piscine s'est fendue par le milieu, une des deux moitiés s'effritant dans le vide.

J'ai poussé un cri d'horreur : un énorme bloc de la terrasse venait de se détacher, précipitant Philippe et les deux monstres dans l'East River.

– Il... il s'est sacrifié, ai-je balbutié, tremblant de tous mes membres.

– Et si les monstres n'étaient pas morts ? a fait Carter d'une voix à peine audible. S'ils revenaient ?

– Ne dis pas ça !

– Ces créatures... Je les ai reconnues. Viens !

– Où ça ?

Sans même répondre, Carter a couru vers l'escalier menant à la bibliothèque.

En bas, il s'est dirigé droit vers l'ouchebti qui nous avait aidés plus tôt.

– Apporte-moi la... Zut, c'est quoi le nom, déjà ?

– De quoi tu parles ?

– D'un truc que papa m'a montré. Une sorte de pierre plate sur laquelle on peut voir le premier pharaon, celui qui a unifié la Haute et la Basse-Égypte. Il s'appelait... Narmer ! C'est ça... Apporte-moi la plaque de Narmer !

Le bide...

– Non, ce n'est pas une plaque. C'est... comme ces machins sur lesquels on étale la peinture. Une palette. Apporte-moi la Palette de Narmer !

L'ouchebti aux mains vides n'a pas bougé, mais de l'autre côté de la pièce, la statue avec la baguette recourbée a pris vie. Elle a sauté de son piédestal avant de disparaître dans un nuage de poussière. Une seconde plus tard, elle réapparaissait sur la table. Une pierre grise longue à peu près comme mon avant-bras était posée à ses pieds.

– Je t'ai demandé une reproduction, a protesté Carter. On dirait qu'il a rapporté la vraie Palette. Il a dû la voler au musée du Caire. Il va falloir la...

– Puisqu'elle est là, autant y jeter un coup d'œil.

Sculpté dans la pierre, un homme en menaçait un autre avec une espèce de cuiller.

– Le type qui brandit la cuiller, je suppose que c'est Narmer ? ai-je dit. Il est en colère contre l'autre parce qu'il a vidé son bol de céréales ?

Carter a secoué la tête.

– Il est en train de vaincre ses ennemis et d'unifier l'Égypte. Tu vois sa coiffe ? C'est la couronne de la Basse-Égypte, avant que les deux royaumes ne soient unis.

– On dirait une quille...

– T'es lourde, là !

– Il ressemble à papa, tu ne trouves pas ?

– Sadie !

– Sérieusement. Regarde son profil.

Bien décidé à m'ignorer, Carter examinait la palette comme s'il redoutait de la toucher.

– J'aimerais voir le verso, mais j'ai peur de l'abîmer en la retour...

J'ai saisi la palette et l'ai retournée.

– Tu aurais pu la casser !

– C'est pour ça qu'on a inventé les sorts réparateurs, non ?

En voyant le dos de la pierre, je dois dire que j'ai été impressionnée par la mémoire de mon frère. Au centre de la palette se tenaient deux créatures moitié chat et moitié serpent aux cous entrelacés. Debout de part et d'autre des monstres, deux hommes tentaient de les capturer à l'aide d'une corde.

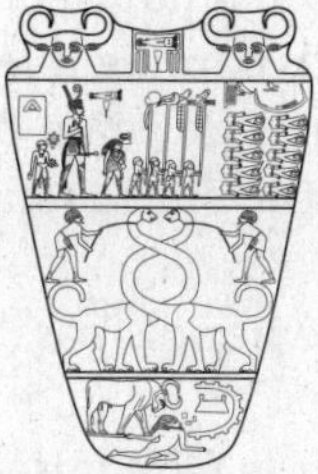

– On appelle ces créatures « serpopards », a expliqué Carter.

– Fascinant. Mais qu'est-ce qu'elles sont au juste ?

– Ça, personne ne le sait. Papa pensait qu'elles étaient des agents du chaos et avaient toujours existé. Cette pierre est l'un des plus anciens vestiges égyptiens connus. Ces images ont été sculptées il y a environ cinq mille ans.

– Pourquoi des monstres vieux de cinq mille ans attaquent-ils notre maison ?

– La nuit dernière, à Phoenix, le Seigneur rouge a ordonné à ses serviteurs de nous capturer. Il leur a dit d'envoyer d'abord les « Longs Cous ».

J'avais un goût désagréable dans la bouche. Malheureusement, mon stock de chewing-gums était épuisé.

– Au moins, ai-je dit, à l'heure qu'il est, ces deux-là se trouvent au fond de l'East River.

Juste comme je venais de prononcer ces mots, Khéops a fait irruption dans la bibliothèque en hurlant et se frappant la tête.

J'ai soupiré :

– On dirait que j'ai parlé trop vite.

Carter a demandé à l'ouchebti de rapporter la Palette de Narmer où il l'avait trouvée. Statue et pierre ont disparu. On est ensuite remontés à la suite du babouin.

Les serpopards étaient revenus, et ils n'avaient pas l'air contents. La fourrure trempée et boueuse, ils arpentaient le rebord de la terrasse, le cou tendu vers les portes-fenêtres, cherchant comment entrer. Ils dardaient leur langue fourchue, crachant sur les vitres des jets de venin bouillonnant.

Khéops a attrapé Muffin sur le sofa et me l'a tendue.

– Agh, agh !

– C'est gentil, mais je ne vois pas...

– AGH !

J'ai pris la chatte pour le faire taire. Ni « Muffin » ni « chat » ne se terminant par un « o », j'en ai déduit qu'il ne me l'offrait pas comme en-cas.

Muffin a levé vers moi un regard interrogateur.

– Miaou ?

– Tout ira bien, lui ai-je promis, m'efforçant de cacher que j'étais folle de terreur. La maison jouit d'une protection magique.

– On dirait qu'ils ont trouvé quelque chose, a remarqué Carter.

En effet, les serpopards avaient convergé vers la porte de gauche dont ils reniflaient la poignée avec insistance.

– Elle n'est pas bien fermée ? ai-je demandé.

Les deux monstres ont écrasé leurs visages hideux contre la vitre, la faisant trembler. Des hiéroglyphes bleutés brillaient sur l'encadrement de la porte, mais ils n'émettaient qu'une faible lueur.

– Je n'aime pas ça, a murmuré Carter.

J'ai prié pour que les monstres renoncent, ou pour que Philippe de Macédoine escalade la façade du bâtiment – est-ce que les crocodiles font de l'escalade ? – et reprenne le combat.

Les serpopards ont donné un deuxième coup de tête dans la porte-fenêtre. Cette fois, la vitre s'est étoilée. Les hiéroglyphes bleus ont clignoté avant de s'éteindre.

– AGH ! a crié Khéops avec un geste vague en direction de Muffin.

– Je pourrais peut-être les faire exploser, ai-je suggéré.

Carter a secoué la tête.

– La dernière fois que tu as employé ce sort, tu as failli tourner de l'œil. Pas question que tu risques ta santé ou pire.

Mon frère m'a une fois encore surprise en décrochant d'un râtelier une sorte d'épée recourbée qui semblait peser une tonne.

J'ai protesté :

– T'as perdu la tête ?

– Tu... tu as une meilleure idée ? a bredouillé Carter, le visage luisant de transpiration. On n'est que trois – toi, moi et le babouin – pour repousser ces monstres.

Je suis certaine qu'il faisait le maximum pour paraître courageux, mais il tremblait encore plus que moi. Si l'un de nous semblait sur le point de perdre connaissance, c'était lui, et je préférais qu'il ne le fasse pas avec un objet tranchant à la main.

Soudain la vitre a volé en éclats. On a battu en retraite vers la statue de Thot pendant que les deux monstres pénétraient dans la grande salle. Khéops a lancé son ballon, qui a rebondi sur la tête d'une des créatures sans lui faire le moindre mal. Le singe s'est alors jeté sur le serpopard.

– Khéops, non ! a hurlé Carter.

Le babouin a planté ses crocs dans le cou du monstre. Il a ensuite voulu fuir, mais le serpopard était vif. D'un coup de tête, il l'a projeté vers la terrasse à travers la fenêtre cassée, et le pauvre babouin est tombé dans le vide.

J'ai réprimé un sanglot : les deux serpopards se dirigeaient vers nous. Impossible de leur échapper. Carter a brandi son épée. Le doigt pointé vers l'un des monstres, j'ai tenté d'articuler *ha-di*, mais aucun son n'a voulu franchir mes lèvres.

Muffin, toujours blottie dans mes bras, a choisi ce moment pour m'interpeller :

– Miaou !

Comment se faisait-il qu'elle n'ait pas encore pris la fuite ?

C'est alors que les paroles d'Amos me sont revenues à l'esprit : « Muffin veillera sur vous. » Ça paraissait fou, pourtant j'ai balbutié :

– Mu... Muffin, je t'ordonne de nous protéger.

J'ai déposé la chatte sur le sol. Durant une fraction de seconde, j'ai eu l'impression que sa médaille brillait d'un éclat plus vif. Puis elle s'est étirée et a léché tranquillement sa patte, assise sur son derrière. J'ai pensé : *Tu espérais quoi ?*

Les deux monstres ont montré les crocs, prêts à attaquer... Au même moment, il y a eu comme une explosion, assez puissante pour nous renverser, Carter et moi. Les serpopards ont reculé, chancelants.

M'étant relevée, j'ai réalisé que la déflagration provenait de Muffin. À la place de ma chatte se trouvait à présent une femme, petite et aussi souple qu'une gymnaste. Ses cheveux noirs étaient coiffés en queue-de-cheval. Moulée dans une combinaison léopard, elle portait la médaille de Muffin autour du cou.

Quand elle m'a souri, j'ai vu qu'elle avait des yeux de chat – jaunes, avec la pupille fendue.

– Pas trop tôt, a-t-elle dit d'un ton de reproche.

Entre-temps, les serpopards s'étaient ressaisis. Ils se sont rués vers la femme-chat avec la rapidité de l'éclair, prêts à la tailler en pièces, mais d'un bond agile, elle s'est perchée sur la cheminée.

– Enfin un peu d'action ! s'est-elle exclamée en faisant jaillir deux longs couteaux de ses manches.

Les monstres ont chargé. La femme a sauté entre eux et, esquivant leurs attaques avec une grâce surhumaine, elle a entrepris de nouer ensemble leurs longs cous. Quand elle s'est éloignée, les serpopards étaient inextricablement liés. Plus ils se débattaient, plus le nœud se resserrait. Ils s'agitaient en vain, renversant les meubles et poussant des cris de rage.

– Pauvres chéris, a roucoulé la femme-chat. Tenez, je vais vous aider.

Les couteaux ont volé, les têtes des monstres ont roulé sur le sol tandis que leurs corps se désintégraient, formant deux énormes tas de sable.

– Fini de jouer, a soupiré la femme-chat.

Elle s'est ensuite tournée vers nous, faisant disparaître les couteaux à l'intérieur de ses manches.

– Carter, Sadie, il faut partir. D'autres vont venir, pires que ceux-là.

– Encore pire ? a couiné Carter. Qui... Que... Quoi...

– Chaque chose en son temps.

La femme s'est étirée avec un plaisir manifeste.

– Ah ! C'est bon d'avoir à nouveau forme humaine. Sadie, tu veux bien nous créer un passage à travers la Douât ?

– Euh... c'est-à-dire... Je ne sais pas comment on fait.

Elle a cligné les paupières, visiblement déçue.

– Dommage. Il va nous falloir une plus grande source de pouvoir. Un obélisque.

– Mais on n'est plus à Londres !

– Il y en a un plus près, à Central Park. En principe, j'évite Manhattan, mais c'est un cas de force majeure. On va juste y faire un saut et ouvrir un portail.

– Pour aller où ? ai-je demandé. Et d'abord, qui êtes-vous, et comment avez-vous pris la place de ma chatte ?

Elle a souri.

– Pour le moment, on ne va nulle part. On cherche seulement à échapper au danger. Quant à savoir qui je suis, je te prierai de ne plus m'appeler Muffin, mais...

– Bastet, a glissé Carter. La médaille... Elle porte le symbole de Bastet, la déesse-chatte. Je croyais qu'elle était purement décorative, mais... C'est bien vous, pas vrai ?

Bastet a acquiescé.

– Bien deviné, Carter. Mais si nous voulons sortir d'ici vivants, nous avons intérêt à ne pas traîner.

CARTER

9. Poursuivis par quatre types en jupe

Donc, notre chatte était en réalité une déesse.

Ça t'étonne ? Pas moi. Au point où j'en étais, plus rien ne pouvait me surprendre.

Sans me laisser le temps de la questionner, elle m'a ordonné d'aller chercher le matériel de magie de notre père. Quand je suis remonté de la bibliothèque, Sadie et elle se disputaient à propos de Khéops et de Philippe.

– On ne partira pas avant de les avoir retrouvés, disait Sadie.

– Ils s'en sortiront, a affirmé Bastet. Pas nous, si nous tardons encore.

J'ai levé la main pour attirer son attention.

– Pardon, madame la déesse, mais Amos nous a dit que cette maison...

– ... était sûre ? Carter, tu as vu avec quelle facilité les serpopards ont percé ses défenses. Quelqu'un les a sabotées.

– Mais qui...

– Seul un magicien de la Maison de vie peut avoir fait ça.

– Pourquoi un autre magicien voudrait-il saboter la maison d'Amos ?

Bastet a soupiré.

– Tu es si jeune, si naïf... Les magiciens sont des créatures sournoises. Je pourrais t'indiquer des milliers de raisons pour lesquelles l'un d'eux voudrait poignarder un de ses confrères dans le dos, mais nous n'avons pas le temps. Venez !

Elle nous a attrapés chacun par un bras avant de nous entraîner vers la porte. Si elle avait rengainé ses couteaux, ses ongles aussi acérés que des griffes s'enfonçaient dans ma chair, me faisant grimacer de douleur. Dehors, le vent piquait les yeux. On a descendu un escalier métallique interminable. La sacoche de papa était lourde, et je sentais à travers ma chemise en lin la lame de l'épée recourbée que je portais dans le dos. J'avais transpiré durant l'attaque des serpopards, mais il me semblait que ma sueur gelait sous l'effet du froid.

Arrivé au bas de l'escalier, j'ai jeté des regards inquiets autour de moi, craignant de voir surgir de nouveaux monstres. Des engins de chantier – bulldozer, bétonnières, grue encore reliée à un boulet de démolition – achevaient de rouiller, abandonnés en tas au pied de l'entrepôt. Un dédale de tôles et de caisses empilées séparait celui-ci de la rue.

On avait parcouru une centaine de mètres quand un vieux matou gris s'est avancé vers nous. Il avait une oreille déchiquetée, un œil gonflé et fermé. Ses nombreuses cicatrices témoignaient d'une longue vie de bagarres.

Bastet s'est accroupie devant le chat. Au bout de quelques secondes, elle l'a remercié et il s'est éloigné en direction de la rivière.

– C'était qui ? a demandé Sadie.

– Un de mes sujets, qui m'offrait son aide. D'ici peu, tous les chats de New York sauront que nous sommes en danger et ils se tiendront sur leurs gardes.

– Il était dans un sale état, a remarqué Sadie. Puisque c'est un de vos sujets, vous auriez pu le rafistoler un peu...

– Et lui enlever ses marques d'honneur ? Les cicatrices gagnées au combat font partie de l'identité d'un chat. Jamais je...

Bastet s'est raidie et nous a entraînés derrière une pile de caisses.

– Qu'est-ce qui se passe ? ai-je murmuré.

D'un mouvement des poignets, elle a fait réapparaître ses couteaux. Elle a jeté un coup d'œil par-dessus les caisses. Tout son corps frémissait. J'ai tenté d'apercevoir ce qu'elle regardait, mais il n'y avait rien, à part la grue rouillée et son boulet de démolition.

Les lèvres de Bastet tressaillaient sous le coup d'une violente émotion, ses yeux ne quittaient pas l'énorme boule métallique. J'avais déjà vu cette expression chez des chatons occupés à traquer une souris en peluche, un morceau de ficelle ou une balle en caoutchouc. Une *balle* ? Enfin, Bastet était une déesse ! Elle n'allait quand même pas...

– Surtout, ne bougez pas, a-t-elle dit dans un souffle.

Puis elle a bondi au-dessus des caisses, les lames de ses couteaux jetant des éclairs, pour atterrir sur le boulet de démolition, dix mètres plus loin. Le choc a brisé la chaîne, déesse et boulet se sont écrasés dans la poussière et ont roulé sur le sol.

Bastet a feulé :

– Raaaaôôôôh !

Le boulet lui a roulé dessus, heureusement sans la blesser. Elle s'est relevée d'un bond, prête à riposter. Les lames des couteaux ont tranché dans le métal comme dans du beurre. Quelques secondes plus tard, le boulet n'était plus qu'un tas de ferraille.

– Victoire ! s'est écriée Bastet, rengainant ses couteaux.

Sadie m'a regardé.

– Vous nous avez sauvés d'une boule de métal ? a-t-elle dit.

– On ne prend jamais trop de précautions, a rétorqué Bastet. Elle aurait pu être hostile.

Au même moment, le sol a tremblé. Je me suis retourné vers

la maison. Des flammes bleutées s'échappaient des fenêtres du dernier étage.

– Venez, a dit Bastet. On n'a plus beaucoup de temps.

Je pensais qu'elle allait nous téléporter, ou du moins arrêter un taxi, mais elle a simplement « emprunté » une Lexus décapotable gris métallisé.

– Ça, c'est de la bagnole ! s'est-elle enthousiasmée. Montez vite, les enfants.

J'ai tenté une objection :

– Mais elle n'est pas à nous...

– Mon poussin, je suis une chatte. Tout ce que je vois m'appartient.

Elle a effleuré le contact du doigt, faisant jaillir des étincelles de la serrure. Le moteur s'est mis à ronronner. (Non, Sadie. Pas comme un chat, comme un moteur.)

J'ai insisté :

– Vous n'avez pas le droit de...

Sadie m'a donné un coup de coude.

– On la ramènera plus tard, Carter, a dit Bastet. Mais là, il y a urgence.

Elle a désigné la maison. Des flammes bleues et des tourbillons de fumée s'échappaient à présent de toutes les fenêtres. Mais le plus terrifiant, c'était les quatre types qui descendaient l'escalier, portant une sorte de cercueil recouvert d'un voile noir, assez large pour contenir deux corps. Ils étaient vêtus d'une espèce de jupe et chaussés de sandales. Leur peau avait l'éclat du cuivre au soleil.

– Mauvais, ça, a dit Bastet. En voiture, s'il vous plaît.

Sadie s'est ruée vers la place du passager, alors je suis monté à l'arrière, résolu à ne pas poser de questions. Les quatre types se sont mis à courir dans notre direction à une vitesse incroyable, portant toujours le cercueil. Bastet a démarré pied au plancher, sans attendre que j'aie attaché ma ceinture.

On a traversé Brooklyn à fond la caisse, louvoyant entre les véhicules, roulant sur les trottoirs, évitant de justesse les piétons.

Bastet avait les réflexes d'un félin. Aucun être humain n'aurait pu conduire aussi vite sans provoquer une dizaine d'accrochages, mais on a atteint le pont de Williamsburg sains et saufs.

J'aurais juré qu'on avait semé nos poursuivants, mais quand je me suis retourné, j'ai vu les quatre hommes se frayer un chemin à travers la circulation. S'ils donnaient l'impression de courir à une allure normale, ils dépassaient des voitures qui roulaient à près de quatre-vingts kilomètres heure. Leurs silhouettes tremblées rappelaient les images sautillantes des vieux films.

J'ai demandé :

– C'est qui, ces types ? Des ouchebtis ?

– Non, des porteurs, a répondu Bastet en jetant un coup d'œil dans le rétroviseur. Tout droit sortis de la Douât. Rien ne les arrêtera tant qu'ils ne vous auront pas attrapés et jetés dans leur litière...

– Leur quoi ?

– La grande caisse qu'ils transportent. Quand ils capturent quelqu'un, ils l'assomment et le ramènent à leur maître. Jamais ils ne laissent échapper une proie ni ne renoncent.

– Qu'est-ce qu'ils veulent nous faire ?

– Crois-moi, a grondé Bastet, il vaut mieux que tu ne le saches pas.

J'ai repensé au Seigneur rouge, la nuit précédente, à Phoenix, et à la manière dont il avait proprement frit un de ses serviteurs. À coup sûr, je n'avais aucune envie de me retrouver face à lui.

– Puisque vous êtes une déesse, ai-je dit à Bastet, vous ne pourriez pas claquer des doigts et les désintégrer ? Ou nous téléporter ailleurs ?

– J'avoue que c'est tentant. Le problème, c'est qu'à l'intérieur de cet hôte, je ne dispose pas de tous mes pouvoirs.

Sadie est intervenue :

– Votre hôte, c'est Muffin ? Pourtant, vous n'êtes plus un chat.

– Elle reste mon point d'ancrage à l'extérieur de la Douât, et un point d'ancrage très imparfait. Ton appel à l'aide m'a permis de revêtir une forme humaine, mais rien que cela exige une grande quantité d'énergie. Et même à l'intérieur d'un hôte plus puissant, ma magie ne peut rivaliser avec celle de Seth.

– Vous pourriez être plus claire ?

– Carter, nous n'avons pas le temps de discuter en long et en large des dieux, de leurs hôtes et des limites de la magie. L'urgence, c'est de vous mettre en sécurité.

Bastet a accéléré à fond, et la voiture a franchi le milieu du pont telle une flèche. Les quatre porteurs nous suivaient toujours. Leur déplacement créait des perturbations dans l'air, toutefois aucune voiture ne faisait d'écart pour les éviter. Personne ne paniquait ni même ne leur prêtait attention.

Je me suis étonné :

– Comment se fait-il que les gens ne réagissent pas ? Quatre types en jupe qui courent sur un pont en trimballant une grande caisse noire, ça ne passe pas inaperçu !

– Les chats entendent des sons que tu ne perçois pas. Certains animaux voient dans le spectre ultraviolet des choses invisibles pour l'œil humain. Il en va de même avec la magie. À votre arrivée, vous aviez remarqué la maison de votre oncle ?

– Euh... non.

– Pourtant, vous êtes des magiciens-nés. Imaginez combien ce serait difficile pour un mortel ordinaire.

Des magiciens-nés... Amos avait dit que notre famille appartenait à la Maison de vie depuis très longtemps.

– Admettons que la magie soit héréditaire... Comment se fait-il que je n'ai pas découvert mes pouvoirs plus tôt ?

Bastet m'a souri dans le rétroviseur.

– Ta sœur comprend, elle.

– Pas du tout ! a protesté Sadie, rougissant jusqu'aux oreilles. Je n'arrive toujours pas à croire que vous soyez une déesse. Ça fait six ans que je vous vois manger des croquettes et dormir sur mon oreiller...

– J'ai passé un accord avec votre père. Il m'a autorisée à demeurer dans ce monde sous la forme d'un chat domestique afin de te protéger. C'était bien le moins que je pouvais faire après...

Une pensée horrible m'est venue. Mon estomac s'est soulevé, et ça n'avait rien à voir avec notre vitesse.

– Après la mort de notre mère ? ai-je avancé.

Bastet a continué à fixer la route sans répondre.

– J'ai raison, pas vrai ? Papa et maman ont procédé à un rituel magique devant l'aiguille de Cléopâtre. Les choses ont mal tourné, maman est morte et... ils vous ont libérée ?

– Ça n'a plus d'importance à présent. Tout ce qui compte, c'est que j'aie accepté de veiller sur Sadie. Et je continuerai à le faire.

Elle nous cachait quelque chose, je l'aurais juré, mais le ton de sa voix indiquait que la discussion était close.

J'ai repris :

– Si vous êtes tellement puissants et bienveillants, pourquoi la Maison de vie interdit-elle aux magiciens de vous invoquer ?

Bastet s'est faufilée sur la voie de gauche.

– Les magiciens sont paranos. Si vous voulez survivre, vous avez tout intérêt à rester avec moi. Nous allons fuir aussi loin que possible de New York. Puis nous chercherons de l'aide afin de défier Seth.

– Quelle aide ? a demandé Sadie.

Bastet a haussé les sourcils.

– Eh bien, nous allons invoquer d'autres dieux, évidemment.

CARTER

10. *Bastet se met au vert*

(Sadie, arrête ! C'est bon, j'y viens.) Pardon, ma sœur essaie de me distraire en fichant le feu à... Bon, j'en étais où ?

La Lexus a jailli du pont de Williamsburg tel un boulet de canon et a enfilé Clinton Street en direction du nord.

– Ils nous suivent toujours, a indiqué Sadie.

En effet, les quatre porteurs zigzaguaient entre les voitures, montaient sur les trottoirs, piétinant les étalages des vendeurs de souvenirs, à une centaine de mètres derrière nous.

– On va tenter de gagner du temps...

Un grondement a jailli de la gorge de Bastet, tellement grave et puissant que mes dents ont grincé.

Un brusque coup de volant à droite, et on a pris East Houston Street.

J'ai regardé derrière nous. Juste comme les porteurs tournaient le coin de la rue, une harde de chats s'est matérialisée autour d'eux. Certains déboulaient des rues voisines, d'autres sautaient des fenêtres ou descendaient par les gouttières, mais tous convergeaient vers les quatre hommes, toutes griffes dehors, escaladant leurs jambes cuivrées, leur lacérant le visage, se cramponnant à leur dos, s'entassant sur la litière afin de l'alourdir. Les porteurs ont lâché leur fardeau et se sont mis à distribuer des coups au hasard, cherchant à repousser leurs agresseurs. Deux voitures ont fait un écart afin d'éviter les chats et sont entrées en collision, bloquant la rue entière. Les porteurs ont disparu, submergés par une marée de félins fous furieux, au moment où on s'engageait sur la FDR Drive.

– Bien joué ! ai-je applaudi.

Mais Bastet a douché mon enthousiasme :

– Ça ne les ralentira pas longtemps. Prochain arrêt, Central Park !

Bastet s'est débarrassée de la Lexus à proximité du Musée d'art métropolitain.

– L'obélisque se trouve juste derrière le musée, a-t-elle expliqué. On peut y aller en courant.

Elle ne plaisantait pas. Sadie et moi avions du mal à la suivre tandis qu'elle filait comme une flèche, sans se laisser arrêter par les baraques des vendeurs de hot-dogs ou les véhicules en stationnement. Elle franchissait d'un bond agile tous les obstacles de moins de trois mètres, quand on était obligés de les contourner.

À l'intérieur du parc, on a suivi un moment l'East Drive avant d'obliquer vers le nord. L'obélisque se dressait devant nous. Haut d'une vingtaine de mètres, il était la réplique exacte de celui de Londres. Planté au sommet d'une colline, il donnait l'impression d'être isolé, quoique situé au centre de New York. Les abords en étaient déserts, excepté un couple de joggeurs qui couraient sur le sentier. Même le bruit de la circulation sur la Cinquième Avenue paraissait lointain.

Au pied de l'obélisque, Bastet a reniflé l'air comme si elle cherchait à détecter des ennemis. Une fois immobile, le froid m'a saisi. Si le soleil était haut dans le ciel, le vent transperçait ma chemise en lin.

– J'aurais dû prendre une robe en laine, ai-je murmuré.

– Certainement pas, a répliqué Bastet. Vous êtes habillés pour pratiquer la magie.

– Ah bon ? a réagi Sadie. On doit se geler pour être magicien ?

– Les magiciens évitent les vêtements d'origine animale – fourrure, cuir, laine. Leur aura résiduelle pourrait créer des interférences.

– Mes bottes n'ont pas l'air de poser de problème, a remarqué Sadie.

– Peut-être as-tu développé une immunité partielle au cuir, a répondu Bastet avec une grimace de dégoût. Toujours est-il qu'il vaut mieux choisir des textiles d'origine végétale, coton ou lin. Bref, il est onze heures et demie. Une heure propice, mais ça ne durera pas. À toi, Sadie.

– Pourquoi moi ? a protesté ma sœur. C'est vous, la déesse !

– Les portails ne sont pas mon fort. Nous autres chats avons surtout un rôle protecteur. Contrôle tes émotions. La peur ou la précipitation peuvent faire échouer un sort. Nous devons absolument quitter cet endroit avant que Seth ne rallie d'autres dieux à sa cause.

Je suis intervenu :

– Seth a l'intention d'enrôler d'autres dieux maléfiques dans sa bande ?

Bastet a jeté un coup d'œil inquiet vers les arbres.

– Tu ne dois pas raisonner en termes de bien ou de mal, Carter. Un magicien ne connaît que l'ordre et le chaos, les deux forces qui régissent l'univers. Seth est le maître du chaos.

– Et les autres dieux que papa a libérés… Ils sont de quel côté ?

Le regard de Bastet s'est fixé sur moi.

– Bonne question, Carter.

Soudain un chat siamois a surgi des buissons et a couru vers Bastet. Ils se sont longuement regardés, puis le chat s'est éloigné.

– Nos poursuivants ne sont plus très loin, a annoncé Bastet. Et une autre entité, beaucoup plus puissante, s'approche. Je crains que le maître des porteurs ne s'impatiente.

Mon cœur a fait un bond.

– Seth est en route ?

– Plutôt un de ses serviteurs, ou un allié. Mes chats éprouvent des difficultés à décrire ce qu'ils ont vu, et pour ma part, je préfère ne pas savoir. Sadie, concentre-toi et imagine que tu ouvres un portail sur la Douât. Moi, je repousserai l'ennemi. La magie de combat est ma spécialité.

– Comme tout à l'heure, chez notre oncle ?

Bastet a souri, dévoilant des canines pointues.

– Non. Ça, c'était un combat ordinaire.

Au même moment, on a entendu un bruissement de feuilles, et les porteurs ont émergé des arbres. Le voile enveloppant la litière avait été lacéré. Eux-mêmes étaient couverts de griffures et d'écorchures. L'un se déplaçait à cloche-pied, un autre avait une aile de voiture enroulée autour du cou.

Les quatre hommes ont posé la litière avec précaution et tiré des massues en métal doré de leurs ceintures.

– Sadie, dépêche-toi, a ordonné Bastet. Carter, si tu veux bien m'aider...

La déesse-chatte a dégainé ses couteaux. Son corps émettait une vague clarté verdâtre. Puis une bulle d'énergie s'est matérialisée autour d'elle, grossissant rapidement jusqu'à la soulever du sol. Bastet se trouvait à présent à l'intérieur d'une projection holographique faisant quatre fois sa taille normale et représentant la déesse sous sa forme ancienne, avec une tête de chat. Flottant au centre de l'hologramme, Bastet s'est avancée, la déesse géante aussi. Pour une image transparente, elle paraissait drôlement tangible : le sol tremblait sous ses pas. Bastet a levé le bras. La géante l'a aussitôt imitée, montrant des griffes aussi longues et effilées que des épées. Avec ses couteaux, Bastet a taillé des rubans de ciment dans le sol puis elle s'est tournée vers moi, souriante. L'énorme tête de chat en a fait autant, dévoilant des canines terrifiantes qui auraient pu me couper en deux.

– La magie de combat, c'est ça, a-t-elle déclaré.

Trop abasourdi pour réagir, j'ai regardé Bastet lancer sa machine de guerre holographique contre les porteurs.

Elle a mis l'un d'eux en pièces d'un seul coup de patte avant d'en piétiner un autre, l'aplatissant comme une crêpe. Les deux derniers ont tenté de se défendre, mais leurs massues rebondissaient sur son aura spectrale, provoquant des étincelles.

Pendant ce temps, Sadie, les bras dressés vers le ciel, criait à l'obélisque :

– Ouvre-toi, espèce d'andouille !

J'ai enfin pris mon épée. Mes mains tremblaient. Je n'avais aucune envie de me jeter dans la bataille, mais il me semblait que je devais faire quelque chose, et quitte à combattre, j'aimais autant avoir un chat guerrier de six mètres à mes côtés.

– Sadie, je... je vais donner un coup de main à Bastet. Essaie encore.

– Je ne fais que ça !

Je me suis élancé juste comme Bastet achevait de découper les deux derniers porteurs en rondelles. *C'est fini*, ai-je pensé, soulagé.

Soudain les porteurs se sont relevés. Celui que Bastet avait aplati s'est arraché au sol tandis que ses trois compagnons se reconstituaient sans effort.

– Il faut faire des morceaux plus petits, a dit Bastet. Carter, aide-moi !

Je me suis écarté, laissant la déesse-chatte tailler et piétiner. Mais dès qu'elle en avait terminé avec un porteur, j'accourais afin de le hacher menu. La lame de mon épée tranchait dans leur chair comme dans de la pâte à modeler.

Quelques minutes plus tard, j'étais entouré de débris cuivrés. Bastet a abattu un poing fluorescent sur la litière, la fracassant.

– Ils n'étaient pas si coriaces que ça, ai-je dit. Je me demande pourquoi on fuyait devant eux.

À l'intérieur de sa bulle d'énergie, le visage de Bastet ruisselait de sueur. Je n'aurais jamais imaginé qu'une déesse puisse ressentir la fatigue, mais son avatar magique devait sacrément puiser dans ses forces.

– Nous ne sommes pas encore tirés d'affaire, a-t-elle déclaré. Ça vient, Sadie ?

– Toujours pas, a geint celle-ci. Il n'existe pas d'autre moyen ?

Au même moment, un frémissement a parcouru les buissons. On aurait dit le bruit de la pluie, en plus confus.

J'ai frissonné de la tête aux pieds.

– C'est... c'est quoi ?

– Non, a murmuré Bastet. Pas elle...

Soudain plusieurs centaines de créatures rampantes ont jailli des buissons, la queue dressée, formant un tapis hideux sur le sol.

Un hurlement est resté coincé dans ma gorge. J'avais les jambes en coton. Je déteste les scorpions. Plus d'une fois, en Égypte, j'en avais trouvé dans mon lit ou dans le bac à douche. Un jour, l'un d'eux s'était même glissé dans ma chaussette.

– Sadie ! a crié Bastet.

– J'y arrive pas !

Les vagues de scorpions se succédaient. Puis une femme est apparue, marchant sans crainte au milieu d'eux. Des bijoux en or étincelaient à son cou et à ses poignets, rehaussant le brun de sa robe. Elle portait une coiffe bizarre sur le sommet de la tête. Quand elle s'est approchée, j'ai constaté qu'il ne s'agissait pas d'une coiffe, mais d'un énorme scorpion vivant. Au sol, les sales bêtes tournoyaient autour d'elle par milliers, donnant l'impression qu'elle se trouvait au centre d'un cyclone.

– Serket, a grondé Bastet.

La déesse-scorpion... Cette révélation m'aurait plongé dans la terreur, si je ne l'avais pas été déjà.

Je me suis tourné vers Bastet :

– Vous pouvez vous occuper d'elle ?

Son expression ne m'a pas rassuré.

– Carter, Sadie, a-t-elle dit, ça va saigner. Courez jusqu'au musée et trouvez le temple. Il devrait vous protéger.

J'ai demandé :

– Quel temple ?

– Et vous ? a ajouté Sadie.

– Je vous rejoindrai plus tard.

J'ai lu dans son regard qu'elle n'était pas aussi sûre d'elle qu'elle voulait le faire croire. Elle cherchait juste à gagner du temps pour nous permettre de fuir.

– Partez ! nous a-t-elle crié avant de diriger son avatar félin vers la masse grouillante des scorpions.

Je l'avoue : je n'ai même pas fait semblant de protester. J'ai attrapé le bras de Sadie et j'ai couru.

SADIE

11. Le lance-flammes humain

C'est moi, Sadie. J'ai pris le micro parce que je me doute que Carter va encore bâcler cette partie de l'histoire, et comme il y est question de Zia... (Tais-toi, Carter. Tu sais que j'ai raison.)

Tu te demandes qui est Zia ? Un peu de patience, j'y viens.

On a couru vers l'entrée du musée. Pourquoi ? Parce qu'une déesse-chatte géante nous en avait donné l'ordre. Comme tu t'en doutes, j'avais le moral dans les chaussettes. Pour commencer, j'avais perdu mon père. Ensuite, mes grands-parents aimants m'avaient flanquée dehors. Puis j'avais appris que j'étais issue d'une famille de magiciens, du « sang de la grande maison », et un tas d'autres idioties qui sonnaient bien mais n'avaient fait que m'attirer des ennuis. À peine m'étais-je trouvé un nouveau foyer – où l'on servait d'excellents petits déjeuners et où on m'avait attribué une très jolie chambre, soit dit en passant –, que notre oncle avait disparu, mes nouveaux amis crocodile et babouin s'étaient engloutis dans la rivière et on avait mis le feu à la maison. Et comme si ça ne suffisait pas, ma fidèle Muffin était engagée dans un combat sans espoir contre une armée de scorpions.

Au fait, comment dit-on quand il y a beaucoup de scorpions ? Un troupeau ? Une colonie ? Bah ! Laisse tomber...

Ce qui me perturbait le plus, c'était que Bastet m'ait demandé d'ouvrir un portail magique alors qu'à l'évidence, j'en étais incapable. J'avais l'impression d'être un boulet. (Pas de commentaires, Carter. On ne peut pas dire que tu aies beaucoup brillé non plus.)

– On ne peut pas laisser Bastet ! ai-je protesté pendant que mon frère m'entraînait.

En me retournant, j'ai vu une masse de scorpions escalader les jambes fluorescentes de la déesse, pénétrant l'hologramme comme de la gélatine. Bastet les écrasait avec les poings et les pieds, mais ils étaient trop nombreux. Quand ils ont atteint sa taille, l'éclat de son aura a faibli. L'autre déesse s'avançait lentement vers elle, et quelque chose me disait qu'elle était plus redoutable que tous ses scorpions réunis.

On a traversé une rangée d'arbustes, et j'ai perdu Bastet de vue. La Cinquième Avenue paraissait presque trop normale à côté du combat auquel on venait d'assister. Sans ralentir l'allure, on s'est frayés un chemin au milieu des piétons avant de monter deux à deux les marches du Metropolitan Museum of Art.

Une banderole déployée au-dessus de l'entrée annonçait un événement spécial pour Noël, ce qui expliquait que le musée ait été ouvert un jour férié, mais je n'ai pas pris le temps de la lire en détail.

Tu te demandes à quoi ressemblait l'intérieur ? Un hall immense, des tas de colonnes, comme dans n'importe quel musée. Je ne me suis pas attardée à admirer le décor. Je me rappelle qu'il y avait la queue aux guichets, et des vigiles qui ont crié contre nous quand on a forcé l'entrée des salles d'exposition. Par chance, on était dans la partie égyptienne, face à la reconstitution d'un tombeau plein de couloirs étroits. Carter t'aurait sans doute expliqué par le menu de quoi il retournait, mais pour être franche, je m'en fichais.

On s'est cachés à l'intérieur du faux tombeau, ce qui a suffi à égarer les vigiles – ou alors, ils avaient mieux à faire que de pourchasser deux sales gosses.

Une fois ressortis, on a flâné un moment à travers l'aile égyptienne, le temps de s'assurer que personne ne nous surveillait. Il n'y avait pas foule : à peine quelques vieux et un groupe de touristes français avec leur guide.

Bizarrement, personne ne semblait remarquer l'épée dans le dos de Carter. Pourtant, elle constituait une infraction flagrante au règlement intérieur (sans compter qu'elle était nettement plus intéressante que les pièces exposées). Quelques vieux nous jetaient des regards en coin, mais je soupçonne que c'était à cause de nos pyjamas trempés de sueur et couverts d'herbe et de feuilles. En plus, je n'ose imaginer dans quel état se trouvaient mes cheveux...

J'ai attiré Carter dans une salle vide. Les vitrines étaient remplies d'ouchebtis. Quelques jours plus tôt, je n'y aurais même pas prêté attention. À présent, je m'attendais à ce qu'ils s'animent d'une seconde à l'autre et tentent de m'assommer.

– Tu as vu quelque chose qui ressemblait à un temple ? ai-je demandé à mon frère.

– Je crois que cette partie abrite un temple reconstitué... Ou est-ce le Brooklyn Museum ? Désolé. J'ai visité tellement de musées avec papa qu'ils se mélangent tous dans ma tête.

J'ai poussé un soupir exaspéré.

– Pauvre chou, va... Obligé de parcourir le monde avec papa alors que je le voyais deux jours par an.

Carter a riposté avec une violence qui m'a laissée sans voix.

– Toi, au moins, tu avais une maison, des amis ! Tu ne te réveillais pas chaque matin en te demandant dans quel pays tu te trouvais ! Tu ne...

La vitrine la plus proche a explosé, projetant des éclats de verre à nos pieds.

Carter m'a lancé un regard interloqué.

– C'est nous qui...

J'ai acquiescé, m'efforçant de lui cacher combien j'étais moi-même secouée.

– Comme mon gâteau d'anniversaire. Tu ferais bien de te contrôler.

– Moi, je dois me contrôler ?

Des sirènes se sont mises à hurler, des flashs de lumière rouge se sont propagés le long du couloir. Une voix brouillée a jailli des haut-parleurs, demandant aux visiteurs de se diriger dans le calme vers la sortie. Les touristes français nous ont dépassés, poussant des cris paniqués, suivis de près par des vieillards remarquablement véloces malgré leurs cannes et déambulateurs.

J'ai dit à Carter :

– On en reparlera plus tard, d'accord ? Viens !

Soudain les sirènes se sont tues. Les flashs rouge sang ont continué à irradier dans un silence angoissant. J'ai alors entendu un bruit de reptation ponctué de claquements de pinces : les scorpions !

– Et Bastet ? ai-je fait d'une voix étranglée. Est-ce qu'elle...

– N'y pense pas, a dit Carter, même si, à voir son visage, il pensait exactement la même chose que moi. Cours !

Bientôt, on était complètement perdus. La partie égyptienne du musée semblait avoir été conçue pour égarer les visiteurs, avec ses culs-de-sac et ses couloirs s'enroulant sur eux-mêmes. On a dépassé des papyrus couverts de hiéroglyphes, des bijoux en or, des sarcophages, des statues de pharaons et d'énormes blocs de roche. Comme s'il n'y avait pas assez de pierres à l'extérieur...

Le bruit des scorpions se rapprochait toujours, quelle que soit la direction dans laquelle on courait. Juste comme je tournais l'angle d'un couloir, je me suis cognée à quelqu'un.

J'ai poussé un cri et fait un bond en arrière, déséquilibrant Carter. À ma grande honte, on est tous les deux tombés sur les fesses. C'est un miracle que mon frère n'ait pas été transpercé par sa propre épée.

Il m'a fallu quelques secondes pour identifier la fille qui se tenait devant nous. À la réflexion, ça paraît curieux. Peut-être était-elle entourée par une aura magique – ou alors, je ne voulais pas la reconnaître.

Elle était un peu plus grande que moi et sans doute aussi plus âgée, mais à peine. Ses cheveux noirs coupés sous l'oreille lui tombaient devant les yeux. Elle avait un teint doré, et ses traits évoquaient vaguement des origines arabes. Ses yeux bordés de khôl, à l'égyptienne, avaient la couleur de l'ambre. Je n'aurais su dire si je trouvais ça beau ou effrayant. Elle portait un sac sur l'épaule, des sandales aux pieds et d'amples vêtements en lin du même style que les nôtres. On aurait dit qu'elle se rendait à un cours d'arts martiaux. Maintenant que j'y pense, mon frère et moi, on devait donner la même impression. Oh ! la honte...

Soudain je me suis rappelée où je l'avais vue : au British Museum, et elle avait alors un poignard à la main. Au même moment, Carter s'est relevé d'un bond et s'est planté devant moi, brandissant son épée comme s'il voulait me protéger. Non mais, de quoi je me mêle ?

– Arrière !

La fille a tiré une baguette d'ivoire recourbée de sa manche. Elle l'a pointée vers Carter, et l'épée de celui-ci est tombée sur le sol avec un grand bruit.

– À ta place, j'éviterais de me ridiculiser davantage, a-t-elle dit d'un ton sévère. Où est Amos ?

Comme mon frère semblait trop abasourdi pour parler, elle s'est tournée vers moi. À la réflexion, ses yeux dorés étaient à la fois beaux et effrayants. J'ai su tout de suite qu'on ne serait pas copines.

Elle s'est impatientée :

– Alors ?

J'étais décidée à garder le silence quand j'ai ressenti une pression désagréable dans la poitrine, comme un rot qui ne voulait pas sortir, et je me suis entendue déclarer :

– Amos a quitté la maison ce matin.

– Et le démon chat ?

– Fais gaffe, tu parles de mon chat ! Et d'abord, c'est une déesse, pas un démon. C'est grâce à elle qu'on a échappé aux scorpions.

S'étant ressaisi, Carter a ramassé son épée et l'a de nouveau pointée vers la fille. Il faut lui reconnaître une certaine persévérance.

– Qui es-tu ? Et qu'est-ce que tu nous veux ?

– Je m'appelle Zia Rashid, a-t-elle répondu, inclinant la tête comme si elle avait entendu un bruit.

À cet instant précis, un grondement sourd a parcouru le bâtiment. De la poussière est tombée du plafond, et le bruissement indiquant l'approche des scorpions s'est brusquement amplifié.

– Et pour le moment, a repris Zia, visiblement dépitée, je vais devoir sauver vos misérables vies. Venez !

Je suppose qu'on aurait pu refuser de la suivre, mais à choisir entre elle et les scorpions...

Elle s'est approchée d'une vitrine remplie de statues et l'a effleurée de sa baguette. Aussitôt, les minuscules pharaons en granit et divinités en calcaire ont sauté de leurs socles et fracassé la vitre. Certains étaient armés, d'autres n'avaient que leurs poings. Ils nous ont laissés passer avant de se poster en travers du couloir, attendant l'ennemi.

– Vite, a dit Zia. Ça ne les ralentira...

– ... pas longtemps, ai-je achevé à sa place. J'ai déjà entendu ça.

– Tu parles trop, m'a-t-elle lancé sans ralentir.

Je m'apprêtais à la remettre à sa place, promis, quand on a pénétré dans une salle tellement immense que je suis restée sans voix.

– Ouah ! a fait Carter.

Je n'ai pu qu'acquiescer. L'endroit était vraiment... Ouah !

La salle était aussi vaste qu'un stade, avec une gigantesque baie vitrée donnant sur Central Park. Au centre, légèrement surélevée, la reconstitution d'un temple antique. Sa porte de huit mètres de haut ouvrait sur une cour et un bâtiment carré, fait de blocs de pierre brute, à l'extérieur entièrement sculpté de hiéroglyphes, de divinités et de pharaons. Deux colonnes baignées d'une lumière inquiétante en flanquaient l'entrée.

– Le temple de Dendour, a annoncé Zia. Construit par les Romains...

– À l'époque où ils occupaient l'Égypte, s'est empressé de compléter Carter, comme si c'était une information capitale. Une commande d'Auguste.

– Fascinant, ai-je murmuré. Vous voulez que je vous laisse seuls avec un manuel d'histoire ?

Zia m'a fusillée du regard.

– Ce temple était dédié à Isis. Il est donc assez puissant pour ouvrir un portail.

– Afin d'invoquer d'autres dieux ? ai-je demandé.

La colère a brillé dans les yeux de Zia.

– Encore une accusation de ce genre et je te coupe la langue, a-t-elle menacé. Je parlais d'un portail pour vous sortir d'ici.

J'étais paumée, mais je commençais à en avoir l'habitude. On a monté les marches et franchi la porte du temple derrière Zia.

Désertée par les visiteurs, la cour avait quelque chose d'angoissant. Les divinités semblaient me toiser depuis les murs. Il y avait des hiéroglyphes partout, et je craignais d'arriver à les déchiffrer si je me concentrais.

Zia s'est immobilisée devant l'entrée du temple et a tracé des signes dans le vide avec sa baguette. Un symbole familier est apparu entre les deux colonnes.

« Ouverture »... Je m'attendais à une explosion, comme avec la Pierre de Rosette, mais le symbole s'est simplement effacé.

– On va prendre position ici en attendant d'ouvrir le portail, a déclaré Zia.

– Pourquoi ne pas le faire maintenant ? a demandé Carter.

– Les portails ne peuvent apparaître qu'aux moments propices. Lever et coucher du soleil, minuit, éclipses, alignements astrologiques, heure exacte de la naissance d'un dieu...

– Comment est-ce que tu sais tout ça ? ai-je dit d'un air soupçonneux.

– Il faut des années pour mémoriser le calendrier complet. Le prochain moment propice est facile à repérer : il sera midi dans dix minutes et trente secondes.

Elle n'avait pas de montre. Comment pouvait-elle savoir aussi précisément l'heure qu'il était ? Je me suis retenue de lui poser la question, jugeant qu'il y en avait de plus urgentes.

– Pourquoi on te ferait confiance ? Au British Museum, tu étais prête à nous étriper.

Zia a soupiré.

– Si je l'avais fait, je me serais simplifié la vie. Malheureusement, mes supérieurs pensent que vous pourriez être innocents. Aussi, pour le moment, je n'ai pas le droit de vous tuer. Je ne peux pas non plus vous laisser tomber entre les mains du Seigneur rouge. Donc, oui, vous pouvez me faire confiance.

– Tu m'as convaincue, ai-je ironisé. Une explication pareille, ça réchauffe le cœur.

Zia a sorti de son sac quatre statuettes d'hommes à têtes d'animaux, hautes d'à peine cinq centimètres, qu'elle m'a tendues.

– Place les fils d'Horus aux quatre points cardinaux.

– Pardon ?

– Nord, sud, est, ouest.

Elle avait parlé lentement, comme si elle s'adressait à une débile.

– Je sais, merci ! Ce que...

– Le nord est là, a-t-elle ajouté en indiquant la baie vitrée. Pour les autres, débrouille-toi.

J'ai obéi, même si je n'en voyais pas l'utilité. Puis Zia a donné à mon frère un morceau de craie et lui a demandé de tracer autour de nous un cercle reliant les quatre statues.

– Une protection magique, a dit Carter. Papa a fait la même chose au British Museum.

– On a vu ce que ça a donné...

Carter m'a ignorée. Quelle mouche l'avait piqué ? Il semblait tellement désireux de plaire à Zia qu'il lui avait presque arraché la craie des mains.

Notre guide a ensuite sorti de son sac un morceau de bois. Elle a prononcé quelques mots à voix basse, et la baguette est devenue un bâton de deux mètres, coiffé d'une tête de lion sculptée. Elle l'a fait tournoyer – pour la frime, si tu veux mon avis – en tenant la baguette en ivoire de la main gauche.

Carter venait de compléter le cercle quand les premiers scorpions ont atteint l'entrée de la galerie.

– On doit attendre encore longtemps, pour le portail ? ai-je demandé, espérant que ma voix ne trahissait pas la terreur que j'éprouvais.

– Quoi qu'il arrive, restez à l'intérieur du cercle, a dit Zia. Dès que le portail s'ouvrira, suivez-moi et sautez à travers.

Elle a effleuré le cercle de craie avec sa baguette en ivoire, a prononcé un mot, et le cercle s'est mis à rougeoyer.

Les scorpions affluaient à présent par centaines vers le temple, formant un tapis mouvant sur le sol. Puis Serket est apparue, un sourire glacial aux lèvres.

– C'est une déesse, ai-je dit à Zia. Elle a vaincu Bastet. Tu n'as aucune chance contre elle.

Zia a levé son bâton, et la tête de lion est devenue une boule de feu qui illuminait la salle entière.

– Je suis scribe dans la Maison de vie, Sadie Kane. J'ai été formée à combattre les dieux.

SADIE

12. *À travers le sablier*

Très impressionnant. T'aurais vu la tête de Carter : on aurait dit un chiot surexcité. (Si, c'est vrai !)

Quand l'armée de scorpions s'est ruée vers nous, je n'aurais pas parié cher sur Zia « Je suis trop forte en magie » Rashid. Je n'aurais jamais cru qu'il existait autant de scorpions dans le monde, à plus forte raison à Manhattan. Le cercle flamboyant qui nous entourait paraissait un bien mince rempart contre la masse de bestioles qui se chevauchaient, s'empilaient sur plusieurs étages, et contre leur maîtresse, encore plus horrible.

De loin, ça allait encore. Mais vue de près, sa peau blafarde luisait telle une carapace d'insecte, et sa longue chevelure noire paraissait constituée d'un million de minuscules pattes. Et quand elle a ouvert la bouche, il en est sorti deux mandibules rétractables.

Elle s'est arrêtée à environ vingt mètres et a fixé un regard haineux sur Zia.

– Donne-moi les novices, a-t-elle ordonné d'une voix râpeuse.

Zia a croisé son bâton et sa baguette.

– Je suis maîtresse des éléments, scribe du Premier Nome. Pars, ou tu seras détruite.

Serket a fait claquer ses mandibules dans une parodie grotesque de sourire. Les scorpions continuaient d'avancer, mais quand le premier est entré en contact avec le cercle flamboyant, il s'est transformé en cendres. Crois-moi, je ne connais pas d'odeur plus écœurante que celle du scorpion grillé.

Les autres ont battu en retraite vers Serket avant d'escalader ses jambes. Avec un frisson, j'ai réalisé qu'ils se faufilaient dans les plis de sa robe marron. En quelques secondes, ils ont tous disparu.

L'ombre derrière Serket est devenue plus dense, puis elle a dessiné un arc au-dessus de sa tête, tel l'aiguillon dressé d'un scorpion géant, et a fondu sur nous avec une rapidité foudroyante. Zia a brandi sa baguette, déviant l'aiguillon. Une odeur de soufre s'est diffusée dans l'air.

Zia a ensuite pointé son bâton vers la déesse. Les flammes ont enveloppé Serket, qui a reculé avec un cri. Mais le feu s'est presque aussitôt éteint et Serket est apparue indemne, sa robe à peine noircie.

– Ton temps est révolu, magicienne, a-t-elle grondé. La Maison de vie est faible. Seth va bientôt anéantir ce monde.

Zia a lancé sa baguette comme un boomerang. Elle s'est écrasée sur la queue du scorpion fantôme avant d'exploser dans un éclair aveuglant. Pendant que Serket détournait le regard, elle a sorti de sa manche une chose qu'elle a gardée cachée dans son poing.

J'ai compris que le lancer de la baguette n'était qu'une diversion... Un tour d'escamotage.

Au mépris du danger, Zia a alors sauté hors du cercle – ce qu'elle nous avait précisément interdit de faire.

– Le portail ! s'est écrié Carter.

J'ai jeté un coup d'œil derrière moi, et mon cœur a failli s'arrêter de battre. Entre les colonnes du temple s'ouvrait un tunnel de sable qui semblait s'écouler dans le sol, comme à l'intérieur d'un sablier géant. Je le sentais m'appeler, m'attirer à lui comme un aimant.

– Pas question que j'entre là-dedans, ai-je protesté.

Un nouvel éclair a attiré mon attention sur Zia.

Serket et elle étaient engagées dans un pas de deux mortel. Zia tournoyait et virevoltait, laissant derrière elle un sillage de flammes. Ça me fait mal de le dire, mais elle était presque aussi gracieuse et impressionnante que Bastet.

Bizarrement, j'avais envie de l'aider. Quelque chose m'incitait à sortir également du cercle pour prendre part au combat. C'était de la folie, bien sûr. Je n'avais aucune chance contre Serket. Pourtant, il me semblait que je n'avais ni le droit ni même le pouvoir de franchir le portail avant d'avoir prêté main-forte à Zia.

– Sadie !

Carter m'a brusquement tirée en arrière. Sans que je m'en aperçoive, mon pied avait touché le trait de craie.

– Qu'est-ce qui te prend ?

J'étais incapable de lui répondre, toutefois j'ai murmuré, dans une sorte de transe :

– Zia va se servir des rubans, mais ça ne marchera pas.

– Quoi ? Viens, il faut franchir le portail.

Au même moment, Zia a desserré le poing, et de minces bandes de tissu rouge se sont envolées de sa main. Des rubans... Comment l'avais-je deviné ? Ils s'agitaient comme s'ils étaient vivants – comme des anguilles dans l'eau – puis ils se sont allongés.

Serket, toujours concentrée sur le bâton, tentait d'empêcher son adversaire de l'enfermer dans une cage de flammes. Au début, elle n'a pas prêté attention aux rubans. Bientôt, ceux-ci ont atteint une longueur de plusieurs mètres. J'en ai compté cinq, six, sept en tout. Ils ont encerclé Serket, traversant le scorpion fantôme comme s'il n'était qu'une illusion inoffensive, et se sont enroulés autour de ses bras et de ses jambes. Elle est tombée à genoux, hurlant comme une possédée, et le scorpion s'est dissipé en un brouillard d'un noir d'encre.

Zia a pointé son bâton vers la déesse. Les rubans sont devenus incandescents, et Serket, le visage tordu par la douleur, a lâché un chapelet de jurons dans une langue que je ne connaissais pas.

– Je te lie avec les sept rubans d'Hathor, a récité Zia. Libère ton hôte, ou ton essence brûlera pour l'éternité.

– C'est toi qui brûleras pour l'éternité, a grondé Serket. Tu as offensé Seth !

Zia a légèrement bougé son bâton, et Serket s'est roulée sur le sol avec des cris stridents. De la fumée s'échappait de ses vêtements. Puis ses yeux noirs sont devenus laiteux, et elle est retombée, immobile.

– Le portail ! a répété Carter. Zia, viens ! Je crois qu'il est en train de se refermer !

Il avait raison. Le sable semblait s'écouler un peu moins vite dans le tunnel, et celui-ci m'attirait moins fortement.

Zia s'est approchée de la déesse vaincue. Elle lui a touché le front, et une vapeur noire s'est échappée des lèvres de Serket. Quelques secondes plus tard, c'est une femme différente que nous avons découverte au milieu des rubans rouges. Plus petite que Serket, elle ne lui ressemblait pas du tout, sinon qu'elle avait le teint pâle et des cheveux noirs. Mais elle avait l'air, comment dire ? Humaine.

J'ai demandé :

– C'est qui ?

– Son hôte, a répondu Zia. Une malheureuse mortelle qui...

Elle a levé les yeux et s'est tue. Au lieu de se disperser, la vapeur noire était en train de s'épaissir et d'acquérir une apparence solide.

– Impossible ! s'est-elle exclamée. Les rubans sont une arme puissante. Serket ne peut pas se reformer, à moins...

– C'est pourtant ce qu'elle fait, lui a lancé Carter. Et notre portail sera bientôt refermé. Vite !

Je n'avais toujours aucune envie de sauter dans un tourbillon de sable, mais quand j'ai vu le nuage noir revêtir la forme d'un scorpion – un scorpion très en colère – de la taille d'une maison, j'ai pris ma décision.

– J'arrive ! ai-je crié.

– Zia ! a insisté Carter. Dépêche-toi !

La magicienne a hésité, puis elle a couru vers nous et a plongé au cœur du vortex.

CARTER

13. *Alerte à la dinde tueuse*

À mon tour !

D'abord, laisse-moi te dire que Sadie est à côté de la plaque. Je ne faisais pas des yeux de merlan frit en regardant Zia. Simplement, ce n'est pas tous les jours qu'on rencontre des gens capables de balancer des boules de feu ou de combattre des déesses. (Arrête de faire des grimaces, Sadie. On dirait Khéops.)

Donc, on a plongé dans le tunnel de sable.

Tout est devenu noir. J'ai senti mon estomac remonter, comme sur les montagnes russes, au moment de tomber dans le vide. Un souffle d'air brûlant me fouettait le visage.

Puis je suis entré en contact avec un sol dur, et les deux filles se sont écrasées sur moi.

La première chose que j'ai remarquée, c'était la pellicule de sable qui me recouvrait tout entier, tel du sucre glace. Puis mes yeux se sont accoutumés à la lumière. On avait atterri dans un vaste bâtiment, genre centre commercial, et ça grouillait de monde autour de nous.

À la réflexion, ce n'était pas un centre commercial mais un hall d'aéroport sur deux niveaux, avec des boutiques, des vitrines et des piliers en acier. Il faisait nuit à l'extérieur, ce qui signifiait qu'on avait changé de fuseau horaire. Les haut-parleurs diffusaient des messages dans une langue qui semblait être l'arabe.

Sadie a craché du sable.

– Berk !

– Venez, a dit Zia. Nous ne pouvons pas rester là.

Je me suis relevé avec difficulté. Les gens allaient et venaient autour de nous, certains vêtus à l'occidentale, d'autres en djellabas et coiffés de foulards pour les femmes. Une famille qui traînait des valises et parlait fort en allemand a failli me renverser.

En me retournant, j'ai aperçu au centre du hall la réplique grandeur nature d'un ancien bateau égyptien constitué de vitrines étincelantes : un comptoir vendant des parfums et des bijoux.

– L'aéroport du Caire ! me suis-je exclamé.

– En effet, a acquiescé Zia. Venez !

– Pourquoi es-tu si pressée ? Tu crois que Serket a pu nous suivre dans le tunnel de sable ?

Zia a secoué la tête.

– Un artefact surchauffe quand il sert à créer un portail. Il faut le laisser refroidir pendant douze heures avant de pouvoir l'utiliser de nouveau. Ce qui m'inquiète, ce sont les services de sécurité de l'aéroport. Si vous ne voulez pas avoir affaire à la police égyptienne, je vous conseille de venir immédiatement.

Elle nous a empoignés chacun par un bras et nous a traînés à travers la foule. Avec nos vêtements démodés et couverts de sable, on devait ressembler à des mendiants. Les gens s'écartaient devant nous, mais personne n'a tenté de nous arrêter.

– Qu'est-ce qu'on est venus faire ici ? a demandé Sadie.

– Voir les ruines d'Héliopolis, a répondu Zia.

– Quoi, dans un aéroport ?

Une histoire que papa m'avait racontée des années plus tôt m'est subitement revenue à l'esprit.

– Les ruines sont sous nos pieds !

Je me suis tourné vers Zia, attendant qu'elle confirme.

– Tu as raison, Carter. La ville antique a été pillée il y a de nombreux siècles. Certains de ses monuments ont été arrachés du sol et transportés à l'étranger, comme les deux aiguilles de Cléopâtre. La plupart des temples ont été démolis pour construire des bâtiments neufs. Ce qu'il en restait a été avalé par la banlieue du Caire. La partie la plus importante se trouve sous cet aéroport.

– Et en quoi ça nous aide ? a repris Sadie.

Zia a ouvert d'un coup de pied la porte d'un local de maintenance. Elle a murmuré un ordre – « *Sahad* » –, et l'image du placard à balais s'est estompée, révélant un escalier de pierre qui s'enfonçait dans le sol.

– Parce que Héliopolis n'est pas complètement en ruines, a-t-elle répondu à Sadie. Restez derrière moi et surtout, ne touchez à rien !

Il m'a semblé qu'on descendait jusqu'au centre de la Terre, car l'escalier n'en finissait pas. En plus, il avait été conçu pour des nains. On avançait pliés en deux, pourtant j'ai réussi à me cogner la tête au plafond une bonne dizaine de fois. Le passage n'était éclairé que par la boule de feu que Zia abritait dans le creux de sa main et qui faisait danser nos ombres sur les murs.

J'avais déjà emprunté des couloirs souterrains menant à des tombeaux, sur les chantiers de fouilles où travaillait mon père, mais je n'avais jamais aimé ça. Les millions de tonnes de roche au-dessus de ma tête me donnaient l'impression d'étouffer.

Enfin, l'escalier s'est interrompu. Zia s'est brusquement arrêtée. Je n'ai pas tardé à comprendre pourquoi : nous nous tenions au bord d'un gouffre.

Une étroite planche de bois enjambait le vide. De l'autre côté, deux guerriers de granit à tête de chacal se dressaient de part et d'autre d'une porte dont ils barraient l'accès avec leurs lances croisées.

– Oh non ! a gémi Sadie. Pas encore des statues psychotiques...

– Il n'y a pas de quoi plaisanter, a répliqué Zia d'un ton sévère. Ceci est l'entrée du Premier Nome, la branche la plus ancienne de la Maison de vie. Ma mission consistait à vous conduire ici, mais je ne peux pas vous aider à traverser. Chaque magicien doit découvrir lui-même comment ouvrir la porte, et le moyen varie d'un postulant à l'autre.

Elle a tourné vers Sadie un regard plein d'attente. De même que Bastet, elle semblait prêter à ma sœur des sortes de superpouvoirs, et ça commençait à m'agacer. D'accord, elle avait pulvérisé les portes de la bibliothèque, mais moi aussi je savais faire des trucs bluffants !

En plus, j'en voulais toujours à Sadie de ses insinuations. Elle n'avait aucune idée du nombre de fois où j'aurais voulu me plaindre à papa de nos voyages incessants, où j'aurais tout donné pour ne pas devoir monter dans un nouvel avion et pour mener l'existence d'un gosse normal : aller à l'école, me faire des copains... Mais je n'avais pas le droit de geindre. « Tu dois toujours paraître impeccable », disait papa. Il ne parlait pas seulement de ma tenue, mais de mon comportement. Maman morte, j'étais tout ce qui lui restait. Je devais me montrer fort, pour lui. La plupart du temps, ça m'était égal. J'aimais mon père. Mais parfois, c'était dur.

Ça, Sadie ne pouvait pas le comprendre. Pour elle, la vie avait toujours été simple. Maintenant encore, il n'y en avait que pour elle, comme si elle était exceptionnelle. Quelle injustice !

Soudain il m'a semblé entendre de nouveau papa : « La justice, c'est que chacun reçoive ce dont il a besoin. Et le meilleur moyen de recevoir ce dont on a besoin, c'est de l'obtenir soi-même. »

Je ne sais pas ce qui m'a pris, mais je me suis engagé sur la planche, mon épée à la main. On aurait dit que mes jambes avançaient toutes seules, sans obéir à mon cerveau. Une partie de moi pensait : *Mauvaise idée, Carter.* Et une autre lui répondait : *Même pas peur !* Et cette partie-ci ne me ressemblait pas du tout.

– Carter ! a crié Sadie.

J'ai continué à avancer, m'efforçant de ne pas regarder le vide, mais les dimensions du gouffre suffisaient à me donner le vertige. J'avais l'impression d'être une toupie oscillant sur une planche.

Je me rapprochais du bord opposé quand l'espace entre les deux statues s'est éclairé, tel un rideau de lumière rouge.

J'ai retenu mon souffle. Peut-être la lumière indiquait-elle un portail, comme le tunnel de sable. Si je le franchissais assez vite...

C'est alors qu'un premier poignard a jailli de l'ouverture béante.

Mon épée s'est mise en mouvement sans que je comprenne ce qui m'arrivait. Le poignard aurait dû se planter dans ma poitrine, mais j'ai réussi à le dévier et à l'expédier dans l'abîme. Déjà, deux autres volaient dans ma direction. Je n'ai jamais été particulièrement rapide, mais là, j'avais les réflexes d'un ninja. J'ai esquivé un des poignards et renvoyé l'autre vers le temple d'un revers d'épée – ne me demande pas comment.

Ayant atteint l'extrémité de la planche, j'ai plongé ma lame dans la lumière rouge, qui a vacillé avant de s'éteindre. Je m'attendais à voir les statues s'animer, mais non. On n'entendait aucun bruit, à part celui du poignard ricochant sur les rochers dans les profondeurs du gouffre.

L'espace entre les statues s'est à nouveau éclairé, la lumière dessinant peu à peu la silhouette d'un oiseau à tête humaine d'une envergure de deux mètres. J'ai levé mon épée, mais Zia a hurlé :

– Carter, non !

L'homme-oiseau a replié ses ailes et plissé ses yeux bordés de khôl pour m'observer. Coiffé d'une perruque noire lustrée, il avait le visage sillonné de rides. Une fausse barbe tressée de pharaon ornait son menton. Il n'avait pas l'air hostile, malgré le halo rougeâtre qui l'entourait et son corps de dinde tueuse géante.

Soudain, une pensée glaçante m'a traversé l'esprit. Un oiseau à tête humaine... C'était sous cette forme que je m'étais vu en rêve, quand mon âme avait quitté mon corps et volé jusqu'à Phoenix. J'ignorais ce que ça signifiait, mais ça me filait les jetons.

L'homme oiseau a gratté le sol puis, à ma grande surprise, il a souri.

– *Pari, niswa nafeer*, m'a-t-il dit – en tout cas, c'est ce qu'il m'a semblé entendre.

Zia a étouffé un cri. Sadie et elle se tenaient à présent derrière moi, très pâles. Elles avaient traversé le gouffre sans que je m'en aperçoive.

S'étant ressaisie, Zia s'est inclinée devant l'homme-oiseau, aussitôt imitée par Sadie.

Après m'avoir adressé un clin d'œil complice, l'homme-oiseau a disparu. La lumière rouge s'est éteinte. Les statues ont décroisé leurs lances, dégageant l'entrée du bâtiment.

– C'est tout ? ai-je demandé. La dinde, elle a dit quoi ?

Zia m'a lancé un regard dans lequel j'ai lu de la crainte.

– Carter, ce n'était pas une dinde mais un *bâ*.

J'avais déjà entendu mon père prononcer ce mot, mais j'avais oublié à quelle occasion.

– Une âme, a expliqué Zia. Dans ce cas précis, celle d'un magicien de l'ancien temps, revenu du monde des morts pour garder l'entrée de la Maison.

Disant cela, elle me dévisageait comme si j'avais été couvert de boutons.

– Quoi, qu'est-ce que j'ai ?

– Rien, a-t-elle répondu. Venez vite.

Elle m'a dépassé et s'est enfoncée dans le tunnel.

Sadie aussi me regardait bizarrement. Je l'ai interrogée :

– T'as compris ce qu'il a dit ?

Elle a acquiescé d'un air gêné.

– Il a dû te prendre pour un autre. Ou alors, il avait oublié ses lunettes.

– Pourquoi ?

– Il a dit : « Entre, bon roi. »

J'ai pénétré dans le tunnel dans un état second. Celui-ci débouchait sur une vaste ville souterraine dont je n'ai gardé que des bribes de souvenirs.

Grâce à la hauteur des plafonds – entre six et dix mètres – on n'avait pas la sensation d'être sous terre. Chaque salle était bordée de colonnes massives, semblables à celles que j'avais pu voir sur des sites archéologiques, à part que celles-ci étaient en parfait état et peintes de manière à imiter des palmiers, avec des feuilles sculptées à leur sommet. J'avais l'impression de me promener dans une forêt pétrifiée. Des feux brûlaient dans des braseros en cuivre, apparemment sans dégager de fumée. Ça sentait comme sur un marché aux épices – la cannelle, le clou de girofle, la noix de muscade et d'autres parfums que je ne parvenais pas à identifier. En réalité, la ville entière sentait comme Zia. J'ai alors réalisé qu'elle était ici chez elle.

On a croisé quelques personnes des deux sexes, pour la plupart âgées. Certaines étaient vêtues à l'antique, d'autres de façon moderne. Un type en costard promenait une panthère noire en laisse, comme si c'était parfaitement normal. Un autre aboyait des ordres à un bataillon de balais, seaux et serpillières qui s'activaient à nettoyer le sol.

– Ça me rappelle ce dessin animé où Mickey tente de commander à des balais qui n'arrêtent pas de se multiplier, a dit Sadie.

– *L'Apprenti sorcier*, a précisé Zia. Tu ne savais pas que le film s'inspirait d'une histoire égyptienne, je parie.

On a traversé une salle pleine de statues à têtes de chacal qui, je l'aurais juré, nous suivaient du regard. Quelques minutes plus tard, Zia nous guidait à travers un marché en plein air – façon de parler, puisqu'on se trouvait sous terre – où l'on vendait des baguettes boomerang, des figurines en argile animées, des perroquets, des cobras, des papyrus et des centaines de modèles d'amulettes.

On a ensuite emprunté un sentier de pierres qui enjambait une rivière peuplée de poissons que j'ai d'abord pris pour des perches, avant de remarquer leurs dents impressionnantes.

– Des piranhas ? ai-je demandé.

– Des poissons-tigres du Nil, a répondu Zia. Ils peuvent peser jusqu'à huit kilos.

Après ça, j'ai regardé un peu plus attentivement où je mettais les pieds.

Au détour d'une ruelle, on a découvert un bâtiment en roche noire, à la façade sculptée de pharaons assis. L'encadrement de la porte avait la forme d'un serpent enroulé.

On a jeté un coup d'œil à l'intérieur et aperçu une vingtaine d'enfants entre six et dix ans, assis en tailleur sur des coussins. Penchés au-dessus de bols en cuivre, ils marmonnaient des paroles inaudibles. On aurait dit une salle de classe, sinon qu'on n'y voyait aucun professeur et qu'elle était seulement éclairée par quelques bougies. Le nombre des coussins libres indiquait que la pièce était prévue pour accueillir deux fois plus d'enfants.

– Les nouveaux initiés, a expliqué Zia. Ils s'entraînent à la divination. Le Premier Nome doit maintenir le contact avec nos frères à travers le monde. Les plus jeunes font un peu office de « standardistes ».

– Vous possédez des bases de ce genre dans le monde entier ?

– Oui, mais la plupart sont moins importantes.

J'ai repris :

– Donc, le Premier Nome se trouve en Égypte et le Vingt et unième à New York. À quoi correspond le Trois cent soixantième et dernier ?

– À l'Antarctique. Pour un magicien, être affecté là-bas équivaut à une sanction. On n'y trouve rien, à part quelques manchots magiques.

– Des manchots magiques ?

– Ne cherche pas à comprendre.

– Ça marche comment ? a demandé Sadie, désignant les enfants. Ils voient des images dans l'eau ?

– Pas dans l'eau, dans l'huile.

– Ils sont si peu nombreux... Ce sont les seuls nouveaux initiés de la ville ?

– Du monde entier, a rectifié Zia. Il y en avait davantage avant...

Son visage s'est assombri.

– Avant quoi ? ai-je insisté.

– Rien. Les jeunes esprits sont plus réceptifs, c'est pourquoi ils s'occupent de divination. Les magiciens entament leur formation avant l'âge de dix ans. Les rares exceptions représentent un danger.

– Tu dis ça pour nous ?

Zia m'a lancé un regard empli de crainte. Sans doute repensait-elle au titre que m'avait donné l'homme-oiseau : « Bon roi... » Ça me paraissait aussi irréel que la présence de notre famille dans la liste des descendants des pharaons. Mais bien qu'apparenté aux anciens souverains égyptiens, je n'étais pas un roi. Je n'avais pas de royaume. Je n'avais même plus de valise !

– Venez, a repris Zia. On vous attend.

On a marché longtemps – si longtemps que j'en avais mal aux pieds – avant d'atteindre une bifurcation. À droite se dressaient des portes en bronze massives flanquées de deux braseros ; à gauche, un sphinx de cinq mètres de haut sculpté dans un mur abritait entre ses pattes une ouverture murée et tendue de toiles d'araignée.

– On dirait le sphinx de Gizeh, ai-je observé.

– C'est parce que nous sommes juste sous le vrai sphinx, a dit Zia. Ce tunnel y conduit tout droit. Du moins, il y conduisait avant d'être condamné.

Je me suis livré à un rapide calcul.

– Mais le sphinx se trouve à une trentaine de kilomètres de l'aéroport du Caire...

– Plus ou moins.

– On n'a pas pu marcher autant !

Zia a souri, et je n'ai pu m'empêcher de remarquer la beauté de ses yeux.

– Les distances ne sont pas les mêmes dans les endroits magiques, Carter. Tu as déjà dû t'en apercevoir.

Sadie a pris la parole :

– Pourquoi le tunnel est-il fermé ?

– Le sphinx était devenu trop populaire. À force de creuser, les archéologues ont découvert l'entrée du souterrain dans les années 1980.

– Papa m'en a parlé, ai-je dit. Mais d'après lui, le tunnel se terminait en cul-de-sac.

– Ça, c'était après que nous nous en sommes occupés. On ne voulait pas que les archéologues sachent tout ce qu'ils manquaient. L'un d'eux a estimé récemment qu'ils n'avaient exhumé que trente pour cent des vestiges de l'Égypte ancienne. En réalité, ils en ont exhumé à peine dix pour cent, et pas les plus intéressants.

J'ai protesté :

– Tu oublies le tombeau de Toutankhamon.

– Quoi, ce gamin ? Pfff... Si tu voyais les tombes qui en valent la peine...

Ça m'a un peu vexé. Papa m'avait appelé Carter en l'honneur du type qui avait découvert le trésor de Toutankhamon, ce qui explique que j'aie toujours eu un faible pour celui-ci. Zia trouvait que sa tombe n'en valait pas la peine ? Qu'est-ce qu'il lui fallait, alors ?

– La salle des temps, a-t-elle annoncé, indiquant les portes.

Elle a appliqué sa main contre le sceau, illustré du symbole de la Maison de vie.

Les hiéroglyphes se sont illuminés, et les portes se sont ouvertes.

Zia nous a regardés d'un air grave.

– Vous allez rencontrer le chef lecteur. Vous avez intérêt à bien vous comporter, ou il vous transformera en insectes.

CARTER

14. Où nous manquons nous faire tuer par un Français

J'en avais vu, des trucs bizarres, depuis deux jours... Mais le premier prix revenait à la salle des temps.

Une double rangée de colonnes soutenait un plafond tellement élevé qu'on aurait pu y garer un dirigeable. Un tapis bleu chatoyant évoquant de l'eau recouvrait le sol au centre de la salle, si profonde qu'on n'en voyait pas l'extrémité. Elle était pourtant brillamment éclairée, par des boules de feu qui lévitaient et changeaient de couleur quand elles s'entrechoquaient. Des millions de minuscules hiéroglyphes flottaient également dans les airs, formant des combinaisons aléatoires avant de se séparer.

J'ai attrapé une paire de jambes rouges.

Elles ont traversé ma main en marchant puis ont sauté dans le vide avant de se désintégrer.

Mais le plus étrange, c'était les écrans – je ne sais pas comment les appeler autrement. Entre les colonnes, de part et d'autre de la salle, des images apparaissaient, gagnaient peu à peu en netteté et se brouillaient avant de s'effacer, tels des hologrammes dans une tempête de sable.

– Venez, nous a dit Zia. Et ne perdez pas votre temps à regarder.

Comment faire autrement ? Les images magiques baignaient les premiers mètres que nous avons parcourus d'une clarté dorée. Un soleil flamboyant se levait au-dessus d'un océan, puis une montagne surgissait de l'eau. J'ai eu l'impression d'assister à la naissance du monde. Des géants arpentaient la vallée du Nil : un homme à la peau noire avec une tête de chacal, une lionne aux crocs ensanglantés, une très belle femme aux ailes lumineuses.

Fascinée, Sadie a voulu s'approcher, mais Zia l'a saisie par le bras et ramenée vers le centre de la salle.

– Ne quitte pas le tapis ! Ce que tu vois, c'est l'âge des dieux. Aucun mortel ne doit s'attarder sur ces visions.

– Mais… ce ne sont que des images ?

– Des souvenirs, assez puissants pour détruire ton esprit.

– Oh ! a fait Sadie d'une toute petite voix.

On a continué à avancer. Une lumière argentée nimbait à présent les images. Deux armées s'affrontaient – des Égyptiens en pagne et cuirasse, armés de lances –, puis un homme au teint sombre, à l'armure rouge et blanche, a posé une double couronne sur sa tête : Narmer, le roi qui a unifié la Haute et la Basse-Égypte. Sadie avait raison, il ressemblait un peu à notre père.

– L'Ancien Empire, ai-je supposé. L'âge d'or de l'Égypte.

Zia a acquiescé. Un peu plus loin, on voyait des ouvriers édifier la première pyramide à degrés. Quelques pas de plus, et c'était la plus grande pyramide de l'histoire qui surgissait du désert, à Gizeh. Sa face extérieure étincelait au soleil. À son pied, dix mille ouvriers se prosternaient devant le pharaon qui, les bras tendus vers le ciel, consacrait sa propre sépulture.

– Khéops, ai-je dit.

– Le babouin ? a demandé Sadie, subitement très intéressée.

– Non, le pharaon qui a fait édifier la Grande Pyramide. C'est resté la plus haute construction humaine durant presque quatre mille ans.

La lumière a pris ensuite une teinte cuivrée.

– Le Moyen Empire, a annoncé Zia. Une époque sanglante, chaotique. C'est pourtant là que la Maison de vie a atteint son apogée.

Les visions se succédaient de plus en plus rapidement. De nouvelles armées s'affrontaient, des temples sortaient de terre, des bateaux naviguaient sur le Nil, des magiciens lançaient du feu... À chaque pas correspondaient plusieurs siècles, et on n'apercevait toujours pas le fond de la salle. C'est là que j'ai vraiment réalisé à quel point l'Égypte était ancienne.

On a franchi un nouveau seuil, et la lumière a viré au vert bronze.

– Le Nouvel Empire, ai-je deviné. La dernière période durant laquelle l'Égypte était gouvernée par des Égyptiens.

J'ai vu défiler des épisodes que mon père m'avait racontés : la reine Hatchepsout mettant une fausse barbe afin de régner comme un homme, Ramsès le Grand menant ses chars au combat.

J'ai vu ensuite des magiciens se défier dans un palais. Un homme en haillons, à la barbe en broussaille et au regard ardent, jetait sur le sol un bâton qui se transformait en serpent et dévorait une douzaine d'autres reptiles.

– Mais c'est...

– Moussa, a complété Zia. Ou Moïse, comme vous l'appelez. Le seul étranger à avoir jamais vaincu la Maison lors d'un duel magique.

Je l'ai regardée, interloqué.

– C'est une blague ?

– Ce n'est pas un sujet avec lequel on peut plaisanter.

Une nouvelle image a chassé celle-ci. Un pharaon penché au-dessus d'une table sur laquelle des figurines représentaient des navires, des soldats et des chars. Son visage m'était étrangement familier. Il a relevé la tête et il m'a semblé qu'il me souriait. J'ai alors reconnu le bâ, l'homme-oiseau qui m'avait attaqué sur le pont.

– C'est qui ? ai-je demandé.

– Nectanébo II, le dernier souverain égyptien indigène, et le dernier pharaon magicien. Il dirigeait des armées, créait ou détruisait des navires rien qu'en déplaçant des figurines sur un plateau. Malgré ça, il a fini par s'incliner.

On a franchi une nouvelle ligne, et les images se sont teintées de bleu.

– La période ptolémaïque, a repris Zia. Alexandre le Grand a conquis l'ensemble du monde connu, dont l'Égypte. Il a nommé un de ses généraux, Ptolémée, pharaon, et celui-ci a fondé une dynastie de souverains d'origine grecque.

Cette section, plus courte que les précédentes, semblait étriquée en comparaison. Les temples y étaient moins imposants. Les rois et les reines avaient l'air dégénérés, ou simplement apathiques. Ici, plus de grandes batailles, sauf sur la fin. J'ai vu les Romains entrer dans Alexandrie, et une femme brune lâcher un serpent dans le décolleté de sa robe blanche.

– Cléopâtre VII, a indiqué Zia. Elle a tenté de s'opposer à la puissance de Rome et elle a perdu. La dernière lignée de pharaons s'est éteinte avec elle. La grande nation égyptienne a sombré dans l'oubli, de même que sa langue. La Maison de vie a survécu à la disparition des rites anciens, mais nous avons été contraints de nous cacher.

La section suivante, dominée par la couleur rouge, était la mieux connue : l'invasion de l'Égypte par les Arabes, puis par les Turcs. L'armée de Napoléon défilant dans l'ombre des pyramides. L'arrivée des Anglais, la construction du canal de Suez. La transformation progressive du Caire en une grande cité moderne... et les vestiges du passé refoulés toujours plus profondément sous le sable du désert.

– La salle des temps s'agrandit d'année en année, a expliqué Zia, afin d'englober notre histoire jusqu'à l'époque présente.

J'étais tellement abasourdi qu'il a fallu que Sadie m'agrippe le bras pour que je remarque qu'on avait atteint l'extrémité de la salle.

Un trône vide se dressait devant nous sur une estrade – un fauteuil en bois doré, au dossier sculpté d'une crosse et d'un fléau : les attributs des pharaons.

Au pied du trône était assis le vieillard le plus âgé que j'aie jamais vu. Son visage brun était aussi plissé qu'un sac en papier froissé ; son corps décharné flottait dans sa robe en lin blanc. Une peau de léopard drapée autour de ses épaules frêles, il tenait d'une main tremblante un grand bâton que je m'attendais à le voir lâcher d'une seconde à l'autre. Étrangement, les hiéroglyphes qui flottaient à travers la pièce semblaient provenir de lui. Des symboles de toutes les couleurs surgissaient autour de l'homme et s'envolaient comme des bulles de savon magiques.

Le regard perdu dans le vide, c'est à peine s'il avait l'air vivant. Puis ses yeux laiteux se sont fixés sur moi, et un courant électrique m'a traversé.

C'était plus qu'un simple examen : il lisait jusqu'au fond de mon âme.

Cache-toi, m'a soufflé une voix intérieure. J'ignore d'où elle venait, mais tous mes muscles se sont tendus, et le fourmillement électrique a cessé.

L'étonnement s'est peint sur le visage du vieillard, puis il s'est retourné et a prononcé des paroles dans une langue que je ne connaissais pas.

Un homme a jailli de l'ombre. Mon cœur a bondi : la djellaba blanc cassé, la barbe fourchue... C'était le compagnon de Zia au British Museum.

– Je m'appelle Desjardins, a-t-il dit avec son accent français. Mon maître, le chef lecteur Iskandar, vous souhaite la bienvenue à la Maison de vie.

Ne sachant quoi répondre, j'ai posé la question la plus idiote qui me venait à l'esprit :

– Il est très vieux. Pourquoi il s'assoit par terre, et pas sur le trône ?

Desjardins a pris un air pincé, mais Iskandar a ri et dit quelque chose dans la même langue que précédemment.

Desjardins a traduit, visiblement à contrecœur :

– Le maître te remercie de ta prévenance. Mais le trône est destiné au pharaon. Il est resté vacant depuis la chute du royaume d'Égypte. Son rôle est purement, comment dire ? symbolique. La mission du chef lecteur est de servir et protéger le pharaon. C'est pourquoi il s'assoit au pied du trône.

J'ai regardé Iskandar à la dérobée. Combien d'années avait-il passé ainsi, assis sur une marche ?

– Si vous... s'il comprend ce que je dis, dans quelle langue parle-t-il ?

Desjardins a reniflé d'un air méprisant.

– Le chef lecteur comprend quantité de langues. Mais il préfère s'exprimer en grec alexandrin, sa langue natale.

Sadie a réagi :

– Sa langue natale ? Il me semble qu'Alexandre le Grand vivait il y a des milliers d'années. À vous entendre, maître Isengard...

– Iskandar ! a rectifié Desjardins. Un peu de respect !

Un déclic s'est fait dans mon esprit : à Brooklyn, Amos avait mentionné la loi interdisant aux magiciens d'invoquer des dieux – une loi édictée à l'époque romaine par le chef lecteur

Iskandar… Mais il ne pouvait pas s'agir du même. Le vieillard qui se tenait devant nous devait être Iskandar XXVII, ou quelque chose comme ça.

Le chef lecteur m'a regardé et a souri, comme s'il avait lu dans mes pensées, puis il a prononcé quelques mots en grec.

– Le maître vous dit de ne pas vous inquiéter, a traduit Desjardins. Vous ne serez pas tenus pour responsables des crimes de votre famille… Du moins pas tant que nous n'aurons pas approfondi notre enquête.

– Trop aimable, ai-je ironisé.

– Tu aurais tort de dédaigner notre générosité, a répliqué Desjardins. Votre père a enfreint la plus importante de nos lois à deux reprises : en tentant d'invoquer les dieux au moyen de l'aiguille de Cléopâtre, le jour où votre mère a péri en l'assistant, puis au British Museum, quand il s'est cru assez puissant pour utiliser la Pierre de Rosette. Et maintenant, votre oncle a disparu à son tour…

Sadie lui a coupé la parole :

– Vous avez des nouvelles d'Amos ?

Desjardins s'est rembruni avant d'avouer :

– Pas encore.

– Il faut le retrouver ! a insisté Sadie. Vous n'avez pas des GPS magiques ou…

– Nous le recherchons, a affirmé Desjardins. Mais vous n'avez pas de temps à perdre avec Amos. Il est urgent de vous… former.

J'ai eu l'impression qu'il avait failli employer un autre verbe, plus brutal.

Iskandar s'est adressé directement à moi, d'un ton très doux.

– Les jours des démons commencent demain, au coucher du soleil, a traduit Desjardins. Nous allons vous garder ici, en sécurité.

– Mais on doit retrouver notre père ! ai-je protesté. Des dieux dangereux rôdent à l'extérieur. On a vu Serket, et aussi Seth !

Iskandar s'est tendu en entendant ces noms. Il s'est tourné vers Desjardins et a paru lui donner un ordre. Le Français a tenté de discuter, mais le vieil homme s'est montré inflexible.

Desjardins a fini par s'incliner devant son maître, visiblement mécontent.

– Le chef lecteur souhaite entendre votre histoire, nous a-t-il dit.

J'ai commencé à raconter. Sadie ajoutait son grain de sel chaque fois que je me taisais pour reprendre ma respiration. Le plus drôle, c'est qu'autant elle que moi passions certains épisodes sous silence, sans nous être concertés. On n'a pas mentionné les pouvoirs magiques de Sadie, ni la rencontre avec le bâ qui m'avait appelé « bon roi ». En réalité, j'étais incapable d'en parler. Chaque fois que j'essayais, une voix intérieure me murmurait : *Pas ça ! N'en dis pas trop.*

À la fin, je me suis tourné vers Zia. Elle n'a pas desserré les lèvres mais a continué à me regarder d'un air troublé.

Iskandar a tracé un cercle sur le sol avec la pointe de son bâton, faisant apparaître de nouveaux hiéroglyphes qui se sont aussitôt envolés.

Comme le silence se prolongeait, Desjardins a montré des signes d'impatience.

– Vous mentez, nous a-t-il lancé d'un ton accusateur. Ça ne pouvait pas être Seth. Pour se maintenir dans ce monde, il lui faudrait un hôte très puissant.

Sadie s'est rebiffée :

– J'ai vu Seth de mes yeux, et vous aussi. Vous étiez au British Museum avec nous. Et si Carter affirme l'avoir vu à Phoenix... Il dit la vérité, à moins d'être devenu fou, a-t-elle achevé après une seconde d'hésitation.

– Merci de ton soutien, ai-je murmuré.

Mais à présent qu'elle était lancée, rien ne pouvait arrêter ma petite sœur.

– Serket aussi était bien réelle ! Notre amie Bastet – ma chatte – est morte en voulant nous protéger !

– Donc, vous avouez vous être associés à des divinités, a observé Desjardins d'une voix glaciale. Voilà qui va faciliter notre enquête. Bastet n'est pas votre « amie ». Les dieux ont causé la perte de l'Égypte. Les magiciens font le serment de les empêcher d'intervenir dans les affaires des hommes, et d'employer toutes leurs forces à les combattre.

– Bastet vous a traités de paranos, a rapporté Sadie.

Le magicien a serré les poings, et une odeur piquante s'est diffusée dans l'air, comme lors d'un orage. J'ai senti mes cheveux se hérisser sur ma nuque. Zia s'est interposée avant que ça ne dégénère :

– Seigneur Desjardins, ils disent vrai : il s'est passé quelque chose d'étrange. Quand j'ai piégé la déesse-scorpion, elle s'est reformée presque aussitôt. Même les sept rubans n'ont pu la renvoyer dans la Douât. Je n'ai réussi à briser son emprise sur son hôte que pour un court instant. Peut-être que les rumeurs faisant état d'autres évasions...

J'ai demandé :

– Qui s'est évadé ?

– D'autres dieux, a répondu Zia à contrecœur. Il semble que depuis la nuit dernière, un grand nombre d'entre eux se soient libérés. Une sorte de réaction en chaîne...

– Zia ! l'a réprimandée Desjardins. Cette information ne devait pas être divulguée !

Je suis intervenu :

– Écoutez, maître, seigneur, tout ce que vous voulez... Bastet nous avait prévenus. Elle avait dit que Seth allait libérer d'autres dieux.

– Maître, a repris Zia d'un ton suppliant, si Maât est affaiblie et que Seth accroît le chaos, cela explique pourquoi je n'ai pu bannir Serket.

– Ridicule ! Tu es douée, Zia, mais peut-être pas assez pour une adversaire pareille. Quant à ces deux-là... Il est urgent de contenir la contamination.

Zia a pâli. Elle s'est tournée vers Iskandar :

– Maître, je vous en prie... Laissez-leur une chance.

Desjardins l'a rappelée à l'ordre :

– Tu oublies à qui tu parles. Ils sont coupables et doivent être détruits !

J'ai jeté un coup d'œil à Sadie. Si cette salle immense ne comportait pas d'autre issue que celle qui nous avait permis d'y entrer, je ne donnais pas cher de nos vies.

Enfin, le vieillard a relevé la tête. Le sourire qu'il a adressé à Zia était tellement rempli d'affection que pendant une seconde, je me suis demandé s'il n'était pas son arrière-arrière-arrière-grand-père, au moins. Puis il a dit quelque chose en grec, et Zia s'est inclinée très bas.

Desjardins semblait sur le point d'exploser. Il a fait demi-tour dans un grand mouvement de robe, s'est arrêté derrière le trône et nous a jeté d'un ton rageur :

– Le chef lecteur a autorisé Zia à vous tester. Pendant ce temps, je vais tenter de démêler la vérité de vos mensonges. Si vous avez cherché à nous induire en erreur, vous serez punis.

À mon tour, je me suis incliné devant Iskandar, aussitôt imité par Sadie.

– Merci, maître, ai-je dit.

Le vieil homme m'a longuement dévisagé. De nouveau, j'ai eu l'impression qu'il cherchait à sonder mon âme – sans colère, mais avec sollicitude – puis il a marmonné quelque chose. J'ai saisi deux mots : « Nectanébo » et « bâ ».

Il a ensuite ouvert la main, libérant un flot de hiéroglyphes qui se sont mis à tournoyer autour de l'estrade. Il y a eu un éclair aveuglant, et quand j'ai pu voir à nouveau, les deux hommes avaient disparu.

Zia s'est tournée vers nous.

– Je vais vous conduire à vos quartiers. Les tests commenceront demain matin. Nous allons évaluer vos connaissances en magie.

Sadie et moi avons échangé un regard inquiet.

– Super, a dit Sadie avec un enthousiasme forcé. Qu'arrivera-t-il en cas d'échec ?

Zia l'a fixée d'un air grave.

– On n'a pas le droit d'échouer à cette épreuve, Sadie Kane. Soit on réussit, soit on meurt.

SADIE

15. *Un anniversaire divin*

Zia nous a conduits à des dortoirs différents, aussi je ne sais pas comment Carter a dormi. Moi, en tout cas, je n'ai pas fermé l'œil de la nuit.

Je dois dire que la perspective d'être mise à mort en cas d'échec m'avait un peu refroidie. En plus, le dortoir des filles était loin d'être aussi confortable que la maison d'Amos – l'humidité suintait des murs, des images de monstres effrayants dansaient au plafond dans la lumière des torches – et les autres initiées, ainsi que les avait appelées Zia, étaient toutes beaucoup plus jeunes que moi. Quand la gardienne leur a donné l'ordre de se coucher, aucune n'a moufté. Après avoir éteint les torches d'un geste de la main, la vieille a fermé la porte et j'ai entendu la clé tourner dans la serrure.

Charmant ! Enfermée dans un cachot avec des gamines de maternelle...

Très vite, les petites se sont mises à ronfler. Je suis restée un moment éveillée dans le noir avant de céder à une envie irrépressible de me relever.

Ayant enfilé mes bottes, je me suis dirigée vers la porte à pas de loup et ai actionné la poignée. Fermée à clé, comme je le soupçonnais. J'hésitais à lui filer un coup de pied quand j'ai repensé à la manière dont Zia avait ouvert le local de maintenance, à l'aéroport.

Une main plaquée contre le battant, j'ai murmuré :

– *Sahad* !

J'ai entendu un déclic, et la porte s'est entrouverte. Pratique !

À l'extérieur du dortoir, les couloirs étaient sombres et déserts. Apparemment, le Premier Nome n'était pas très animé le soir. J'ai refait en sens inverse le trajet qui nous avait conduits à travers la ville sans apercevoir personne, à part, de temps en temps, un cobra qui fuyait à mon approche. Avec tout ce que j'avais vécu depuis deux jours, ça ne me faisait ni chaud ni froid. J'ai d'abord été tentée de chercher Carter, mais j'ignorais où on l'avait emmené, et pour être franche, j'avais envie d'être un peu seule.

Depuis notre dernière dispute, à New York, je n'étais plus très sûre de mes sentiments pour mon frère. Il voulait me faire croire qu'il m'enviait pendant qu'il faisait le tour du monde avec notre père ? Tu parles ! D'accord, j'avais des copines, mais ne t'imagine pas que ma vie en était plus facile. Quand Carter faisait une gaffe ou rencontrait quelqu'un qui ne lui plaisait pas, il pouvait se consoler en se disant que le lendemain, il ne serait déjà plus là. Moi, je devais rester. Des questions aussi banales que « Où sont tes parents ? » ou même « D'où viens-tu ? » me plongeaient dans l'embarras en m'obligeant à raconter mon histoire. Quoi que je fasse, j'étais toujours différente : la métisse, l'Américaine qui ne l'était pas vraiment, la fille qui avait perdu sa mère, ne voyait son père que deux jours par an, se dissipait en cours, était incapable de se concentrer sur ses leçons. J'ai vite compris que mes tentatives pour me fondre dans la masse étaient vouées à l'échec. Les gens me regardaient comme une bête curieuse ? Eh bien, j'allais leur en donner pour leur argent ! Des mèches rouges ? Pourquoi pas ! Des bottes militaires avec l'uniforme du lycée ? Je veux ! Quand le dirlo me disait : « Jeune fille, je vais devoir avertir tes parents », je lui rétorquais : « Eh bien, je vous souhaite bon courage ! » Carter n'avait aucune idée de ce que j'avais enduré.

Mais assez parlé de ça. J'étais partie pour explorer la ville seule, et après quelques tours et détours, j'ai retrouvé la salle des temps.

Tu te demandes ce que j'avais en tête ? Je n'avais aucune envie de tomber sur maître Isengard ou sur l'autre peau de vache, mais je voulais revoir les images.

J'ai poussé les portes de bronze. La salle paraissait déserte, sans boules de feu ni hiéroglyphes flottant dans les airs. Mais des images chatoyaient encore entre les colonnes, diffusant une étrange clarté multicolore.

J'ai fait quelques pas, pas vraiment rassurée.

Je voulais revoir le temps des dieux. Lors de mon premier passage, ces images m'avaient bouleversée. Zia m'avait mise en garde contre leur pouvoir destructeur, mais j'avais eu le sentiment qu'elle cherchait juste à m'en détourner. Dès que je les avais aperçues, il m'avait semblé qu'elles contenaient une information cruciale, un élément de réponse aux questions qui me hantaient.

M'écartant du tapis, je me suis avancée vers l'écran doré. Devant moi, des dunes de sable ondulaient sous le vent, des nuages d'orage s'amassaient au-dessus de l'horizon, des crocodiles glissaient au fil du Nil. Puis j'ai vu une vaste salle où se déroulait une fête. J'ai touché l'image.

Je me trouvais dans le palais des dieux.

Des êtres immenses tournoyaient autour de moi, passant d'une forme humaine à celle d'un animal à une onde d'énergie pure. Le trône au centre de la salle était occupé par un homme noir musclé, vêtu d'une longue robe sombre. Il avait un beau visage et des yeux bruns expressifs. Ses mains paraissaient assez puissantes pour briser des pierres.

Les autres dieux faisaient la fête autour de lui. La musique était si forte que l'air semblait incandescent. À côté de l'homme était assise une belle femme en robe blanche, enceinte de plusieurs mois. Sa silhouette mouvante arborait par instants une paire d'ailes multicolores. Soudain elle s'est tournée vers moi, et j'ai étouffé un cri. Elle avait les traits de ma mère.

Elle ne paraissait pas me voir, de même que les autres dieux. Puis une voix s'est élevée dans mon dos :

– Tu es un fantôme ?

J'ai fait volte-face et découvert un beau garçon un peu plus âgé que Carter. S'il avait le teint clair, ses magnifiques yeux bruns rappelaient ceux de l'homme sur le trône. Ses longs cheveux noirs étaient coiffés en pétard, ce qui lui allait très bien. Je me suis rendu compte qu'il m'avait posé une question.

Qu'est-ce que je pouvais lui dire ? Pardon ? Salut ? Tu veux bien m'épouser ? Incapable d'articuler un mot, j'ai secoué la tête.

– Si tu n'es pas un fantôme, a-t-il repris, tu es quoi ? Un bâ ?

Puis il a ajouté, désignant le trône :

– Tu peux regarder, mais pas intervenir.

Bizarrement, je m'intéressais beaucoup moins à ce qui se passait autour de moi, mais le garçon s'est subitement dématérialisé.

La femme enceinte a souri à son compagnon et lui a dit :

– Bon anniversaire, seigneur Osiris.

– Merci, Isis, mon amour. Et bientôt, nous fêterons la naissance de notre fils, Horus. Sa nouvelle incarnation sera la plus puissante de toutes. Il apportera la paix et la prospérité au monde.

Isis a pris la main de son mari. La musique jouait toujours, les dieux se réjouissaient, l'air même de la pièce tourbillonnait en une danse célébrant la création.

Soudain les portes du palais se sont ouvertes, laissant entrer un souffle d'air brûlant. Les torches ont grésillé.

Un homme s'est avancé. Grand et fort, il ressemblait comme un jumeau à Osiris, sinon qu'il avait le teint rouge sombre, une robe couleur sang et une barbe en pointe. Il paraissait humain, sauf quand il souriait. Alors, ses dents s'allongeaient et un masque carnassier se superposait à son visage. J'ai étouffé un cri : ce mufle de bête sauvage, je l'avais déjà vu.

La musique s'est tue. La danse s'est interrompue.

Osiris s'est levé.

– Seth, a-t-il grondé d'un ton lourd de menace. Qu'est-ce que tu fais là ?

L'intéressé a éclaté de rire, et toute la tension provoquée par son entrée s'est envolée. Malgré son regard cruel, il avait un rire merveilleux – rien à voir avec le ricanement sinistre du British Museum. Le rire insouciant, cordial, d'un ami qui ne vous veut que du bien.

– Je suis venu fêter l'anniversaire de mon frère, bien sûr ! Et j'ai apporté de quoi nous divertir.

À son signal, quatre hommes avec des têtes de loup sont entrés, portant une grande boîte en or incrustée de pierres précieuses.

Mon cœur s'est emballé. C'était le sarcophage dans lequel Seth avait enfermé notre père.

J'aurais voulu crier à Osiris : « Non ! Ne lui faites pas confiance ! »

Mais les dieux présents se sont mis à pousser des « oh » et des « ah » admiratifs devant le sarcophage. Quand les hommes-loups ont posé celui-ci, j'ai vu qu'il n'avait pas de couvercle.

Doublé de noir à l'intérieur, il était peint de hiéroglyphes rouges et or garnis de jade et d'opales.

– Ce coffre, a annoncé Seth, a été fabriqué par les meilleurs artisans avec les matériaux les plus précieux. Sa valeur est inestimable. Celui qui y passera ne serait-ce qu'une nuit verra ses pouvoirs décuplés ! Sa sagesse ne sera jamais prise en défaut, et ses forces ne le trahiront plus jamais. Cette merveille reviendra à celui d'entre vous qui tiendra parfaitement à l'intérieur.

À la place des dieux, je me serais méfiée, mais ils se sont presque battus pour tenter leur chance. Certains étaient trop petits, les autres trop grands, et ils avaient beau changer de forme, le coffre magique refusait de s'adapter à eux. Les déçus protestaient et se lamentaient tandis que ceux qui attendaient leur tour les écartaient impatiemment.

Seth s'est tourné vers Osiris, hilare.

– On dirait que nous n'avons toujours pas de gagnant. Tu devrais essayer, frère. Seul le plus grand des dieux est digne de ce présent.

Roi des dieux ou pas, Osiris n'était pas très malin. Il regardait le coffre avec des yeux brillants de convoitise, fasciné par sa beauté. Il me semblait lire dans ses pensées : *Si cette boîte est à ma taille, elle fera un cadeau d'anniversaire génial.* Après ça, même son frère devrait admettre qu'il était leur souverain légitime.

Seule Isis avait l'air troublée.

– Non, seigneur, a-t-elle dit, posant une main sur l'épaule de son époux. Seth n'a pas pour habitude d'offrir des présents.

– Je me sens offensé ! a dit celui-ci, et il paraissait sincèrement blessé. N'ai-je pas le droit de fêter l'anniversaire de mon frère ? Sommes-nous devenus deux étrangers, que je ne puisse même pas présenter mes excuses au roi ?

Osiris a souri à Isis.

– Ma chère, ce n'est qu'un jeu. N'aie aucune crainte.

Il s'est approché du coffre sous les applaudissements des autres dieux.

– Gloire à Osiris ! s'est écrié Seth.

Le roi des dieux est entré dans le sarcophage, et quand il a jeté un coup d'œil dans ma direction, il avait les traits de mon père.

Non ! ai-je pensé de nouveau. *Pas ça !*

Osiris s'est allongé. Le coffre était parfaitement à sa taille.

Les dieux ont poussé des hourras. Mais avant qu'Osiris ait pu se relever, Seth a frappé dans ses mains, et un couvercle doré s'est abattu sur le coffre.

Osiris a poussé un cri de rage que le couvercle a étouffé.

Les autres dieux ont tenté d'intervenir – même le garçon brun qui avait disparu peu après mon arrivée – mais Seth a été plus rapide. Il a frappé le sol du pied, et la vibration les a renversés comme des dominos. Puis les hommes-loups ont brandi des lances, et les dieux terrifiés ont fui en courant.

Seth a prononcé un mot magique, et un chaudron bouillonnant a surgi du néant. Le plomb fondu qu'il contenait s'est déversé sur le sarcophage, le fermant hermétiquement et faisant probablement monter la température à l'intérieur de plusieurs dizaines de degrés.

– Traître ! a hurlé Isis.

Elle s'est dirigée vers Seth, proférant une incantation. Le dieu rouge a levé la main, et les pieds d'Isis ont quitté le sol. Suspendue dans les airs, elle tentait en vain d'ouvrir la bouche, comme si une force invisible la suffoquait.

– Pas aujourd'hui, ma chère belle-sœur, a dit Seth d'une voix suave. Maintenant, je suis roi, et ton enfant ne verra jamais le jour !

Une femme en robe bleue a surgi de la foule des dieux :

– Pas ça, mon époux !

Elle s'est jetée sur Seth, le déconcentrant. Isis est retombée, cherchant sa respiration.

– Fuis ! lui a crié l'autre femme.

Isis est partie en courant.

Seth s'est relevé. J'ai cru qu'il allait frapper la femme en bleu, mais il a seulement grondé :

– Espèce d'idiote ! Dans quel camp es-tu ?

Puis il a de nouveau tapé du pied, et le sarcophage s'est enfoncé dans le sol.

Seth a ensuite couru après Isis. Celle-ci s'est transformée en un petit oiseau de proie et s'est élancée vers le ciel. Seth s'est doté d'ailes de démon afin de la poursuivre.

Soudain je me suis retrouvée dans le corps d'Isis survolant le Nil. Je devinais la présence de Seth derrière moi, de plus en plus proche.

La voix suppliante d'Isis a retenti dans ma tête : *Tu dois lui échapper ! Tu dois venger Osiris et faire couronner Horus !*

Il m'a semblé que mon cœur allait exploser. Au même moment, une main s'est posée sur mon épaule. Les images se sont évanouies.

Le visage soucieux d'Iskandar est apparu devant moi, entouré d'un ballet de hiéroglyphes.

– Pardonne-moi cette intrusion, m'a-t-il dit dans un anglais parfait, mais un peu plus et tu étais morte.

Mes jambes sont devenues molles, et j'ai perdu connaissance.

Je suis revenue à moi couchée aux pieds d'Iskandar, sur les marches du trône. L'immense salle n'était éclairée que par les hiéroglyphes qui tournoyaient en permanence autour du vieil homme.

– Heureux de te revoir, m'a dit celui-ci. Tu as de la chance d'avoir survécu.

De la chance ? J'avais l'impression qu'on avait fait frire mon cerveau dans l'huile.

Je me suis excusée :

– Pardon. Je n'avais pas l'intention de...

– De regarder les images ? C'est pourtant ce que tu as fait. Ton bâ est sorti de ton corps et a visité le passé. On t'avait mise en garde, me semble-t-il ?

– En effet. Mais... les images m'attiraient trop.

– C'est vrai qu'il est difficile de leur résister.

Le regard d'Iskandar s'est perdu dans le vague, comme s'il contemplait de très lointains souvenirs.

J'ai remarqué :

– Vous parlez parfaitement ma langue.

Iskandar a souri.

– Qui te dit que ce n'est pas toi qui comprends la mienne ?

J'espérais qu'il plaisantait, mais je n'en étais pas si sûre. Il avait l'air si frêle et bienveillant, et en même temps... Il me semblait être assise à côté d'un réacteur nucléaire. J'avais le sentiment que le vieil homme était dangereux au-delà de ce que je pouvais imaginer.

J'ai repris :

– Dites, vous n'êtes pas si vieux que ça ? Pas au point d'avoir connu la période ptolémaïque...

– Détrompe-toi, mon enfant. Je suis né sous le règne de Cléopâtre VII.

– Vous vous moquez de moi !

– Pas du tout. J'ai eu le chagrin d'assister à la chute de l'Égypte, quand cette tête brûlée de Cléopâtre a dû céder son royaume aux Romains. Je suis le dernier magicien à avoir été formé par la Maison de vie avant qu'elle ne trouve refuge sous terre. Beaucoup de nos secrets ont été perdus, dont le sort qu'a utilisé mon maître pour prolonger mon existence. Les magiciens jouissent encore d'une très longue vie – parfois de plusieurs siècles – mais moi, j'ai plus de deux mille ans.

– Alors vous êtes immortel ?

Son rire s'est transformé en une toux déchirante qui l'a obligé à se plier en deux, une main plaquée sur la bouche. J'aurais voulu l'aider, mais je ne savais pas comment. L'éclat des hiéroglyphes qui l'environnaient a faibli.

Enfin, la toux a cessé, et Iskandar a pris une longue inspiration tremblante.

– Je crains que non, mon enfant. En réalité...

Il a laissé sa phrase en suspens, avant de demander :

– Dis-moi, qu'est-ce que tu as vu ?

J'ai été tentée de me taire. Je n'avais pas envie qu'on me change en insecte pour me punir de ma désobéissance, et ma vision m'avait terrifiée – particulièrement le moment où j'étais devenue un oiseau. Pourtant, mise en confiance par la gentillesse que me témoignait Iskandar, je lui ai tout raconté – enfin, presque tout. J'ai passé sous silence ma rencontre avec le beau garçon brun. C'est ridicule, je sais, mais j'étais gênée. En plus, je soupçonnais mon imagination de s'être emballée : quoi, un dieu égyptien aussi canon ? Dans tes rêves, ma vieille !

Iskandar est resté un moment sans parler, à frapper son bâton contre les marches.

– Tu as assisté à des événements très anciens, Sadie, a-t-il dit enfin. Seth s'est bien emparé du trône d'Égypte par la force. Il a caché le coffre dans lequel il avait enfermé Osiris, et Isis a parcouru la terre entière avant de le retrouver.

– Elle a pu le sauver ?

– Pas exactement. Osiris a ressuscité, mais dans l'au-delà, où il est devenu le dieu des morts. Plus tard, leur fils, Horus, a combattu Seth à plusieurs reprises avant de récupérer le trône d'Égypte. C'est pourquoi on l'appelle le Vengeur. Une histoire très ancienne, comme je l'ai dit, mais qui s'est répétée de nombreuses fois.

– De nombreuses fois ?

– Les dieux agissent toujours suivant les mêmes schémas. C'est ce qui les rend prévisibles, en un sens. Les mêmes jalousies, les mêmes querelles se perpétuent à travers les âges. Seuls changent le cadre et les hôtes.

J'ai repensé à la malheureuse qui s'était transformée en Serket, au musée de New York.

– Dans ma vision, ai-je dit, Isis était mariée à Osiris et enceinte de leur fils, Horus. Mais Carter m'a raconté une autre version, où les trois étaient les enfants de la déesse du ciel.

– De quoi troubler quelqu'un qui ne connaîtrait pas la vraie nature des dieux, je l'admets. Ils ne peuvent demeurer en ce monde sous leur forme essentielle, du moins pas plus de quelques minutes. Il leur faut un hôte.

– Un hôte humain ?

– Ou un objet puissant : statue, amulette, monument, voire certains modèles de voitures. Toutefois, ils préfèrent la forme humaine. Vois-tu, si les dieux possèdent d'immenses pouvoirs, les hommes ont la capacité de changer l'histoire au lieu de la répéter. Eux seuls peuvent – comment dit-on, déjà – sortir de la terre battue ?

– Des sentiers battus.

– C'est ça. Associée à la créativité humaine, la puissance divine se révèle une arme redoutable. Quoi qu'il en soit, la première fois où Isis et Osiris ont foulé cette terre, leurs hôtes étaient frère et sœur. Mais les hôtes mortels ne sont pas éternels. Ils s'épuisent et meurent. Plus tard, ils ont pris la forme d'un homme et de son épouse, et Horus, qui était leur frère dans une existence antérieure, est né de nouveau comme leur fils.

– C'est compliqué... Un peu glauque, aussi.

– Les dieux n'ont pas la même conception des relations que nous. Ils changent d'hôte comme nous de vêtements. C'est pourquoi les récits anciens comportent différentes versions. Les dieux y sont présentés comme mari et femme, frère et sœur ou mère et fils, selon leurs hôtes. Le pharaon lui-même était appelé « dieu vivant ». Les égyptologues pensent qu'il s'agissait de propagande, mais dans la majeure partie des cas, c'était la pure vérité. Les plus grands d'entre eux ont servi d'hôte à un dieu – Horus, le plus souvent. C'est grâce à lui qu'ils ont bâti un empire aussi puissant.

– C'était une bonne chose, non ? Alors pourquoi la loi interdit-elle d'invoquer les dieux ?

Le visage d'Iskandar s'est assombri.

– Les dieux poursuivent des objectifs égoïstes, Sadie. Certains consument littéralement leurs hôtes. D'ailleurs, beaucoup de ceux-ci meurent jeunes. Toutankhamon, le pauvre enfant, a succombé à dix-neuf ans. Cette inconsciente de Cléopâtre a hébergé l'essence d'Isis, et ça lui a coûté la raison. Dans les temps anciens, la Maison de vie enseignait l'usage de la magie divine. Les initiés apprenaient à canaliser les pouvoirs d'Horus, Isis, Sekhmet ou d'autres dieux. Nous étions beaucoup plus nombreux alors.

Iskandar a promené son regard autour de la salle, comme s'il l'imaginait remplie de magiciens.

– Certains adeptes pouvaient invoquer les dieux, mais seulement de temps en temps. D'autres tentaient d'héberger leur essence, avec plus ou moins de succès. Le but ultime était de devenir « l'œil » du dieu – de réaliser l'union parfaite entre les deux âmes, mortelle et immortelle. Très peu y parvenaient, même parmi les pharaons, qui y étaient pourtant prédisposés de naissance. Beaucoup se sont détruits en essayant.

Il a tendu la main, la paume tournée vers le ciel. Je n'avais jamais vu de ligne de vie aussi marquée que la sienne.

– Quand les Romains se sont emparés de l'Égypte, il nous est apparu – du moins à moi – que l'humanité, nos dirigeants et même les magiciens les plus expérimentés, n'avaient plus la volonté nécessaire pour dominer la puissance d'un dieu. Les seuls qui en étaient encore capables...

– Oui ?

– Rien, mon enfant. Je parle trop. Le bavardage est la faiblesse des vieillards.

– Vous vouliez parler de la lignée des pharaons, c'est ça ?

Son regard s'est fixé sur moi. Ses yeux n'avaient plus rien de vitreux, ils brûlaient d'un éclat intense.

– Tu es décidément une jeune fille remarquable. Tu me rappelles ta mère.

Je suis restée bouche bée.

– Vous l'avez connue ?

– Bien sûr. Elle a été formée ici, de même que ton père. En plus d'être une scientifique brillante, ta mère possédait le don de divination, un des plus difficiles à maîtriser. Elle était la première à manifester ce talent depuis des siècles.

– La divination ?

– La faculté de voir l'avenir. Un art difficile, aux résultats parfois aléatoires, mais elle a vu des choses qui l'ont incitée à solliciter certains avis peu orthodoxes... Des choses qui ont amené le vieillard que j'étais à douter de certitudes depuis longtemps établies.

Il s'égarait de nouveau au pays des souvenirs. Quand ça arrivait à mes grands-parents, ça me rendait déjà furieuse, mais de la part d'un magicien tout puissant qui détenait des informations précieuses, il y avait de quoi devenir cinglée.

– Iskandar ?

Il m'a lancé un regard surpris. Sans doute avait-il oublié ma présence.

– Pardon, Sadie. Je vais te dire ce que je pense : un chemin difficile s'ouvre devant toi, mais je suis convaincu que tu dois l'emprunter, pour notre bien à tous. Ton frère aura besoin de tes conseils.

J'ai failli éclater de rire.

– Carter ? Et de quel chemin parlez-vous ?

– Patience. Chaque chose vient en son temps.

Une réponse typique d'un adulte. J'ai ravalé ma frustration.

– Et si c'est moi qui ai besoin de conseils ?

– Zia, a-t-il répondu sans hésitation. Elle est ma meilleure élève. Quand le temps sera venu, elle saura comment t'aider.

– Oh ! ai-je fait, un peu déçue. Zia.

– Mais pour le moment, il faut que tu dormes, mon enfant. Et il semblerait que j'ai moi aussi gagné le droit de me reposer... enfin.

Il avait l'air triste mais soulagé. Je n'avais aucune idée de ce qu'il voulait dire, mais il ne m'a pas laissé le temps de le questionner.

– Je regrette que nous ne nous soyons pas connus plus longtemps, a-t-il repris. Dors bien, Sadie Kane.

– Mais...

Iskandar m'a touché le front. J'ai sombré dans un sommeil profond et sans rêve.

SADIE

16. Zia perd ses sourcils

J'ai été tirée du sommeil par un seau d'eau glacée en plein visage.

– Debout, Sadie ! a fait la voix de Zia.

– La vache ! C'était absolument nécessaire ?

– Non.

Je l'aurais étranglée, si je n'avais pas été trempée, grelottante et encore désorientée. Il me semblait n'avoir dormi que quelques minutes. Pourtant, le dortoir était vide. Les autres filles étaient sans doute déjà parties en cours.

Zia m'a lancé une serviette et des vêtements propres.

– Nous allons rejoindre Carter à la salle de bains.

– Je viens de prendre une douche, merci. Pour le moment, j'ai juste envie d'un bon petit déjeuner.

– La toilette prépare à la magie.

Zia a mis son sac sur son épaule et saisi le long bâton noir que je l'avais vue utiliser à New York.

– Si tu survis, on veillera à te nourrir.

J'en avais marre de m'entendre rappeler que je risquais ma vie. Néanmoins je me suis habillée et l'ai suivie.

Après une succession de corridors interminables, on a pénétré dans une salle dépourvue de plafond. Une cascade rugissante tombait d'un puits vertical, tellement haut qu'on n'apercevait aucune lumière à l'intérieur, sur une immense statue de ce dieu à tête d'oiseau, Thot. L'eau ruisselait sur son crâne, s'amassait dans ses mains en coupe puis s'écoulait dans un bassin.

Carter se tenait au bord de celui-ci, avec le sac de papa sur l'épaule et son épée dans le dos. Les cheveux ébouriffés, il avait l'air mal réveillé. Lui au moins avait échappé au seau d'eau glacée. J'ai éprouvé un soulagement étrange en le voyant. J'ai repensé à ce que m'avait dit Iskandar durant la nuit : « Ton frère aura besoin de tes conseils. »

– Qu'est-ce que j'ai ? a demandé Carter. Tu me regardes bizarrement.

– Non, je t'assure... Bien dormi ?

– Non, très mal. Je... je te raconterai.

J'avais rêvé, ou bien il avait lancé un regard appuyé à Zia en disant ça ? Oh oh... On aurait dit qu'il y avait de l'eau dans le gaz entre mon grand frère et Miss Magik.

Zia a sorti d'une sorte de buffet – on appelle ça un cabinet, je crois – deux bols en terre cuite qu'elle a plongés dans le bassin avant de nous les tendre.

– Buvez !

Je me suis tournée vers Carter.

– Après toi, je t'en prie.

– Ce n'est que de l'eau, m'a assuré Zia, mais purifiée par le contact de Thot. Elle favorise la concentration.

Je ne voyais pas comment une statue pouvait purifier de l'eau, puis je me suis rappelée ce qu'avait dit Iskandar : les dieux pouvaient habiter n'importe quel objet.

J'ai bu une gorgée, qui m'a parue aussi forte que le thé que préparait ma grand-mère. Ma vision s'est aiguisée, mon cerveau allait à cent à l'heure, je bouillonnais d'énergie. Je n'avais même plus envie d'un chewing-gum – enfin, presque plus.

Carter a bu à son tour.

– Waouh !

– Et maintenant, les tatouages, a annoncé Zia.

– Trop cool ! me suis-je exclamée.

– Sur la langue, a-t-elle ajouté.

– Pardon ?

Zia a tiré la langue, révélant un hiéroglyphe bleu juste au milieu.

– F'est Naât, a-t-elle tenté d'articuler.

Comprenant qu'elle se ridiculisait, elle a vite rentré la langue.

– Je disais, c'est Maât, le symbole de l'ordre et de l'harmonie. Il vous aidera à formuler les incantations. En effet, une seule erreur de prononciation, et...

Je l'ai interrompue :

– Laisse-moi deviner : Une seule erreur, et on est morts.

Elle a sorti de son cabinet des horreurs un pinceau à pointe fine et un bol rempli de teinture bleue.

– C'est indolore et ça n'est pas permanent.

– Ça a quel goût ? a demandé Carter.

Zia a souri.

– Tire la langue et tu le sauras.

Au cas où tu te poserais la question, la teinture sentait le pneu brûlé.

– Beuh ! ai-je fait en recrachant un grumeau « d'ordre et d'harmonie » dans le bassin. Oublie ce que j'ai dit à propos du petit déjeuner. J'ai plus faim.

Zia a ensuite sorti une sacoche en cuir du cabinet.

– Carter est autorisé à garder le matériel de magie de votre père, et à recevoir un bâton et une baguette neufs. En principe, la baguette sert à se défendre et le bâton à attaquer, à moins que tu ne préfères ton *khépesh*.

– Mon quoi ?

– Ton épée. L'arme préférée de la garde des pharaons. On peut l'utiliser en combat magique. Quant à toi, Sadie, il te faut une panoplie complète.

J'ai râlé :

– Pourquoi c'est lui qui hérite des affaires de papa ?

– Parce qu'il est l'aîné, m'a rétorqué Zia.

Comme si c'était une raison suffisante !

Zia m'a lancé la sacoche. Elle contenait une baguette en ivoire, une autre en bois qui devait pouvoir se transformer en bâton, un rouleau de papyrus, de l'encre, de la ficelle et un bloc de cire. Rien de franchement excitant.

– Et le petit bonhomme en cire ? ai-je demandé. Moi aussi, je veux un Tibiscuit !

– On t'apprendra à fabriquer ta propre figurine, si tu as des dispositions pour ça. On déterminera plus tard quelles sont vos spécialités.

– Nos spécialités ? a répété Carter. Tu veux dire, comme Nectanébo et les statues ?

Zia a acquiescé.

– Nectanébo était un maître de la statuaire magique. Ses ouchebtis étaient tellement réalistes qu'on les prenait pour de vrais hommes. Nul ne l'a jamais surpassé dans ce domaine, hormis peut-être Iskandar. Mais il existe quantité d'autres spécialités : guérisseur, fabricant d'amulettes, charmeur d'animaux, élémentaliste, magicien combattant, nécromancien...

J'ai suggéré :

– Devin ?

Zia m'a jeté un regard intrigué.

– Aussi, mais c'est un talent rare. Pourquoi...

Je l'ai interrompue :

– Comment connaît-on sa spécialité ?

– Vous découvrirez rapidement les vôtres. Mais un bon magicien doit être polyvalent. C'est pourquoi nous étudions d'abord les principes fondamentaux. Venez à la bibliothèque.

La bibliothèque du Premier Nome ressemblait à celle d'Amos, mais cent fois plus vaste, avec des salles circulaires aux murs percés d'une infinité d'alvéoles. On aurait dit une ruche géante. Tous les dix pas, on voyait un ouchebti s'animer, aller chercher un étui contenant un papyrus puis reprendre son immobilité de statue. À part eux, on ne croisait personne.

Zia a déplié un long rouleau de papyrus vierge sur une table. Elle a ensuite saisi un roseau taillé qu'elle a trempé dans l'encre.

– Le mot égyptien *sesh*, qui signifie « scribe », peut également désigner un magicien. C'est parce que la magie, à son niveau le plus élémentaire, donne une réalité aux mots. Vous allez créer un papyrus et insuffler votre pouvoir aux mots que vous aurez tracés. Ainsi, une fois prononcés à voix haute, ils libéreront leur magie.

Elle a tendu le roseau à Carter.

– Je ne sais pas quoi écrire, a-t-il dit.

– Un mot suffira. N'importe lequel.

– Même un mot de ma langue ?

Zia a soupiré.

– En principe toutes les langues conviennent, mais ça marche mieux avec les hiéroglyphes. C'est l'écriture de la création, de la magie, de Maât. Toutefois, il convient de les utiliser avec prudence.

Sans lui laisser le temps de développer, Carter a tracé un hiéroglyphe tout simple : un oiseau.

Celui-ci s'est mis à bouger puis il s'est envolé, lâchant au passage une fiente hiéroglyphique sur la tête de mon frère. J'ai éclaté de rire.

Zia m'a lancé un regard noir.

– Simple erreur de débutant. Si l'on trace un caractère symbolisant une créature vivante, il est plus sage de le laisser incomplet – avec une aile ou une patte en moins. Sinon, il risque d'échapper à son créateur.

– Et de lui fienter sur la tête...

Avec un soupir, Carter a essuyé ses cheveux à l'aide d'un morceau de papyrus.

– C'est pour ça que Tibiscuit, la statuette en cire de notre père, n'avait pas de jambes ?

– En effet, a acquiescé Zia. Recommence.

Carter a jeté un coup d'œil au bâton de Zia, qui était couvert de hiéroglyphes, et a recopié le plus évident – le symbole du feu.

J'ai pensé : *Chaud devant !* Mais au lieu de s'animer, le mot s'est simplement dissous. Dommage, ça aurait pu être drôle.

– Essaie encore, a dit Zia.

– C'est normal que ça me fatigue autant ? a demandé Carter.

En effet, il avait l'air épuisé. La sueur coulait sur son front.

– Tu vas puiser la magie au plus profond de toi, a expliqué Zia. Pour ma part, je n'ai aucun mal à invoquer le feu, mais ce n'est peut-être pas aussi naturel pour toi. Essaie autre chose. Essaie... une épée, par exemple.

Elle a montré à Carter le hiéroglyphe correspondant, et il s'est appliqué à le tracer sur le papyrus.

Sans résultat.

– Prononce le mot, a repris Zia.

– « Épée ».

Le symbole s'est mis à briller avant de s'effacer, laissant un couteau à beurre posé sur le papyrus.

J'ai gloussé.

– Je suis terrifiée !

Carter paraissait sur le point de s'évanouir, toutefois il a esquissé un sourire. Ramassant le couteau, il a fait mine de me piquer avec.

– Pas mal pour un début, a commenté Zia. N'oublie pas, ce n'est pas toi qui as créé le couteau, mais Maât. Les hiéroglyphes sont le code qui nous permet de nous adresser aux dieux, c'est pourquoi on parle de « mots divins » à leur propos. Plus un magicien est puissant, mieux il contrôle ce langage.

Une question me brûlait les lèvres :

– Les hiéroglyphes qui flottaient dans la salle des temps... C'est Iskandar qui les faisait apparaître ?

– Pas exactement. Son pouvoir est si grand que sa présence suffit à rendre visible le langage de l'univers. Quelle que soit sa spécialité, chaque magicien aspire à maîtriser suffisamment les mots divins pour agir sur la réalité par sa seule parole, sans l'intermédiaire d'un papyrus.

– Comme ordonner à une porte d'exploser.

– Par exemple. Mais ça demande des années d'entraînement.

– Ah oui ? Eh bien, je...

Carter a secoué la tête, me suppliant de me taire.

– Je... Un jour, je saurai faire ça, ai-je bafouillé.

– Commence par apprendre à te servir d'un papyrus, m'a rétorqué Zia.

Elle commençait à m'agacer sérieusement, alors j'ai attrapé le roseau et ai écrit « FEU » en toutes lettres.

Zia a approché son visage.

– Tu n'aurais pas dû...

Une colonne de feu a jailli du papyrus. J'ai hurlé, persuadée d'avoir fait quelque chose d'horrible. Puis les flammes se sont éteintes et Zia est apparue, l'air choqué, les sourcils brûlés, mais indemne.

– Pardon, pardon, ai-je bredouillé. Est-ce que je vais mourir ?

Zia m'a longuement regardée, puis elle a dit :

– Pas pour le moment. Mais je crois que tu es prête pour le duel.

Zia a ouvert un nouveau portail magique dans le mur de la bibliothèque, un tourbillon de sable qui nous a recrachés, couverts de poussière, devant des ruines. L'éclat vif du soleil m'a presque aveuglée.

– Je déteste ces portails, a marmonné Carter, brossant le sable de ses cheveux.

Puis il a regardé autour de lui et ses yeux se sont agrandis.

– On est à Louxor ! À, quoi, sept cents kilomètres au sud du Caire ?

J'ai soupiré.

– Ça t'étonne ? Je te rappelle qu'on s'est téléportés depuis New York.

Il était trop absorbé par le spectacle pour me répondre.

J'admets que l'endroit n'était pas mal, quoique à mon avis, quand tu as vu un tas de ruines, tu les as tous vus. On se trouvait sur une large allée bordée par des statues de monstres à têtes humaines, pour la plupart brisées. L'allée se poursuivait jusqu'à perte de vue derrière nous, mais devant, elle conduisait à un temple beaucoup plus imposant que celui du Metropolitan Museum of Art.

Haut comme un immeuble de six étages, il était gardé par deux immenses pharaons en pierre. Un obélisque solitaire se dressait à gauche de l'entrée. Sans doute y en avait-il un second à l'origine, mais il avait disparu.

– Louxor est le nom moderne de l'antique cité de Thèbes, a commenté Zia. Ce temple était un des plus importants d'Égypte. Nous aimons nous y entraîner.

– Parce qu'il est déjà en ruine ?

Zia m'a lancé un de ses fameux regards noirs.

– Non, Sadie. Parce qu'il est encore imprégné de magie. Et il a une importance sacrée pour votre famille.

– Notre famille ?

Comme d'habitude, Zia n'a pas pris la peine de s'expliquer. Elle nous a juste fait signe de la suivre.

– Ces sphinx ont une tête qui ne me revient pas, ai-je murmuré tandis qu'on marchait le long de l'allée.

– Ces sphinx sont les protecteurs de l'Égypte, les garants de la loi et de l'ordre, m'a rétorqué Zia.

– Si tu le dis...

– Celui qui manque se trouve à Paris, m'a soufflé Carter tandis qu'on dépassait l'obélisque.

– Merci, professeur Wiki. J'aurais dit New York ou Londres.

– Ça, c'est une paire différente, a-t-il précisé, comme si j'en avais quelque chose à cirer. Le second obélisque de Louxor, lui, est à Paris.

– Moi aussi, j'aimerais bien être à Paris.

On a pénétré dans une cour poussiéreuse, entourée de colonnes croulantes et de statues auxquelles il manquait l'une ou l'autre partie. Malgré son état, on devinait que le temple avait été grandiose.

J'ai demandé :

– Où sont passés tous les gens ? À cette saison, ça devrait grouiller de touristes.

– Je les ai dissuadés d'approcher durant quelques heures, a répondu Zia.

– Comment ?

– Il est facile de manipuler les esprits vulgaires.

En disant ça, elle me regardait avec insistance, et je me suis rappelée comment elle m'avait obligée à lui répondre au musée de New York. Ça ne lui avait pas suffi de se faire roussir les sourcils ?

– Maintenant, le duel !

À l'aide de son bâton, Zia a tracé dans le sable deux cercles distants d'une dizaine de mètres. Puis elle nous a fait signe de nous placer chacun dans un des cercles.

– Je vais devoir me battre contre lui ? me suis-je exclamée, désignant mon frère.

C'était ridicule : tout ce que Carter avait su faire apparaître, c'était un couteau à beurre et un oiseau malpoli. D'accord, il avait réussi à dévier des poignards sur le pont au-dessus du gouffre. Pourtant, j'avais peur de lui faire mal. Même s'il lui arrivait de m'énerver, je n'avais pas envie de le faire accidentellement exploser.

Je suppose qu'il pensait la même chose que moi, car il s'est mis à transpirer à grosses gouttes.

– Et si on fait quelque chose de mal ? a-t-il demandé.

– Je superviserai le combat, a promis Zia. On va commencer doucement. Le premier à faire sortir l'autre de son cercle gagne.

– On n'a rien appris ! ai-je protesté.

– Tu n'es plus à l'école, Sadie. On n'apprend pas la magie en prenant des notes, assis à un pupitre, mais en la pratiquant.

– Mais...

– Sers-toi de ce que tu as. Allez-y !

Me servir de ce que j'avais ? J'ai ouvert ma sacoche en cuir et regardé ce qu'elle contenait. Un bloc de cire ? Laisse tomber... J'ai sorti le bâton qui s'est immédiatement allongé.

Carter a saisi son épée. Il n'espérait quand même pas m'atteindre à une telle distance ?

J'ai levé mon bâton comme j'avais vu Zia le faire et pensé au feu.

Une minuscule flamme a jailli à l'extrémité du bâton. J'ai souhaité qu'elle grossisse. Elle s'est mise à briller d'un éclat plus vif. Puis ma vision s'est brouillée, la flamme s'est éteinte et je suis tombée à genoux. J'avais l'impression d'avoir couru un marathon.

– Ça va ? m'a lancé Carter.

– Non, ai-je gémi.

– Si elle est forfait, c'est moi qui gagne ? a-t-il demandé.

– La ferme !

– Sadie, tu dois te montrer plus prudente, a dit Zia. Tu as puisé dans tes réserves, au lieu de te servir de ton bâton. À ce rythme-là, tu auras vite usé tes forces.

Je me suis relevée avec difficulté.

– Explique-toi.

– Au début d'un combat, un magicien est rempli d'énergie, comme après un bon repas...

– Repas que j'attends toujours, lui ai-je rappelé.

– Chaque fois que tu utilises la magie, tu dépenses de l'énergie. Il est important que tu connaisses tes limites. Sinon tu risques de t'épuiser, ou pire.

J'ai regardé mon bâton encore fumant d'un œil inquiet.

– Pire ?

– Tu pourrais te consumer. Au sens propre.

J'ai hésité, me demandant comment formuler ma question suivante sans éveiller ses soupçons.

– J'ai déjà pratiqué la magie, et ça ne m'a pas fatiguée autant. Pourquoi ?

Zia a retiré l'amulette qu'elle portait autour du cou et l'a lancée en l'air. Dans un éclair, elle s'est transformée en un vautour géant qui s'est élevé au-dessus des ruines jusqu'à disparaître. Zia a alors tendu la main, et l'amulette a réapparu sur sa paume.

– La magie peut provenir de différentes sources, a-t-elle dit. Papyrus, baguette, bâton... Mais les amulettes sont particulièrement puissantes. On peut aussi l'extraire directement de Maât, grâce aux mots divins, mais c'est plus difficile. Ou encore, on peut invoquer le pouvoir des dieux, a-t-elle achevé en rivant son regard sur le mien.

– Minute ! ai-je protesté. J'ai invoqué aucun dieu, moi. On dirait que c'est eux qui me cherchent !

Elle a attaché son collier sans répondre.

Carter a tenté une diversion :

– Tu as dit que cet endroit avait une importance sacrée pour notre famille...

– C'est vrai.

– Mais je croyais... On n'y donnait pas une fête en l'honneur du pharaon une fois par an ?

– Si. Le pharaon parcourait l'allée qui relie Karnak à Louxor. Là, il pénétrait à l'intérieur du temple et ne faisait plus qu'un avec les dieux. Pour certains, ce n'était qu'une cérémonie. Mais les grands rois, tel Ramsès...

Elle a désigné une des immenses statues.

– Ils servaient d'hôte à un dieu, ai-je complété, repensant au récit d'Iskandar.

Zia a plissé les yeux.

– Et tu prétendais tout ignorer du passé de votre famille ?

– Une seconde ! s'est exclamé Carter. Tu veux dire qu'on est apparentés à...

– Les dieux choisissent leurs hôtes avec soin. Ils les préfèrent de sang royal. Et quand un magicien est issu de deux lignées royales...

Carter et moi, on a échangé un regard. Bastet avait dit que nous étions « des magiciens-nés ». À en croire Amos, les deux côtés de notre famille entretenaient des relations compliquées avec les dieux, et Carter et moi étions les deux enfants les plus puissants nés depuis des siècles. J'ai été secouée d'un frisson, comme si on m'avait enveloppée dans une couverture râpeuse.

– Nos parents étaient issus de deux lignées distinctes, ai-je dit, réfléchissant tout haut. Notre père... J'imagine qu'il descendait de Narmer, le premier pharaon. C'était son portrait craché !

– Impossible, a répliqué Carter. C'était il y a cinq mille ans !

Pourtant, on voyait que son cerveau carburait à deux cents à l'heure.

Il a enchaîné :

– Quant aux Faust... C'est Ramsès le Grand qui a fait achever ce temple. Ça voudrait dire que notre mère descendait de lui ?

Zia a soupiré.

– Je n'en reviens pas que vos parents vous aient caché vos origines. À votre avis, pourquoi êtes-vous aussi dangereux pour nous ?

– Vous nous soupçonnez d'être des hôtes ? ai-je repris, abasourdie. Tout ça à cause de ce que nos mille fois arrière-grands-parents ont fait à leur époque ? C'est débile !

– Alors prouvez-le ! Battez-vous, et montrez-moi que vous n'avez aucun pouvoir !

Ça commençait à bien faire. Je venais de passer les deux journées les plus horribles de toute ma vie. J'avais perdu mon père, ma maison, ma chatte, des monstres m'avaient attaquée et on m'avait balancé un seau d'eau glacée. Et maintenant, cette... sorcière nous tournait le dos en refusant de nous entraîner. Elle voulait savoir à quel point on était dangereux ?

Eh bien, on allait lui montrer.

– Hum... Sadie, a fait Carter – sans doute avait-il lu mes intentions sur mon visage.

Je me suis concentrée sur mon bâton. *Oublie le feu. Les chats t'ont toujours appréciée. Peut-être...*

J'ai lancé le bâton en direction de Zia. Il a heurté le sol juste derrière elle et s'est immédiatement transformé en une lionne rugissante. Zia a fait volte-face, surprise, puis la situation m'a échappé.

La lionne a fait demi-tour et s'est ruée vers Carter, comme si elle savait que c'était lui mon supposé adversaire.

Mon Dieu, qu'est-ce que j'ai fait ? ai-je pensé.

La lionne a bondi... et Carter s'est élevé dans les airs à l'intérieur d'un hologramme doré semblable à celui qu'avait fait apparaître Bastet, sauf que celui de mon frère avait la forme d'un guerrier à tête de faucon. Carter a brandi son épée, le guerrier géant en a fait autant. Une lame d'énergie pure a traversé la lionne qui s'est dissoute en plein saut. Mon bâton est tombé à terre, tranché net.

L'avatar de Carter s'est évanoui.

– Marrant, a dit mon frère en reprenant pied sur le sol.

Il n'avait même pas l'air fatigué. Une fois rassurée – Ouf ! Je ne l'avais pas tué – je me suis aperçue que je ne l'étais pas non plus. Au contraire, je me sentais en pleine forme.

Me tournant vers Zia, je lui ai lancé d'un air de défi :

– Alors ? C'était mieux ?

– Le faucon, a-t-elle dit, livide. Il... il a invoqué...

Soudain des pas pressés ont résonné sur les dalles de pierre. Un jeune initié a fait irruption dans la cour, visiblement paniqué. Son visage poussiéreux était strié de larmes. Il s'est adressé à Zia en arabe. Quand il a eu fini de parler, elle s'est laissée tomber sur le sol, tremblante.

Carter et moi avons quitté nos cercles et nous sommes précipités vers elle.

– Qu'est-ce qui se passe ? a demandé mon frère.

Elle a pris une profonde inspiration, tâchant de se ressaisir, mais quand elle a relevé la tête, ses yeux étaient rouges. Elle a dit quelque chose à l'initié, qui est reparti tel qu'il était venu.

– Des nouvelles du Premier Nome, a annoncé Zia. Iskandar...

Sa voix s'est brisée.

C'était comme si un poing géant m'avait frappée à l'estomac. J'ai repensé aux dernières paroles du vieil homme : « Il semblerait que j'ai moi aussi gagné le droit de me reposer... enfin. »

– Il est mort ? C'est ça qu'il voulait dire.

Zia m'a regardée bizarrement :

– Comment ça ?

– Je...

J'étais sur le point de lui avouer que je m'étais entretenue avec Iskandar la nuit précédente, mais j'ai jugé plus prudent de me taire.

– Oublie ça. C'est arrivé comment ?

– Dans son sommeil. Ça faisait six ans qu'il n'allait pas bien, mais quand même...

– Je suis désolé, a dit Carter. Je sais combien il était important pour toi.

Zia a essuyé ses larmes, puis elle s'est levée.

– Vous ne comprenez pas. C'est Desjardins qui va lui succéder. Dès qu'il aura été nommé chef lecteur, il donnera l'ordre de vous exécuter.

Je me suis récriée :

– Mais on n'a rien fait !

Un éclair de colère a traversé le regard de Zia.

– Vous ne réalisez toujours pas le danger que vous représentez. Vous hébergez des dieux !

– C'est absurde...

Pourtant, le doute s'insinuait en moi. Et si c'était vrai ? Impossible ! En plus, personne, pas même ce vieux chameau de Desjardins, n'oserait exécuter deux gosses pour un crime dont ils n'étaient même pas conscients.

– Il me donnera l'ordre de vous conduire à lui, a repris Zia, et je devrai lui obéir.

– Tu ne peux pas faire ça ! s'est écrié Carter. Tu as vu ce qui est arrivé au British Museum. Le problème, ce n'est pas nous, mais Seth. Si Desjardins refuse de l'admettre, c'est peut-être qu'il fait lui-même partie du problème.

Zia a empoigné son bâton. J'ai cru qu'elle allait nous rôtir à l'aide d'une boule de feu, mais la voyant hésiter, je me suis jetée à l'eau :

– Zia, j'ai parlé avec Iskandar la nuit dernière. Il m'a surprise dans la salle des temps.

Elle m'a regardée, bouche bée de stupeur. Je savais qu'il ne lui faudrait que quelques secondes pour passer de l'étonnement à la fureur.

– Il m'a dit que tu étais sa meilleure élève et il a loué ta sagesse. Il a dit aussi que Carter et moi allions au-devant de grandes difficultés, et que tu saurais comment nous aider le moment venu.

De la fumée s'échappait de son bâton. Ses yeux me faisaient penser à deux bombes sur le point d'exploser.

J'ai insisté :

– Desjardins va nous tuer. Tu crois qu'Iskandar aurait voulu ça ?

J'ai compté cinq, six, sept secondes. Je m'attendais à ce qu'elle nous réduise en cendres mais elle a baissé son bâton.

– Utilisez l'obélisque, a-t-elle dit.

– Pardon ?

– L'obélisque à l'entrée du temple, idiote ! Vous avez cinq minutes, peut-être moins, avant que Desjardins ne lance un arrêt de mort contre vous. Fuyez et détruisez Seth. Au coucher du soleil, nous allons entrer dans les jours des démons. Tous les portails cesseront de fonctionner. Il faut que vous vous rapprochiez le plus possible de Seth d'ici là.

– En fait, j'espérais que tu viendrais avec nous. On n'est pas capables d'ouvrir un portail, ençore moins de vaincre Seth !

– Je ne peux pas trahir la Maison. Il vous reste quatre minutes. Si vous échouez à créer un portail, vous êtes morts.

Ça m'a coupé l'envie de discuter. Je m'éloignais déjà, tirant Carter par le bras, quand Zia m'a rappelée :

– Sadie ?

Je me suis retournée et j'ai lu de l'amertume dans son regard.

– Desjardins va me donner l'ordre de vous poursuivre, a-t-elle lancé. Tu comprends ce que ça signifie ?

Hélas oui : à notre prochaine rencontre, nous serions dans des camps ennemis.

J'ai saisi la main de Carter et j'ai couru.

CARTER

17. *Voyage express à Paris*

Avant d'en venir aux chauves-souris démoniaques, je crois qu'un flash-back s'impose.

La nuit précédant notre fuite de Louxor, je n'ai pas beaucoup dormi. D'abord j'ai fait un voyage astral, ensuite je suis tombé sur Zia. (Arrête de glousser, Sadie. C'est pas ce que tu crois.)

Après l'extinction des feux, j'ai essayé de dormir. Je te promets. Je me suis même forcé à utiliser cette cochonnerie de repose-nuque magique. Pour ce que ça m'a réussi... J'avais à peine fermé les yeux que mon bâ a décidé d'aller faire un tour.

Comme la première fois, je me suis vu flotter au-dessus de mon corps avant de revêtir des ailes d'oiseau. Puis le courant de la Douât m'a emporté à une vitesse qui brouillait tout autour de moi. Quand ma vision a retrouvé sa netteté, j'étais dans une caverne sombre. Puis oncle Amos est apparu, éclairé par la faible clarté bleue qu'émettait l'extrémité de son bâton. J'ai voulu l'appeler, mais aucun son n'est sorti de ma gorge. Planant à deux mètres du sol sous la forme d'un poulet étincelant, j'étais difficile à manquer, mais apparemment, il ne pouvait pas me voir.

Soudain un hiéroglyphe incandescent s'est gravé dans la roche à ses pieds. Amos a étouffé un cri tandis que des volutes de lumière rouge s'enroulaient autour de lui telles des lianes. Bientôt mon oncle était aussi immobile qu'une statue, le regard fixe.

J'ai tenté de voler à son secours, mais impossible de bouger. Je ne pouvais qu'observer la scène.

Un rire a retenti à travers la caverne. Une harde de... créatures – crapauds géants, démons à têtes d'animaux, monstres encore plus bizarres – a surgi de l'obscurité. J'ai alors compris qu'ils avaient tendu une embuscade à Amos. Une silhouette flamboyante s'est matérialisée à la tête de la troupe : Seth, plus net que je ne l'avais jamais vu. Mais cette fois, il ne revêtait pas une forme humaine. Son corps décharné, noir et visqueux, était surmonté d'une tête de bête sauvage.

– *Bonsoir*, a-t-il dit en français. C'est très aimable à toi d'être venu, Amos. On va bien s'amuser ensemble.

Je me suis réveillé en sursaut, le cœur battant.

Amos était prisonnier, j'en avais la certitude. Prisonnier, ou pire... Seth avait été prévenu de son arrivée. Lors de l'irruption des serpopards au manoir de Brooklyn, Bastet avait dit qu'on en avait saboté les défenses, et qu'il ne pouvait s'agir que d'un magicien de la Maison de vie. Un horrible soupçon s'est insinué dans mon esprit.

Je suis resté un moment étendu dans le noir, à écouter le petit garçon qui occupait le lit voisin marmonner des sorts dans son sommeil. Quand la tension est devenue insupportable, j'ai commandé à la porte de s'ouvrir, comme pour entrer chez Amos, et je me suis glissé hors du dortoir.

J'errais à travers le marché à présent désert, pensant à papa et à Amos, me demandant ce que je devais faire, quand j'ai aperçu Zia.

Elle marchait vite, comme si elle craignait qu'on la suive, mais le plus étonnant, c'était le nuage noir scintillant qui l'environnait. Soudain elle s'est arrêtée devant un mur et a agité la main. Une porte est apparue. Après un coup d'œil inquiet derrière elle, Zia l'a franchie.

Je me suis approché sur la pointe des pieds. J'ai entendu la voix de Zia, mais je n'ai pu distinguer ce qu'elle disait. Puis la porte béante a commencé à se solidifier afin de redevenir un mur. Après une demi-seconde d'hésitation, j'ai bondi à l'intérieur.

Zia me tournait le dos, et elle n'était plus entourée d'une ombre chatoyante. Agenouillée au pied d'un autel de pierre, elle murmurait une incantation. Des dessins d'antiquités égyptiennes et des photos décoraient les murs.

J'avais l'intention de lui raconter mon cauchemar, mais ce que je l'ai vue faire alors m'a ôté cette idée de l'esprit. Elle a mis les mains en coupe, comme si elle tenait un oiseau. Une sphère bleue de la taille d'une balle de golf s'est matérialisée à quelques centimètres de ses paumes. Sans cesser de psalmodier, elle a levé la main. La sphère s'est envolée et a traversé le plafond avant de disparaître.

Mon instinct me soufflait que je n'étais pas censé avoir assisté à cette scène.

J'aurais bien voulu battre en retraite. L'ennui, c'est que la porte n'existait plus. Et bien entendu, il n'y avait aucune autre issue. C'était une question de secondes avant que...

Peut-être ai-je fait un bruit, à moins que les sens de Zia, aiguisés par la magie, n'aient capté ma présence. Toujours est-il qu'elle a fait volte-face, pointant vers moi sa baguette. Des flammes dansaient sur toute la longueur de celle-ci.

– Euh... salut, ai-je lancé.

Sur son visage, la colère a brièvement cédé la place à l'étonnement.

– Carter ? Qu'est-ce que tu fais ici ?

– Je me promenais quand je t'ai vue dehors, et...

– Tu m'as *vue* ?

– Oui. Tu marchais vite, et il y avait un truc noir scintillant autour de toi...

– Tu n'as pas pu voir ça !

– Pourquoi ?

Elle a baissé sa baguette, et les flammes se sont éteintes.

– Je n'aime pas beaucoup qu'on m'épie, Carter.

– Désolé. J'ai pensé que tu avais peut-être des ennuis.

Elle semblait sur le point de dire quelque chose, mais elle s'est ravisée.

– Des ennuis... Ce n'est pas faux.

Elle s'est assise avec un soupir. À la lueur des bougies, ses yeux d'ambre paraissaient plus sombres et tristes.

Elle a tourné son regard vers les photos affichées derrière l'autel, et je me suis aperçu qu'elle figurait sur certaines. C'était bien elle, cette petite fille pieds nus à l'extérieur d'une maison en briques de boue, qui grimaçait comme si elle n'avait pas envie qu'on la photographie. Juste à côté, un plan large d'un village de la vallée du Nil – le genre d'endroit où mon père m'emmenait parfois, et qui n'avait pas changé depuis deux mille ans. Les villageois souriaient et faisaient des signes à l'appareil avec des mines ravies. Assise sur les épaules d'un homme – son père, sans doute –, la petite Zia dominait tout le groupe. Venait ensuite un portrait de famille : Zia tenant les mains de ses parents. Des fellahs ordinaires, comme on en rencontrait partout en Égypte, mais le visage de son père exprimait une immense bonté et ses yeux pétillaient de malice. La mère n'était pas voilée et elle riait comme si son mari venait de raconter une blague.

– Ils ont l'air sympas, tes parents, ai-je remarqué. C'est chez toi, là ?

Zia semblait faire des efforts pour se contenir, ou alors elle n'avait plus l'énergie pour se mettre en colère.

– C'était chez moi. Mon village n'existe plus.

J'ai attendu qu'elle poursuive, n'osant pas la questionner. Nos regards se sont croisés, et j'ai lu dans le sien qu'elle se demandait jusqu'où elle pouvait se confier à moi.

– Mon père était paysan, a-t-elle repris, mais il travaillait aussi pour des archéologues. Il employait son temps libre à sillonner le désert à la recherche de vestiges et de nouveaux sites à fouiller.

Rien que de très banal. Ça faisait des siècles que les Égyptiens complétaient leurs revenus de cette manière.

– Une nuit – j'avais alors huit ans – mon père a découvert une statue de petite taille, mais très rare. Elle représentait un monstre sculpté dans une pierre rouge. Elle avait été enfouie dans le sol avec une grande quantité d'autres statues, toutes brisées. Par miracle, celle-ci était restée intacte. Mon père ignorait que les magiciens ont l'habitude d'emprisonner les démons et les esprits dans des statues qu'ils brisent afin de détruire leur essence. Il a rapporté celle qu'il avait trouvée au village, et a accidentellement libéré...

Elle s'est tue, le regard levé vers le visage souriant de son père qui serrait sa petite main dans la sienne.

– Zia, je suis désolé.

Elle s'est ressaisie.

– Iskandar et d'autres magiciens ont vaincu le monstre, mais trop tard. Ils m'ont retrouvée au fond d'un trou, cachée sous les roseaux coupés dont ma mère m'avait recouverte. J'étais l'unique survivante.

J'ai tenté de me représenter Zia telle qu'elle était apparue pour la première fois à Iskandar – une petite fille qui avait tout perdu, seule au milieu d'un village en ruine – mais c'était difficile.

– Donc cette pièce est un sanctuaire, ai-je supposé. Tu viens ici pour évoquer le souvenir des tiens.

– Hélas, Carter. Je n'ai aucun souvenir d'eux. Le peu que je sais de mon histoire, je le tiens d'Iskandar. C'est lui qui m'a donné ces photos. Moi, j'ai tout oublié.

J'ai failli m'écrier, « Normal, tu n'avais que huit ans ! » Puis j'ai réalisé que j'avais le même âge à la mort de ma mère, quand j'avais été séparé de Sadie. Pourtant, je revois parfaitement notre maison de Los Angeles, et le spectacle des étoiles, la nuit, depuis la terrasse qui surplombait l'océan. Papa nous racontait des histoires fabuleuses à propos des constellations. Et chaque soir, avant d'aller nous coucher, Sadie et moi, on se blottissait contre maman sur le canapé, rivalisant pour attirer son attention. Elle nous disait de ne pas croire un mot des récits de notre père et nous parlait des étoiles en termes scientifiques, maniant des notions de physique et de chimie comme elle l'aurait fait devant des étudiants. Avec le recul, je me demande si elle ne tentait pas de nous mettre en garde contre les dieux, les mythes et le danger qu'ils représentaient.

Je me rappelle notre dernier voyage à Londres, tous les quatre, et la nervosité de nos parents dans l'avion. Un soir, papa est rentré chez nos grands-parents et nous a dit que notre mère avait eu « un accident ». Avant même qu'il ne parle, j'avais compris qu'il s'était passé quelque chose de grave, parce que c'était la première fois que je le voyais pleurer.

Au fil des ans, certains détails se sont effacés, et ça me rend dingue d'y penser : le parfum de maman, le son de sa voix... Plus le temps passe et plus j'attache de prix à mes souvenirs. Comment Zia pouvait-elle vivre sans ce recours ?

J'ai tenté une explication :

– Peut-être que tu...

Elle m'a arrêté d'un geste de la main.

– Carter, crois-moi, j'ai fait des efforts pour me rappeler. Ça n'a pas marché. Iskandar est la seule famille que j'aie jamais eue.

– Et tes amis ?

Elle m'a regardé comme si elle ignorait le sens de ce mot. Je me suis alors fait la réflexion que je n'avais vu personne de notre âge au Premier Nome. Tout le monde y était soit beaucoup plus jeune, soit beaucoup plus âgé.

– Je n'ai pas de temps à consacrer aux futilités, a-t-elle dit. En plus, à treize ans, chaque initié est affecté à un autre Nome, quelque part dans le monde. Je suis la seule à être restée ici, et ça me convient très bien. J'aime la solitude.

J'ai frissonné. J'avais répondu la même chose des dizaines de fois, à tous les gens qui me demandaient comment je vivais le fait de ne pas aller à l'école. Est-ce que je n'aurais pas préféré avoir des amis ? Mener une existence normale ? « Ça me convient très bien. J'aime la solitude. »

J'ai tenté de m'imaginer Zia au lycée, rangeant ses affaires dans un casier, faisant la queue à la cafétéria... Je suppose qu'elle aurait été aussi paumée que moi.

– Tu sais quoi ? lui ai-je dit. Quand les jours des démons seront passés, et que tout sera redevenu normal...

– Rien ne redeviendra jamais normal.

– ... je t'emmènerai au centre commercial.

– Au centre commercial ? Pour quoi faire ?

– Pour passer le temps. Manger un hamburger, voir un film...

Zia a paru hésiter.

– Ce n'est pas ce qu'on appelle un « rencard » ?

Je devais avoir l'air d'un parfait crétin, parce qu'elle a esquissé un sourire.

– On dirait une vache qui a pris un coup de pelle sur la tête, a-t-elle remarqué.

– Je... je ne voulais pas...

Elle a éclaté de rire, et soudain il m'a été beaucoup plus facile de l'imaginer en lycéenne.

– J'ai hâte de voir ce... centre commercial, Carter. Tu es un garçon très intéressant... ou très dangereux.

– Je vote pour le premier choix.

Elle a agité la main, et la porte a réapparu.

– Va, maintenant. Et sois prudent. Si je te surprends encore à m'espionner, tu ne t'en tireras pas à si bon compte.

Au moment de franchir la porte, je me suis retourné.

– Zia ? C'était quoi, le truc noir qui scintillait autour de toi ?

Son sourire s'est effacé.

– Un sort d'invisibilité. Seuls les magiciens très puissants peuvent le déjouer. Ce n'est pas normal que tu m'aies vu.

Elle attendait que je lui donne une explication, mais je n'en avais aucune.

– Peut-être qu'il était en train de s'estomper, ai-je hasardé. Et la sphère bleue ?

Elle s'est raidie.

– La quoi ?

– Le truc qui s'est échappé de tes mains et a traversé le plafond.

– Je... je ne vois pas de quoi tu parles. C'était peut-être une illusion d'optique, à cause de la lumière des bougies.

Il y a eu un silence embarrassé. Soit elle mentait, soit je devenais fou, soit... J'ai réalisé que je ne lui avais pas raconté ma vision, mais il m'a semblé que je l'avais déjà assez bousculée comme ça.

– Bonne nuit, lui ai-je dit avant de sortir.

J'ai regagné le dortoir, mais j'ai eu du mal à me rendormir.

Avance rapide jusqu'à Louxor...

Tu comprends maintenant pourquoi je ne voulais pas laisser Zia derrière nous, et pourquoi je la pensais incapable de nous faire du mal ?

En revanche, je savais qu'elle disait la vérité au sujet de Desjardins. Ce malade n'hésiterait pas une seconde à nous transformer en escargots de Bourgogne. Et le fait que Seth ait parlé français dans mon rêve... Simple coïncidence, ou bien y avait-il anguille sous roche ?

Néanmoins, quand Sadie m'a tiré par le bras, je l'ai suivie.

On a fui le temple et couru vers l'obélisque. Mais naturellement, ce n'était pas aussi simple. Avec les Kane, rien n'est jamais simple.

Juste comme on atteignait l'obélisque, un magicien en robe blanche, au crâne rasé, a surgi d'un vortex de sable au milieu de l'allée, une centaine de mètres plus loin.

J'ai sorti mon bâton de ma sacoche et l'ai lancé à Sadie.

– Pour remplacer le tien, lui ai-je dit. Mon épée me suffit.

– Mais je ne sais pas quoi faire ! a-t-elle geint en scrutant la base de l'obélisque, comme si elle espérait y trouver une manette.

Le magicien a craché un peu de sable avant de nous repérer.

– Halte ! a-t-il crié.

J'ai marmonné :

– Dans tes rêves.

– T'as bien dit que le second obélisque était à Paris ? m'a demandé Sadie.

– Exact. Hum ! C'est pas pour te presser, mais...

Le magicien a levé son bâton et entamé une incantation.

J'ai cherché à tâtons la poignée de mon épée. J'avais les jambes en coton. Mon avatar de faucon avait produit son effet, mais il s'agissait d'un simple duel. Quant au test sur le pont, je n'étais simplement pas moi quand j'avais dévié les poignards. Jusque-là, chaque fois que j'avais utilisé cette épée, c'était avec l'aide de Zia ou de Bastet. À présent, je ne pouvais compter que sur moi, surtout que Sadie était occupée avec l'obélisque. J'étais fou de me croire capable d'affronter un magicien en pleine possession de ses moyens. Je n'étais pas un guerrier. Le peu que je savais des épées provenait de mes lectures – l'histoire d'Alexandre le Grand, *Les Trois Mousquetaires*. Ce n'était pas avec ça que j'allais m'en sortir !

Détrompe-toi, a fait une voix dans ma tête. *Tu n'es pas seul.*

C'est le bouquet, ai-je pensé. *Voilà que je deviens cinglé.*

– Soumets-toi à la Maison de vie ! a crié le magicien.

Quelque chose me disait que ce n'était pas à moi qu'il s'adressait.

L'air entre nous s'est mis à trembler. La chaleur qui émanait de la double rangée de sphinx donnait l'illusion qu'ils bougeaient. Puis j'ai réalisé qu'ils bougeaient vraiment. Chacun s'est fendu par le milieu, donnant naissance à une créature vivante. On aurait dit des sauterelles en train de muer. Celles qui provenaient d'une statue endommagée n'avaient pas de tête, ou une seule corne. Certaines sautillaient sur trois pattes. Mais une douzaine de sphinx d'attaque en parfait état, chacun de la taille d'un doberman et constitué de fumée blanche, marchaient vers nous en ordre de bataille. Je croyais pourtant qu'ils étaient de notre côté ?

J'ai lancé vers Sadie :

– Ça urge !

– Paris ! a-t-elle crié, brandissant baguette et bâton. C'est là que je veux aller. En première classe, si possible, et pronto !

Le sphinx s'est jeté sur moi. Je l'ai coupé en deux – un coup de chance, sans doute. Il s'est désintégré, libérant une onde de chaleur si intense qu'il m'a semblé que la peau de mon visage se détachait.

Deux nouveaux sphinx fantômes accouraient vers moi, talonnés par une douzaine d'autres. Le sang battait fort à mes tempes.

Soudain le sol a tremblé, le ciel s'est obscurci et Sadie a poussé un cri de triomphe :

– Yeeeees !

L'obélisque était baigné d'une clarté pourpre qui émettait une vibration puissante. Sadie a touché la pierre et a brusquement disparu, aspirée à l'intérieur.

Profitant d'une seconde de distraction de ma part, deux des sphinx m'ont foncé dessus, me renversant. Mon épée m'a échappé. J'ai entendu craquer mes côtes et la douleur a envahi ma poitrine. La chaleur émise par les créatures était insupportable ; j'avais l'impression d'être coincé sous un four brûlant.

J'ai tendu la main vers l'obélisque. Il me manquait quelques centimètres pour pouvoir l'atteindre. Le reste de la troupe de sphinx approchait. Rassemblant mes dernières forces, j'ai rampé en direction de l'obélisque. Tous les nerfs de mon corps hurlaient. Mes doigts ont effleuré la base du monument, et l'obscurité m'a englouti.

Je suis revenu à moi étendu sur la pierre mouillée. Je me trouvais au centre d'une immense place. La pluie tombait dru, et le froid indiquait que j'avais quitté l'Égypte. Puis j'ai entendu Sadie hurler.

La mauvaise nouvelle, c'était que j'avais emmené deux sphinx avec moi. J'ai vu l'un d'eux s'élancer vers ma sœur. L'autre, accroupi sur ma poitrine, me fixait de ses yeux blancs. De la vapeur s'élevait de son dos au contact de l'eau.

Comment disait-on « feu » en égyptien, déjà ? Si j'arrivais à embraser le monstre... Mais la douleur m'empêchait de réfléchir. Il y a eu une explosion à ma droite. Sadie avait fui dans cette direction. J'espérais qu'elle était hors de danger, mais je ne pouvais m'en assurer.

Le sphinx à tête de bélier a ouvert la gueule, dévoilant des crocs de fumée disproportionnés pour un ruminant. Au même moment, une forme sombre a surgi derrière lui et s'est écriée en français :

– *Mange des muffins* !

Une lame d'acier a transpercé le sphinx, qui s'est évanoui.

J'ai tenté de me relever mais Sadie m'est tombée dessus :

– Carter ! Dieu merci, tu n'as rien !

Derrière elle se tenait la personne à qui je devais la vie : une femme élancée, vêtue d'un imperméable noir dont la capuche dissimulait son visage. Qu'est-ce qu'elle avait dit ? « Mange des muffins ! »... Quel étrange cri de guerre !

Soudain elle s'est dépouillée de son imper, sous lequel elle portait une combinaison léopard, et a souri, dévoilant des canines pointues. Ses yeux jaunes brillaient comme deux minuscules lampes.

– Je t'ai manqué ? m'a demandé Bastet.

CARTER

18. Chauve (-souris) qui peut?!

Réfugiés sous l'avant-toit d'un immense bâtiment officiel à la façade blanche, on regardait la pluie tomber sur la place de la Concorde. Ce n'était pas le meilleur jour pour visiter Paris. Le ciel était bas et chargé, et le froid humide me transperçait jusqu'aux os. Les piétons étaient rares et les touristes encore davantage. C'était un temps à rester au coin du feu avec une boisson chaude.

Sur notre droite, la Seine s'écoulait paresseusement. Au-delà de la place, le jardin des Tuileries apparaissait nimbé d'un halo pluvieux.

La silhouette sombre et solitaire de l'obélisque se dressait au centre de la place. Aucun autre ennemi n'en avait surgi. Zia nous avait expliqué qu'un portail ne pouvait être utilisé de nouveau avant une période de douze heures. Je priais pour qu'elle ait raison.

– Ne bouge pas, m'a dit Bastet.

J'ai grimacé quand elle a appliqué une main sur ma poitrine. Puis elle a murmuré quelque chose en égyptien et la douleur a lentement reflué.

– Plusieurs côtes cassées, a-t-elle diagnostiqué. Ça va mieux, mais tu as besoin de quelques minutes de repos.

– Et les magiciens ?

– Vous n'avez rien à craindre d'eux pour le moment. La Maison de vie supposera que vous vous êtes téléportés ailleurs.

– Pourquoi ?

– Paris correspond au Nome Quatorze – le QG de Desjardins. Il faudrait que vous soyez fous pour tenter de vous cacher sur son territoire.

J'ai soupiré :

– Génial...

– Et vos amulettes vous protègent. J'ai juré de veiller sur Sadie, aussi je l'aurais retrouvée n'importe où. Mais elles vous rendent invisibles aux yeux de Seth et des autres magiciens.

J'ai repensé à la salle du Premier Nome où des enfants scrutaient des bols remplis d'huile. Étaient-ils en train de nous chercher ? Cette pensée m'a donné la chair de poule.

J'ai fait une nouvelle tentative pour m'asseoir, mais Bastet m'a ordonné de rester tranquille.

– Tu devrais apprendre à toujours retomber sur tes pattes, a-t-elle ajouté. Comme les chats.

– J'y penserai. Et d'abord, comment se fait-il que vous ne soyez pas morte ? C'est parce que vous avez neuf vies ?

– Quoi, cette légende ridicule ? La vérité, c'est que je suis immortelle.

– Et les scorpions ?

Sadie s'était rapprochée, grelottant et serrant l'imperméable de Bastet autour de ses épaules.

– On les a vus vous submerger, a-t-elle ajouté.

– Chère Sadie, a ronronné Bastet. Vraiment, tu t'es fait du souci pour moi ? Je dois dire que j'ai servi quantité d'enfants de pharaons, mais vous deux... Au fait, vous pouvez me tutoyer, vous savez.

Elle paraissait sincèrement émue.

– Pardon de vous avoir inquiétés, a-t-elle repris. Les scorpions avaient presque anéanti mes pouvoirs. Je les ai retenus aussi longtemps que j'ai pu, puis j'ai repris la forme de Muffin et ai employé mes dernières forces à me fondre dans la Douât.

– Je croyais que vous... que tu n'étais pas douée pour créer des portails, ai-je remarqué.

– Pour commencer, Carter, dis-toi qu'il existe de nombreuses façons d'entrer et de sortir de la Douât. Celle-ci comprend différentes régions et strates : l'abîme, la rivière de la Nuit, le pays des morts, la terre des démons...

– Ça a l'air charmant, a murmuré Sadie.

– En résumé, les portails traversent la Douât pour relier un point du monde mortel à un autre. Et en effet, je ne suis pas douée pour les ouvrir. En revanche, je suis une créature de la Douât. À ce titre, il m'est relativement facile de m'introduire dans la strate la plus proche afin de fuir.

– Et si les scorpions t'avaient tuée ? ai-je demandé. Ou plutôt, s'ils avaient tué Muffin ?

– J'aurais été bannie dans les profondeurs de la Douât. Ç'aurait été comme si on m'avait balancée à la mer, les pieds dans un bloc de béton. Il se serait écoulé des années, voire des siècles, avant que j'aie de nouveau la force de regagner le monde mortel. Heureusement, ça n'est pas arrivé. Je suis revenue aussitôt, mais le temps que j'atteigne le musée, les magiciens vous avaient déjà capturés.

– Ils ne nous ont pas à proprement parler « capturés », ai-je nuancé.

– Ah oui ? Vous avez passé combien de temps au Premier Nome avant qu'ils ne décident de vous tuer ?

– Euh... Environ vingt-quatre heures ?

Bastet a eu un sourire ironique.

– Ça alors ! On dirait qu'ils sont devenus plus sociables. Autrefois, il ne leur fallait que quelques secondes pour réduire les demi-dieux en cendres.

– On n'est pas des... Attends, tu nous as appelés comment ?

– Des demi-dieux, a achevé Sadie dans une sorte de transe. C'est pourquoi Zia avait tellement peur de nous, et pourquoi Desjardins voulait nous tuer.

Bastet a pressé le genou de Sadie.

– Tu as toujours eu l'esprit vif, mon chaton.

– Tu veux dire qu'il y a des dieux en nous ? ai-je repris. Impossible ! Il me semble que je le saurais si...

J'ai alors repensé à la voix qui avait retenti dans ma tête à plusieurs reprises, à ma soudaine habileté à l'épée, à l'avatar que j'avais invoqué... Tout ça, ce n'était pas dans les livres que je l'avais appris.

– Rappelle-toi, m'a dit ma sœur. Quand la Pierre de Rosette a explosé, elle a libéré cinq dieux. Selon Amos, papa a fusionné avec Osiris. Seth a réussi à fuir. Mais toi et moi...

– Nos amulettes nous ont protégés, ai-je affirmé, serrant fermement mon Œil d'Horus. Papa a dit qu'elles le feraient.

– Pour ça, il aurait fallu qu'on reste à l'extérieur de la salle, comme il nous l'avait ordonné. Mais on lui a désobéi, parce qu'on voulait l'aider. On peut dire qu'on a cherché ce qui nous est arrivé.

Bastet a acquiescé.

– Une invitation... C'est ce qui fait toute la différence.

– Et depuis...

Sadie s'est interrompue et m'a regardé comme si elle me mettait au défi de me moquer d'elle.

– ... depuis, j'ai l'impression qu'il y a quelqu'un dans ma tête.

Sans cet aveu, j'aurais peut-être continué à nier l'évidence. Mais Amos l'avait dit : il y avait une longue histoire entre les dieux et notre famille. « Les dieux choisissent leurs hôtes avec soin, avait précisé Zia, parlant de notre ascendance. Ils les préfèrent de sang royal. »

– Moi aussi, j'ai entendu une voix, ai-je fini par admettre. Donc, soit on devient tous les deux fous...

Sadie a cueilli son amulette dans l'encolure de sa tunique et l'a tournée vers Bastet.

– C'est le symbole d'une déesse, non ?

Le bijou m'évoquait un ankh, ou une cravate fantaisie.

– C'est un *tyet*, a répondu Bastet. Un nœud magique. On l'appelle souvent...

– Le nœud d'Isis, a complété Sadie.

J'ignore comment elle savait ça, mais elle avait parlé avec assurance.

– Dans la salle des temps, j'ai vu Isis, puis je me suis retrouvée en elle pendant qu'elle cherchait à fuir Seth. C'est bien ça, pas vrai ? Je suis elle...

Elle tirait sur sa chemise comme si elle voulait arracher la déesse de sa poitrine. Moi, je la regardais, pensant qu'avec ses mèches rouges, son pyjama en lin blanc et ses bottes militaires, aucune déesse ne voudrait jamais s'incarner en elle, à part peut-être la déesse du chewing-gum.

Oui, mais voilà... Moi aussi, j'avais entendu une voix dans ma tête, une voix autre que la mienne. J'ai baissé les yeux vers ma propre amulette, l'Œil d'Horus. L'avatar que j'avais fait apparaître à Louxor avait une tête de faucon, comme Horus.

Surmontant ma peur, j'ai pensé : *Horus* ?

Enfin ! a fait la voix. *Bonjour, Carter.*

– Non, non, non, ai-je gémi, paniqué. Quelqu'un aurait un ouvre-boîte ? Il y a un dieu coincé dans ma tête !

Les yeux de Bastet se sont illuminés.

– Tu communiques directement avec Horus ? Excellent ! Tu progresses vite.

– Fais-le vite sortir, l'ai-je suppliée, me tenant la tête à deux mains.

Calme-toi, a ordonné Horus.

– Ne me dis pas ce que je dois faire !

– Je n'ai rien dit ! a protesté Bastet.

J'ai désigné mon front.

– C'est à lui que je parlais !

– C'est horrible, a pleurniché Sadie. Comment me débarrasser d'elle ?

Bastet a pris un air pincé.

– Pour commencer, Sadie, tu ne la contiens pas tout entière. Nous autres, les dieux, avons le pouvoir d'exister simultanément en plusieurs lieux. Mais en effet, une partie de l'esprit d'Isis réside à présent en toi, de même que Carter abrite l'esprit d'Horus. Vous devriez considérer cela comme un honneur.

J'ai réagi au quart de tour :

– C'est sûr ! J'ai toujours rêvé d'être possédé.

Bastet a levé les yeux au ciel.

– N'exagère pas, Carter. Il ne s'agit pas de possession. En plus, Horus et toi désirez la même chose : vaincre Seth, comme Horus l'a fait il y a plusieurs millénaires pour venger la mort d'Osiris. Si tu échoues, ton père mourra, et Seth deviendra le roi du monde.

Je me suis tourné vers Sadie, mais elle ne m'a été d'aucun secours.

– Isis est entrée en moi à travers ça, pas vrai ? a-t-elle dit, arrachant son amulette. Eh bien...

– Si j'étais toi, je ne ferais pas ça !

Dédaignant les avertissements de Bastet, Sadie a abattu sa baguette en ivoire sur l'amulette afin de la briser. Des étincelles bleues ont fusé. Étouffant un cri, Sadie a lâché la baguette qui fumait à présent. Sa main présentait des marques de brûlures. L'amulette, elle, était intacte.

Bastet a posé une main sur celle de ma sœur, effaçant ses brûlures.

– Tu ne m'as pas écoutée, a-t-elle soupiré. L'amulette a bien servi de catalyseur à Isis, mais elle ne se trouve pas à l'intérieur. Elle est en toi. En plus, les amulettes magiques sont presque indestructibles.

– On est censés faire quoi, alors ? a demandé Sadie.

– Pour commencer, Carter doit utiliser le pouvoir d'Horus pour vaincre Seth.

J'ai ricané.

– Rien que ça ? Et j'imagine que je dois me débrouiller seul...

– Pas du tout. Sadie a le droit de t'aider.

– Super !

– Je ferai de mon mieux pour vous guider, a promis Bastet. Mais c'est vous qui livrerez le combat final. Seuls Horus et Isis peuvent venger la mort d'Osiris. Il en a toujours été ainsi, et ça ne changera jamais.

– Et ensuite, on retrouvera notre père ?

Le sourire de Bastet s'est effacé.

– Si tout se passe bien, oui.

Elle nous cachait quelque chose. Quelle surprise ! Mais j'avais les idées trop embrouillées pour chercher où était l'arnaque.

J'ai regardé mes mains. Elles ne paraissaient pas différentes.

– Si j'ai les pouvoirs d'un dieu, ai-je repris, comment se fait-il que je sois aussi...

– Pitoyable ? a suggéré ma sœur.

– La ferme, Sadie. Pourquoi est-ce que je ne les utilise pas mieux ?

– Tu as besoin d'entraînement. À moins que tu ne souhaites céder le contrôle de ton corps à Horus ? Dans ce cas, tu n'aurais plus à te poser de questions.

Elle a raison, a fait la voix dans ma tête. *Laisse-moi combattre Seth. Tu peux me faire confiance.*

Ben voyons ! Qui me dit que tu ne vas pas me laisser tuer et chercher un nouvel hôte ? Et d'abord, qui me dit que tu n'influences pas mes pensées en ce moment même ?

Jamais je ne ferais une chose pareille, Carter. Je t'ai choisi à cause de ton potentiel, et parce que nous poursuivons le même objectif. Si tu me laisses te contrôler, je jure sur l'honneur de...

– Non, ai-je dit à voix haute.

Sadie et Bastet m'ont lancé un regard interloqué.

– Je refuse de me laisser contrôler, leur ai-je expliqué. C'est notre combat. Notre père est prisonnier d'un coffre, notre oncle a été capturé...

– Capturé ? s'est exclamée Sadie.

J'ai alors réalisé que je n'avais pas eu le temps de lui raconter mon nouveau voyage hors de mon corps. Je me suis dépêché de réparer cet oubli.

– C'est affreux, a-t-elle murmuré, atterrée.

– Oui. Et Seth parlait français : « *Bonsoir.* » On a cru que son esprit avait fui le British Museum. Mais si ça se trouve, il a profité de la confusion pour s'introduire dans un hôte puissant...

– Desjardins, a achevé Sadie à ma place.

Bastet a émis un grondement sourd.

– Desjardins a toujours été dévoré par l'ambition et le ressentiment. À cet égard, il représente l'hôte idéal pour Seth. Si celui-ci s'est bien emparé de lui, il contrôle à présent le chef lecteur de la Maison de vie... Par le trône de Rê, Carter, j'espère que tu te trompes. Il est urgent que vous appreniez à utiliser le pouvoir des dieux. Quel que soit le plan de Seth, il le mettra à exécution le jour de son anniversaire, quand il atteindra le summum de sa puissance. Autrement dit, il nous reste trois jours pour nous préparer.

– Mais j'ai déjà utilisé les pouvoirs d'Isis, pas vrai ? a objecté Sadie. J'ai donné vie à des hiéroglyphes, j'ai activé l'obélisque de Louxor... C'était elle ou moi ?

– Les deux, mon chaton. Carter et toi avez de grandes aptitudes, mais les dieux ont accéléré votre développement et vous ont dotés d'une réserve de pouvoirs supplémentaires. En quelques jours, vous avez accompli davantage que vous ne l'auriez fait normalement en plusieurs années de formation. Mieux vous maîtriserez le pouvoir des dieux, plus vous serez puissants.

– Et plus nous serons en danger, ai-je complété. Les magiciens nous ont dit que les hôtes des dieux couraient le risque de s'épuiser ou de devenir fous.

Les yeux de Bastet se sont posés sur moi – les yeux d'un prédateur, aussi archaïque que redoutable.

– Tout le monde n'est pas de taille à accueillir un dieu, Carter. Mais vous êtes tous deux issus de deux lignées très anciennes, et le sang des pharaons coule dans vos veines. Et si vous croyez pouvoir survivre sans l'aide des dieux, détrompez-vous. Ne répétez pas l'erreur de votre mè...

Elle s'est interrompue.

– Quoi ? a insisté Sadie. Qu'est-ce que tu allais dire ?

– Rien du tout.

– Parle !

J'ai craint de voir Bastet dégainer ses couteaux. Mais elle s'est adossée au mur et a parlé, le regard noyé dans la pluie.

– Quand vos parents m'ont libérée de l'aiguille de Cléopâtre, ils ne s'attendaient pas à un tel dégagement d'énergie. Celui-ci aurait tué votre père si votre mère n'avait pas créé un bouclier. À cet instant, je lui ai offert mon aide. Je lui ai proposé de fusionner avec elle pour les protéger, mais elle a refusé. Elle a préféré puiser dans ses seules réserves...

– Sa magie, a murmuré Sadie.

Bastet a acquiescé d'un air grave.

– Quand un magicien met toute son énergie dans un sort, il n'y a pas de retour en arrière possible. Votre mère a usé ses dernières forces à protéger votre père. Elle s'est sacrifiée pour lui. Elle s'est littéralement...

– Consumée, ai-je achevé. Zia nous a mis en garde contre ce danger.

Il pleuvait toujours à verse. Je me suis aperçu que je grelottais.

Sadie a essuyé une larme, puis elle a ramassé son amulette et l'a regardée d'un air de reproche.

– On doit sauver papa. S'il a vraiment fusionné avec Osiris...

Elle n'a pas poursuivi, mais je savais à quoi elle pensait. Je me suis revu petit garçon, sur la terrasse de notre maison de Los Angeles. Un bras autour de mes épaules, maman me montrait les étoiles du doigt : l'étoile Polaire, la ceinture d'Orion, Sirius... Puis elle me souriait, et j'avais la sensation d'être plus important que n'importe quelle constellation. Maman s'était sacrifiée pour papa. Elle s'était consumée dans le feu de sa propre magie. Je ne me sentais pas capable d'un tel courage. Pourtant, j'allais devoir tenter de sauver notre père. Sinon, le sacrifice de notre mère aurait été inutile. Et si on parvenait à ramener papa, peut-être parviendrait-il à la ramener, elle...

Tu crois que c'est possible ? ai-je demandé à Horus.

Il n'a pas répondu.

J'ai repris à voix haute :

– On fait comment pour arrêter Seth ?

Bastet a réfléchi un instant, puis elle a souri. Je n'avais pas la moindre idée de ce qu'elle allait proposer, mais je me doutais que ça n'allait pas me plaire.

– Il existe peut-être un moyen d'y parvenir tout en préservant votre volonté, a-t-elle dit. Thot nous a laissé quelques recueils de sorts. Celui auquel je pense explique en détail comment vaincre Seth. Il appartient à un magicien qui veille jalousement dessus. Tout ce que nous avons à faire, c'est nous introduire dans sa forteresse, voler le livre et fuir avant l'aube, tant qu'il sera encore possible d'ouvrir un portail vers les États-Unis.

– Parfait, a approuvé Sadie.

– Une seconde, ai-je dit. C'est qui, ce magicien ? Et sa forteresse, elle est où ?

Bastet m'a regardé comme si j'étais débile.

– Eh bien, il me semble que nous en avons déjà parlé. C'est Desjardins. Et sa maison se trouve ici même, à Paris.

Dès que j'ai vu la maison de Desjardins – un immense hôtel particulier situé au-delà du jardin des Tuileries – je l'ai détesté encore un peu plus.

Sadie a déchiffré le nom de la rue :

– « Rue des Pyramides ». Évidemment...

– Sans doute n'a-t-il pas trouvé à se loger dans la rue du Magicien Crétin et Maléfique, ai-je suggéré.

La maison était protégée par des grilles aux pointes dorées. Même en hiver, son jardin regorgeait de fleurs. Sa façade de marbre blanc, haute de quatre étages et percée de volets sombres, était surmontée d'un toit-terrasse. J'avais déjà vu des palais royaux moins vastes.

J'ai désigné la porte principale, peinte en rouge vif.

– Le rouge n'est pas considéré comme néfaste en Égypte ? C'est la couleur de Seth, non ?

Bastet s'est gratté le menton.

– Maintenant que tu le dis... Le rouge est bien associé au chaos et à la destruction.

– Ce n'est pas le noir, la couleur du mal ? a demandé Sadie.

– Eh non, chaton. Votre époque a encore une fois tout faux. Le noir est la couleur de la terre fertile, comme le limon du Nil. Il est donc bénéfique. Le sable du désert, lui, est rouge. Rien ne pousse dans le désert. Par conséquent, le rouge est néfaste. C'est bizarre que Desjardins ait choisi cette couleur pour sa porte...

– On ne va pas rester plantés là, a repris Sadie d'un ton impatient. On entre ?

– La maison est probablement truffée de pièges et d'alarmes, a objecté Bastet. Sans compter les charmes pour éloigner les dieux...

– Ça existe ? ai-je dit, imaginant un bidon d'insecticide étiqueté « Antidieux ».

– Hélas oui, a soupiré Bastet. Je ne pourrai pas franchir le seuil à moins d'y avoir été invitée. Vous, en revanche...

– Je croyais qu'on était aussi des dieux, a remarqué Sadie.

– Les hôtes sont des humains presque normaux. Tandis que moi qui ai pris entièrement possession de Muffin, je suis une déesse. Mais vous, vous restez plus ou moins vous-mêmes. C'est clair ?

– Non, ai-je répondu.

– Je vous conseille de vous transformer en oiseaux, a poursuivi Bastet. Vous n'aurez qu'à vous poser sur le toit-terrasse et de là, vous introduire dans la maison. En plus, j'aime bien les oiseaux.

– Le problème, c'est qu'on ne sait pas se transformer en oiseaux.

– Rien de plus facile pour Isis et Horus. Ce sera un bon exercice. Il vous suffit d'imaginer que vous êtes des oiseaux.

– Tu n'essaieras pas de nous attraper ? a demandé Sadie, méfiante.

Bastet a eu l'air froissée.

– Promis, juré. Si je mens, je vais en enfer !

J'aurais préféré qu'elle ne mentionne pas l'enfer.

– C'est bon, ai-je dit. Je me lance.

Horus ?

Qu'est-ce que tu veux ? a fait la voix avec une pointe d'irritation.

Passer en mode oiseau, je te prie.

Tu n'as pas confiance en moi, mais tu es bien content de me trouver quand tu as besoin d'un coup de main, hein ?

Ça va... Contente-toi de me changer en faucon.

Pourquoi pas une autruche, plutôt ?

Jugeant inutile de discuter, j'ai fermé les yeux et imaginé que j'étais un faucon. Tout mon corps me brûlait, et j'avais du mal à respirer. J'ai rouvert les yeux et poussé un piaillement.

J'étais tout petit – ma tête se trouvait au niveau des mollets de Bastet –, couvert de plumes, avec des serres à la place des doigts. Un peu comme mon bâ, sauf que j'étais fait de chair et de sang. Mes vêtements et ma sacoche semblaient s'être fondus dans mon plumage. J'avais maintenant un champ de vision à 180° et je distinguais dans les moindres détails chaque feuille sur chaque arbre. J'ai remarqué un cafard qui courait vers une bouche d'égout à une centaine de mètres. J'apercevais chaque pore du visage souriant de Bastet, penché au-dessus de moi.

– Mieux vaut tard que jamais, a dit la déesse. Il t'a fallu presque dix minutes.

Hein ? Pourtant, la transformation m'avait paru immédiate ! Soudain j'ai vu à mes côtés un bel oiseau de proie au plumage gris. Un peu plus petit que moi, il avait les yeux dorés et l'extrémité des ailes noire. Je n'aurais su dire comment, mais je savais que c'était un milan – aucun rapport avec la ville italienne.

Le milan a fait entendre des petits cris aigus : « Hi ! hi ! hi ! » Sadie se payait ma tête !

J'ai ouvert le bec, mais aucun son n'en est sorti.

– Miam ! a fait Bastet, se léchant les babines. Vous êtes appétis... ravissants. Maintenant, filez !

J'ai déployé mes ailes majestueuses. J'avais réussi ! J'étais un noble faucon, seigneur du vaste ciel. J'ai pris mon essor... et me suis écrasé sur la grille.

– Hi... hi... hi, a ricané Sadie dans mon dos.

Bastet s'est accroupie et a fait des bruits bizarres avec sa bouche. Elle cherchait à imiter un oiseau. J'avais vu des chats en faire autant quand ils chassaient. Soudain, ma propre notice nécrologique s'est imprimée dans mon esprit : « Carter Kane, 14 ans. Mort accidentellement à Paris, dévoré par Muffin, la chatte de sa sœur. »

J'ai repoussé le sol du talon, battant énergiquement des ailes, et me suis élevé à travers la pluie. Puis j'ai décrit une spirale ascendante, Sadie volant dans mon sillage.

Il faut l'avouer, la sensation était grisante. Depuis que je suis tout petit, je rêve souvent que je vole et je suis toujours horriblement déçu quand je me réveille. Cette fois, ce n'était pas un rêve ni même un voyage astral. C'était cent pour cent réel. Porté par un courant d'air froid, je survolais à présent les toits de Paris. J'apercevais la Seine, le musée du Louvre, les jardins, les palais... et une souris. Miam !

Concentre-toi, mon vieux, ai-je pensé. *Tu n'es pas là pour t'empiffrer.*

Repliant mes ailes, j'ai piqué sur la maison de Desjardins.

Le toit-terrasse se rapprochait à toute allure. Une double porte vitrée barrait l'accès au dernier étage du bâtiment.

C'est une illusion, a affirmé la voix d'Horus. *Ne t'arrête pas. Tu dois percer leurs barrières magiques.*

C'était de la pure folie. À cette vitesse, j'allais m'aplatir contre la vitre, telle une crêpe emplumée. Pourtant je n'ai pas ralenti.

J'ai traversé la double porte comme si elle n'existait pas et me suis posé sur une table. Sadie était entrée juste derrière moi.

On se trouvait au centre d'une bibliothèque. Parfait !

J'ai fermé les yeux. Quand je les ai rouverts, j'étais de nouveau moi, Carter, assis sur la table dans les vêtements que je portais ce jour-là, la sacoche de mon père accrochée à l'épaule.

Sadie était toujours un milan.

– Tu peux te retransformer, lui ai-je dit.

Elle a penché la tête de côté et a laissé échapper un croassement furieux.

J'ai souri.

– Tu n'y arrives pas ? Tu es coincée ?

Elle m'a piqué la main de son bec acéré.

– Aïe ! Je te signale que je n'y suis pour rien. Essaie encore.

Les yeux fermés, elle a ébouriffé ses plumes. On aurait dit qu'elle allait exploser. Mais elle est restée un milan.

– T'inquiète, lui ai-je dit, m'efforçant de garder mon sérieux. Bastet arrangera ça une fois qu'on sera sortis d'ici.

– Hi... hi... hi...

– Tu n'as qu'à faire le guet pendant que je visite.

La pièce paraissait immense pour une bibliothèque privée, même appartenant à un magicien. Du sol au plafond, les murs étaient couverts de rayonnages en acajou qui débordaient de livres. Ceux-ci s'entassaient aussi sur le sol, sur des tables et sur des étagères basses. Près de la fenêtre, il y avait un fauteuil profond dans lequel j'aurais bien imaginé Sherlock Holmes, une pipe à la bouche.

Le parquet craquait à chacun de mes pas, me faisant sursauter. On n'entendait aucun bruit dans la maison, mais je préférais ne pas prendre de risque.

À part la double porte vitrée, la seule autre issue était une porte en bois massif qui fermait de l'intérieur. J'ai poussé le verrou et calé une chaise sous la poignée. Il en faudrait davantage pour arrêter un magicien, mais ce dispositif me permettrait de gagner quelques secondes dans le cas où les choses tourneraient mal.

J'ai fouillé parmi les rayonnages durant une éternité. Les livres n'étaient pas classés par ordre alphabétique ni numérotés. La plupart des titres étaient écrits dans des langues que je ne connaissais pas. Aucun n'était en hiéroglyphes. J'espérais tomber sur de grandes lettres dorées épelant *Le Livre de Thot*, mais ç'aurait été trop simple.

– À quoi peut bien ressembler un *Livre de Thot* ? ai-je dit tout haut.

Sadie a tourné la tête dans ma direction et m'a fixé d'un œil sévère. Elle semblait me dire de me dépêcher.

Si seulement Desjardins avait eu la bonne idée de placer des ouchebtis dans sa bibliothèque, comme Amos... Mais je n'en voyais nulle part. À moins que...

J'ai pris la boîte magique de papa dans sa sacoche et l'ai ouverte sur la table. La figurine en cire était toujours là. La serrant dans ma main, j'ai dit :

– Tibiscuit, aide-moi à trouver *Le Livre de Thot* dans cette bibliothèque.

Il a immédiatement ouvert les yeux.

– Et pourquoi je ferais ça ? a-t-il demandé.

– Parce que tu n'as pas le choix.

– Je déteste cet argument ! C'est bon, lève-moi un peu. Je ne vois pas les rayonnages.

J'ai fait le tour de la pièce avec lui, lui montrant les livres. Je me sentais un peu bête de promener ainsi une figurine en cire, mais sans doute moins que Sadie, qui trépignait sur la table et donnait des coups de bec rageurs dans le vide, s'efforçant en vain de reprendre forme humaine.

– Stop ! s'est écrié Tibiscuit. J'en vois un très ancien... Là !

J'ai retiré de l'étagère un volume relié en toile de lin, tellement mince que je l'aurais certainement manqué. La couverture était rédigée en hiéroglyphes. Je l'ai porté jusqu'à la table et l'ai ouvert avec précaution. Plus proche d'une carte que d'un livre, il comportait quatre parties qui, une fois dépliées, composaient un long papyrus couvert de caractères tellement anciens qu'on les distinguait à peine.

– Dommage que tu sois toujours un oiseau, ai-je lancé à Sadie. Sinon, tu aurais pu traduire.

Elle a tenté de me piquer du bec, mais j'ai éloigné ma main à temps.

– Dis-moi, Tibiscuit, c'est quoi, ce document ?

– Un sort dont l'origine se perd dans la nuit des temps. Des mots d'une puissance redoutable !

– Il explique comment vaincre Seth ?

– Mieux que ça ! Le titre peut se traduire par *L'Art d'invoquer les chauves-souris.*

– C'est une blague ?

– Tu crois que je plaisanterais avec une chose pareille ?

– Mais qui voudrait invoquer des chauves-souris ?

– Hi... Hi... Hi... a ricané Sadie.

Repoussant le papyrus, j'ai repris mes recherches.

Au bout de dix minutes, Tibiscuit a poussé un petit cri ravi.

– Hé ! Je connais ce tableau !

Il parlait d'un petit portrait à l'huile dans un cadre doré, accroché à l'extrémité d'un des rayonnages. Il paraissait important, car il était bordé de rideaux de soie. Le visage nimbé d'une lumière spectrale, le sujet du tableau semblait sur le point de raconter une histoire de fantôme.

– C'est pas le type qui joue Wolverine dans *X-Men* ? ai-je demandé. Vise-moi ces rouflaquettes...

– Espèce d'ignare ! C'est Jean-François Champollion.

– Quoi, celui qui a déchiffré la Pierre de Rosette ?

– Oui. Et le grand-oncle de Desjardins.

À y bien regarder, il existait une ressemblance certaine entre les deux hommes. Ils avaient les mêmes yeux sombres au regard perçant.

– Son grand-oncle ? Mais alors, Desjardins aurait...

– Dans les deux cents ans, a confirmé Tibiscuit. C'est encore un gamin. Tu savais qu'après avoir déchiffré des hiéroglyphes pour la première fois, Champollion était resté cinq jours dans le coma ? Il a été le premier non-initié à libérer leur pouvoir, et ça a failli le tuer. Naturellement, ça a attiré l'attention du Premier Nome sur lui. Champollion est mort avant d'avoir pu rejoindre la Maison de vie, mais le chef lecteur a initié ses descendants. Desjardins est très fier de son ancêtre... En même temps, le fait d'appartenir à une famille entrée récemment en magie le rend un peu susceptible.

– J'imagine que c'est pour ça qu'il n'aime pas la nôtre... À cause de son ancienneté.

Tibiscuit a gloussé.

– En plus, ton père a détruit la Pierre de Rosette ! Il a dû le prendre comme un affront personnel. Desjardins et maître Julius ont eu de nombreuses disputes dans cette même pièce.

– Tu es déjà venu ici ?

– Souvent. J'ai été partout. J'ai tout vu.

Je n'avais aucun mal à me représenter Desjardins et papa en pleine dispute. Le nouveau chef lecteur détestait notre famille, et les dieux recherchaient des hôtes qui partagent leurs desseins. Il n'y aurait donc rien eu d'étonnant à ce que Seth tente de s'unir à lui. Tous deux désiraient le pouvoir, tous deux étaient pleins de ressentiment, tous deux rêvaient de nous réduire en bouillie, Sadie et moi. Si Seth contrôlait à présent Desjardins... J'ai senti un filet de sueur couler le long de ma joue. Il était temps de fuir cet endroit.

Soudain on a entendu un grand bang dans les étages inférieurs. Quelqu'un venait de claquer une porte.

– Montre-moi où se trouve *Le Livre de Thot*, ai-je ordonné à Tibiscuit. Vite !

Pendant qu'on se déplaçait parmi les rayonnages, Tibiscuit est devenu tout chaud dans mes mains. J'ai eu peur qu'il ne fonde, mais il a continué à faire des commentaires sur les livres.

– Ah ! *La Maîtrise des cinq éléments* !

– C'est le bouquin qu'on cherche ?

– Non, mais il est excellent. Il enseigne comment dompter les cinq éléments qui composent l'univers : la terre, l'air, l'eau, le feu et le fromage.

– Le fromage ? !

– Je crois que c'est ça, a affirmé Tibiscuit, se grattant la tête. Mais allons plutôt par là...

On s'est dirigés vers l'étagère suivante.

– Non. Non. Sans intérêt. Rasoir. Tiens, *Percy Jackson* ! Non. Non...

J'étais sur le point de perdre espoir quand il s'est exclamé :

– Là !

Je me suis immobilisé.

– Où ça ?

– Le livre bleu avec les bordures dorées. Celui qui est...

J'ai tiré le livre à moi, et la pièce a tremblé.

– ... piégé.

Sadie a poussé un cri d'alerte. En me retournant, je l'ai vue s'arracher de la table. Un truc noir fondait sur elle depuis le plafond. Elle l'a saisi au vol et avalé tout rond.

Je grimaçais de dégoût quand des alarmes ont retenti dans toute la maison. D'autres créatures sombres se sont détachées du plafond. Elles semblaient se multiplier au contact de l'air, formant bientôt un tourbillon compact d'ailes et de fourrure.

– Tu demandais qui voudrait invoquer des chauves-souris ? a repris Tibiscuit. Eh bien, tu as la réponse : Desjardins. Touche le livre qu'il ne faut pas, et une nuée de chauves-souris te tombe dessus. C'est ça, le piège.

Ces saletés se jetaient sur moi comme si j'étais une mangue bien mûre, me griffant le visage et les bras. Serrant le livre contre moi, j'ai couru vers la table. J'y voyais à peine à dix centimètres.

J'ai crié :

– Sadie, on se tire !

– Krrraaaaa ! a-t-elle répondu.

J'ai fourré le livre et Tibiscuit dans la sacoche. Quelqu'un a secoué la poignée de la porte et poussé une exclamation en français.

J'ai pensé : *Horus ? On repasse en mode oiseau. Évite l'autruche, s'il te plaît !*

Juste comme j'allais atteindre la double porte vitrée, mes pieds ont quitté le sol. J'étais de nouveau un faucon. Je me suis élancé dans le froid et la pluie. Mon instinct m'indiquait que j'étais suivi par environ quatre mille chauves-souris affamées.

Heureusement, c'est super-rapide, un faucon. J'ai volé vers le nord afin d'éloigner ces sales bêtes de la maison. J'aurais pu les distancer facilement, mais je les ai laissées gagner un peu de terrain pour ne pas les décourager. Une accélération fulgurante, un demi-tour serré, et j'ai foncé telle une torpille vers Sadie et Bastet.

Cette dernière, stupéfaite, m'a regardé faire un roulé-boulé sur le trottoir tout en reprenant forme humaine. Quand Sadie a agrippé mon bras, j'ai réalisé qu'elle s'était également retransformée.

– C'était affreux ! a-t-elle gémi.

J'ai pointé l'index vers le ciel.

– Ordre d'évacuation !

Un épais nuage de chauves-souris furieuses approchait à vive allure.

– Le Louvre ! a déclaré Bastet. C'est le portail le plus proche.

Le musée était à cinq cents mètres... Trop loin.

La porte rouge de la maison de Desjardins s'est brusquement ouverte. Sans attendre de voir ce qui allait en sortir, on a fui à toutes jambes le long de la rue des Pyramides.

SADIE

19. Un pique-nique en plein ciel

(File-moi le micro, Carter. Plus vite que ça !)

J'avais déjà visité le Louvre une fois, mais ce jour-là, je n'avais pas une armée de chauves-souris enragées à mes trousses. J'aurais dû avoir peur, mais j'étais trop furieuse contre Carter pour ça. J'avais vraiment cru que j'allais passer le reste de ma vie à étouffer dans une minuscule prison de plumes, et il avait eu le culot de se moquer de moi !

J'étais bien décidée à le lui faire payer, mais pour le moment, mon premier souci était de rester en vie.

On a couru sous la pluie glacée, moi priant pour ne pas glisser sur les pavés mouillés. J'ai jeté un coup d'œil derrière moi et aperçu deux types au crâne rasé, avec des boucs et des impers noirs, qui nous poursuivaient. Ils auraient eu l'air normaux, sans les bâtons enflammés qu'ils brandissaient. Pas très bon signe, ça.

Les chauves-souris nous collaient aux talons. L'une de ces saletés m'a mordu la jambe ; une autre m'a frôlé les cheveux. Je me suis forcée à ne pas ralentir. Celle que j'avais avalée en tant que milan m'était restée sur l'estomac. Non, ce n'était pas mon idée... Simple réflexe de survie.

– Sadie, tu n'auras que quelques secondes pour ouvrir le portail, m'a avertie Bastet.

On a traversé la rue de Rivoli en courant et débouché sur une vaste place encadrée par les ailes du Louvre. Bastet s'est dirigée droit vers la pyramide de verre qui brillait de mille feux dans le crépuscule.

J'ai objecté :

– C'est pas une vraie pyramide !

– Bien sûr que si ! C'est sa forme qui confère son pouvoir à une pyramide. Elle crée un pont entre la terre et le ciel.

On était à présent environnés de chauves-souris qui nous mordaient les bras et se jetaient sous nos pieds. Leur nombre augmentant sans cesse, il devenait presque impossible d'avancer ou d'y voir à trois pas.

Carter a fait le geste de saisir son épée avant de se rappeler qu'il l'avait perdue à Louxor. Poussant un juron, il s'est mis à fouiller frénétiquement dans sa sacoche.

– Ne ralentis pas ! lui a crié Bastet.

Carter a sorti sa baguette et l'a lancée sur une chauve-souris – un geste parfaitement inutile à mon avis. Mais la baguette est devenue incandescente et a violemment heurté la tête de la chauve-souris qui est tombée comme une pierre. Poursuivant sa course, elle a encore assommé six, sept, huit de ces petits monstres avant de regagner la main de mon frère.

– Pas mal, ai-je concédé. Continue !

On a fini par atteindre la pyramide. Par chance, la place était déserte. La dernière chose que je souhaitais, c'était que la vidéo de ma mort sous les assauts d'une armée de chauves-souris se retrouve sur YouTube.

– Il reste à peine une minute d'ici au coucher du soleil, m'a indiqué Bastet. C'est maintenant ou jamais !

Elle a dégainé ses couteaux et a entrepris de lacérer les chauves-souris qui passaient à sa portée afin de me laisser de l'espace. En même temps, la baguette de Carter fendait les airs, dégommant ces sales bêtes par dizaines. Je me suis tournée vers la pyramide et ai tenté d'imaginer un portail, comme à Louxor, mais j'avais beaucoup de mal à me concentrer.

Où veux-tu aller ? a fait la voix d'Isis.

Je m'en fiche ! En Amérique !

Des larmes coulaient sur mes joues. Ça me fait mal de l'avouer, mais la peur et la fatigue étaient sur le point de me submerger. Ce que je voulais ? Rentrer chez moi, tiens ! Retrouver mes grands-parents, ma chambre, mes copines, mon ancienne vie... Mais c'était impossible. Je devais penser avant tout à notre père, à notre mission... et à Seth.

En Amérique. Vite !

J'ignore si c'est dû à l'émotion qui m'avait envahie, mais la pyramide s'est mise à vibrer. Ses parois de verre sont devenues floues tandis que son sommet resplendissait.

Un vortex est apparu... Le problème, c'est qu'il faisait du surplace dans le ciel, juste au-dessus de la pyramide.

– Grimpez ! a ordonné Bastet.

C'était facile pour elle !

– La pente est trop raide ! a protesté Carter.

Il n'avait pas perdu son temps. Les chauves-souris estourbies s'entassaient sur les pavés, mais il en arrivait toujours des nouvelles, qui mordaient la moindre surface de peau exposée, et les magiciens de Desjardins se rapprochaient.

– Je vais vous donner de l'élan, a proposé Bastet.

Sans laisser à Carter le temps de protester, elle l'a saisi par le col de sa chemise et par le fond de son pantalon et l'a lancé contre la pyramide. Il s'est maladroitement hissé jusqu'au sommet avant de traverser le portail.

– À ton tour, m'a dit Bastet. Viens par ici !

Au même moment, une voix d'homme a crié :

– Halte !

Bêtement, j'ai obtempéré. La voix était si puissante qu'on avait du mal à lui résister.

Le plus grand des deux magiciens s'est adressé à moi sans cesser d'avancer :

– Rendez-vous, mademoiselle Kane, et remettez-nous le bien de notre maître.

– Ne l'écoute pas, m'a suppliée Bastet.

– La déesse-chatte cherche à vous abuser, a repris l'homme. Elle a abandonné son poste et nous a tous mis en danger. Elle vous conduira à votre perte.

À l'entendre, sa sincérité ne faisait aucun doute

Je me suis tournée vers Bastet. Son visage exprimait la consternation et même le chagrin.

– Qu'est-ce qu'il raconte ? ai-je demandé. Tu as fait quelque chose de mal ?

Elle a esquivé la question.

– Il faut partir. Ou bien ils nous tueront.

J'ai jeté un coup d'œil au portail. Carter l'avait déjà franchi. Ça a achevé de me décider : Dieu sait si mon frère m'agaçait, mais il était tout ce qui me restait. (Je sais, il y a de quoi déprimer.) Pas question d'être séparée de lui.

– Lance-moi, ai-je dit.

– Rendez-vous de l'autre côté, a déclaré Bastet en m'empoignant.

Juste comme elle me lançait, j'ai entendu une déflagration, et la vitre la plus proche a tremblé. Puis j'ai plongé dans un tunnel de sable chaud.

Je suis revenue à moi dans une petite pièce au sol tapissé de moquette industrielle, aux murs peints en gris, aux fenêtres métalliques. On aurait dit l'intérieur d'un réfrigérateur high-tech. Je me suis redressée, encore groggy, et me suis aperçue que j'étais entièrement couverte de sable humide et froid.

– Pouah ! On est où ?

Debout près d'une fenêtre, Bastet et Carter étaient occupés à brosser le sable de leurs vêtements.

– Tu devrais venir, m'a dit mon frère. La vue est superbe d'ici.

Je me suis approchée, vacillant sur mes jambes, et ai failli tomber à la renverse.

Une ville immense s'étendait loin au-dessous de nous – très loin, même. On aurait pu se croire encore à Paris, à cause de la quasi-absence de relief et du fleuve qui décrivait une courbe sur notre gauche. Des groupes de bâtiments blancs à l'aspect officiel poussaient le long des voies rapides et à la périphérie des parcs publics, sous un ciel uniformément gris. Il faisait encore jour ici, ce qui signifiait qu'on s'était déplacés vers l'ouest. Alors que mon regard se dirigeait vers l'extrémité d'un long rectangle de verdure, j'ai aperçu une vaste demeure à l'allure étrangement familière.

– Mais... c'est la Maison Blanche ?

Carter a acquiescé.

– Tu nous as bien ramenés en Amérique.

– Pourquoi est-on si haut ? On se croirait en plein ciel !

Bastet a gloussé.

– Tu n'as pas demandé une ville en particulier ?

– Euh... non.

– Alors tu as ouvert le portail par défaut vers les États-Unis... La plus puissante source de magie égyptienne de toute l'Amérique du Nord.

Je la regardais sans comprendre.

– Le plus grand obélisque jamais construit, a-t-elle précisé. Le Washington Monument.

Prise de vertige, je me suis éloignée de la fenêtre. Carter m'a attrapée par l'épaule et aidée à m'asseoir.

– Repose-toi. Tu es restée inconsciente... Combien de temps, Bastet ?

– Deux heures et trente-deux minutes. Désolée, Sadie. Ouvrir plusieurs portails au cours d'une journée est extrêmement fatigant, même avec l'aide d'Isis.

– Pourtant, elle va devoir recommencer, a remarqué Carter. Le soleil n'est pas couché ici. Il est encore temps de rejoindre l'Arizona, là où se trouve Seth.

– Sadie ne peut pas ouvrir un nouveau portail, a objecté Bastet. Elle ne maîtrise pas suffisamment ses pouvoirs, et moi, je ne suis pas douée pour ça. Quant à toi, Carter... Eh bien, sans vouloir t'offenser, tes talents résident ailleurs.

– Y a pas de mal, a répliqué celui-ci, l'air pincé. Surtout, appelle-moi la prochaine fois qu'il faudra massacrer des chauves-souris avec un boomerang.

– En plus, a repris Bastet, un portail a besoin de refroidir après usage. Personne ne pourra emprunter celui du Washington Monument...

– ... avant douze heures, a achevé Carter. Zut, j'avais oublié ce détail !

– Et d'ici là, les jours des démons auront commencé.

– Donc, on va devoir trouver un autre moyen pour se rendre en Arizona.

Je ne pense pas qu'il ait dit ça pour me faire culpabiliser, mais quand même... Je n'avais pas réfléchi, et à cause de moi, on était coincés à Washington.

Je surveillais Bastet du coin de l'œil. Je brûlais de l'interroger sur les accusations que les magiciens parisiens avaient lancées contre elle, mais je n'osais pas. Je voulais croire qu'elle était de notre côté. Si je lui en laissais le temps, peut-être passerait-elle d'elle-même aux aveux.

Je lui ai tendu une perche :

– Au moins, les hommes de Desjardins ne risquent pas de nous suivre...

Bastet a marqué une hésitation avant de répondre.

– Pas à travers le portail, en tout cas. Mais d'autres magiciens vivent en Amérique. Pire encore, il y a les serviteurs de Seth.

Mon estomac a fait un nœud. La Maison de vie était déjà effrayante, mais quand je pensais à ce que les larbins de Seth avaient fait du manoir d'Amos...

– Et *Le Livre de Thot* ? ai-je demandé. Est-ce qu'au moins il va nous fournir une arme contre Seth ?

Carter m'a indiqué un angle de la pièce. Sur l'imperméable de Bastet étaient posés le sac de papa et le livre bleu volé chez Desjardins.

– J'espère que tu arriveras à en tirer quelque chose, m'a-t-il dit. Ni Bastet ni moi n'avons pu le déchiffrer. Même Tibiscuit a séché.

J'ai ramassé le livre – en fait, un rouleau de papyrus plié plusieurs fois. Il semblait si fragile que j'hésitais à le manipuler. Les hiéroglyphes qui illustraient la couverture ne faisaient aucun sens pour moi. Apparemment, mon don pour la traduction simultanée était en sommeil.

J'ai pensé : *Isis ? Tu me files un coup de main ?*

Silence. Peut-être l'avais-je épuisée. Ou alors, elle boudait parce que j'avais refusé de lui laisser le contrôle de mon corps. Je sais, je ne suis qu'une sale égoïste.

J'ai reposé le livre, agacée.

– Tout ça pour rien !

– Mais non, a protesté Bastet. On ne s'en est pas si mal sortis...

– Tu parles ! On est coincés à Washington. On a deux jours pour se rendre en Arizona et neutraliser un dieu qu'on ne sait pas combattre. Et en cas d'échec, on ne reverra jamais notre père ni notre oncle, et ce sera la fin du monde.

– Bien résumé, a acquiescé Bastet d'un ton enjoué. Ça vous dirait de pique-niquer ?

D'un claquement de doigts, elle a fait apparaître une pile de boîtes de Friskies et deux bidons de lait.

– Tu n'aurais rien de comestible pour nous ? a demandé Carter.

– Les goûts et les couleurs, ça ne se discute pas !

Un plat de sandwichs au fromage fondu a surgi du néant, accompagné de chips et d'un pack de six bouteilles de Coca-Cola.

– Miam ! me suis-je exclamée.

Carter a fait la grimace. J'ai supposé qu'il n'était pas fou des sandwichs au fromage fondu, toutefois il en a pris un.

– On ferait bien de ne pas s'attarder, a-t-il dit entre deux bouchées. À cause des touristes, tout ça...

– Le Washington Monument ferme à six heures, a expliqué Bastet. Les visites sont terminées à présent. Autant passer la nuit ici. Si nous devons nous déplacer durant les jours des démons, mieux vaut le faire en plein jour.

On devait tous être épuisés, parce que aucun de nous n'a plus ouvert la bouche jusqu'à la fin du repas. J'ai avalé trois sandwichs et deux Coca. Quand Bastet a eu fini de manger, la pièce sentait le poisson. Elle s'est alors léché les mains, comme si elle s'apprêtait à faire une toilette de chat.

– Tu pourrais arrêter ? ai-je dit. C'est flippant.

– Oh ! pardon.

J'ai fermé les yeux et me suis adossée au mur. J'avais besoin de repos, mais je me suis rapidement aperçue que la pièce était tout sauf reposante. Un vrombissement persistant semblait traverser le bâtiment, se propageant à l'intérieur de ma tête et jusque dans mes dents. J'ai rouvert les yeux, me suis éloignée du mur. La vibration s'est poursuivie.

– D'où vient ce bruit ? ai-je demandé. Du vent ?

– De l'énergie magique, a répondu Bastet. Je te l'ai dit, ce monument est très puissant.

– Pourtant, il est moderne. Comme la pyramide du Louvre. D'où tire-t-il son pouvoir ?

– Les Égyptiens étaient d'excellents bâtisseurs, Sadie. La forme qu'ils donnaient à leurs constructions – obélisques, pyramides – avait une grande importance symbolique. L'obélisque représente un rayon de soleil, l'émanation du premier roi-dieu, Rê, figé dans la pierre. Ancien ou moderne, n'importe quel obélisque peut ouvrir un portail vers la Douât, libérer une entité très puissante...

Je l'ai interrompue :

– ... ou l'emprisonner. Comme toi, quand tu t'es retrouvée coincée à l'intérieur de l'aiguille de Cléopâtre.

Son visage s'est assombri.

– Je ne me trouvais pas exactement à l'intérieur de l'aiguille, mais dans la Douât, au fond d'un abîme. L'obélisque n'était que le portail qui m'a permis de m'en évader. Mais en effet, tous les symboles égyptiens sont de purs concentrés de magie. Par conséquent, un obélisque peut très bien servir à emprisonner une divinité.

Une idée me trottait dans la tête, sans que je parvienne à la saisir – quelque chose à propos de ma mère, de l'aiguille de Cléopâtre et de la promesse que nous avait faite notre père au British Museum : « Je vais tout arranger... »

Puis j'ai repensé aux paroles du serviteur de Desjardins. Bastet avait l'air tellement fâchée que je redoutais de la questionner, mais c'était le seul moyen d'obtenir une explication.

– Le magicien, à Paris... Il t'a accusée d'avoir abandonné ton poste. Qu'est-ce qu'il voulait dire par là ?

Bastet jouait à empiler ses boîtes de pâtée. Visiblement, elle n'avait pas envie de répondre.

– Je n'étais pas seule durant ma captivité, a-t-elle dit enfin. Il y avait une... créature du chaos avec moi.

J'ai compati :

– Ça n'a pas dû être drôle.

L'expression de Bastet m'a confortée dans cette impression.

– Il est fréquent qu'un magicien enferme une divinité avec un monstre. Ainsi, elle n'a pas le temps de former des plans pour s'évader. J'ai combattu la créature durant des millénaires. Quand vos parents m'ont libérée...

– Le monstre s'est échappé ?

Elle a hésité un peu trop longtemps à mon goût avant de poursuivre.

– Non. Mon ennemi se trouvait toujours à l'intérieur quand votre mère a refermé le portail, juste avant de mourir. Mais c'est à ça que faisait allusion le magicien. De son point de vue, mon « poste » consistait à combattre ce monstre pour l'éternité.

Elle semblait sincère – sa voix s'était teintée de tristesse à l'évocation de ce souvenir –, mais ça n'expliquait pas la suite des accusations du magicien : « Elle nous a tous mis en danger. » Je rassemblais mon courage afin de lui demander des précisions sur le monstre qui avait partagé sa prison quand elle s'est levée.

– Je pars en reconnaissance, a-t-elle annoncé. Je n'en ai pas pour longtemps.

L'écho de ses pas a peu à peu décru dans l'escalier.

– Elle nous cache quelque chose, m'a dit Carter.

– T'as découvert ça tout seul ?

Il a détourné le regard, et je me suis sentie minable.

– Pardon. C'est juste que... On fait quoi, maintenant ?

– On va tenter de sauver papa. Quoi d'autre ?

Il a ajouté, faisant tourner sa baguette en ivoire entre ses doigts :

– Tu crois qu'il avait vraiment l'intention de... Tu sais, de ramener maman ?

J'aurais voulu répondre par l'affirmative. Surtout, j'aurais voulu me convaincre que c'était possible, mais j'ai secoué la tête.

– Iskandar m'a parlé de maman, ai-je dit. Elle avait le don de divination. Elle voyait l'avenir. Il m'a avoué qu'elle l'avait amené à reconsidérer certaines certitudes.

J'ai enfin rapporté à mon frère la conversation que j'avais eue avec le vénérable magicien.

– Tu penses que la mort de maman est liée au don qu'elle avait ? Elle a peut-être vu quelque chose...

– Je n'en sais rien.

J'ai tenté de me remémorer l'époque de mes six ans, mais mes souvenirs restaient désespérément flous.

– Tu te rappelles si papa et elle avaient l'air préoccupés pendant notre dernier voyage en Angleterre ? Comme s'ils avaient eu un truc important à faire ?

– Oui.

– Crois-tu que le fait de libérer Bastet soit tellement important ? Comprends-moi, je l'adore, mais... Tu risquerais ta vie pour la faire sortir de prison ?

Carter a hésité avant de répondre :

– Sans doute que non.

– À mon avis, nos parents étaient sur un truc énorme. Si ça se trouve, c'est pour ça que papa est retourné au British Museum – pour achever ce qu'ils avaient commencé. Pour « tout arranger », comme il nous l'a dit. Et le fait qu'on descende d'une lignée de pharaons et d'hôtes divins... Pourquoi papa ne nous en a-t-il jamais parlé ?

Carter a longuement réfléchi avant de répondre :

– Il cherchait peut-être à nous protéger. La Maison de vie n'aimait déjà pas beaucoup notre famille, mais après ce que maman et lui ont fait... Et puis, souviens-toi de ce que nous a dit Amos : si on nous a élevés séparément, c'était pour éviter que chacun ne « déclenche » la magie de l'autre.

– Tu parles d'une raison moisie !

Comme Carter me regardait bizarrement, j'ai réalisé que ma remarque pouvait être interprétée comme une protestation ou un regret.

– Je veux dire, ils auraient dû être honnêtes avec nous. Ne va pas t'imaginer des trucs : je me passais très bien de toi.

– Pareil pour moi.

On est restés un moment silencieux, à écouter le ronron magique de l'obélisque. Depuis combien de temps n'avait-on pas discuté tranquillement tous les deux ?

– Est-ce que ton... « ami » s'est manifesté dernièrement ? ai-je demandé en pointant l'index vers ma propre tempe.

– Non. Et la tienne ?

J'ai secoué la tête.

– Dis, Carter... Tu as peur ?

– Un peu. Non, a-t-il rectifié, enfonçant sa baguette dans la moquette. Je suis mort de trouille.

J'ai jeté un coup d'œil au livre qu'on avait volé, plein de merveilleux secrets que j'étais incapable de déchiffrer.

– Que se passera-t-il si on échoue ?

– J'en sais rien, a avoué Carter. On aurait mieux fait de prendre l'autre livre – celui qui explique comment maîtriser l'élément fromage.

– Ou celui pour invoquer les chauves-souris ?

– Par pitié, ne prononce plus jamais ce mot.

On a échangé un sourire las. Ça m'a fait du bien, mais pas longtemps. On était toujours dans les ennuis jusqu'au cou, sans plan défini.

– Tu devrais essayer de dormir, a suggéré Carter. Tu as dépensé beaucoup d'énergie aujourd'hui. Je veillerai jusqu'au retour de Bastet.

Il donnait vraiment l'impression de se faire du souci pour moi. Trop chou !

Je ne voulais pas dormir. Je n'avais pas envie de manquer la suite, mais d'un autre côté, mes paupières semblaient peser une tonne.

– D'accord, ai-je dit. Si des puces m'attaquent, chasse-les.

Je me suis allongée, résignée à faire un somme, mais mon esprit – mon bâ – avait d'autres projets.

SADIE

20. *Chez la déesse étoilée*

Carter m'avait raconté comment son bâ avait quitté son corps durant son sommeil, mais avant d'en faire moi-même l'expérience, je n'imaginais pas à quel point c'était déstabilisant – pire encore que ma vision dans la salle des temps.

Je flottais au-dessus de mon corps endormi, sous la forme d'un oiseau à tête humaine. J'ai la migraine rien que de tenter de décrire ce que je ressentais.

La première pensée qui m'est venue a été : *Bon sang, ce que je peux être moche !* Déjà, j'avais du mal avec mon reflet dans le miroir ou avec les photos que mes copines postaient sur Facebook, mais j'étais encore pire en vrai. Mes cheveux étaient dans un état épouvantable, mon pyjama en lin m'habillait comme un sac, et j'avais un énorme bouton sur le menton.

Puis j'ai examiné mon bâ et je me suis dit : *C'est juste pas possible.* Je me fichais pas mal d'être invisible aux regards des mortels. Si j'avais finalement réussi à m'extraire du corps du milan, ce n'était pas pour m'exhiber sous la forme d'un poulet lumineux à tête de Sadie. Peut-être que Carter aime ça, mais moi j'ai ma dignité.

La Douât m'attirait comme un aimant, cherchant à m'entraîner là où vont les âmes vagabondes, mais je n'étais pas prête. Je me suis concentrée, m'imaginant sous mon aspect habituel (un peu amélioré, je l'avoue), et ça a marché : mon bâ a revêtu une forme humaine, certes translucide et étincelante, mais davantage conforme à l'idée que je me faisais d'un esprit.

Ceci étant réglé, je me suis laissée porter par le courant, et l'obscurité m'a engloutie.

Soudain, un garçon a surgi du néant.

– Encore toi ! s'est-il exclamé.

J'ai bredouillé :

– Beuh-euh...

Tu commences à me connaître : ça ne me ressemble pas. Mais il s'agissait du beau gosse que j'avais vu dans ma précédente vision, avec la robe noire et les cheveux en pétard. Ses yeux sombres avaient le pouvoir de me rendre stupide. Je me suis réjouie de ne pas m'être présentée devant lui sous la forme d'une volaille.

J'ai fini par articuler :

– Qu'est-ce que tu... ?

– ... fais ici ? a-t-il galamment achevé. Le voyage astral et la mort se ressemblent beaucoup.

– Ça veut dire que j'ai du souci à me faire ?

Il a incliné la tête avant de répondre, comme s'il réfléchissait.

– Pas cette fois. Elle souhaite juste te parler. Va !

Il a agité la main, et une porte s'est ouverte dans la nuit. Je me suis aussitôt sentie attirée vers elle.

– Est-ce que je te reverrai ? ai-je demandé, mais il avait disparu.

Je me suis retrouvée dans un appartement de grand standing situé en plein ciel. Il n'avait ni murs ni plafond, et on apercevait les lumières d'une ville à travers son plancher transparent, comme depuis un avion. Les nuages défilaient sous mes pieds. À une telle hauteur, l'air aurait dû être irrespirable et le froid insupportable, mais non.

Un canapé d'angle en cuir noir, une table basse en verre, un tapis bordeaux, une cheminée en ardoise dans laquelle brûlait un feu, des étagères et des tableaux accrochés dans le vide à l'emplacement des murs, et dans un coin, un bar en granit noir. À demi cachée derrière lui, une femme préparait du thé.

– Sois la bienvenue, mon enfant, a-t-elle dit.

J'ai étouffé un cri quand elle s'est avancée dans la lumière. Elle était vêtue d'une longue jupe égyptienne, d'un haut de maillot de bain... et sa peau d'un bleu profond était semée d'étoiles. Pas des étoiles peintes, mais des constellations scintillantes, des galaxies à l'éclat presque aveuglant, des nébuleuses formées de poussières roses et bleues. Son corps reflétait le cosmos dans son entier. Des étoiles se mouvaient sur son visage, brouillant ses traits. Sa chevelure était aussi sombre que la nuit.

J'ai balbutié :

– Vous êtes Knut... Pardon, Nout. La déesse du ciel.

Elle a souri, dévoilant des dents d'un blanc si éclatant qu'on aurait dit une nouvelle galaxie surgissant du néant.

– Inutile de t'excuser. Crois-moi, tu n'es pas la première à faire des plaisanteries sur mon nom.

Elle a rempli une deuxième tasse.

– Asseyons-nous et bavardons. Un peu de *sahlab* ?

– Ce n'est pas du thé ?

– Non, c'est une boisson égyptienne. Une sorte de chocolat chaud, avec de la vanille au lieu de chocolat.

J'aurais préféré du thé – ça faisait des siècles que je n'en avais pas bu –, mais on ne décline pas la proposition d'une déesse.

– Hum, volontiers... Merci.

On a pris place côte à côte sur le canapé. À ma grande surprise, mes mains de pur esprit n'avaient aucun mal à tenir une tasse, et j'ai pu boire avec la même facilité. Le *sahlab* était doux et sucré, avec une pointe de cannelle et de noix de coco. Il réchauffait agréablement et diffusait un délicieux parfum de vanille dans la pièce. Pour la première fois depuis des jours, je me suis sentie en sécurité. Puis je me suis rappelée que je n'étais pas vraiment là.

Nout a reposé sa tasse.

– Tu dois te demander pourquoi je t'ai fait venir, a-t-elle dit.

– On est où ? Et au fait, qui est votre portier ?

J'espérais en apprendre un peu plus sur le mystérieux garçon brun, mais la déesse s'est contentée de sourire.

– Je dois garder certaines choses secrètes, mon enfant. Je ne souhaite pas que la Maison de vie me retrouve. Sache seulement que c'est moi qui ai conçu cet endroit, et la vue magnifique qu'il offre sur la ville.

– Est-ce que... Vous vous trouvez à l'intérieur d'un hôte ? ai-je dit avec un geste vague en direction des étoiles qui constellaient sa peau bleue.

– Non, mon enfant. Mon corps est constitué du ciel.

– Mais je croyais...

– Que les dieux avaient besoin d'un hôte physique pour subsister en dehors de la Douât ? En tant qu'esprit de l'air, il m'est plus facile de me manifester. Je suis une des rares divinités à n'avoir jamais connu la captivité, parce que la Maison de vie n'a jamais réussi à m'attraper. Chez moi, la liberté est une seconde nature.

Soudain l'image de Nout et celle de l'appartement se sont mises à vaciller. J'ai cru que j'allais tomber dans le vide, puis le canapé s'est stabilisé.

– Par pitié, ne recommencez pas ! ai-je supplié.

– Désolée. En réalité, les dieux sont tous différents. Mais tous mes frères et sœurs circulent à présent librement dans votre monde, et ils ne regagneront jamais leurs geôles.

– Ça ne va pas plaire aux magiciens.

– Je sais. C'est la première raison de ta présence ici. Une guerre entre les dieux et la Maison de vie ne profiterait qu'au chaos. C'est à toi de le leur faire comprendre.

– Moi ? Ils ne m'écouteront pas. Ils pensent que je suis une demi-déesse.

– Et c'est ce que tu es, ma chérie.

Elle a doucement effleuré mes cheveux, et j'ai senti Isis s'agiter en moi, impatiente de s'exprimer par ma bouche.

– Je suis Sadie Kane, ai-je affirmé. Je n'ai jamais invité Isis à embarquer.

– Les dieux connaissent ta famille depuis de nombreuses générations, Sadie. Jadis, nous avons œuvré ensemble pour le bien de l'Égypte.

– Selon les magiciens, ce sont les dieux qui ont causé la chute de l'empire.

– Laissons là ce débat stérile, a repris Nout avec une pointe d'agacement. Tous les empires finissent par périr. Mais l'essence de l'Égypte, elle, est éternelle – le triomphe de la civilisation, la victoire de Maât sur les forces du chaos. Chaque nouvelle génération doit reprendre le combat. À présent, c'est votre tour.

– Je sais, je sais. On doit vaincre Seth.

– Crois-tu que ce soit aussi simple ? Seth est mon fils, lui aussi. Dans les temps anciens, il était le principal lieutenant de Rê. C'est lui qui protégeait la barque du dieu-soleil du serpent Apophis. Apophis, l'incarnation du chaos... Il a détesté la Création à la seconde où la première montagne a émergé de la mer. Il haïssait les dieux, les mortels et toutes leurs réalisations. Et pourtant, Seth l'a combattu. Il était des nôtres alors.

– C'était avant qu'il ne devienne mauvais ?

Nout a haussé les épaules.

– Seth a toujours été Seth, pour le pire comme pour le meilleur. Il fait partie de notre famille. Et c'est douloureux de perdre quelqu'un de sa famille... n'est-ce pas ?

Ma gorge s'est serrée.

– C'est trop injuste...

– À qui le dis-tu ? Ça fait cinq mille ans que je suis séparée de mon époux, Geb.

Carter avait dit quelque chose à ce sujet, mais c'était autrement plus poignant de l'entendre de la bouche de Nout.

– C'est arrivé comment ?

– Rê m'a punie pour avoir mis mes enfants au monde, a-t-elle répondu d'un ton chargé d'amertume. Comme je lui avais désobéi, il a ordonné à mon père, Shou...

– Chou ? Comme le légume ?

– « Shou », avec un « s ». Le dieu de l'air.

– Oh ! Continuez, je vous prie.

– Rê a ordonné à mon père de nous séparer pour toujours. C'est pourquoi je vis en exil dans le ciel tandis que mon bien-aimé a l'interdiction de quitter la terre.

– Qu'est-ce qui arrive si vous tentez de vous rejoindre ?

Nout a fermé les yeux et écarté les bras. Un trou est apparu à l'endroit où elle était assise, et elle est tombée dans le vide. Les nuages au-dessous de nous se sont chargés d'éclairs. Une tornade a balayé l'appartement, répandant les livres sur le sol, décrochant les tableaux et les dispersant dans l'espace. Ma tasse m'a été arrachée des mains. Je me suis cramponnée au canapé pour éviter d'être emportée à mon tour.

Un éclair a frappé Nout. La tornade l'a violemment projetée vers le haut avant de s'évanouir. La déesse s'est rassise à mes côtés et a fait un geste de la main. L'appartement a repris son aspect normal.

– Voilà ce qui arrive, a-t-elle dit.

– Oh !

Elle a promené un regard mélancolique sur les lumières de la ville, loin au-dessous de nous.

– Mes enfants n'en ont acquis que plus de prix à mes yeux, même Seth. Il a commis des actes horribles, certes. Telle est sa nature. Mais il n'en demeure pas moins mon fils et l'un des nôtres. Il a un rôle à jouer. Peut-être le moyen de le vaincre est-il très éloigné de ce que vous imaginez.

– Vous pourriez être plus précise ?

– Allez trouver Thot. Il s'est installé à Memphis.

– Memphis, en Égypte ?

Nout a souri.

– Memphis, Tennessee. Mais il se croit probablement en Égypte. Le vieux hibou ne lève plus guère le nez de ses livres, aussi je doute qu'il fasse la différence. Il saura vous conseiller. Mais méfiez-vous : il se pourrait qu'il réclame un service en échange. Il est parfois imprévisible.

– On commence à avoir l'habitude. Comment va-t-on se rendre là-bas ?

– En tant que déesse du ciel, je peux vous garantir un voyage sans encombre jusqu'à Memphis.

D'un geste, elle a fait apparaître sur mes genoux une pochette contenant trois billets d'avion pour Memphis – en première classe, s'il te plaît.

– J'imagine que vous avez plein de miles gratuits ? ai-je dit.

– Quelque chose du genre, oui. Mais plus vous vous approcherez de Seth et moins je serai en mesure de vous aider. Et je n'ai pas le pouvoir de vous protéger sur terre. Au fait, tu vas devoir te réveiller. Un des serviteurs de Seth va bientôt attaquer votre refuge.

Je me suis vivement redressée.

– Quand ?

– D'ici à quelques minutes.

– Vite, renvoyez-moi !

Je me suis pincée. Ça m'a fait aussi mal que s'il s'était agi de mon vrai bras, mais je ne me suis pas réveillée.

– Patience, Sadie. J'ai encore deux choses à te dire. J'ai mis au monde cinq enfants durant les jours des démons. Puisque votre père les a tous libérés, demande-toi où se trouve le cinquième.

Je me suis creusé la tête, cherchant les noms des cinq enfants de Nout. Sans mon frère, alias professeur Wiki, c'était plus difficile. Voyons... Il y avait Osiris, le roi, Isis, sa femme, Seth le méchant et Horus, le vengeur. Mais qui était le cinquième ? De son propre aveu, Carter lui-même avait tendance à l'oublier. Puis j'ai repensé à la vision que j'avais eue dans la salle des temps – l'anniversaire d'Osiris, et la femme en bleu qui avait aidé Isis à fuir.

– Vous voulez parler de Nephtys, la femme de Seth ?

– Demande-toi où elle se trouve, a répété Nout. Et enfin...

Elle a produit une enveloppe cachetée à la cire rouge.

– ... si tu vois Geb, pourrais-tu lui donner ceci ?

Ce n'était pas la première fois qu'on me chargeait de transmettre un billet doux, mais de la part d'une déesse... L'expression angoissée de Nout n'était guère différente de celle de mes copines éperdues d'amour. Je n'aurais pas été étonnée de découvrir qu'elle avait écrit GEB + NOUT = ♥ sur la couverture de son classeur.

J'ai dit :

– C'est promis. Je vous dois bien ça. Maintenant, si vous vouliez bien me renvoyer...

– Bon voyage, Sadie. Et toi, Isis, tâche de te maîtriser.

Isis s'est agitée en moi, comme si j'avais mangé un truc douteux.

– Une seconde ! Qu'est-ce que vous...

Je n'ai pas pu achever. Ma vision s'est obscurcie.

À peine réveillée, je me suis écriée :

– Il faut partir d'ici !

Carter et Bastet, déjà occupés à rassembler nos affaires, ont sursauté.

– Qu'est-ce qui te prend ? a demandé Carter.

Je leur ai raconté ma vision tout en fouillant fébrilement mes poches. Vides ! J'ai regardé à l'intérieur de ma sacoche de magie. En plus de ma baguette et de mon bâton, elle contenait trois billets d'avion et une enveloppe cachetée.

Bastet a examiné les billets.

– Excellent ! On a droit au saumon en première classe.

– Et le serviteur de Seth ? me suis-je inquiétée.

Carter a jeté un coup d'œil par la fenêtre.

– Oh oh... On dirait qu'il est déjà là.

CARTER

21. *Tante Mimi à la rescousse*

J'avais déjà vu des représentations de la créature qui rôdait à présent au pied du monument, laissant des traces dans la neige fraîche, mais aucune ne restituait l'horreur de son apparence.

– L'animal de Seth, a murmuré Bastet, confirmant mes craintes.

À cette distance, il était difficile d'évaluer la taille du monstre, mais il paraissait aussi grand qu'un cheval, avec des jambes aussi longues. Son corps incroyablement svelte et musclé était couvert d'une fourrure grise à reflets roux. On aurait pu le confondre avec un lévrier, sans sa queue terminée par trois pointes dressées, qui fouettait l'air comme si elle était douée d'une volonté propre.

Le plus étrange était la tête, coiffée d'oreilles démesurées, au sommet plus large que leur base, qui pivotaient presque à 360°. Le museau de la créature, long et recourbé, évoquait celui d'un fourmilier – sauf que les fourmiliers n'ont pas des dents tranchantes comme des rasoirs.

– Ses yeux, ai-je dit. Ils émettent des lueurs bizarres. Je ne sais pas ce que ça signifie, mais ça ne me plaît pas.

– Tu vois ses yeux d'ici ? m'a interrogé Sadie, debout à mes côtés.

En effet, nous nous trouvions à plus de cent cinquante mètres du sol et de la créature.

– Carter a conservé la vision du faucon, a avancé Bastet. Et il a raison : les yeux du monstre brillent parce qu'il a reniflé notre odeur.

Je me suis tourné vers elle et suis resté bouche bée. Ses cheveux se dressaient sur sa tête comme si elle avait mis un doigt dans une prise électrique.

J'ai échangé un regard avec Sadie. Quand un chat se hérisse, ça veut dire qu'il a peur. Si l'animal de Seth suscitait cette réaction chez notre déesse de compagnie, ça n'annonçait rien de bon.

J'ai demandé :

– On fait comment pour sortir d'ici ?

Bastet a secoué la tête.

– Tu ne comprends pas. L'animal de Seth est un chasseur accompli. S'il a senti notre odeur, il ne renoncera pas avant de nous avoir retrouvés.

Sadie est intervenue, visiblement inquiète :

– Pourquoi on l'appelle comme ça ? Cet animal n'a pas de nom ?

– Même s'il en avait un, a répliqué Bastet, crois-moi, tu ne voudrais pas le prononcer. Il est simplement connu comme l'animal de Seth. Il a en commun avec le Seigneur rouge la force, la ruse... et la férocité.

– Charmant, a murmuré Sadie.

L'animal a flairé la base du monument et a reculé en grondant.

J'ai remarqué :

– Il n'a pas l'air d'apprécier l'obélisque.

– En effet. C'est parce qu'il est imprégné de l'énergie de Maât. Mais ça ne l'arrêtera pas longtemps.

Comme pour donner raison à Bastet, la créature a entrepris de se hisser le long du monument en plantant ses griffes dans la pierre, tel un lion grimpant à un tronc d'arbre.

– Escalier ou ascenseur ? ai-je dit.

– Trop lents, a répondu Bastet. Éloignez-vous de la fenêtre.

À l'aide d'un de ses couteaux, elle a découpé la vitre et l'a balancée dans le vide, déclenchant une alarme. L'air glacé s'est engouffré dans la pièce.

– Vous allez devoir voler, a-t-elle crié de manière à couvrir les mugissements du vent. C'est le seul moyen de vous enfuir.

Sadie a pâli.

– Non ! Pas question que je refasse le milan !

J'ai tenté de la rassurer :

– Tout va bien se passer.

Comme elle secouait la tête, terrifiée, je lui ai pris la main et j'ai promis :

– Je resterai à tes côtés, quoi qu'il arrive. Je m'assurerai que tu retrouves ta forme.

– L'animal de Seth approche, nous a avertis Bastet. Le temps presse.

Sadie s'est tournée vers elle.

– Et toi ? Tu ne voles pas.

– Je sauterai, a affirmé Bastet. Les chats retombent toujours sur leurs pattes.

– Ça représente une chute de plus de cent mètres !

– Cent soixante-dix, pour être précise. Je tenterai de distraire l'animal de Seth pour vous laisser le temps de fuir.

– Il va te tuer, a protesté ma sœur, au bord des larmes. Je t'en prie... Je ne supporterais pas de te perdre aussi.

Bastet a souri, un peu étonnée, puis elle a posé une main sur l'épaule de Sadie.

– Ne t'en fais pas pour moi, chaton. Je vous retrouverai à l'aéroport Reagan National, terminal A. Préparez-vous à me suivre !

Avant que j'aie pu placer un mot, Bastet a sauté par la fenêtre. J'ai cru que mon cœur allait s'arrêter. Je l'ai vue tomber vers une mort certaine, mais au bout de quelques secondes, elle a étendu les bras et les jambes et a paru se détendre.

Bientôt, elle a dépassé l'animal de Seth. Avec un cri horrible qui évoquait celui d'un blessé sur un champ de bataille, le monstre a également sauté dans le vide.

Bastet a atterri sur ses deux pieds et a filé comme une flèche. Moins agile, l'animal de Seth s'est lourdement écrasé sur le sol. S'étant relevé, il a fait quelques pas chancelants, mais il s'est ressaisi et s'est élancé derrière Bastet, gagnant rapidement du terrain sur elle.

– Elle n'y arrivera pas, a gémi Sadie.

– Il ne faut jamais sous-estimer un chat. Maintenant, à nous de jouer !

Elle a poussé un profond soupir.

– Vite, ou je risque de changer d'avis.

Un milan a surgi devant mes yeux, agitant les ailes pour lutter contre le vent. Je me suis imaginé en faucon. C'était plus facile que la première fois.

Quelques secondes plus tard, nous survolions Washington dans l'aube glacée.

On n'a eu aucun mal à trouver l'aéroport. Reagan National était si proche qu'on voyait les avions atterrir au-delà du Potomac.

Le plus difficile, c'était de rester concentré. Chaque fois que j'apercevais une souris ou un écureuil, l'instinct me poussait à dévier de ma route. À plusieurs reprises, j'ai dû combattre l'envie de piquer sur une proie. À un moment, je me suis aperçu que Sadie s'était éloignée afin de chasser elle-même. Je me suis rapproché d'elle pour attirer son attention.

Rester humain exige une grande volonté, a fait la voix d'Horus. *Plus tu passes de temps sous la forme d'un oiseau de proie, plus tu adoptes son comportement.*

Et c'est maintenant que tu le dis ?

Je pourrais t'aider, a-t-il ajouté d'une voix pressante. *Il suffirait que tu me laisses le contrôle de ton corps.*

Bien essayé, tête de piaf !

Sadie a fini par se laisser attirer vers l'aéroport. Cherchant un endroit pour nous retransformer, on s'est posés sur le toit d'un parking couvert.

Je me suis imaginé sous ma forme habituelle. Il ne s'est rien passé.

Sentant la panique m'envahir, j'ai fermé les yeux et pensé à mon père, au vide que sa disparition avait laissé dans ma vie, à l'urgence qu'il y avait à le retrouver.

Quand j'ai rouvert les yeux, j'étais à nouveau moi-même. Malheureusement, on ne pouvait pas en dire autant de Sadie. Elle voletait autour de moi en poussant des cris affolés. J'ai lu la terreur dans ses yeux. Si elle dépensait autant d'énergie que la première fois pour retrouver forme humaine, elle risquait l'épuisement.

Je me suis lentement accroupi et lui ai dit :

– Tout va bien. Détends-toi, et ça va se faire tout seul.

Elle a replié les ailes. Sa gorge palpitait.

– Écoute-moi. Ça m'a aidé de me concentrer sur papa. Ferme les yeux et pense à une chose qui compte pour toi.

Elle a fermé les yeux. Presque aussitôt, elle a poussé un cri désespéré et agité frénétiquement les ailes.

– Non ! Ne t'envole pas !

Elle a incliné la tête d'un air suppliant. Je me suis mis à lui parler comme je l'aurais fait à un animal apeuré, sans vraiment prêter attention à ce que je disais. Tout ce qui importait, c'était que ma voix l'apaise. Mais au bout de quelques minutes, j'ai réalisé que j'étais en train de lui raconter mes voyages avec papa, et les souvenirs qui m'avaient aidé à reprendre forme humaine. J'ai évoqué la fois où on était restés coincés à l'aéroport de Venise, et où je m'étais empiffré de cannoli jusqu'à en être malade, et celle, en Égypte, où j'avais découvert un scorpion dans une de mes chaussettes – papa avait réussi à le tuer avec la télécommande de la télé. Et le jour où on avait été séparés dans le métro londonien et où j'avais eu la trouille de ma vie, jusqu'à ce que papa me retrouve. Je lui ai confié des secrets honteux, des choses que je n'aurais jamais avouées à personne. Et on aurait dit qu'elle écoutait. Elle a enfin cessé de battre des ailes, sa respiration s'est ralentie, et la peur s'est effacée de son regard.

– J'ai une idée, ai-je annoncé. Voici ce qu'on va faire...

J'ai sorti la boîte de magie de papa de la sacoche en cuir, ai enroulé celle-ci autour de mon avant-bras et l'ai fixée du mieux que j'ai pu au moyen des lanières.

– Viens !

Sadie s'est perchée sur mon poignet. Malgré mon gantelet improvisé, ses serres pointues s'enfonçaient dans ma chair.

– Détends-toi et concentre-toi sur ton existence humaine. Je sais que tu vas y arriver. En attendant, je vais te porter.

– Hi !

– Maintenant, allons retrouver Bastet.

Je me suis dirigé vers l'ascenseur. Un homme d'affaires traînant une valise roulante attendait devant les portes. Il a ouvert de grands yeux quand il m'a vu. Imagine : un jeune Black vêtu d'un pyjama sale et déchiré, portant une boîte bizarre sous le bras et un oiseau de proie sur le poignet.

– Finalement, je crois que je vais prendre l'escalier, a-t-il marmonné avant de s'éloigner d'un pas pressé.

En émergeant du parking, Sadie et moi avons pris la direction du hall des départs. À force de jeter des coups d'œil inquiets autour de moi, m'efforçant de repérer Bastet, j'ai attiré l'attention d'un policier en faction sur le trottoir. Il s'est avancé vers moi, le visage fermé.

– Du calme, ai-je murmuré à Sadie.

Réprimant mon envie de courir, je me suis engouffré dans l'aérogare.

Pour ne rien te cacher, les flics me mettent toujours un peu mal à l'aise. Tant que j'étais petit et mignon, tout allait bien. Mais quand j'ai eu dix onze ans, ils ont commencé à me regarder d'un air soupçonneux. C'est idiot, mais c'est la stricte vérité. Il y a des exceptions, bien sûr, mais tellement rares que c'est toujours une heureuse surprise.

Hélas, ce flic-ci ne faisait pas partie des exceptions. Il allait me suivre, ça ne faisait aucun doute. Il fallait que je marche posément et me comporte comme si je savais où j'allais... Facile, avec un milan posé sur le bras !

En cette période de vacances, l'aéroport était plein de monde – surtout des familles qui faisaient la queue devant les guichets des compagnies aériennes, des gosses qui se chamaillaient pendant que leurs parents étiquetaient leurs bagages. À quoi ça pouvait bien ressembler, un voyage normal, sans complications dues à la magie ni monstres lancés à votre poursuite ?

Arrête de te poser des questions, me suis-je dit. *Tu as une mission à accomplir.*

L'ennui, c'est que je ne savais pas où aller. Bastet était-elle à l'intérieur de l'aérogare ? À l'extérieur ? Les gens s'écartaient sur mon chemin, certains lançaient des regards craintifs à Sadie. Je ne pouvais pas continuer à déambuler au hasard. Avant longtemps, les flics allaient...

– Mon garçon ?

Je me suis retourné et retrouvé face au policier qui m'avait repéré à l'extérieur. Sadie a poussé un cri aigu. Le flic a vivement reculé, portant la main à sa matraque.

– Les animaux en liberté sont interdits dans l'enceinte de l'aérogare, a-t-il dit.

– On a des billets...

Je me suis brusquement rappelé que Bastet avait gardé la pochette.

Le flic s'est renfrogné.

– Tu ferais mieux de m'accompagner...

Soudain une voix de femme s'est exclamée :

– Ah ! Te voilà enfin, Carter !

Bastet se dirigeait vers nous, se frayant un chemin à travers la cohue. Jamais je n'avais été aussi heureux de voir apparaître une déesse égyptienne.

Elle portait à présent un manteau en cachemire sur un tailleur-pantalon rose et des tas de bijoux autour du cou et des poignets. On aurait dit une femme d'affaires fortunée. Ignorant le policier, elle m'a considéré de la tête aux pieds, le nez froncé.

– Combien de fois t'ai-je dit de ne plus porter ces affreuses guenilles de fauconnier ? On va croire que tu as passé la nuit Dieu sait où !

Devant le flic interloqué, elle s'est employée à m'essuyer le visage avec le mouchoir qu'elle avait tiré de sa poche.

– Euh... Pardon, madame, c'est votre... ?

– Neveu, a menti Bastet. Je vous prie de l'excuser, monsieur l'agent. Nous nous rendons à Memphis pour un concours de fauconnerie. J'espère qu'il n'a pas fait de bêtises.

– Le faucon ne peut pas voler...

Bastet a éclaté d'un rire cristallin.

– Bien sûr que si ! C'est un oiseau, voyons.

Le policier est devenu cramoisi.

– Je veux dire, pas à bord d'un avion.

– Oh ! Nous avons la paperasse nécessaire.

À ma grande surprise, elle a produit une enveloppe qu'elle a tendue au flic en même temps que nos billets.

– Je vois... Quoi, vous avez loué un siège en première classe pour le faucon ?

– En réalité, il s'agit d'un milan. Mais oui, vous avez bien vu. Comme tous les champions, il a ses exigences. Pas question de le faire voyager en classe économique. Il a horreur des bretzels qu'on y sert... C'est pourquoi nous voyageons toujours en première classe. Pas vrai, Carter ?

– Hum, oui... tante Mimi.

Elle m'a lancé un regard qui voulait dire « Tu vas me le payer », puis elle a souri au flic, qui lui a rendu les billets et la « paperasse ».

– Maintenant, monsieur l'agent, je vous prie de nous excuser... Si je puis me permettre, vous portez très bien l'uniforme. Vous faites de la musculation ?

Sans laisser au policier le temps de répondre, elle m'a saisi par le bras et m'a entraîné vers le poste de contrôle de sécurité.

– Ne te retourne pas, m'a-t-elle soufflé.

Au bout de quelques mètres, elle m'a attiré derrière les distributeurs automatiques.

– L'animal de Seth approche, m'a-t-elle annoncé. Il sera là d'ici à quelques minutes. Qu'est-ce qui arrive à Sadie ?

– Je ne sais pas. Elle ne...

– On en reparlera à bord.

– Comment as-tu fait pour te changer ? Et pour les documents que tu as montrés au flic ?

– Oh ! Les mortels sont faciles à influencer. L'enveloppe que je lui ai tendue était vide. Et je n'ai pas vraiment changé de vêtements. Ce n'est qu'une illusion.

En la regardant plus attentivement, j'ai constaté que son habituelle combinaison léopard transparaissait sous ses nouveaux vêtements.

– On va essayer d'atteindre la porte d'embarquement avant l'animal de Seth, a-t-elle repris. Ce serait plus simple si tu entreposais tes affaires dans la Douât.

– Quoi ?

– Tu n'as pas l'intention de trimballer cette boîte partout ? Utilise la Douât comme box de stockage.

– Comment ?

Bastet a soupiré.

– On n'apprend donc plus rien aux jeunes magiciens de nos jours ?

– Je te signale qu'on a eu à peine vingt minutes de formation !

– Représente-toi un espace de rangement, comme une étagère ou un coffre...

– Ou un casier ? J'ai toujours rêvé d'en avoir un, mais comme je n'allais pas à l'école...

– Pourquoi pas ? Donne-lui un cadenas à combinaison – celle que tu veux. Ensuite, imagine-toi en train d'ouvrir le casier en question et range la boîte à l'intérieur. Quand tu en auras besoin, il te suffira de l'évoquer en pensée pour qu'elle apparaisse.

J'ai imaginé un casier, sans trop y croire. Je l'ai doté d'une combinaison : 13/32/33 – les numéros de trois joueurs légendaires des Los Angeles Lakers : Chamberlain, Johnson, Abdul-Jabbar. Puis j'ai fait le geste de glisser à l'intérieur la boîte de magie de papa, m'attendant à la voir se fracasser sur le sol. À mon grand étonnement, elle a disparu.

– Cool ! Dis, tu es certaine que je pourrai la récupérer ?

– Non, a répondu Bastet. Maintenant, viens !

CARTER

22. Robbie et le casier fatal

C'était la première fois que je me présentais au contrôle de sécurité d'un aéroport avec un oiseau de proie vivant. Je craignais de provoquer un embouteillage, mais les gardes nous ont orientés vers une file spéciale. Bastet, tout sourires, a flirté avec eux en leur demandant s'ils faisaient de la muscu, et ils nous ont laissés passer après avoir vérifié nos papiers. Bastet a franchi le portillon magnétique sans que les alarmes ne se déclenchent ; j'en ai déduit qu'elle avait laissé ses couteaux dans la Douât. Les gardes n'ont même pas exigé de soumettre Sadie au scanner à rayons X.

Je récupérais mes sandales quand j'ai entendu des cris au-delà du poste de contrôle.

Bastet a poussé un juron en égyptien.

– On n'a pas été assez rapides !

En me retournant, j'ai vu l'animal de Seth accourir à travers l'aérogare, renversant les voyageurs qui se trouvaient sur son chemin. Ses longues oreilles bougeaient d'avant en arrière, son museau recourbé ruisselait de sueur, et sa queue hérissée de pointes fouettait furieusement, cherchant quelque chose à lacérer.

– Au secours ! a hurlé une femme. Un caribou enragé !

La foule s'est mise à crier et courir en tout sens, gênant la progression du monstre.

J'ai demandé, interloqué :

– Un *caribou* ?

Bastet a haussé les épaules.

– Qui peut dire ce que perçoivent les yeux des mortels ? Maintenant, cette idée va se répandre comme une traînée de poudre, par le seul pouvoir de la suggestion.

En effet, d'autres passagers ont répété : « Un caribou ! Un caribou ! »

En voulant couper à travers une file d'attente, l'animal de Seth s'est empêtré dans les cordons tendus entre les poteaux. Des agents de sécurité se sont précipités, mais il les a envoyés valser comme des poupées de chiffon.

– Viens ! m'a dit Bastet.

– Je ne le laisserai pas faire du mal à ces gens.

– On ne peut pas l'arrêter !

J'ai tenu bon. J'aimerais me convaincre que c'était Horus qui m'insufflait du courage, ou que les épreuves des jours précédents avaient éveillé en moi un fond de bravoure hérité de mes ancêtres, mais la vérité était bien plus effrayante : rien ni personne ne m'obligeait à tenter ce coup de folie.

Des innocents étaient en danger à cause de nous. Mon instinct me disait d'intervenir, comme lorsque Sadie avait besoin de mon aide. J'étais terrifié, bien sûr. Mais je savais que j'avais raison.

– Emmène Sadie à la porte d'embarquement. Je vous y rejoindrai plus tard.

– Carter...

– Depêche-toi !

J'ai ouvert en pensée mon casier invisible – 13/32/33 – et ai glissé la main à l'intérieur, mais pas pour y prendre mon kit de magie. Je me suis concentré sur un objet que j'avais perdu à Louxor, en priant pour qu'il y soit. Pendant quelques secondes, je n'ai rien senti. Puis ma main s'est refermée sur une poignée de cuir, et j'ai retiré mon épée du néant.

– Très impressionnant, a commenté Bastet.

– Maintenant, sauve-toi. C'est mon tour de faire diversion.

– Il va te tuer. Tu en es conscient ?

– Ta confiance me va droit au cœur. Ouste !

Bastet a filé telle une flèche, avec Sadie qui battait des ailes pour se maintenir en équilibre sur son poignet.

Une détonation a retenti. En me retournant, j'ai vu l'animal de Seth foncer dans un flic qui venait de lui tirer une balle en pleine tête. Le pauvre type est tombé à la renverse.

J'ai crié :

– Hé ! L'affreux !

Les yeux rouges de la créature se sont fixés sur moi.

Bien joué ! a fait la voix d'Horus. *Maintenant, on n'a plus qu'à affronter la mort avec courage.*

La ferme !

Après m'être assuré que Bastet et Sadie étaient hors de vue, je me suis approché.

– Comme ça, tu n'as pas de nom ? On n'en a trouvé aucun d'assez moche pour toi ?

Avec un grondement sourd, le monstre a enjambé le policier inconscient.

J'ai enchaîné :

– « L'animal de Seth », c'est beaucoup trop long. Puisqu'il paraît que tu es une sorte de renne, je t'appellerai Robbie.

Je ne crois pas que mon idée lui ait plu. Il s'est jeté sur moi.

J'ai réussi à esquiver ses griffes et l'ai frappé sur le museau avec le plat de mon épée. Ça ne l'a même pas étourdi. Il a chargé de nouveau, la bave aux lèvres. J'ai tenté de lui transpercer la gorge, mais il s'est déporté vers la gauche et a planté ses crocs dans mon bras libre. Sans mon gantelet de fortune, je serais manchot à l'heure actuelle. Le cuir était épais, pourtant ses dents l'ont traversé, me causant une douleur intense.

J'ai hurlé, et une ardeur sauvage s'est répandue dans mes veines. Mes pieds ont décollé du sol tandis que l'aura dorée du guerrier faucon m'enveloppait. Une force surhumaine a desserré les mâchoires de l'animal de Seth, l'obligeant à lâcher prise. Protégé par une armure immatérielle qui faisait deux fois ma taille, j'ai décoché à Robbie un coup de pied qui l'a projeté contre un mur.

Bien ! a fait la voix d'Horus. *Maintenant, expédie ce monstre dans le monde des ténèbres !*

Quand j'aurai besoin de conseils, je te sonnerai. En attendant, laisse-moi faire mon boulot, tu veux ?

Les gardes tentaient de se regrouper et braillaient dans leurs talkies-walkies, demandant des renforts. Au milieu de la panique générale, j'ai entendu une petite fille crier :

– Gentil oiseau, arrête le méchant caribou !

Tu n'imagines pas à quel point c'est difficile de se considérer comme une machine de combat surpuissante quand on t'appelle « gentil oiseau »...

J'ai levé mon épée, qui se trouvait à présent au centre d'une lame d'énergie pure longue de trois mètres.

Robbie m'a de nouveau chargé. Mon armure magique était résistante, mais difficile à manœuvrer. J'avais l'impression de patauger dans du yaourt. Robbie a évité mon épée et s'est écrasé sur ma poitrine, me jetant à terre. Il était beaucoup plus lourd qu'il n'en avait l'air. Ses griffes et les pointes de sa queue crissaient contre mon armure. J'ai serré son cou entre mes poings flamboyants pour éloigner ses crocs de mon visage, mais partout où sa salive touchait mon armure, de la fumée se dégageait de celle-ci. Mon bras blessé s'engourdissait.

Le bruit des sirènes me vrillait les tympans. Les voyageurs affluaient vers le poste de sécurité pour voir ce qui s'y passait.

Je devais mettre rapidement fin à ce combat, avant que la douleur ne me fasse perdre connaissance ou que d'autres mortels ne soient blessés.

À mesure que mes forces s'épuisaient, mon avatar de faucon commençait à s'estomper. Les crocs de Robbie n'étaient qu'à quelques centimètres de mon visage, et Horus avait cessé de m'encourager.

Soudain j'ai repensé à mon casier invisible dans la Douât. Peut-être pouvait-il contenir des objets maléfiques de grandes dimensions ?

J'ai serré la gorge de Robbie et calé un genou contre sa cage thoracique. Puis j'ai imaginé une ouverture sur la Douât, juste au-dessus de moi. Je me suis vu ouvrir mon casier le plus grand possible...

Puisant dans mes dernières forces, j'ai projeté Robbie vers le plafond. J'ai lu l'incompréhension dans son regard quand il a traversé une faille invisible avant de disparaître dans le néant.

– Où est-il passé ? a crié quelqu'un.

– Ça va, mon garçon ? m'a demandé quelqu'un d'autre.

Mon armure magique avait disparu. J'étais au bord de l'évanouissement, mais je devais fuir avant que les gardes ne reprennent leurs esprits et ne m'arrêtent pour avoir combattu un caribou en public. Je me suis relevé et ai lancé mon épée vers le plafond. La Douât l'a engloutie. J'ai ensuite rajusté mon pseudo-gantelet lacéré afin de dissimuler le mieux possible mes blessures et ai couru vers la porte d'embarquement.

Je l'ai atteinte juste avant la fermeture.

Apparemment, la nouvelle de l'affrontement entre un oiseau géant et un caribou monstrueux n'était pas encore parvenue jusque-là. L'hôtesse a fait un geste en direction du poste de contrôle en prenant mon billet et a demandé :

– C'est quoi, ce vacarme ?

– Un caribou fou furieux, ai-je répondu. Les gardes ont réussi à le maîtriser.

Je me suis dépêché d'emprunter la passerelle, craignant qu'elle ne pose des questions.

Une fois à bord, je me suis écroulé dans mon fauteuil. Bastet était assise de l'autre côté de l'allée, et Sadie, toujours en milan, piétinait le siège voisin du mien, près du hublot.

– Tu as réussi ! a soupiré Bastet. Mais tu es blessé ? Que s'est-il passé ?

Je lui ai raconté mon combat contre la créature.

– Tu as enfermé l'animal de Seth dans ton casier ? a-t-elle dit, ouvrant de grands yeux. Tu as une idée de la force que ça demande ?

– Je le sais, j'y étais.

L'hôtesse a fait les annonces habituelles. Apparemment, l'incident survenu à l'aérogare n'avait pas eu de conséquences sur notre vol. L'avion s'est mis à rouler à l'heure prévue.

Je me suis plié en deux, grimaçant de douleur. Bastet a alors réalisé la gravité de mes blessures.

– Tiens-toi tranquille, m'a-t-elle dit.

Elle a murmuré quelques mots égyptiens, et mes paupières sont devenues très lourdes.

– Tu as besoin de repos pour guérir.

– Mais, si Robbie revenait...

– Qui ?

– Laisse tomber.

Elle m'a regardé comme si elle me voyait pour la première fois.

– Tu as montré un courage extraordinaire, Carter. Dire que je t'avais pris pour un chaton inoffensif... En réalité, tu te bats comme un vrai matou de gouttière.

– Euh... merci.

Elle a souri et touché mon front.

– Nous allons bientôt décoller, mon gros chat. Endors-toi.

L'épuisement a vaincu ma résistance. J'ai fermé les yeux.

Naturellement, mon âme en a profité pour se faire la malle.

Mon bâ décrivait des cercles au-dessus de Phoenix, par une claire matinée d'hiver. L'air frais du désert glissait sans effort sous mes ailes. En plein jour, la ville apparaissait comme un vaste damier vert et brun clair semé de palmiers et de piscines. Elle était entourée de montagnes aussi dépouillées que des morceaux de lune. Celle qui se dressait juste au-dessous de moi présentait deux sommets distincts, telles les deux bosses d'un chameau. Camelback Mountain... J'avais entendu un serviteur de Seth prononcer ce nom lors de mon premier voyage astral.

Des demeures luxueuses se pressaient au pied de la montagne, alors que sa partie haute était entièrement nue. J'ai remarqué entre deux énormes rochers une crevasse d'où s'élevait une brume de chaleur – un phénomène invisible à un œil humain à cette distance.

Repliant mes ailes, j'ai piqué vers la crevasse.

Un souffle d'air chaud s'échappait de celle-ci, si puissant que j'ai dû lutter pour m'y introduire. Quinze mètres plus bas, le conduit s'élargissait et débouchait dans une caverne tellement immense qu'elle défiait l'imagination.

Tout l'intérieur de la montagne avait été creusé afin d'accueillir la construction d'une pyramide géante. L'air résonnait du bruit des pioches. Une armée de démons taillait la roche rouge et tirait les blocs jusqu'au centre de la caverne, où d'autres démons les hissaient le long d'une rampe à l'aide de cordes. C'est ainsi que procédaient les équipes d'ouvriers des pharaons, m'avait expliqué mon père. Mais il avait fallu une vingtaine d'années pour bâtir les pyramides de Gizeh, tandis que celle-ci était déjà à moitié achevée.

Hormis sa couleur rouge sang, cette pyramide avait quelque chose de singulier : quand je la regardais, je ressentais un frémissement, comme la vibration d'une voix presque familière.

Soudain j'ai repéré quelque chose qui flottait dans le vide au-dessus de la pyramide – un bateau en roseau semblable à celui d'oncle Amos. Deux silhouettes se dressaient à la proue : un démon de haute taille, portant une armure en cuir, et un homme imposant en treillis militaire rouge.

Je me suis approché, m'efforçant de rester dans l'ombre – je n'étais pas absolument certain de mon invisibilité – et me suis posé tout en haut du mât. Une manœuvre délicate, mais aucun des deux passagers n'a levé les yeux.

– Quand sera-t-elle terminée ? a demandé l'homme en rouge.

J'ai reconnu la voix de Seth, mais il avait beaucoup changé depuis ma dernière vision. Il n'avait plus rien de visqueux ni de flamboyant, hormis le terrifiant mélange de haine et d'ironie qui brûlait dans son regard. Il possédait à présent la musculature d'un joueur de football américain, des mains comme des battoirs et un visage bestial. Ses cheveux taillés en brosse et sa barbe en pointe étaient du même rouge que son treillis. Je n'avais encore jamais vu de tenue de camouflage de cette couleur. Peut-être avait-il l'intention de se planquer à l'intérieur d'un volcan.

Pieds de rapace se tenait à ses côtés dans une attitude obséquieuse et cette fois, je le distinguais parfaitement – pour mon malheur, car il était d'une laideur indescriptible. Tu as déjà vu un écorché anatomique – un cadavre dont on a retiré la peau ? Eh bien, imagine l'un d'eux revenu à la vie, ajoute-lui des yeux noirs et des crocs, et tu auras une idée de sa physionomie.

– Le chantier avance bien, maître, a-t-il affirmé. Nous avons invoqué une centaine de démons supplémentaires aujourd'hui. Si la chance nous accompagne, la pyramide sera achevée au coucher du soleil, le jour de votre anniversaire !

– C'est inacceptable, Face de Cauchemar, a commenté Seth d'un ton posé.

Le serviteur a tressailli. Donc, il s'appelait Face de Cauchemar... Sa mère avait dû drôlement se creuser la tête : Bob ? Non. Sam ? Non plus. Tiens, si on l'appelait Face de Cauchemar ?

– M-mais, maître... Je pensais que...

– Personne ne te demande de penser, démon. Nos ennemis ont plus de ressources que je ne le supposais. Ils ont momentanément neutralisé mon favori et font route vers nous. Il faut que nous ayons terminé avant leur arrivée. Je t'accorde jusqu'au *lever* du soleil, le jour de mon anniversaire. Pas une heure de plus. Ce jour-là, l'aube se lèvera sur mon nouveau royaume. J'effacerai toute vie de ce continent, et cette pyramide témoignera de mon pouvoir en devenant l'ultime tombeau d'Osiris !

Mon cœur a fait un bond. J'ai compris pourquoi la pyramide m'était si familière. Elle vibrait de l'énergie vitale de mon père ! Je n'aurais su dire comment, mais j'avais la certitude que son sarcophage était caché quelque part à l'intérieur.

Le sourire de Seth s'est teinté de cruauté. À le regarder, on pouvait se demander ce qui lui aurait fait le plus plaisir : voir Face de Cauchemar relever le défi, ou le tailler en pièces pour le punir d'avoir échoué.

– Tu as compris ?

– Oui, maître... Pardonnez-moi, a repris Face de Cauchemar en se dandinant, l'air gêné, mais pourquoi vous arrêter en si bonne voie ?

– Je te conseille de bien peser tes mots, a grondé Seth. Poursuis !

Le démon a passé sa langue noire sur ses dents pour se donner du courage.

– La destruction d'un seul dieu me paraît peu digne d'une puissance telle que la vôtre. Nous pourrions générer encore plus de chaos – de quoi fournir une énergie inépuisable à votre pyramide, et faire de vous le maître éternel de tous les mondes.

Une lueur avide a brillé dans les yeux de Seth.

– Le maître éternel de tous les mondes... Il faut avouer que ça sonne bien. Et comment comptes-tu y parvenir, chétive créature ?

– Oh, pas moi, maître... Je ne suis qu'un misérable vermisseau. Mais si nous capturions les autres : Nephtys...

Seth a frappé Face de Cauchemar à la poitrine, et le démon s'est écroulé en gémissant.

– Je t'avais interdit de prononcer ce nom !

– Pardon, maître. Mais si nous les capturions, elle et les autres, imaginez un peu le pouvoir dont vous disposeriez.

Seth a paru se radoucir.

– Je crois qu'il est temps de nous servir d'Amos Kane, a-t-il dit.

Je me suis raidi. Amos ? Il était donc là ?

– Quel plan subtil, maître !

– C'est vrai. Bientôt, très bientôt, Horus, Isis et mon épouse traîtresse se traîneront à mes pieds, et cela grâce à Amos. Ce sera touchant de voir toute la famille réunie.

Soudain Seth a levé les yeux vers moi, comme s'il me savait là depuis le début, et m'a adressé un sourire féroce.

– Pas vrai, mon garçon ?

Je devais fuir au plus vite et prévenir Sadie, mais mes ailes ne m'obéissaient plus. Paralysé, j'ai vu Seth tendre la main vers moi afin de m'attraper.

SADIE

23. À l'école du professeur Thot

Salut, c'est de nouveau Sadie. Pardon de t'avoir fait attendre, même si je ne pense pas qu'il y ait eu de blanc dans l'enregistrement. Mon frère, cet abruti, a fait tomber le micro dans un trou plein de... Bref, je reprends.

En se réveillant, Carter a sursauté tellement fort qu'il s'est cogné les genoux dans le plateau des boissons. J'ai trouvé ça marrant.

J'ai demandé :

– Bien dormi ?

Il m'a regardée avec un air ahuri.

– T'es humaine ?

– Merci de l'avoir remarqué.

J'ai repris une bouchée de pizza. C'était la première fois que je mangeais une pizza dans une assiette en porcelaine et buvais un Coca dans un verre (avec des glaçons, en plus. Ils sont fous, ces Américains !). Trop bien, la première classe !

– Je me suis retransformée il y a une heure. Au fait... Ton truc – tu sais, penser à quelque chose d'important ? Ça m'a bien aidée.

En réalité, je me rappelais tout ce qu'il m'avait raconté pendant que j'étais un milan : sa vie avec papa, comment il s'était paumé dans le métro, son indigestion à Venise, et la fois où il avait appelé à l'aide comme un bébé après avoir trouvé un scorpion dans sa chaussette... J'avais un sacré dossier sur lui, mais bizarrement, je n'avais pas envie de le faire enrager. Peut-être pensait-il que je ne le comprenais pas sous ma forme de milan, toujours était-il qu'il m'avait ouvert son cœur, sans la moindre méfiance, et tout ça pour m'apaiser. S'il ne m'avait pas dit sur quoi me concentrer, je serais probablement encore en train de chasser les souris sur les rives du Potomac.

Il m'avait présenté ses voyages avec papa comme une expérience formidable, certes, mais aussi comme une corvée : il s'efforçait toujours de faire plaisir, de se comporter de façon irréprochable, et n'avait personne avec qui parler ou être lui-même. Je dois dire que papa était plutôt impressionnant (je suppose que c'est de lui que me vient mon charisme dévastateur). Personne n'aurait aimé le décevoir. Je ne le voyais que deux jours par an, pourtant chacune de ces rencontres nécessitait une préparation psychologique de ma part. Je commençais à me demander si Carter avait vraiment tiré le gros lot, comme je l'avais toujours cru. Aurais-je échangé mon existence contre la sienne ? Je n'en étais plus si certaine.

J'ai préféré ne pas lui dire ce qui m'avait finalement aidée à me retransformer. Contrairement à lui, je ne m'étais pas concentrée sur papa. J'avais imaginé que maman était toujours vivante, et que je me promenais avec elle le long d'Oxford Street. On regardait les vitrines des magasins, on riait, on parlait de tout et de rien... Une journée parfaitement ordinaire, comme je n'en connaîtrais jamais avec elle. Un rêve impossible, mais assez puissant pour me rappeler qui j'étais en réalité.

Je n'ai rien dit de tout ça, mais j'ai surpris Carter en train de me dévisager, et il m'a semblé qu'il lisait un peu trop facilement dans mes pensées.

J'ai bu une gorgée de Coca et dit :

– T'as manqué le déjeuner, je te signale.

– T'as pas essayé de me réveiller ?

De l'autre côté de l'allée, Bastet a fait *burp*. Elle venait de finir son assiette de saumon et semblait repue.

– Si tu veux, je peux faire apparaître du Friskies, a-t-elle proposé. Ou des sandwichs au fromage.

– Non merci, a dit mon frère, l'air accablé.

– Bon sang, Carter ! ai-je soupiré. Si c'est tellement important pour toi, il me reste de la pizza et...

– C'est pas ça.

Il nous a alors raconté comment Seth avait failli capturer son bâ.

Son récit m'a plongée dans l'angoisse. J'avais l'impression d'être de nouveau prisonnière d'un corps d'oiseau, incapable de réflexion. Papa était enfermé dans une pyramide rouge, et ce pauvre Amos servait d'appât à Seth. Je me suis tournée vers Bastet, en quête de réconfort.

– Qu'est-ce qu'on peut faire ?

– Je n'en sais rien, a-t-elle répondu avec une expression sinistre. Seth sera au sommet de sa puissance le jour de son anniversaire, et le lever du soleil est le moment le plus favorable à l'exercice de la magie. S'il déclenche une explosion d'énergie à l'aube de ce jour précis, en ajoutant aux siens les pouvoirs des dieux qu'il aura asservis, il risque de provoquer un chaos inimaginable. Tu dis que c'est un simple démon qui a conçu ce plan, Carter ?

– En tout cas, c'est lui qui en a soufflé l'idée à son maître.

Bastet a secoué la tête.

– Ça ne ressemble pas à Seth.

– Comment ça ? Au contraire, c'est tout lui !

– Non. Seth désire être roi, mais une telle explosion pourrait bien le laisser sans royaume. C'est à croire que...

Elle s'est tue, comme si les pensées qui agitaient son esprit étaient trop effroyables pour être exprimées à voix haute.

– Nous allons bientôt atterrir, a-t-elle repris. Il faudra que vous demandiez des explications à Thot.

– Tu ne nous accompagnes pas ? ai-je demandé.

– Thot et moi, on s'entend comme chien et chat. Vous aurez de meilleures chances de survivre si...

Le voyant indiquant qu'on devait attacher nos ceintures s'est allumé, puis le commandant de bord a annoncé qu'on allait atterrir à Memphis. J'ai jeté un coup d'œil par le hublot. Un immense fleuve brun – le plus large que j'aie jamais vu – traversait le paysage, évoquant désagréablement un serpent géant.

Une hôtesse s'est approchée et a désigné mon assiette.

– C'est terminé ?

– On dirait que oui, ai-je répondu d'un ton lugubre.

Apparemment, Memphis ignorait qu'on était en hiver. Les arbres avaient toutes leurs feuilles et le ciel était d'un bleu éclatant.

On avait insisté auprès de Bastet pour qu'elle évite d'« emprunter » une nouvelle fois une voiture, et elle avait accepté d'en louer une à condition qu'il s'agisse d'une décapotable. J'ignore d'où elle tirait son argent, mais en un rien de temps, on s'est retrouvés à sillonner les rues presque désertes de Memphis à bord d'un cabriolet BMW.

De la ville elle-même, on n'a eu que des aperçus. On a traversé un quartier qui aurait pu servir de décor à une scène d'*Autant en emporte le vent* avec ses imposantes maisons blanches aux vastes pelouses plantées de cyprès, même si les pères Noël en plastique perchés sur les toits gâchaient un peu l'ambiance. À un moment, on a failli se faire emplafonner par une Cadillac qui déboulait du parking d'une église. Bastet a fait une embardée et klaxonné, mais la vieille au volant s'est contentée de nous sourire en agitant la main. Ça doit être ce qu'on appelle l'hospitalité sudiste.

Au bout de quelques centaines de mètres, les belles propriétés ont cédé la place à des baraques vétustes. J'ai repéré deux jeunes Blacks en jeans et débardeurs qui jouaient de la guitare et chantaient, assis sur les marches d'une maison. Ils avaient l'air tellement doués que je me serais bien arrêtée pour les écouter.

Au coin de la rue, une espèce de hangar arborait une pancarte rédigée à la main sur laquelle on pouvait lire : CHICKEN & WAFFLES. Une vingtaine de personnes faisaient la queue à l'extérieur.

– Des gaufres avec du poulet ? me suis-je exclamée. Drôle de mélange ! Décidément, les Américains vivent sur une autre planète.

Carter a levé les yeux au ciel avant de demander :

– C'est encore loin ?

Bastet a humé l'air avant de tourner à gauche, dans une rue appelée Poplar Street.

– Non, plus tellement. Tel que je le connais, Thot aura élu domicile dans un endroit dédié à la connaissance. Une bibliothèque, ou le tombeau d'un magicien enseveli avec ses livres...

– On ne doit pas en trouver beaucoup au Tennessee, a remarqué Carter.

– Ou à l'université de Memphis ? ai-je suggéré, désignant un panneau routier.

– Bien vu, Sadie ! a approuvé Bastet.

Carter m'a regardée de travers. Jaloux, va !

On a garé la voiture à l'entrée du campus et continué à pied : des bâtiments en briques rouges, de vastes esplanades où régnait un silence presque inquiétant, à peine troublé par le bruit d'un ballon rebondissant sur l'asphalte.

Carter s'est subitement déridé.

– Un terrain de basket, a-t-il annoncé.

– Je t'en prie, ai-je soupiré. Il faut qu'on trouve Thot.

Mais Carter s'est dirigé vers le bruit de la balle, et on l'a suivi. Il a tourné le coin d'un bâtiment et s'est immobilisé.

– Oh oh ! On pourrait peut-être leur demander notre chemin ?

D'abord, je n'ai pas compris de qui il parlait. Puis j'ai tourné à mon tour et suis restée bouchée bée de surprise. Sur le terrain de basket, cinq joueurs disputaient une partie acharnée. Ils portaient des maillots d'équipes différentes et semblaient également désireux de gagner, poussant des grognements féroces, se volant la balle et se bousculant sans ménagement.

Oh ! J'ai oublié de préciser que les cinq étaient des babouins.

– L'animal sacré de Thot, a dit Bastet. Ça prouve que nous nous trouvons au bon endroit.

Le pelage d'un des babouins, d'une belle couleur dorée, était plus clair que celui de ses compagnons, et son postérieur, hum, plus coloré. En plus, son maillot violet me disait quelque chose.

– Ce serait pas le maillot des Lakers ? ai-je demandé, hésitant à évoquer l'obsession grotesque de mon frère.

Carter a acquiescé en souriant, et nous avons crié d'une seule voix :

– Khéops !

On avait passé même pas une journée avec ce babouin, et notre séjour chez Amos me semblait remonter à des siècles. Pourtant, j'avais l'impression de retrouver un ami longtemps perdu de vue.

Khéops a sauté dans mes bras en poussant son cri familier :

– Agh, agh !

Il a fait mine de me chercher les poux (Carter, pas de commentaires) puis il s'est laissé glisser jusqu'au sol et a trépigné pour montrer sa joie.

Bastet a éclaté de rire.

– Il vient de dire que tu sentais aussi bon qu'un oiseau.

– Tu parles le babouin ? s'est étonné Carter.

Notre déesse de compagnie a balayé la question d'un geste.

– Il a aussi demandé où vous étiez passés.

– Où *nous* étions passés ? Eh bien, pour commencer, tu peux lui dire que je suis restée une bonne partie de la journée coincée dans le corps d'un milan – c'est un oiseau, je sais, mais il n'a pas intérêt à essayer de me manger. Ensuite...

– Une seconde.

Bastet s'est tournée vers Khéops et a fait : « Agh ! »

– C'est bon, continue, a-t-elle dit ensuite.

– Euh... Ensuite, c'est plutôt à *lui* de nous dire où il était passé.

Bastet a traduit cela par un grognement bref.

Khéops a produit une sorte d'éternuement avant de ramasser le ballon, provoquant une véritable frénésie chez ses congénères.

– Après son plongeon dans la rivière, a traduit Bastet, il a réussi à regagner la maison à la nage. Mais il l'a trouvée presque en ruine, et nous avions disparu. Il a attendu le retour d'Amos durant toute une journée. Voyant qu'il ne revenait pas, il a décidé de rejoindre Thot. Après tout, celui-ci est le dieu protecteur des babouins.

– Pourquoi ? s'est enquis Carter. Sans vouloir vexer qui que ce soit, je croyais que Thot était le dieu de la connaissance.

– Les babouins possèdent une grande sagesse, lui a rétorqué Bastet.

– Agh !

Khéops s'est gratté le nez puis il a tourné vers nous son postérieur en Technicolor et a lancé le ballon à ses copains. Ceux-ci se le sont aussitôt disputé, montrant les dents et échangeant des claques.

J'ai ricané :

– Une grande sagesse, hein ?

– Bien sûr, ils ne peuvent pas rivaliser avec des chats, a ajouté Bastet. Mais quand même. Khéops dit qu'il vous conduira auprès du professeur dès que Carter aura tenu sa promesse.

– Le prof... Oh ! je vois.

Carter a paru inquiet :

– Quelle promesse ?

Les coins de la bouche de Bastet ont frémi, comme si elle réprimait une envie de rire.

– Apparemment, tu aurais promis de lui montrer tes talents au basket.

Mon frère a ouvert de grands yeux, l'air paniqué.

– On n'a pas le temps pour ça !

– Mais si, a assuré Bastet. Maintenant, je vais vous laisser...

– Tu vas où ? ai-je demandé, redoutant d'être de nouveau séparée d'elle. Comment fera-t-on pour te retrouver ?

L'expression de Bastet s'est teintée de remords, comme si elle venait de causer un accident mortel.

– C'est moi qui vous retrouverai, si toutefois vous ressortez d'ici...

Carter a aussitôt réagi :

– Comment ça, si on ressort ?

Mais Bastet s'était déjà éloignée en courant sous la forme de Muffin.

Khéops, qui s'impatientait, a tiré Carter par le bras, l'entraînant vers le terrain de basket. Les babouins se sont divisés en deux équipes, les uns ôtant leur maillot tandis que les autres le conservaient. Carter, malheureusement, se trouvait dans l'équipe sans maillot. Khéops l'a aidé à enlever sa chemise, dévoilant sa poitrine creuse, puis la partie a commencé.

Autant le dire, je ne connais rien au basket. Pourtant, je parierais que les joueurs ne sont pas censés s'emmêler les pieds, intercepter le ballon avec le front ou dribbler – c'est bien le mot ? – avec les deux mains, comme s'ils patouillaient un chien susceptible d'avoir la rage. Pourtant, c'est exactement ce que faisait Carter. Les babouins l'écrasaient, au propre et au figuré, marquant panier sur panier pendant que mon frère vacillait sur ses jambes, prenait le ballon dans la figure chaque fois qu'il passait à sa portée, trébuchait sur les pieds de ses adversaires, et finissait par s'étaler de tout son long, trempé de sueur. Les babouins ont interrompu la partie et l'ont regardé avec étonnement. Étendu au milieu de terrain, Carter soufflait comme un phoque. Les babouins se sont ensuite tournés vers Khéops, et il n'y avait pas besoin d'être extralucide pour comprendre ce qu'ils pensaient : *Qu'est-ce qui t'a pris d'inviter ce gros nul ?* Khéops se cachait derrière sa main, honteux.

– C'était bien la peine d'en faire des tonnes avec les Lakers, ai-je ironisé. Battu par des singes... Oh, la lose !

– Le basket... a gémi Carter, l'air penaud. C'était le sport préféré de papa.

Le sport préféré de papa... Comment n'y avais-je pas pensé ?

Carter a dû interpréter mon silence comme une critique supplémentaire, car il a tenté de se justifier :

– Je... je peux te sortir toutes les statistiques de la NBA : points, rebonds, réussite aux lancers francs...

Les babouins ont recommencé à jouer, ignorant à la fois Carter et Khéops. Ce dernier a poussé une sorte d'aboiement qui exprimait le dépit.

Je pouvais le comprendre, toutefois je me suis avancée vers mon frère et lui ai tendu la main.

– C'est pas grave, va. Allez, relève-toi.

– Si j'avais de meilleures chaussures, ou si j'avais été moins fatigué...

– Carter, on s'en fiche ! Et ne t'en fais pas, je n'en dirai pas un mot à papa quand on l'aura sauvé.

Il m'a lancé un regard plein de gratitude (Je sais, je suis géniale) puis il a attrapé ma main, et je l'ai aidé à se lever.

– Maintenant, fais-moi plaisir et remets ta chemise. Khéops ? C'est le moment de nous conduire auprès du professeur.

En suivant le babouin, on a pénétré dans un bâtiment qui semblait désert. Ça sentait le vinaigre dans les couloirs, et les salles de cours qu'on devinait derrière les portes entrouvertes paraissaient trop minables pour accueillir un dieu. On a monté un escalier qui conduisait aux bureaux des professeurs. La seule porte ouverte laissait voir un espace à peine plus grand qu'un placard à balais, meublé d'une minuscule table, d'une chaise, et rempli de livres du sol au plafond. Qu'est-ce que ce prof avait bien pu faire de mal pour mériter un bureau aussi exigu ?

– Agh !

Khéops s'est arrêté devant une porte en acajou poli beaucoup plus belle que les autres. Un nom écrit au pochoir scintillait sur la vitre au-dessus : Pr THOT

Sans prendre la peine de frapper, le babouin a poussé la porte et est entré d'une démarche dandinante.

– Après toi, mon poulet, ai-je dit à Carter.

Je te rassure, je n'avais pas complètement renoncé à le mettre en boîte : j'ai une réputation à défendre, moi !

Je m'attendais à découvrir un autre placard à balais, mais le bureau de Thot était incroyablement vaste.

D'une hauteur d'au moins dix mètres, il possédait un mur entièrement vitré offrant une vue dégagée sur la ville. Un escalier métallique conduisait à une mezzanine où trônait un énorme télescope et d'où provenaient des accords de guitare électrique plutôt maladroits. Les autres murs étaient recouverts de livres. Du matériel de chimie, des ordinateurs à moitié assemblés, des animaux empaillés avec des câbles électriques qui leur sortaient des yeux s'empilaient sur plusieurs tables de travail avec quantité d'autres bricoles. Il flottait dans l'air une odeur de grillade, mais avec des relents de brûlé.

Plus étrange encore, une demi-douzaine d'oiseaux aux longs cous – des ibis –, assis derrière des bureaux, tapaient avec leurs becs sur des ordinateurs portables.

Pour une fois, j'étais à court de mots.

Khéops a poussé un « Agh » sonore.

Sur la mezzanine, la musique a cessé. Un grand type maigre s'est levé, une guitare électrique à la main. Âgé d'environ vingt-cinq ans, il avait une épaisse chevelure du même blond que le pelage de Khéops et portait une blouse de labo crasseuse sur un tee-shirt noir et un jean délavé. J'ai d'abord cru qu'un filet de sang s'écoulait du coin de sa bouche, puis j'ai compris que c'était de la sauce.

Un large sourire a éclairé son visage.

– Khéops, j'ai fait une découverte fascinante : on est bien à Memphis, mais pas en Égypte.

L'animal m'a lancé un regard qui voulait dire : « Tu parles d'une révélation ! »

– J'ai également découvert une nouvelle forme de magie appelée « blues »... et le barbecue. Tu devrais goûter ça !

L'air blasé, Khéops a escaladé une bibliothèque, attrapé un paquet de Cheerios sur une étagère et commencé à manger.

Le prof s'est laissé glisser le long de la rampe avec une agilité étonnante et a atterri devant nous.

– Isis et Horus, a-t-il dit. Je vois que vous avez de nouveaux hôtes.

Ses yeux étaient d'une dizaine de couleurs différentes qui se mêlaient comme dans un kaléidoscope, créant un effet hypnotique.

J'ai tenté de protester :

– Nous ne sommes pas...

– Oh, je vois ! On s'efforce de cohabiter, hein ? À d'autres ! Je sais que c'est toi aux commandes, Isis.

– Non, c'est faux ! Je m'appelle Sadie Kane. Et vous devez être Thot ?

Il a haussé les sourcils.

– Tu prétends ne pas me connaître ? Bien sûr, je suis Thot. Également appelé Djehouti, également appelé...

J'ai réprimé un rire.

– Geai-outil ?

– Ça sonne mieux en vieil égyptien, a-t-il répliqué d'un ton froissé. Ce sont les Grecs qui m'ont appelé Thot. Plus tard, ils m'ont confondu avec leur dieu, Hermès. Ils ont même eu le toupet de rebaptiser ma ville Hermopolis, alors que nous n'avons rien en commun, croyez-moi. D'ailleurs, si vous connaissiez Hermès...

Khéops l'a interpellé, la bouche pleine de Cheerios :

– Agh !

– Tu as raison, a soupiré Thot. Je m'égare. Donc, tu affirmes être Sadie Kane. Quant à toi...

Il a pointé un doigt vers Carter, qui observait les ibis occupés à picorer leurs claviers.

– ... je suppose que tu n'es pas Horus ?

– Carter Kane, a répondu mon frère, fixant un écran du regard. C'est quoi ?

Le visage de Thot s'est éclairé.

– Cette machine porte le nom d'« ordinateur ». Quelle belle invention, n'est-ce pas ? Apparemment, elle...

– Je parlais du texte que tapent les ibis. « Court traité sur l'évolution des yacks » ?

– Différents articles en cours de rédaction, a expliqué Thot. J'essaie de mener plusieurs projets de front. Saviez-vous que cette université ne disposait pas d'unités de recherche en astrologie et en médecine des simples ? Un vrai scandale ! J'ai bien l'intention d'y remédier. J'ai entrepris de rénover d'anciens bâtiments en bordure du fleuve. Bientôt, Memphis sera un centre de savoir digne de ce nom !

– Génial, ai-je commenté sans enthousiasme. On a besoin d'aide pour vaincre Seth.

Les ibis ont cessé de taper et ont levé les yeux vers moi.

Thot a essuyé la sauce de ses lèvres.

– Tu ne manques pas de culot de me demander de l'aide, après ce qui s'est passé la dernière fois !

– La dernière fois ?

– J'ai le récit quelque part...

Thot a palpé les poches de sa blouse et en a tiré une feuille de papier froissée.

– Non. Ça, c'est la liste des courses.

Il a jeté le papier par-dessus son épaule. En touchant le sol, il s'est transformé en un pain complet, une brique de lait et un pack de canettes de soda.

Tandis qu'il fouillait dans ses manches, j'ai réalisé que les taches sur sa blouse se modifiaient sans cesse, formant tour à tour des hiéroglyphes, des lettres de l'alphabet latin et des caractères démotiques. Quand il a brossé son épaule, neuf lettres sont tombées sur le sol, y traçant le mot « écrevisse ». Puis le mot est devenu un crustacé visqueux qui a brièvement agité les pattes avant qu'un ibis ne l'engloutisse.

– Je ne le retrouve pas, a dit enfin Thot. Je vais vous donner la version courte : afin de venger son père Osiris, Horus provoque Seth en duel. Le gagnant deviendra le roi des dieux.

– Horus remporte la victoire, a complété Carter.

– Tu vois que tu t'en souviens !

– Pas du tout ! Je l'ai lu.

– Et as-tu également oublié que sans mon aide, Isis et toi seriez morts ? Oh, j'ai bien proposé de jouer les médiateurs pour éviter l'affrontement. C'est une de mes missions, voyez-vous : préserver l'équilibre entre l'ordre et le chaos. Mais non, Isis m'a convaincu de rejoindre votre camp, au prétexte que Seth devenait trop puissant. Et la bataille qui s'en est suivie a failli détruire le monde.

Il faut toujours qu'il exagère, a soupiré Isis à l'intérieur de ma tête. *Ce n'était pas si terrible.*

– Ah oui ? a fait Thot, et j'ai eu le sentiment qu'il l'entendait aussi nettement que moi. Seth a arraché un œil à Horus.

Carter a grimacé :

– Aïe !

– Mais je lui en ai donné un nouveau, fait avec un rayon de lune : l'Œil d'Horus, devenu ton symbole. Merci qui ? Et quand tu as tranché la tête d'Isis...

– Quoi ? s'est exclamé Carter, me regardant d'un air épouvanté.

Je m'en suis remise, m'a soufflé la déesse.

– Seulement parce que *je* t'ai guérie, Isis ! Eh oui, Carter, Horus, quel que soit ton nom. Dans ta fureur, tu lui as bel et bien coupé la tête. Tu t'apprêtais à attaquer Seth alors que tu étais encore faible. Isis a tenté de te raisonner, alors tu as tiré ton épée, et vous avez failli vous détruire mutuellement. Si vous devez de nouveau affronter le Seigneur rouge, prenez garde. Il fera appel au chaos pour vous dresser l'un contre l'autre.

Ne t'inquiète pas, on le vaincra une fois de plus, a promis Isis. *Thot est jaloux, c'est tout.*

Thot et moi avons crié d'une même voix :

– Silence !

Il m'a lancé un regard surpris.

– Tu disais vrai... Tu essaies de garder le contrôle. Ça ne durera pas. Le sang des pharaons coule peut-être dans tes veines, mais Isis est une manipulatrice, une ambitieuse qui...

– Je peux la maîtriser, ai-je affirmé.

J'ai dû faire appel à toute ma volonté pour empêcher Isis de proférer un chapelet d'injures.

– N'en sois pas si sûre, a repris Thot, jouant avec les cordes de sa guitare. Isis t'a sans doute raconté qu'elle avait contribué à la défaite de Seth. Mais t'a-t-elle dit que si Seth était devenu incontrôlable, c'était à cause d'elle ? Elle a exilé notre premier souverain.

– Vous voulez parler de Rê ? est intervenu Carter. Je croyais qu'il avait décidé de quitter la terre parce qu'il devenait vieux.

– Il était vieux, certes, mais on l'a forcé à partir. Isis était lasse d'attendre qu'il se retire de lui-même. Elle voulait que son époux, Osiris, règne à sa place. Elle voulait aussi renforcer son pouvoir. Aussi, un jour, elle a profité de ce que Rê faisait un somme pour récupérer un peu de salive qui avait coulé sur le menton du dieu du soleil.

J'ai grimacé.

– Berk ! La salive rend plus puissant ? Première nouvelle !

Thot m'a jeté un regard accusateur.

– En mélangeant sa salive à de l'argile, tu as créé un serpent venimeux. Durant la nuit, ce serpent s'est introduit dans la chambre de Rê et l'a mordu à la cheville. Nulle magie, pas même la mienne, ne pouvait le sauver. Il serait mort...

– Les dieux peuvent mourir ? l'a interrompu Carter.

– Oui, même si, la plupart du temps, nous finissons par émerger de la Douât. Mais le venin du serpent dévorait l'essence même de Rê. Isis, bien sûr, a fait l'innocente. Elle s'est répandue en pleurs devant les souffrances de Rê. Elle a tenté de le soulager grâce à sa magie, avant de lui dire que s'il voulait survivre, il devait lui révéler son nom secret.

– Son nom secret ? Comme Bruce Wayne ?

– Tout ce qui existe possède un nom secret. Même les dieux. Découvrir le nom secret d'une créature permet d'exercer un pouvoir sur elle. Rê souffrait tellement qu'il a révélé le sien à Isis, et elle l'a guéri.

– Mais il était désormais en son pouvoir, a conclu Carter.

– Et comment ! Elle a obligé Rê à se retirer dans le ciel, permettant ainsi à son bien-aimé, Osiris, d'accéder au trône. Seth, qui avait été un des principaux lieutenants de Rê, ne l'a pas supporté. Par conséquent, les deux frères sont devenus des ennemis, et cinq mille ans plus tard, leur querelle n'est toujours pas éteinte. Tout ça à cause d'Isis.

J'ai protesté :

– J'y suis pour rien, moi ! Je ne ferais jamais une chose pareille.

– Vraiment ? N'es-tu pas prête à tout pour sauver les tiens, quitte à rompre l'équilibre du cosmos ?

Il a rivé ses yeux kaléidoscopiques sur les miens, et j'ai senti la colère monter en moi. Oui, j'étais prête à tout pour sauver ma famille. Et alors ? Ce n'était pas un cinglé en blouse de labo qui allait me dire ce que je devais faire...

Soudain j'ai réalisé que j'ignorais si cette pensée venait d'Isis ou de moi. La panique m'a envahie. Si j'étais incapable de démêler mes réflexions de celles d'Isis, ça signifiait que j'étais en train de perdre la raison.

– Vous devez me croire, ai-je martelé d'une voix rauque. C'est moi qui vous parle – moi, Sadie – et j'ai besoin de votre aide. Notre père est prisonnier de Seth.

Je lui ai tout déballé – tout, depuis le British Museum jusqu'à la pyramide rouge que Carter avait vue. Il m'a écoutée sans faire de commentaire, mais il m'a semblé voir apparaître de nouvelles taches sur sa blouse tandis que je parlais, à croire que celle-ci absorbait mes paroles au fur et à mesure.

– Tout ce qu'on vous demande, ai-je conclu, c'est un avis. Carter, montre-lui le livre.

Mon frère a sorti de son sac l'ouvrage qu'on avait volé à Paris.

– C'est vous qui avez écrit ceci, pas vrai ? a-t-il dit à Thot. Ça raconte comment vaincre Seth.

Thot a déplié le papyrus.

– J'ai horreur de me relire, a-t-il soupiré. Regardez-moi cette phrase... Jamais je ne l'écrirais ainsi aujourd'hui. L'un de vous aurait-il un stylo rouge ? a-t-il demandé en tâtant ses poches.

Cependant, Isis rongeait son frein. *Une boule de feu*, a-t-elle suggéré. *Crois-moi, il ferait moins le malin après. Rien qu'une énorme boule de feu, d'accord ?*

Je dois dire que j'étais tentée, toutefois j'ai tenu bon.

– Écoutez, Thot, Geai-outil, ou quel que soit le nom qu'on vous donne. Seth s'apprête à détruire au mieux les États-Unis, au pire la Terre entière. Des millions de gens vont mourir. Vous prétendez vous soucier de l'équilibre de l'univers. Alors, vous allez nous aider, oui ou non ?

Pendant quelques secondes, on n'a entendu que les becs des ibis picorant les claviers.

– Vous êtes dans de sales draps, a fini par lâcher Thot. À votre avis, pourquoi votre père vous a-t-il fourrés dans cette situation ? Pourquoi a-t-il libéré les dieux ?

J'ai failli répondre « Pour ramener notre mère », mais je n'y croyais plus.

J'ai avancé une autre explication :

– Notre mère voyait l'avenir. Elle savait qu'une chose terrible allait se produire. Papa et elle ont tenté de l'empêcher. Ils ont cru y parvenir en libérant les dieux.

– Sachant combien le pouvoir des dieux est dangereux pour les mortels, ils ont néanmoins enfreint la loi édictée par la Maison de vie – loi que j'ai persuadé Iskandar d'adopter, soit dit en passant.

Je me suis alors rappelée une chose que m'avait dite le vieux chef lecteur dans la salle des temps : les dieux possèdent d'immenses pouvoirs, mais seuls les hommes sont capables d'inventer.

– Et moi, je pense que ma mère avait convaincu Iskandar que cette loi était mauvaise. Sans doute ne pouvait-il pas l'admettre publiquement, mais elle l'avait fait changer d'avis. Face à la menace qui s'approche, les dieux et les hommes vont avoir besoin les uns des autres.

– Cette menace, de quoi s'agit-il ? a repris Thot. De l'avènement de Seth ?

Disant cela, il avait l'expression d'un prof qui tend un piège à un élève.

Je ne suis pas tombée dans le panneau.

– Peut-être, ai-je répondu sans me mouiller. Je n'en sais rien.

Toujours perché sur une bibliothèque, Khéops a lâché un rot sonore. Ses babines retroussées laissaient voir ses crocs jaunâtres.

– Tu as raison, Khéops, a dit Thot d'un ton songeur. Elle ne parle pas comme Isis. Jamais elle n'avouerait son ignorance.

J'ai dû plaquer une main sur la bouche d'Isis – en pensée, naturellement.

Thot a rendu le livre à Carter.

– Voyons si vos actes sont à la hauteur de vos paroles, a-t-il alors ajouté. Je vous expliquerai le contenu de cet ouvrage si vous m'apportez la preuve que c'est bien vous, non vos dieux, qui êtes maîtres à bord, et que vous ne répétez pas simplement les mêmes schémas anciens.

– C'est un test ? a dit Carter. D'accord.

Je suis intervenue :

– Eh, une minute !

N'ayant jamais fréquenté l'école, Carter ne savait pas qu'un test n'annonce généralement rien de bon.

– Parfait ! s'est réjoui Thot. J'ai besoin d'un objet de pouvoir qui se trouve dans la tombe d'un magicien. Vous allez devoir me l'apporter.

– Quelle tombe, ai-je demandé, et quel magicien ?

Au lieu de répondre, Thot a tracé des signes dans le vide à l'aide d'un morceau de craie. Une porte s'est matérialisée juste devant lui.

– Comment avez-vous fait ? me suis-je exclamée. Bastet dit qu'il est impossible d'invoquer une porte pendant les jours des démons.

– Pour les mortels, sans doute. Mais pas pour le dieu de la magie. Si vous réussissez, on fêtera ça avec un barbecue.

La porte nous a précipités dans un néant obscur, et le bureau de Thot a disparu.

SADIE

24. *Du strass, du stress... et des lézards*

J'ai demandé :

– On est où ?

On avait atterri sur une avenue déserte, devant le portail d'une grande propriété. Il m'a semblé qu'on n'avait pas quitté Memphis – du moins, la végétation, la chaleur, la lumière en donnaient l'impression.

Le portail en métal blanc était décoré avec des notes de musique et les silhouettes de deux guitaristes. Au-delà, on apercevait une allée qui décrivait une courbe entre des arbres avant de rejoindre une maison à un étage avec un portique blanc.

– Oh non, a gémi Carter. Je connais ce portail.

– Hein ?

– Papa m'a amené ici un jour. La tombe d'un grand magicien, tu parles ! Thot s'est fichu de nous.

– Qu'est-ce que tu racontes ? Quelqu'un est enterré ici ?

Il a acquiescé.

– On se trouve devant Graceland, la maison du chanteur le plus célèbre du monde.

– Michael Jackson ?

– Mais non, idiote. Elvis Presley.

J'ai hésité entre l'insulter et éclater de rire.

– Elvis Presley ? Les combinaisons blanches incrustées de strass, la Gomina, la collection de disques de mamie... On parle bien du même ?

Carter a regardé autour de lui, l'air inquiet, et a empoigné son épée, même si, en apparence, on était seuls.

– C'est ici qu'il a vécu et qu'il est mort, m'a-t-il dit. Il est enterré derrière la maison.

– Elvis était magicien ?

– J'en sais rien. Mais Thot a laissé entendre que la musique était une forme de magie. Ce qui m'étonne, c'est qu'il n'y ait personne à part nous. D'habitude, cet endroit est blindé de touristes.

– Ça doit être à cause de Noël...

– Et l'absence de gardiens ?

– Peut-être que Thot a éloigné les gens, comme Zia à Louxor.

– Peut-être, a-t-il dit, mais il n'avait pas l'air convaincu.

Il a poussé le portail, qui s'est ouvert facilement.

Je l'ai entendu marmonner :

– Ça non plus, c'est pas normal.

– En effet. Mais allons présenter nos respects au maître des lieux.

Tandis qu'on remontait l'allée, je me suis fait la réflexion que la maison du « King » n'avait rien d'un palais. Comparée aux villas somptueuses d'autres célébrités que j'avais pu voir à la télé, elle paraissait minuscule. Elle n'avait qu'un étage, et deux ridicules lions en plâtre flanquaient l'escalier menant au portique. Peut-être les gens vivaient-ils plus simplement à l'époque d'Elvis... Ou alors, il dépensait tout son argent en costards ridicules.

On s'est arrêtés au pied des marches. Carter s'est mis à observer les lions comme s'il craignait qu'ils ne nous attaquent.

– Tu disais que tu étais déjà venu ici avec papa ?

– Ouais. Il aime surtout le blues et le jazz, mais d'après lui, Elvis est important parce qu'il a popularisé la musique noire américaine auprès du public blanc. C'est un précurseur du rock'n'roll. On se trouvait à Memphis pour un symposium, je crois, et papa a insisté pour m'amener ici.

– La chance !

D'accord, je commençais à admettre que la vie avec papa, ce n'était pas tous les jours marrant. Pourtant, je ne pouvais m'empêcher d'être un peu jalouse de Carter. Ce n'est pas que je regrettais de ne pas avoir visité Graceland – surtout pas ! – mais papa n'avait jamais insisté pour m'emmener nulle part... du moins jusqu'à notre expédition au British Museum, juste avant sa disparition. Je ne savais même pas qu'il était fan d'Elvis – et à vrai dire, j'aurais préféré continuer à l'ignorer.

On a gravi les marches. La porte d'entrée s'est ouverte d'elle-même.

– J'aime pas ça, a murmuré Carter.

J'ai jeté un coup d'œil derrière nous, et mon sang s'est glacé dans mes veines. J'ai pressé le bras de mon frère.

– Carter...

Deux magiciens remontaient l'allée, brandissant leur baguette et leur bâton.

– Entrons, a dit Carter. Vite !

Je n'ai pas pris le temps d'admirer l'intérieur de la maison. J'ai aperçu une salle à manger à gauche, et à droite, au-delà d'une porte encadrée de vitraux représentant des paons, un salon avec un piano. Des cordons empêchaient de s'approcher des meubles. Les pièces sentaient le vieux.

– Thot a parlé d'un objet de pouvoir, ai-je rappelé. Où est-il ?

– J'en sais rien, moi ! Il n'y avait pas de rubrique « objets de pouvoir » dans le programme de la visite.

J'ai regardé par la fenêtre. Nos ennemis approchaient. Le premier, vêtu d'un jean, d'une chemise noire sans manches, de bottes et d'un chapeau de cow-boy cabossé, ressemblait davantage à un hors-la-loi qu'à un magicien. Son complice était plus balèze, avec des tatouages, le crâne rasé et une barbe en désordre. Celui qui portait un chapeau s'est arrêté à une dizaine de mètres de la maison et a brandi son bâton, qui s'est alors transformé en fusil.

Vite, j'ai poussé Carter à l'intérieur du salon.

La porte de la maison d'Elvis a volé en éclats, et la détonation m'a momentanément assourdie. On a détalé à quatre pattes vers l'arrière de la maison. On a ainsi traversé une cuisine vieillotte, puis la pièce la plus étrange que j'aie jamais vue. Le mur du fond, recouvert de végétation, incluait une authentique cascade. La moquette (même au plafond, s'il te plaît) était verte, les meubles avaient des formes d'animaux flippants. Histoire d'en rajouter une couche, on avait placé des singes en plâtre et des lions empaillés à des endroits stratégiques. Malgré le danger qui nous menaçait, je n'ai pu m'empêcher de m'arrêter pour m'imprégner du décor.

– Ton Elvis n'avait vraiment aucun goût, ai-je constaté.

– C'est la « Jungle Room ». Il l'avait aménagée comme ça pour embêter son père.

– Alors là, respect !

Une nouvelle détonation a retenti à travers la maison.

– Séparons-nous, a proposé Carter.

– Mauvaise idée !

Les pas des magiciens se rapprochaient ; on les entendait circuler de pièce en pièce, cassant tout sur leur passage.

– Je vais les occuper pendant que tu chercheras, a repris mon frère. La salle des trophées est de ce côté.

– Carter, non !

Mais cet idiot s'est précipité vers le danger pour me protéger. Je déteste quand il fait ça. J'aurais dû le suivre, ou m'enfuir dans la direction opposée, mais j'étais comme paralysée. Je l'ai vu tourner le coin d'un mur, brandissant son épée. Un halo doré commençait à se former autour de lui... Et là, *blam* ! Il est tombé à genoux, frappé par un éclair vert émeraude. Pendant une seconde, j'ai cru qu'il avait été blessé par un tir de fusil et j'ai étouffé un cri. Mais il s'est aussitôt affaissé et s'est mis à rétrécir, se transformant en une minuscule créature verte.

Le lézard qui avait été mon frère a couru vers moi et a grimpé le long de ma jambe. Posé à plat sur ma paume, il m'a jeté un regard désespéré.

– Il faut trouver sa sœur, a fait une voix rauque dans la pièce voisine. Elle doit pas être loin.

– Oh, Carter ! ai-je murmuré tendrement au lézard. Comment tu as pu me faire ça ? Tu mériterais que je t'écrase.

Je l'ai fourré dans ma poche avant de déguerpir.

Les deux magiciens ont continué à fouiller la maison, renversant les meubles, brisant les bibelots. On aurait dit qu'ils n'étaient pas fans d'Elvis.

Je me suis glissée sous un cordon, ai traversé un couloir sur la pointe des pieds et ai pénétré dans la salle des trophées. Comme son nom l'indiquait, elle était pleine de trophées. Des disques d'or s'étalaient partout sur les murs. Les fameuses combinaisons du King scintillaient derrière des vitrines. La pièce était plongée dans la pénombre, sans doute pour éviter que leurs strass n'éblouissent les visiteurs. Des haut-parleurs diffusaient en sourdine la chanson où Elvis défend à quiconque de marcher sur ses chaussures en daim bleu.

J'ai promené mon regard autour de moi, sans repérer quoi que ce soit qui ait l'air « magique ». Les combinaisons ? Thot n'espérait quand même pas que j'allais en enfiler une ? Les disques d'or ? Comme frisbee, passe encore, mais non.

Un appel a retenti sur ma droite :

– Jerrod !

Un des deux magiciens remontait le couloir. Je me suis

précipitée vers la seconde porte, mais une voix s'est élevée juste derrière, répondant à la première :

– Ouais, j'suis là !

J'étais prise au piège.

– Toi et ta fichue cervelle de lézard, ai-je murmuré à l'intention de Carter.

Il s'est agité à l'intérieur de ma poche, mais il ne pouvait m'être d'aucun secours.

J'ai sorti ma baguette de ma sacoche. Tracer un cercle magique autour de moi ? Pas le temps, et puis je n'avais aucune envie de me battre pied à pied contre deux magiciens expérimentés. Je devais garder ma liberté de mouvement. J'ai agrippé le bâton. Je pouvais toujours l'enflammer ou le changer en lion, mais à quoi bon ? Soudain j'ai été prise de tremblements. J'aurais voulu me faire toute petite et me cacher parmi la collection de disques d'or d'Elvis.

Isis s'est alors manifestée :

Laisse-moi prendre le contrôle, et je réduirai nos ennemis en cendres.

Non.

Tu vas nous faire tuer toutes les deux.

J'avais conscience de la pression qu'elle exerçait sur ma volonté, et aussi de la colère que lui inspiraient les magiciens : *Comment ces deux minables osent-ils nous défier ? Nous pourrions les détruire d'un seul mot.*

Non, ai-je répété. Puis je me suis rappelée un conseil que m'avait donné Zia : « Sers-toi de ce que tu as. » La pièce était faiblement éclairée. Peut-être qu'en la rendant encore plus sombre...

J'ai murmuré :

– Ténèbres !

La musique s'est tue, les lumières ont vacillé et se sont éteintes. Le ciel lui-même s'est assombri derrière les vitres, plongeant la pièce dans l'obscurité totale.

Le premier magicien a poussé un soupir exaspéré :

– Jerrod...

– J'ai rien fait, Wayne, a protesté Jerrod. Pourquoi c'est toujours moi qu'on accuse ?

Wayne a marmonné quelque chose en égyptien tout en continuant d'avancer vers moi.

J'ai fermé les yeux et imaginé ce qui m'entourait. Jerrod tâtonnait le long du couloir à ma gauche, et je devinais la présence de Wayne derrière le mur à ma droite, à quelques pas à peine de la porte. J'ai visualisé les quatre vitrines renfermant les combinaisons d'Elvis, et j'ai pensé : *Ils sont en train de saccager votre maison. Défendez-la !*

Mon ventre s'est contracté, comme si j'avais soulevé un gros poids, puis les vitrines se sont ouvertes. J'ai entendu un bruissement d'étoffe raide – on aurait dit des voiles claquant au vent – et distingué quatre silhouettes fantomatiques qui se dirigeaient par paire vers chacune des portes.

Wayne a hurlé quand les combinaisons vides l'ont attaqué de front. Il a tiré un coup de feu qui a brièvement éclairé l'obscurité. Puis Jerrod a poussé un cri de surprise, suivi d'un bruit de chute. J'ai décidé d'aller vers lui – plutôt un débile au sol qu'une teigne armée d'un fusil.

Je me suis faufilée dans le couloir, laissant derrière moi Jerrod qui se débattait et criait :

– Lâchez-moi ! Lâchez-moi !

Qu'est-ce que tu attends ? m'a houspillée Isis. *Réduis-le en cendres tant qu'il est à terre !*

D'un côté, je savais qu'elle avait raison : si j'épargnais Jerrod, il serait bientôt sur pied et se lancerait à ma poursuite. D'un autre côté, j'aurais trouvé minable de l'achever, surtout alors qu'il se faisait malmener par les combinaisons d'Elvis. Je me suis jetée sur la première porte et ai émergé dans la lumière de l'après-midi.

J'étais à l'arrière de Graceland. Une fontaine gargouillait à quelque distance de la maison, entourée de tombes. Une flamme brûlait derrière une vitre à la tête de l'une d'elles, couverte d'une montagne de fleurs. Ne me demande pas comment j'ai deviné que c'était celle d'Elvis.

La tombe d'un magicien, avait dit Thot... C'était trop bête : on avait perdu du temps à chercher dans la maison, alors que l'objet de pouvoir se trouvait forcément à l'endroit où Elvis était enterré. Mais de quoi pouvait-il s'agir ?

Tandis que je me dirigeais vers la tombe, la porte de la maison s'est brusquement ouverte et le magicien au crâne rasé a déboulé dans le jardin, portant sur le dos une combinaison blanche dont les manches s'enroulaient autour de son cou.

– Te v'là enfin, sale gamine ! s'est-il écrié en se débarrassant de la combinaison – à sa voix, j'ai identifié Jerrod. On peut dire que tu nous en as fait voir, toi !

Il a pointé vers moi son bâton, duquel a jailli un éclair vert. J'ai réussi à le dévier vers le ciel avec ma baguette. Au-dessus de moi, un pigeon a poussé un cri de stupeur, et un lézard tout neuf s'est abattu à mes pieds.

– Oups ! Pardon, lui ai-je dit.

Le magicien a jeté son bâton au sol, où il s'est métamorphosé en un dragon de Komodo de la taille d'un taxi londonien – apparemment, les lézards étaient la spécialité de Jerrod.

Le monstre s'est rué vers moi avec une rapidité surnaturelle. Il a ouvert la gueule et m'aurait certainement coupée en deux si je n'avais pas coincé mon propre bâton entre ses mâchoires.

Jerrod a éclaté de rire.

– Bien joué, gamine !

Les mâchoires puissantes du monstre exerçaient une pression considérable sur le bâton. Encore quelques secondes, puis le bois éclaterait et je finirais dans l'estomac du dragon. Je me suis adressée à Isis : *Un coup de main serait le bienvenu.* Avec d'infinies précautions, je lui ai ouvert mon esprit tout en m'efforçant d'en garder le contrôle. J'avais l'impression de chevaucher un tsunami sur une minuscule planche de surf. Cinq mille ans d'expérience, de puissance et de savoir accumulés m'ont traversée avec la force d'un torrent. Elle m'a proposé plusieurs solutions, et j'ai choisi la plus simple. J'ai chargé mon bâton en énergie, jusqu'à ce qu'il devienne presque incandescent. Un sinistre gargouillis s'échappait de la gueule du dragon pendant que le bâton s'allongeait, écartant toujours davantage ses mâchoires, et soudain... *Boum* !

Le dragon a explosé, projetant autour de moi les éclats du bâton de Jerrod. Avant que celui-ci soit revenu de sa surprise, j'ai lancé ma baguette vers lui. Elle l'a atteint en plein front. Il a louché et s'est effondré tandis que ma baguette regagnait ma main.

Ç'aurait fait un happy end parfait... Seulement voilà, j'avais oublié Wayne, le magicien au chapeau de cow-boy. À son tour, il a déboulé de la maison et a failli trébucher sur son copain, mais il s'est aussitôt ressaisi.

– Air ! a-t-il crié.

Mon bâton s'est envolé de ma main pour rejoindre la sienne.

– Tu t'es bien battue, ma puce, a dit Wayne avec un sourire cruel. Malheureusement, tu ne fais pas le poids face à la magie élémentale.

Il a frappé le sol avec l'extrémité des deux bâtons, le sien et le mien. Une vague a déferlé vers moi, comme si la terre était devenue liquide, me renversant et m'arrachant ma baguette. J'ai réussi à me mettre à genoux. Au même moment, Wayne a entamé une incantation pour invoquer le feu.

La corde ! a dit Isis. *Une magicienne en a toujours sur elle.*

Dans mon affolement, j'étais incapable d'aligner deux pensées, mais ma main s'est dirigée d'elle-même vers ma sacoche et en a retiré un petit morceau de ficelle. Ce n'était pas à proprement parler une « corde », mais en la voyant, je me suis rappelé quelque chose qu'avait fait Zia au musée, à New York. Lançant la ficelle vers Wayne, j'ai crié le mot que me soufflait Isis :

– *Tas* !

Des hiéroglyphes dorés sont apparus au-dessus de la tête de Wayne :

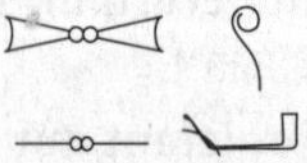

La ficelle volait toujours vers lui, s'allongeant, prenant de l'épaisseur, se tordant tel un serpent furieux. Les bâtons ont craché deux jets de flammes dans ma direction, mais la corde était rapide. Elle s'est enroulée autour des chevilles de Wayne pour le faire tomber, puis autour de son corps, l'emprisonnant dans un cocon depuis le cou jusqu'aux orteils. Il s'est débattu, a hurlé et m'a traitée de quelques noms d'oiseau, tous aussi peu flatteurs les uns que les autres.

Je me suis relevée avec difficulté. Jerrod était toujours K.-O. J'ai ramassé mon bâton. Wayne continuait à se débattre et à jurer en égyptien avec l'accent du sud des États-Unis.

Achève-le, m'a ordonné Isis. *Autrement, il n'aura de cesse de te poursuivre pour te détruire.*

– Feu ! s'est écrié Wayne. Eau ! Fromage !

Même le fromage le snobait. C'était sans doute la colère qui affaiblissait son pouvoir en l'empêchant de se concentrer, et il y avait fort à parier que ça ne durerait pas.

– Silence ! ai-je dit.

La voix de Wayne s'est brusquement éteinte. Il hurlait toujours mais plus aucun son ne sortait de sa bouche.

– Je ne suis pas ton ennemie, lui ai-je dit. Mais je ne peux pas non plus te laisser me tuer.

J'ai alors senti quelque chose remuer dans ma poche, et je me suis souvenue de Carter. Je l'ai sorti à l'air libre. Il semblait aller bien, sinon qu'il était toujours un lézard.

– Je vais tenter de te rendre ta forme, lui ai-je promis. En espérant que je n'aggrave pas la situation.

Il a émis un minuscule cri qui n'exprimait pas vraiment la confiance.

J'ai fermé les yeux et imaginé le Carter que je connaissais : un garçon de quatorze ans, assez grand, mal habillé, très humain et ennuyeux. Comme il devenait lourd dans ma main, je l'ai posé dans l'herbe et l'ai regardé grandir en prenant une apparence vaguement humaine. Le temps de compter jusqu'à trois, mon frère était de retour, vautré sur le ventre à côté de son épée et de sa sacoche.

Il a craché des débris d'herbe et a demandé :

– Comment tu as fait ça ?

– J'en sais rien. C'est dommage, tu étais drôle en lézard.

– Merci quand même.

Il s'est relevé, a vérifié qu'il avait tous ses doigts, puis il a aperçu les deux magiciens et m'a regardée avec des yeux ronds.

– Qu'est-ce que tu leur as fait ?

– J'en ai assommé un et j'ai ligoté l'autre. Tu sais, la magie...

– Je ne parle pas de ça, mais...

À court de mots, il s'est tu. Mon regard a suivi la direction qu'indiquait son index et j'ai étouffé un cri. Wayne avait la bouche et les yeux ouverts, mais il ne bougeait pas et ne semblait pas respirer. Jerrod ne donnait pas davantage signe de vie. Pendant qu'on les observait, leur bouche a commencé à émettre de la lumière, comme s'ils avaient avalé des allumettes. Deux minuscules globes de feu ont jailli de leurs lèvres et se sont élevés vers le ciel avant de disparaître.

– C'était quoi, ça ? ai-je demandé. Ils... ils sont morts ?

Carter s'est avancé avec précaution et a tâté le cou de Wayne.

– Sa peau est aussi dure que de la pierre, a-t-il remarqué.

– Non, ils sont humains. Je ne les ai pas changés en statues !

Carter a touché le front de Jerrod à l'endroit où ma baguette l'avait frappé.

– Il a la tête fendue.

– Quoi ?

Carter a ramassé son épée et abattu la poignée sur le crâne du magicien, qui s'est craquelé telle une poterie.

– De l'argile, a commenté Carter. Ce sont des ouchebtis.

Il a filé un coup de pied dans le bras de Wayne, qui a fait entendre un craquement.

– Ils jetaient des sorts, ai-je objecté. Et ils parlaient. Ils étaient réels.

Soudain Wayne et Jerrod sont tombés en poussière, ne laissant derrière eux qu'un morceau de corde, deux bâtons et des vêtements crasseux.

– Thot nous a mis à l'épreuve, a affirmé Carter. Pourtant, ces boules de feu...

Les sourcils froncés, il donnait l'impression de réfléchir intensément.

– C'était sans doute la magie qui les animait, ai-je avancé. J'imagine qu'elles sont retournées vers leur maître... Un peu comme la boîte noire d'un avion.

Je trouvais que ma théorie se tenait, mais Carter semblait toujours perplexe.

– Toute la maison est dans le même état ? a-t-il demandé en désignant la porte enfoncée derrière nous.

– C'est pire à l'intérieur.

Les restes de la combinaison blanche traînaient dans la poussière sous les vêtements de Jerrod, au milieu de ses strass éparpillés. Le King n'avait peut-être aucun goût, pourtant je me sentais un peu coupable d'avoir saccagé son palais. Si papa accordait tellement d'importance à cet endroit...

Soudain une idée a germé dans mon esprit.

– Tu te souviens du mot qu'a employé Amos pour réparer la soucoupe cassée ?

– Cette fois il ne s'agit pas d'une soucoupe, Sadie, mais d'une maison...

– Ça me revient : *Hi-nehm* !

Des hiéroglyphes dorés ont scintillé dans le creux de ma main.

J'ai soufflé, et ils se sont envolés vers la maison. Celle-ci s'est subitement illuminée. Les débris de la porte se sont recollés d'eux-mêmes. Les lambeaux de la combinaison ont disparu.

– Ouah ! s'est exclamé Carter, admiratif. Tu crois que l'intérieur est également réparé ?

– Je...

Ma vue s'est brouillée, mes jambes ont molli et je me serais certainement cogné la tête sur le ciment si Carter ne m'avait pas rattrapée.

– Tout va bien, m'a-t-il dit. Tu as beaucoup utilisé la magie, Sadie. Tu as été incroyable.

– On n'a même pas retrouvé l'objet que Thot nous a envoyés chercher...

– Peut-être que si, a répondu Carter en montrant la tombe d'Elvis.

J'ai alors remarqué un souvenir déposé par un fan – un collier avec un pendentif en argent, une croix surmontée d'une boucle. C'était le même motif qui ornait le tee-shirt de maman sur l'unique photo que j'ai gardée d'elle.

– Un ankh, ai-je murmuré. Le symbole de la vie éternelle.

Carter a ramassé le bijou. Un rouleau de papyrus miniature était attaché à la chaîne. Il l'a déroulé et s'est mis à le fixer avec une telle intensité que je m'attendais presque à le voir s'enflammer.

J'ai jeté un coup d'œil par-dessus son épaule. Le papyrus était illustré d'un dessin apparemment très vieux, montrant un chat au pelage tacheté qui s'employait à trancher la tête d'un serpent à l'aide d'un couteau.

Juste au-dessous, quelqu'un avait écrit au feutre noir : POURSUIS LE COMBAT !

– Quel vandale ! ai-je protesté. Gribouiller sur un dessin aussi ancien... En plus, c'est un drôle de message à adresser à un mort.

Carter ne semblait pas avoir entendu.

– J'ai déjà vu cette image, a-t-il dit. On la trouve dans quantité de tombes. Comment n'y ai-je pas pensé plus tôt ?

J'ai regardé plus attentivement le dessin. Il avait quelque chose de familier.

– Qu'est-ce que ça représente ? ai-je demandé.

– Le chat de Rê en train de combattre le principal ennemi du dieu du soleil, Apophis.

– Le serpent ?

– Oui. Apophis était...

– ... l'incarnation du chaos, ai-je complété, citant Nout.

Carter a paru aussi impressionné que je l'espérais.

– Exact. Apophis était encore pire que Seth. Les Égyptiens vivaient dans la crainte qu'il ne dévore le soleil et ne détruise ainsi toute la Création.

– Mais... le chat l'a tué, ai-je dit, pleine d'espoir.

– Le chat devait recommencer le combat, jour après jour. Les mêmes schémas anciens se répètent, dirait Thot. Une fois, j'ai demandé à papa si le chat avait un nom. Il m'a répondu que personne ne le connaissait avec certitude, mais que la plupart des gens pensaient qu'il s'agissait de Sekhmet, la redoutable déesse-lionne. On l'appelait l'Œil de Rê parce qu'elle faisait le sale boulot à sa place. Il repérait un ennemi ? Elle se chargeait de le tuer.

– Et... ?

– Si tu veux mon avis, ce chat n'est pas Sekhmet. En revanche, il ressemble étrangement à...

– ... Muffin, ai-je achevé à la place de Carter. Le chat de Rê est le portrait craché du mien. C'est Bastet.

Au même moment, le sol a tremblé. La fontaine s'est illuminée, et une porte s'est découpée dans l'espace.

– Viens, ai-je dit. J'aimerais poser quelques questions à ce cher Thot, après quoi je me ferai un plaisir de lui voler dans les plumes.

CARTER

25. Séjour tous frais payés au pays des morts

Être changé en lézard peut suffire à te gâcher ta journée. Je m'efforçais de le cacher à Sadie, mais je n'allais pas très bien au moment où on a franchi la porte.

Je sais ce que tu penses : *Eh, tu t'étais déjà transformé en faucon, alors où est le problème ?* Le problème, c'est que cette fois il s'agissait d'une transformation forcée. Imagine-toi dans un compacteur à ordures, comprimé et ramené aux dimensions d'une créature qui en temps normal tiendrait dans ta main. C'est à la fois douloureux et humiliant. L'ennemi t'impose sa volonté pour faire de toi une bestiole parfaitement inoffensive. Je sais, ça aurait pu être pire. Il aurait pu me transformer en chauve-souris, mais quand même !

Bien sûr, j'étais reconnaissant à Sadie de m'avoir sauvé. En même temps, je me sentais minable. Déjà que je m'étais ridiculisé devant une équipe de babouins... Je ne m'étais pas trop mal débrouillé avec Robbie, le monstre de l'aéroport, mais je n'avais pas tenu deux secondes face à deux magiciens en argile. Autant dire que je n'avais aucune chance contre Seth.

J'ai rapidement émergé de mes réflexions en découvrant ce qu'il y avait au-delà de la porte.

Devant nous se dressait une pyramide en verre et en acier presque aussi haute que celles de Gizeh. Les immeubles du centre-ville de Memphis se profilaient au loin, et le Mississippi s'écoulait derrière nous.

La pyramide comme le fleuve brillaient d'un éclat doré dans la lumière du couchant. Sur les marches montant vers la première, au pied d'une immense statue de pharaon qu'une plaque désignait comme « Ramsès le Grand », Thot avait disposé sur une nappe des côtes de porc et de la poitrine de bœuf grillées au barbecue, du pain et des pickles. Il jouait de la guitare avec un ampli portable. Assis près de lui, Khéops se bouchait les oreilles.

En nous voyant, il a plaqué un accord qui évoquait le cri d'agonie d'un âne malade.

– Vous avez survécu. Bien !

– Qu'est-ce que c'est que ce truc ? ai-je demandé, levant un regard stupéfait vers la pyramide. Ne me dites pas que vous venez de la construire ?

Repensant à mon dernier voyage astral, je me suis brusquement représenté des dieux égyptiens semant des pyramides à travers les États-Unis.

Thot a ri.

– Les édiles de Memphis m'ont épargné cette peine. Les hommes n'ont jamais oublié l'Égypte. Chaque fois qu'ils créent une ville sur les bords d'un fleuve, cet héritage resurgit de leur inconscient. Ceci est la Pyramid Arena, la sixième plus grande pyramide du monde. Elle accueillait autrefois des matchs de... Comment s'appelle ce sport que tu aimes tant, Khéops ?

Le babouin a poussé un « Agh » indigné en coulant un regard noir dans ma direction.

– Le basket-ball, c'est ça ! Par la suite, la salle a connu des vicissitudes et est restée à l'abandon. Mais c'est terminé. En effet, j'ai l'intention de m'y installer. Vous avez l'ankh ?

Durant une seconde, je me suis demandé si on avait eu raison de lui faire confiance, mais on avait besoin de lui. Je lui ai lancé le collier.

– Excellent, a-t-il commenté. Un ankh trouvé sur la tombe d'Elvis possède de grands pouvoirs magiques.

Sadie a serré les poings.

– On a failli se faire tuer pour vous le rapporter. Vous nous avez piégés !

– Pas piégés, testés.

– Ces… choses, a poursuivi Sadie. Les ouchebtis…

– Mes plus belles créations depuis des siècles. C'est dommage qu'ils aient été détruits, mais je ne pouvais quand même pas vous laisser anéantir de vrais magiciens. Les ouchebtis font d'excellentes doublures.

– Vous avez tout vu ? ai-je lancé d'un ton de reproche.

– Eh oui !

Thot a ouvert la main, faisant apparaître les deux boules de feu qui avaient jailli de la bouche des ouchebtis.

– J'ai là des… enregistrements de votre combat. Vous avez réussi à vaincre sans tuer. Je dois dire que tu m'as beaucoup impressionné, Sadie. Tu as montré une parfaite maîtrise à la fois de tes pouvoirs et de ceux d'Isis. Et toi, Carter, c'était finement joué de ta part de te transformer en lézard.

J'ai d'abord cru qu'il se moquait de moi, puis j'ai lu une compassion sincère dans son regard, comme si mon échec était en lui-même un test.

– Tu auras à affronter des ennemis autrement redoutables, Carter, a-t-il repris. À l'heure qu'il est, la Maison de vie envoie ses meilleurs éléments à votre poursuite. Mais vous trouverez également des alliés là où vous ne les attendrez pas.

J'ignore pourquoi, j'ai eu l'impression qu'il parlait de Zia… Mais peut-être prenais-je mes désirs pour des réalités.

Thot s'est levé et a tendu sa guitare à Khéops. Puis il a lancé l'ankh vers la statue de Ramsès, et le collier s'est lui-même attaché autour du cou du pharaon.

– Et voilà ! a-t-il dit à la statue. C'est une nouvelle vie qui commence pour nous.

La statue a émis une douce clarté, comme si l'éclat du soleil couchant s'était soudain intensifié. Celle-ci s'est ensuite propagée à la pyramide avant de s'éteindre lentement.

– Je crois que je vais me plaire ici, a déclaré Thot. La prochaine fois que vous me rendrez visite, les enfants, je vous recevrai dans un laboratoire beaucoup plus grand.

Une perspective terrifiante, mais je ne me suis pas laissé distraire.

– On a trouvé autre chose, ai-je dit en lui tendant le dessin avec le chat et le serpent. Ça demande une explication, je pense.

– C'est un chat et un serpent, a commenté Thot.

– Merci, ô dieu de la sagesse. C'est vous qui l'avez placé sur la tombe afin qu'on le trouve, pas vrai ? J'imagine que c'est un indice...

– Ah bon ?

Tue-le, m'a soufflé Horus.

Silence.

Au moins, fais exploser son instrument.

– Le chat, c'est Bastet, ai-je repris, m'efforçant d'ignorer mon faucon intérieur barjo. Ça a quelque chose à voir avec le fait que nos parents aient voulu libérer les dieux ?

Thot a désigné la nappe du pique-nique.

– Et si on mangeait d'abord ?

Sadie a tapé du pied, furieuse.

– On avait passé un marché, Geai-outil !

– J'aime ce nom, a remarqué Thot d'un air songeur... quoique nettement moins quand c'est toi qui le prononces. Si je me rappelle bien les termes du marché, je suis maintenant censé vous dire comment utiliser le recueil de sorts. Tu permets ?

Il a tendu la main. À contrecœur, j'ai sorti le livre de ma sacoche et le lui ai tendu.

– Voyons ça… Toutes ces formules, ça m'en rappelle, des souvenirs. Dans les temps anciens, on avait foi dans les rituels. Un sort digne de ce nom peut nécessiter des semaines de préparation, et des ingrédients exotiques provenant du monde entier…

– On n'a pas des semaines devant nous.

Thot a soupiré.

– Plus vite, plus vite, toujours plus vite…

– Agh ! a approuvé Khéops, reniflant la guitare.

Thot a refermé le livre avant de me le rendre.

– Eh bien, il s'agit d'une incantation pour détruire Seth.

– Ça, on le savait, est intervenue Sadie. Est-ce que ça va le détruire pour toujours ?

– Non, non. Mais le sort l'exilera dans les profondeurs de la Douât et réduira ses pouvoirs de telle sorte qu'il n'en sortira pas avant très, très longtemps. Disons, pas avant plusieurs siècles.

– Je vote pour, ai-je dit. Comment lit-on la formule ?

Thot m'a regardé comme si la réponse était évidente.

– On ne peut la lire qu'en présence de Seth. Sadie devra ouvrir le livre devant lui et réciter l'incantation. Elle saura quoi faire une fois le moment venu.

– Et Seth m'écoutera tranquillement prononcer son arrêt de mort ? a demandé ma sœur.

Thot a eu un geste évasif.

– Je n'ai jamais prétendu que ce serait simple. Pour que le sort fonctionne, vous aurez également besoin de deux ingrédients supplémentaires : l'un verbal – le nom secret de Seth…

J'ai tressailli :

– Quoi ? Où est-ce qu'on va trouver ça ?

– Je crains que ce ne soit pas facile. Pour qu'un ennemi tombe en votre pouvoir, il ne suffit pas de lire son nom secret : il faut l'entendre de sa bouche, avec la prononciation exacte.

– Super... Pour que Seth nous révèle le sien, il va donc falloir utiliser la force.

– La force, la ruse... ou la persuasion.

– Il n'existe pas d'autre moyen ? a interrogé Sadie.

Thot a frotté une tache d'encre sur sa blouse. Elle a donné naissance à un papillon qui s'est envolé.

– Peut-être que si. Vous pourriez demander à la personne la plus proche de Seth – celle qui l'aime le plus – de prononcer son nom.

– Personne n'aime Seth ! a objecté Sadie.

– Et sa femme, Nephtys ? ai-je suggéré.

Thot a acquiescé.

– Nephtys est la déesse des rivières. Vous devriez chercher de ce côté.

J'ai marmonné :

– De mieux en mieux...

– Vous n'avez pas parlé d'un deuxième ingrédient ? a repris Sadie.

– En effet. Il vous faut une plume de vérité.

– Une plume de quoi ?

Mais moi, j'avais compris.

– Il veut dire, une plume du monde des morts, ai-je expliqué d'un ton lugubre.

– Exact ! a approuvé Thot avec un sourire radieux.

J'ai développé, m'efforçant de cacher ma peur :

– Pour les anciens Égyptiens, chaque défunt devait accomplir un voyage vers le pays des morts. Après avoir affronté de nombreux dangers, il pénétrait dans la salle du jugement. Anubis déposait alors son cœur sur un plateau de sa balance et sur l'autre, la plume de Maât. Si les plateaux s'équilibraient, le défunt accédait à la félicité éternelle. Dans le cas contraire, un monstre dévorait son cœur, et c'en était terminé de lui.

– Ammout la dévoreuse, a fait Thot d'un air mélancolique. Brave petite bête...

– Et comment fait-on pour récupérer une plume dans la salle du jugement ? a demandé Sadie.

– Qui sait, peut-être qu'Anubis sera de bonne humeur ? a répondu Thot. Ça lui arrive à peu près une fois tous les mille ans.

– Il faudrait déjà qu'on parvienne au pays des morts, ai-je remarqué. De préférence sans avoir à mourir d'abord !

Thot a dirigé son regard vers l'horizon embrasé par les derniers feux du couchant.

– Je vous conseille de descendre le fleuve la nuit, a-t-il dit. C'est ainsi que la plupart des gens passent dans le monde des morts. À votre place, je me procurerais au plus vite un bateau. Vous trouverez Anubis par là...

Il a pointé l'index vers le nord avant de se raviser et d'indiquer le sud.

– J'avais oublié que les rivières s'écoulent vers le sud, ici. Tout est à l'envers.

– Agh !

Khéops a plaqué un riff sauvage sur la guitare, puis il l'a reposée et a roté sans retenue. Thot a acquiescé d'un air grave, comme si le babouin venait d'exprimer une pensée profonde.

– Tu es sûr de ton choix ? a-t-il dit.

Khéops a grogné.

– Alors, soit ! a soupiré Thot. Khéops souhaite vous accompagner. Je lui ai proposé de rester pour taper ma thèse en physique quantique, mais ça ne l'intéresse pas.

– On se demande pourquoi, a ironisé Sadie. Je suis contente que Khéops vienne avec nous, mais où va-t-on dégoter un bateau ?

– Vous êtes de la lignée des pharaons, a répliqué Thot. Ceux-ci ont toujours un bateau à leur disposition, où qu'ils se trouvent. Veillez simplement à en faire bon usage.

Il a désigné le fleuve d'un mouvement de tête. Un bateau à roue à l'ancienne se dirigeait vers la berge, créant des remous et crachant la fumée par ses cheminées.

– Je vous souhaite un bon voyage, a-t-il dit. En espérant vous revoir bientôt...

– Quoi, on va devoir monter là-dessus ?

Je me suis tourné vers Thot, mais il avait disparu, emportant le pique-nique.

– Génial, a marmonné Sadie.

– Agh !

Khéops nous a pris chacun par une main et nous a conduits vers la berge.

CARTER

26. La Reine d'Égypte

En tant que moyen de transport vers le pays des morts, le bateau était plutôt cool. Il possédait plusieurs ponts avec des garde-corps noir et vert. Ses roues à aubes brassaient l'écume, et son nom s'étalait en lettres dorées sur son flanc : *La Reine d'Égypte*.

Au premier coup d'œil, on aurait pu croire à l'un de ces casinos flottants qui promènent les touristes âgés, mais si on le regardait d'un peu plus près, on remarquait des détails insolites : le nom du bateau était également écrit en démotique et en hiéroglyphes, une fumée scintillante s'échappait de ses cheminées, comme si sa chaudière brûlait de l'or, des sphères de feu multicolore voletaient au-dessus de ses ponts, et à sa proue, deux yeux peints surveillaient le fleuve.

– Bizarre, a commenté Sadie.

– Ouais... J'ai déjà vu des yeux peints sur des bateaux, surtout en Méditerranée, mais en général, ils ne sont pas vivants.

– Oh, je ne parlais pas de ça mais de cette femme, là-haut. Ce ne serait pas...

Un sourire a éclairé le visage de Sadie.

– Mais si, c'est Bastet !

En effet, c'était bien notre déesse de compagnie, penchée à la fenêtre de la cabine de pilotage. J'allais lui faire signe quand j'ai remarqué la créature qui maniait le gouvernail à ses côtés. Elle avait un corps humain, vêtu d'un uniforme blanc de capitaine, mais avec une hache à la place de la tête. Attention, pas le petit modèle pour couper du bois, mais une authentique hache de combat à double lame d'acier – une tournée vers l'avant, qui lui tenait lieu de visage, l'autre vers l'arrière – dont le tranchant présentait des taches brunes suspectes.

Le bateau s'est rangé le long du quai. Les sphères magiques ont commencé à s'activer, abaissant la passerelle, fixant les amarres, comme un équipage ordinaire. J'ignore comment elles parvenaient à faire tout ça sans mains et sans mettre le feu, mais c'était certainement le spectacle le plus étrange auquel j'avais jamais assisté.

Bastet est descendue sur le pont inférieur et nous a accueillis à bord en nous serrant dans ses bras à tour de rôle – même Khéops, qui a tenté de lui rendre la politesse en lui cherchant les poux.

– Contente de vous revoir vivants ! a-t-elle dit. Que s'est-il passé ?

Pendant qu'on lui résumait nos dernières aventures, ses cheveux se sont dressés sur sa tête.

– Elvis ? Berk ! Thot devient cruel en vieillissant. Bon, je mentirais en disant que ça me fait plaisir de retrouver ce rafiot – j'ai horreur de l'eau –, pourtant...

– Tu as déjà voyagé à bord de ce bateau ? ai-je demandé.

Son sourire s'est figé.

– Des questions, toujours des questions... Mais il est temps de passer à table. Le capitaine attend.

La perspective d'être présenté à une hache géante ne m'emballait pas davantage que celle d'un nouveau dîner à base de Friskies et de sandwichs au fromage, pourtant on l'a suivie à l'intérieur.

La salle à manger était abondamment décorée dans le style égyptien. Des fresques aux couleurs vives illustrant des épisodes de la vie des dieux recouvraient les murs. Des colonnes dorées soutenaient le plafond. Une longue table offrait au regard un large choix de nourriture – sandwichs, pizzas, hamburgers, fajitas, il n'y avait qu'à demander – qui m'a rapidement consolé d'avoir manqué le pique-nique de Thot. Une desserte était occupée par une glacière, une rangée de gobelets en or et un distributeur proposant une vingtaine de boissons gazeuses différentes. Les chaises en acajou avaient la forme de babouins, ce qui me rappelait désagréablement la Jungle Room de Graceland, mais Khéops semblait les trouver à son goût. Il a montré les dents à la sienne, pour lui faire voir qui était le mâle dominant, s'est assis sur les genoux du babouin sculpté et a cueilli dans un panier de fruits un abricot dont il a ôté le noyau.

Une porte s'est ouverte au fond de la salle, et le capitaine est entré, baissant la tête pour éviter de fendre le chambranle.

– Lord et lady Kane, a-t-il dit en s'inclinant, c'est un honneur de vous accueillir à bord.

J'ai vu un jour une vidéo montrant un type qui faisait de la musique en frappant une scie avec un marteau. Eh bien, la voix du capitaine produisait exactement le même effet.

– « Lady Kane », a répété Sadie d'un ton songeur. Ça me plaît !

– Mon nom est Lames Dacier, a repris le capitaine. Quels sont vos ordres ?

Sadie a lancé un regard interrogateur à Bastet.

– C'est de nous qu'il prend ses ordres ?

– Oui, dans la limite du raisonnable. Il est lié à votre famille. Vos parents... Ce sont eux qui ont invoqué ce bateau.

Le démon à tête de hache a fait entendre un grognement désapprobateur.

– Tu ne leur a rien dit, déesse ?

– J'y arrivais, a marmonné Bastet, visiblement mécontente.

– Tu ne nous as pas dit quoi ? ai-je insisté.

– Des détails sans importance...

Elle s'est empressée d'enchaîner :

– Ce bateau peut être invoqué une fois par an, uniquement en cas de nécessité majeure. Le capitaine attend vos instructions. Plus elles seront précises, moins nous risquons de rencontrer, disons, des complications.

Je me demandais bien ce qui l'inquiétait, mais le capitaine semblait s'impatienter, et les traces de sang séché sur ses lames ne m'incitaient pas à le faire attendre plus longtemps.

– Nous devons nous rendre à la salle du jugement. Conduisez-nous au pays des morts.

– Je vais prendre les arrangements nécessaires, milord. Mais cela va demander un peu de temps.

– Du temps, on n'en a pas beaucoup. On est déjà... le 27, c'est ça ? ai-je demandé, me tournant vers Sadie.

Elle a acquiescé avant d'ajouter :

– Après-demain, au lever du soleil, Seth achèvera sa pyramide et détruira le monde, à moins qu'on ne l'en empêche. Autrement dit, capitaine Double Lame, ça urge...

– Nous ferons de notre mieux, a répliqué le capitaine d'un ton quelque peu... tranchant. L'équipage va préparer vos cabines. Désirez-vous dîner en attendant ?

En regardant la table chargée de nourriture, j'ai subitement réalisé que j'étais affamé. Je n'avais rien avalé depuis le Washington Monument.

– Euh... Oui, merci.

Le capitaine Dacier s'est de nouveau incliné, ce qui le faisait ressembler un peu trop à une guillotine, puis il s'est retiré.

Au début, j'étais trop occupé à manger pour parler. J'ai englouti un sandwich au rosbif, deux parts de tarte aux cerises avec de la crème glacée et trois verres de limonade avant de refaire surface pour respirer.

Sadie s'est montrée plus raisonnable, mais je te rappelle qu'elle avait déjeuné à bord de l'avion. Elle s'est contentée d'un sandwich concombre et fromage accompagné d'un verre de Ribena – une de ces boissons anglaises bizarres qu'elle affectionne – tandis que Khéops goûtait tous les aliments dont le nom se terminait par le son « o » : burrito, Oreo, ainsi que de la viande – chevreau ? Bonobo ? Pour être franc, je préférais ne pas savoir.

Les sphères de feu voletaient autour de nous, remplissant nos verres, enlevant les assiettes vides.

Après toutes ces journées passées à fuir ou à affronter le danger, ça me semblait merveilleux de me détendre autour d'un bon dîner, et je me réjouissais que le capitaine Dacier n'ait pas pu nous transporter immédiatement au pays des morts.

– Agh !

Après s'être essuyé la bouche, Khéops a attrapé une boule de feu et lui a donné la forme d'un ballon de basket qu'il m'a montré avec un grognement.

Il ne s'agissait pas d'une invitation, et pour une fois, je n'avais pas besoin d'interprète pour comprendre ce qu'il voulait me dire : « Je vais m'entraîner. Je ne te propose pas de m'accompagner parce que tu es tellement nul que ça me ferait mal au ventre de te regarder. »

– Pas de souci, mon vieux, ai-je dit, rouge de honte. Amuse-toi bien.

Le babouin s'est éloigné à grands pas, tenant le ballon sous le bras. Je me suis demandé s'il allait trouvé un terrain de basket quelque part à bord.

Assise à l'autre extrémité de la table, Bastet a repoussé son assiette. Elle avait à peine touché à ses croquettes au thon.

– Tu n'as pas faim ? l'ai-je interrogée.

– Hein ? Pas tellement, non.

Elle faisait machinalement tourner son gobelet entre ses mains, et son visage exprimait un sentiment que je n'avais encore jamais vu chez un chat : le remords.

Sadie et moi, on a eu un bref échange silencieux :

Demande-lui, toi.

Non, toi.

Évidemment, j'ai cédé.

– Bastet ? Le capitaine semblait dire que tu avais quelque chose à nous avouer...

– Oh ! Il ne faut jamais croire les démons. Si Lames Dacier pouvait se libérer de l'emprise magique qui l'oblige à vous servir, il n'hésiterait pas à tous nous massacrer, croyez-moi...

– Tu ne réponds pas à la question.

Avec son doigt, Bastet a dessiné des hiéroglyphes dans le rond de buée laissé sur la table par son gobelet.

– La vérité, a-t-elle dit enfin, c'est que je n'étais pas revenue ici depuis la nuit où votre mère est morte. Ce bateau était amarré sur la Tamise. Après... l'accident, votre père m'a amenée à bord. C'est ici que nous avons passé un marché.

J'ai réalisé qu'elle voulait dire ici même, à cette table... Mon père s'était réfugié dans cette pièce après la mort de maman, sans personne pour le consoler, hormis une déesse-chatte, un démon à tête de hache et une nuée de globes de feu.

J'ai observé Bastet dans le demi-jour. Même sous sa forme humaine, elle ressemblait énormément au chat sur le papyrus qu'on avait découvert à Graceland – un chat peint des milliers d'années plus tôt.

– Ce n'était pas un monstre ordinaire, hein ?

Le regard de Bastet s'est fixé sur moi.

– De quoi parles-tu ?

– De la créature que tu combattais quand nos parents t'ont délivrée. Cet adversaire, c'était Apophis.

Tout autour de la pièce, les serviteurs de feu ont brusquement pâli. L'un d'eux a même laissé tomber une assiette.

– On ne doit pas prononcer le nom du serpent géant, a dit Bastet d'un ton de reproche. Surtout pendant qu'on s'enfonce dans la nuit. L'obscurité est son royaume.

– J'ai raison, n'est-ce pas ? Pourquoi ne pas nous l'avoir dit ? Pourquoi avoir menti ?

Bastet a baissé les yeux. Assise là, dans la pénombre, elle paraissait lasse et frêle. On devinait sur son visage les cicatrices de combats très anciens.

– J'étais l'Œil de Rê, a-t-elle repris, très calme. L'instrument de la volonté du dieu-soleil. Peux-tu seulement imaginer quel honneur c'était ?

Elle a étendu le bras et examiné ses griffes.

– Quand ils voient des représentations du chat de Rê, beaucoup de gens croient qu'il s'agit de Sekhmet. Elle a été sa première championne, c'est vrai. Mais elle s'est révélée incontrôlable, et c'est moi, la petite Bastet, qu'il a choisie pour lui succéder.

– On dirait que tu as honte, a remarqué Sadie. Pourtant, tu as dit que c'était un honneur.

– Ça l'a été au début, Sadie. Les chats et les serpents sont des ennemis mortels. Je m'acquittais vaillamment de ma tâche. Puis Rê s'est retiré dans le ciel. Mais avant de partir, il m'a liée au grand serpent au moyen d'un sort. Il nous a précipités tous les deux dans l'abîme, afin que je le combatte et l'y retienne pour l'éternité.

– Tu n'étais pas non plus une captive ordinaire, ai-je dit sur une inspiration. Tu es restée prisonnière plus longtemps que n'importe quel autre dieu.

Elle a fermé les yeux avant de reprendre :

– Il me semble encore entendre les paroles de Rê : « Ma fidèle Bastet, je te confie une mission essentielle. » Et j'étais fière de la confiance qu'il m'avait accordée. Des siècles, des millénaires se sont écoulés ainsi, en une lutte incessante contre les ténèbres, griffes contre crocs, épuisant lentement nos forces – celles de mon adversaire comme les miennes. Et j'ai compris peu à peu que c'était là le dessein de Rê : le serpent et moi devions nous anéantir mutuellement pour assurer la sécurité du monde. À cette unique condition, il pourrait partir l'esprit en paix, avec l'assurance que le chaos ne triompherait jamais de Maât. Et j'aurais combattu jusqu'à mon dernier souffle. Je n'avais pas le choix. Puis vos parents...

– T'ont ouvert une issue de secours. Et tu t'y es engouffrée.

– Je suis la reine des chats, a plaidé Bastet, l'air penaud. J'ai de nombreux talents, mais honnêtement, Carter, les chats ne brillent pas par le courage.

– Et Ap... ton ennemi ?

– Il est resté au fond de l'abîme. Ton père et moi en avions la certitude. Notre combat millénaire l'avait considérablement affaibli, et en utilisant ses dernières forces pour refermer l'abîme, votre mère a activé un sceau magique presque inviolable. Mais au fil des ans, le doute nous a envahis. Rien ne permet d'affirmer que sa prison le retiendra jusqu'à la fin des temps. S'il s'en échappait et retrouvait toute sa puissance, je n'ose penser à ce qui arriverait alors. Et ce serait à cause de moi.

J'ai tenté de me représenter Apophis, une créature du chaos encore plus redoutable que Seth. J'ai imaginé Bastet, condamnée à combattre éternellement ce monstre avec pour seules armes ses couteaux. J'aurais dû lui en vouloir de nous avoir caché la vérité, mais en réalité, j'avais pitié d'elle. Elle s'était retrouvée dans la même position que nous, obligée d'accomplir une tâche qui la dépassait.

J'ai demandé :

– Nos parents t'ont dit pourquoi ils t'avaient libérée ?

Elle a lentement acquiescé.

– J'étais en train de perdre. Julius m'a dit que votre mère avait eu une vision à propos des choses horribles qui arriveraient si j'étais vaincue. Ils souhaitaient me donner le temps de me rétablir. D'après eux, c'était une première étape avant de restaurer les dieux dans leur puissance. Je ne prétends pas avoir tout compris à leur plan, mais j'ai accepté la proposition de votre père avec reconnaissance. Je me suis convaincue que j'agissais dans l'intérêt des dieux. Mais ça n'excuse en rien ma lâcheté. J'ai failli à mon devoir.

J'ai tenté de la réconforter :

– Ce n'était pas ta faute. Rê n'avait pas le droit d'exiger de toi un tel sacrifice.

– Carter a raison, a approuvé Sadie. C'était une trop lourde responsabilité pour une seule personne... Même pour une déesse-chatte.

– C'était la volonté de mon roi, a objecté Bastet. Le pharaon peut exiger de ses sujets qu'ils donnent leur vie pour le royaume, et ils doivent s'exécuter. Horus le sait bien. Il a été pharaon à de nombreuses reprises.

Elle dit vrai, a confirmé Horus.

– Dans ce cas, ton roi n'était qu'un imbécile, ai-je répliqué.

Le bateau a eu un soubresaut comme s'il avait heurté un banc de sable.

– Prends garde, Carter, m'a averti Bastet. L'équilibre du monde repose sur la loyauté envers le souverain légitime. Quiconque remet celui-ci en question tombe sous l'influence du chaos.

Dans ma rage, j'aurais pu hurler ou casser quelque chose. Si l'ordre nécessitait que l'on se fasse tuer pour lui, alors il ne valait pas mieux que le chaos.

Cesse de te conduire comme un enfant, m'a houspillé Horus. *Ces pensées ne sont pas dignes d'un serviteur de Maât.*

– C'est peut-être *moi* qui ne suis pas digne, ai-je rétorqué, les yeux pleins de larmes.

Sadie s'est inquiétée :

– Carter, ça va ?

– Ouais. Je vais me coucher.

Je me suis dépêché de sortir. Une sphère lumineuse m'a accompagné et guidé jusqu'à ma cabine, à l'étage supérieur. Je suppose qu'elle était très jolie. Je n'y ai pas prêté attention. Je n'ai eu que le temps de m'écrouler sur le lit avant de sombrer dans le sommeil.

J'aurais eu bien besoin d'un repose-nuque magique surpuissant, parce que mon bâ refusait de rester en place. (Non, Sadie, je ne crois pas que ça réglerait le problème si je m'entourais la tête de chatterton.)

Mon esprit s'est élevé jusqu'à la cabine de pilotage. Ce n'était pas le capitaine Dacier qui tenait le gouvernail, mais un jeune type en armure de cuir. Il avait les yeux soulignés de khôl, le crâne entièrement rasé, à part une longue tresse, et des biceps comme mes cuisses – pas la peine de demander s'il faisait de la muscu. Une épée semblable à la mienne pendait à sa ceinture.

– Le fleuve est traître, a-t-il remarqué d'une voix familière. Le moindre instant de distraction peut se révéler fatal. Un bon pilote doit sans cesse se méfier des bancs de sable et des obstacles cachés. C'est pourquoi on peignait mes yeux sur les bateaux. Afin de mieux détecter les dangers.

– Les yeux d'Horus, ai-je murmuré. C'est toi ?

Le dieu a tourné son visage vers moi. Ses yeux étaient de couleurs différentes – jaune éclatant pour l'un, gris miroitant pour l'autre. Soleil et lune... J'ai détourné le regard, déstabilisé, et j'ai alors remarqué que l'ombre d'Horus ne correspondait pas à sa forme humaine. Sur le mur de la cabine s'étirait la silhouette d'un faucon géant.

– Tu te demandes si l'ordre vaut mieux que le chaos, a dit Horus. Ces interrogations t'ont distrait de ton combat contre Seth. Tu as mérité une leçon.

Je m'apprêtais à protester – « Non, vraiment, c'est pas la peine » – quand mon bâ a filé telle une flèche. Je me suis retrouvé à bord d'un avion de ligne international comme mon père et moi en avions pris des millions de fois. Zia Rashid, Desjardins et deux autres magiciens occupaient une rangée de fauteuils vers le milieu de l'appareil. Zia donnait l'impression de méditer, les yeux fermés, indifférente au manque de place et aux cris des enfants autour d'elle. Ses compagnons, en revanche, paraissaient tellement mal à l'aise que j'ai failli éclater de rire.

Soudain l'avion a tangué, et Desjardins a renversé du vin sur lui. Le voyant invitant les voyageurs à attacher leur ceinture s'est allumé, et les haut-parleurs ont grésillé :

– Ici le commandant de bord. Il semblerait que notre appareil aborde une zone de turbulences alors que nous nous apprêtons à atterrir à Dallas, aussi vais-je demander aux hôtesses...

Une violente rafale de vent a fait trembler les hublots ; un éclair a déchiré le ciel, immédiatement suivi d'un coup de tonnerre.

Zia a brusquement rouvert les yeux.

– Le Seigneur rouge !

Les passagers ont crié tandis que l'avion faisait une chute de plusieurs centaines de mètres.

– *Ça commence* ! s'est exclamé Desjardins en français, assez fort pour couvrir le vacarme.

Pendant que les passagers secoués hurlaient et se cramponnaient à leur fauteuil, Desjardins s'est levé et a ouvert le compartiment au-dessus de sa tête.

L'hôtesse a immédiatement réagi :

– Monsieur, asseyez-vous !

Ignorant l'avertissement, Desjardins a attrapé quatre sacoches à l'allure familière – des kits magiques – et les a lancées à ses collègues.

Une secousse plus forte que les autres a alors traversé la cabine, et l'avion s'est incliné sur le côté. Par les hublots, j'ai vu son aile droite arrachée par un véritable ouragan.

Le chaos s'est déchaîné : hurlements de terreur, verres, livres, chaussures volant à travers la cabine.

– Protégez les innocents ! a ordonné Desjardins.

L'avion tout entier s'est mis à vibrer, les vitres et les parois se sont fissurées. Les passagers ont perdu connaissance, terrassés par la dépressurisation. Les quatre magiciens ont levé leurs baguettes juste comme l'appareil volait en éclats.

Durant une seconde, ils sont restés suspendus dans le vide, au milieu d'un maelström de nuages d'orage, de débris de fuselage, de bagages et de passagers sanglés sur leurs fauteuils. Puis une intense lumière blanche s'est diffusée autour d'eux, les enfermant dans une bulle d'énergie qui a ralenti la destruction de l'avion et maintenu ses pièces en orbite étroite. Desjardins a tendu la main vers un nuage ; un fil de brume s'est étiré vers lui, telle une ligne de sauvetage. Les autres magiciens l'ont aussitôt imité, soumettant l'orage à leur volonté. La vapeur blanche s'est enroulée autour d'eux, déployant ses « bras » afin de saisir et réunir les pièces de l'avion.

Une petite fille est passée devant Zia, qui a pointé son bâton vers elle en prononçant un sort. Un nuage a enveloppé l'enfant et interrompu sa chute. Puis les quatre magiciens ont entrepris de reconstituer l'avion autour d'eux, scellant les éléments avec la substance même des nuages. Bientôt, la cabine s'est retrouvée au cœur d'un cocon nébuleux et scintillant. Dehors, la tempête faisait rage, le tonnerre rugissait, mais les passagers dormaient profondément dans leurs sièges.

– Zia ! a appelé Desjardins. On ne tiendra pas longtemps.

La magicienne a remonté l'allée en courant jusqu'au poste de pilotage. Par chance, l'avant de l'avion s'était séparé de la cabine sans se désintégrer. Le cockpit était fermé par une porte blindée. Le bâton de Zia s'est embrasé, et la porte a fondu telle de la cire. Le pilote et les deux copilotes étaient inconscients à l'intérieur. J'ai jeté un coup d'œil au pare-brise et mon cœur s'est soulevé : à travers un vortex de nuages, le sol se rapprochait à une vitesse vertigineuse.

Zia a abattu sa baguette sur le tableau de bord. Les écrans se sont rallumés dans un éclair rouge, les aiguilles des cadrans ont bondi, l'altimètre s'est stabilisé. Le nez de l'avion s'est redressé tandis que sa vitesse tombait. Zia a guidé l'appareil jusqu'à une prairie où il s'est posé sans secousses. Puis ses yeux se sont révulsés et elle s'est effondrée.

Desjardins, venu aux nouvelles, l'a rattrapée dans ses bras.

– Dépêchons-nous, a-t-il dit aux deux autres. Les mortels vont bientôt se réveiller.

Ils ont sorti Zia du cockpit, et mon bâ a été aspiré par un tourbillon d'images.

J'ai revu Phoenix, ou du moins, une partie de la ville. Une énorme tempête de sable progressait à travers la vallée, avalant montagnes et bâtiments. Le vent brûlant a apporté à mes oreilles le rire de Seth, ivre de son pouvoir.

Puis j'ai reconnu Brooklyn : les ruines de la maison d'Amos, et la tempête qui faisait rage, soufflant la grêle et la neige fondue sur la ville.

J'ai vu ensuite un fleuve bouillonnant qui s'écoulait à travers un canyon désertique. Le ciel disparaissait sous une épaisse couverture de nuages d'un noir d'encre. Une forme se mouvait sous l'eau – massive, puissante, maléfique, et c'était moi qu'elle attendait.

Ce n'est que le commencement, a commenté Horus. *Seth détruira tous ceux que tu aimes. Crois-moi, je sais de quoi je parle.*

La rivière a cédé la place à un marécage planté de roseaux. Le soleil brillait d'un éclat aveuglant. Serpents et crocodiles glissaient au fil de l'eau. Une hutte se dressait sur la berge. À l'extérieur, une femme et un enfant d'une dizaine d'années examinaient un sarcophage très abîmé. Sous la saleté, on devinait une véritable œuvre d'art, faite d'or et incrustée de pierres précieuses.

La femme a passé la main sur le couvercle du sarcophage. Elle avait les yeux bleus et les cheveux blonds de ma mère, mais son aura désignait la déesse Isis.

Elle s'est tournée vers l'enfant.

– Enfin, nous l'avons retrouvé, mon fils ! Je vais utiliser ma magie pour lui rendre la vie.

L'enfant ouvrait de grands yeux devant le cercueil.

– C'est vraiment papa, à l'intérieur ?

– Oui, Horus. Et maintenant...

Soudain la hutte s'est embrasée. Seth a surgi du brasier sous l'apparence d'un guerrier à la peau rouge et aux yeux ardents. Vêtu comme un pharaon et coiffé de la double couronne, il serrait dans sa main un bâton en fer incandescent.

– Ainsi, vous avez retrouvé le cercueil ? a-t-il dit. Tant mieux pour vous !

Isis a tendu le bras vers le ciel pour invoquer la puissance de l'éclair, mais le bâton de Seth a absorbé la foudre avant de la renvoyer vers la déesse, la projetant au sol.

– Mère !

L'enfant a tiré un couteau de sa ceinture et s'est rué vers le dieu du chaos en criant :

– Je vais te tuer !

Seth a éclaté d'un rire tonitruant. Il a facilement esquivé l'attaque et d'un coup de pied, il a envoyé Horus rouler dans la poussière.

– Tu ne manques pas de courage, mon neveu. Mais tu ne vivras pas assez longtemps pour me défier. Pour ce qui est de ton père, je vais lui régler définitivement son sort.

Ayant dit cela, Seth a abattu sa massue sur le couvercle du sarcophage, lequel s'est brisé comme s'il était en verre. Isis a poussé un cri déchirant.

– Maintenant, faites un vœu !

Seth a soufflé sur les débris du cercueil pour les disperser, puis il a repris :

– Pauvre Osiris ! Le voici éparpillé à travers l'Égypte. Quant à toi, ma sœur, fuis ! C'est ce que tu sais faire le mieux...

Isis a saisi son fils par la main. Tous deux se sont transformés en oiseaux et se sont élevés vers le ciel.

Les images se sont brouillées, et je me suis retrouvé dans la cabine de pilotage de *La Reine d'Égypte*. J'ai vu le soleil se lever, les villes et les bateaux défiler en accéléré, et les jeux d'ombre et de lumière le long des berges du Mississippi.

– Seth a détruit mon père, a dit Horus. Il en fera autant avec le tien.

– Non !

Le dieu a fixé sur moi ses yeux étrangement dissemblables.

– Ma mère et ma tante, Nephtys, ont passé des années à chercher les débris du cercueil de mon père. Quand elles ont eu rassemblé les quatorze morceaux de son corps, mon cousin Anubis les a aidées à le reconstituer et à l'envelopper de bandelettes, mais même la magie de ma mère n'a pu le ramener complètement à la vie. Osiris n'était plus que l'ombre de mon père, un demi-vivant seulement apte à régner sur la Douât. Mais ma colère m'a donné la force de vaincre Seth et de m'attribuer son trône. Tu dois en faire autant.

J'ai répliqué :

– Je ne veux pas d'un trône. Je veux juste mon père.

– Ne t'y trompe pas : aux yeux de Seth, tu n'es qu'un jouet. Il tentera de t'affaiblir en te plongeant dans le désespoir.

– Je dois sauver mon père !

– Ça ne fait pas partie de ta mission. Le monde court un grave danger. Maintenant, réveille-toi !

Sadie me secouait par l'épaule. Penchées au-dessus de moi, Bastet et elle me regardaient avec inquiétude.

– Hein, quoi, qu'est-ce qui se passe ? ai-je bredouillé en ouvrant les yeux.

– Eh bien, pas trop tôt !

Ma sœur portait à présent des vêtements propres – toujours en lin, mais noirs et assortis à ses bottes –, et elle s'était même fait des mèches bleues.

Je me suis assis et ai constaté que je me sentais en forme pour la première fois depuis des jours. Si mon âme avait voyagé, au moins mon corps s'était reposé. J'ai dirigé mon regard vers la fenêtre de ma cabine. Il faisait nuit noire dehors.

– J'ai dormi longtemps ? ai-je demandé.

– On a descendu le Mississippi avant de pénétrer dans la Douât, a répondu Bastet. Maintenant nous approchons de la première cataracte.

– La quoi ?

– L'entrée du pays des morts, a-t-elle expliqué d'un ton grave.

SADIE

27. Distribution d'échantillons gratuits

Tu veux savoir si j'ai bien dormi ? Comme un loir, une marmotte, une morte – en espérant que ça n'ait rien de prémonitoire.

J'ai deviné que l'âme de Carter avait vu des choses terrifiantes, mais il refusait d'en parler.

J'ai insisté :

– T'as vu Zia, c'est ça ? Je m'en doutais, ai-je ajouté devant son air abattu – on aurait dit que son visage allait tomber en morceaux.

On a suivi Bastet jusqu'au poste de pilotage. Le capitaine était penché au-dessus d'une carte tandis que Khéops, en digne homme – ou plutôt, babouin – d'équipage, tenait le gouvernail.

J'ai demandé :

– C'est normal que ce soit lui qui pilote ?

– S'il vous plaît, milady, a dit Dacier en promenant un doigt sur la longue carte en papyrus. C'est un travail délicat. Deux degrés à tribord, Khéops.

– Agh !

Le ciel était déjà sombre. Plus loin, les étoiles ont disparu, et l'eau du fleuve a pris la couleur du sang. Les ténèbres ont englouti l'horizon, et le long des berges, les lumières des villes ont vacillé avant de s'éteindre complètement.

À présent, le poste de pilotage n'était plus éclairé que par les serviteurs de feu multicolore et par la fumée scintillante des cheminées, qui nous auréolait tous d'une bizarre clarté métallique.

– On ne doit plus être loin, a dit le capitaine.

Ses lames tachées de sang paraissaient encore plus sinistres dans la pénombre.

– C'est quoi, ce papyrus ? ai-je demandé, désignant la carte qu'il étudiait.

– *Formules pour sortir au jour*, a-t-il répondu. Ne vous inquiétez pas, c'est une bonne copie.

Je me suis tournée vers Carter, attendant qu'il m'explique.

– Plus couramment appelé *Le Livre des Morts*, a-t-il dit. Les riches Égyptiens se faisaient enterrer avec un exemplaire, pour être sûrs de trouver leur chemin à travers la Douât. Si tu veux, c'était un peu *L'Au-delà pour les nuls*.

– Pardon, milord, mais je ne suis pas « nul », a rétorqué Dacier d'un ton pincé.

– Ce n'est pas ce que je voulais dire, s'est récrié Carter. Bon sang, c'est quoi, ce truc ?

Droit devant nous, des rochers aussi acérés que des crocs surgissaient du lit de la rivière, créant des remous tourbillonnants.

– La première cataracte, a annoncé Dacier. Cramponnez-vous !

Khéops a tourné la roue du gouvernail vers la gauche, et le bateau est passé à quelques centimètres d'une flèche de roche. Tu me connais, c'est pas mon genre de piailler pour un oui ou pour un non, mais j'avoue que j'ai hurlé à m'en péter les cordes vocales. (Pas la peine de sourire, Carter. Tu n'en menais pas large non plus.)

On a franchi une étendue d'eau rougeâtre et bouillonnante, fait un nouvel écart pour éviter un rocher de la taille de la gare de Paddington. Après deux nouvelles manœuvres suicidaires pour esquiver des obstacles, le bateau a décrit un cercle complet autour d'un vortex et s'est élancé dans le vide pour retomber dix mètres plus bas, avec un fracas si violent que j'ai cru que mes tympans allaient éclater.

Puis on a poursuivi notre route comme si de rien n'était, laissant derrière nous le rugissement des rapides.

– C'est officiel, je déteste le canyoning, ai-je dit. J'espère qu'on ne va pas rencontrer d'autres chutes d'eau ?

– Pas aussi importantes, heureusement, a répondu Bastet, qui avait le teint verdâtre. On vient de pénétrer dans...

– Le pays des morts, a complété Carter.

Il a pointé l'index vers la berge. Des formes bizarres semblaient nous guetter, tapies dans la brume – lumières spectrales, visages gigantesques sculptés dans le brouillard, ombres démesurées, apparemment détachées de toute réalité corporelle. Des ossements dérivaient à la surface du fleuve, s'assemblant de façon aléatoire.

– Je suppose que ce n'est plus le Mississippi ? ai-je dit.

– La rivière de la Nuit, a annoncé le capitaine Dacier de sa voix vibrante. Elle est à la fois toutes les rivières et aucune. Elle s'écoule à travers la Douât et possède de nombreux affluents.

– Si vous le dites...

Plus on avançait, plus le paysage devenait étrange. On a dépassé des villages fantômes, de petits groupes de huttes faites de fumée. On a vu d'immenses temples s'écrouler et se reconstruire, encore et encore, comme dans un film projeté en boucle. Et tout le long de la berge, des spectres tendaient vers nous leurs mains vaporeuses, lançaient des appels silencieux et se détournaient tristement tandis que notre bateau s'éloignait.

– Les égarés, a murmuré Bastet. Les défunts qui n'ont jamais trouvé le chemin de la salle du jugement.

– Pourquoi sont-ils si tristes ? ai-je demandé.

– Laisse-moi deviner : parce qu'ils sont morts ? a avancé Carter.

– Non, pire que ça. On dirait qu'ils attendent quelqu'un.

– Oui, Rê, a acquiescé Bastet. Durant des millénaires, le dieu solaire a emprunté cet itinéraire à bord de sa barque afin d'aller combattre le serpent.

Elle a promené un regard inquiet autour d'elle, comme si elle redoutait une embuscade, avant de poursuivre :

– Nuit après nuit, il devait défendre sa vie et affronter des dangers sans nom. Mais il apportait la lumière et la joie dans la Douât, et les âmes perdues trouvaient alors un peu de réconfort dans le souvenir de leur vie passée.

– Ce n'est qu'une légende, a contesté Carter. En réalité, le soleil ne s'enfonce jamais sous terre, et...

– Tu n'as donc rien appris ? l'a réprimandé Bastet. Des récits contradictoires peuvent être également vrais. D'accord, le Soleil est une boule de feu dans l'espace. Mais Rê incarnait son voyage à travers le ciel, sa chaleur bienfaisante, la vie qu'il apportait sur Terre. Le soleil était son trône, la source de son pouvoir, son essence même. À présent, Rê dort d'un profond sommeil dans le ciel, et le soleil n'est plus que lui-même. Il n'accomplit plus son cycle journalier à travers la Douât, et les défunts ressentent cruellement son absence.

– C'est la vérité, a ajouté le capitaine Dacier d'un ton assez peu concerné. La légende affirme que le monde s'achèvera quand Rê sera trop affaibli. Apophis avalera le soleil, les ténèbres s'étendront, le chaos vaincra Maât, et le serpent régnera pour l'éternité.

D'un côté, je jugeais ce scénario absurde. Il semblait impossible que les planètes cessent de tourner autour du soleil et que celui-ci renonce à se lever. D'un autre côté, j'étais en train de traverser le pays des morts avec une déesse et un démon. Si Apophis était également réel, je n'étais pas pressée de le rencontrer.

Et en toute franchise, je me sentais un peu coupable. À en croire Thot, c'était à cause d'Isis que Rê s'était retiré. Par conséquent, si le monde devait s'achever un jour, ce serait ma faute, comme de juste ! Je me serais bien giflée pour me venger d'Isis, mais je craignais de me faire mal.

– Il faudrait que quelqu'un prépare du *sahlab* pour Rê, ai-je dit. Comme ça, le parfum le réveillerait et il reviendrait.

Bastet a eu un rire sans joie.

– Si tu pouvais dire vrai, Sadie...

Khéops a grogné en indiquant l'avant du bateau. Ayant rendu le gouvernail au capitaine, il s'est précipité hors du poste de pilotage.

– Le babouin a raison, a dit Dacier. Vous feriez bien d'aller à la proue. Une épreuve va bientôt se présenter.

– Quel genre d'épreuve ?

– Ça, c'est impossible à dire, a répondu Dacier avec, m'a-t-il semblé, une pointe de suffisance. Je vous souhaite bonne chance, milady.

– Pourquoi moi ? ai-je interrogé.

Debout à la proue avec Bastet et Carter, je regardais la rivière émerger de l'obscurité. Plus bas, les yeux peints du bateau brillaient faiblement et émettaient deux pinceaux de lumière qui balayaient la surface de l'eau. Perché sur l'extrémité dressée de la passerelle rétractable, Khéops scrutait l'horizon, une main en visière.

Malgré notre vigilance, on n'y voyait presque rien à cause de la nuit et de la brume. Des blocs de roche, des colonnes brisées, des statues de pharaons effritées surgissaient du néant. Le capitaine donnait de brusques coups de gouvernail afin de les éviter, nous obligeant à nous cramponner au bastingage.

Par moments, une forme allongée et luisante crevait la surface – un tentacule, ou le dos d'une créature des profondeurs, j'aimais mieux ne pas savoir.

– Tous les mortels doivent prouver qu'ils sont dignes de pénétrer dans le pays des morts, a expliqué Bastet.

– Tu parles d'une faveur !

J'ignore combien de temps j'ai scruté l'obscurité, mais au bout d'un long moment, l'horizon s'est teinté de rouge.

– Je rêve, ou bien...

– Notre destination, a acquiescé Bastet. Étrange... Il y a longtemps que nous aurions dû subir l'épreuve.

Soudain le bateau a tremblé, et l'eau a bouillonné. Une immense silhouette s'est dressée au-dessus de la surface. Le corps du géant, dont on ne voyait que la partie supérieure, était humanoïde. Il avait la poitrine nue, la peau violette et couverte de poils. La corde qui lui servait de ceinture était décorée de bourses en cuir, de têtes de démons tranchées et d'autres sympathiques babioles. Son visage présentait des caractères à la fois humains et léonins, avec des yeux dorés et une sombre crinière tressée. Ses moustaches raides, ses crocs sanglants étaient ceux d'un lion, de même que son rugissement assourdissant. Terrifié, Khéops a sauté de la passerelle dans les bras de mon frère, le renversant sur le pont.

– Tu devrais lui parler, ai-je soufflé à Bastet. Vous êtes cousins, non ?

– Cette fois je ne peux rien pour toi, Sadie. C'est vous les mortels. C'est à vous de surmonter cette épreuve.

– Merci, j'avais compris.

– Je suis Chesmou, a grondé l'homme-lion.

J'ai failli lui rétorquer : « Pas la peine de crier, on n'est pas sourds », mais j'ai préféré me taire.

Ses yeux jaunes se sont fixés sur Carter, et ses narines ont frémi.

– Je flaire le sang des pharaons. Un régal... À moins que vous n'osiez me nommer ?

– Te... te nommer ? a bafouillé Carter. Tu veux dire, prononcer ton nom secret ?

Le démon a explosé de rire. Il a serré dans sa main une flèche de pierre qui s'est émiettée comme du vieux plâtre.

– T'aurais pas noté son nom secret quelque part, par hasard ? ai-je glissé à Carter.

– Il doit se trouver dans *Le Livre des morts*. J'ai pas pensé à vérifier.

– Et maintenant, qu'est-ce qu'on fait ?

– Toi, occupe-le, a répondu Carter avant de courir vers le poste de pilotage.

Il en avait de bonnes... Il voulait que je fasse quoi, lui proposer de jouer à « pierre papier ciseaux » ?

– Vous renoncez ? a rugi Chesmou.

– Non ! T'inquiète pas, on va te nommer. C'est juste que... Dis donc, t'es drôlement costaud. Tu fais de la muscu ?

J'ai jeté un coup d'œil vers Bastet, qui a hoché la tête d'un air approbateur.

Fier comme un pou, Chesmou a fait saillir ses biceps. Les hommes, tous pareils... Même s'ils ont une tête de lion et mesurent vingt mètres de haut.

– Je suis Chesmou ! a-t-il beuglé.

– Ça, il me semble que tu l'as déjà dit. Mais tu dois avoir une tripotée de titres. Maître de ceci, seigneur de cela...

– Je suis l'exécuteur d'Osiris ! Le maître du sang et du vin !

Il a frappé la surface de l'eau avec le poing, manquant de faire chavirer notre bateau.

– Très impressionnant, ai-je commenté, me retenant de vomir. Euh, c'est quoi le rapport entre le sang et le vin ?

– Grrrrr...

Il s'est penché en avant et a montré les crocs. Vu de près, il était encore plus affreux. Des algues et des morceaux de poissons se mêlaient à sa crinière.

– Le seigneur Osiris m'autorise à trancher la tête des damnés ! Ensuite je les broie dans mon pressoir et en fait du vin pour les morts !

Je me suis promis de ne jamais goûter le vin des morts.

Tu te débrouilles bien.

J'ai sursauté en entendant la voix d'Isis. Il y avait tellement longtemps qu'elle ne s'était pas manifestée que je l'avais presque oubliée.

Pose-lui des questions sur ses autres titres.

– Et quels sont tes autres titres, ô puissant démon du vin ?

– Je suis le maître – Il a fait saillir ses muscles, histoire de m'impressionner davantage – des parfums.

Il m'a souri, s'attendant probablement à me voir trembler d'effroi.

– Sans blague ? Tes ennemis doivent être terrifiés.

– Ah, ça oui ! Tu en veux un échantillon gratuit ?

Il a arraché une bourse en cuir visqueux de sa ceinture et en a sorti un petit pot en terre rempli d'une poudre jaune à l'odeur douceâtre.

– J'ai appelé celui-ci... *Éternité.*

– Un délice, ai-je bredouillé, les yeux pleins de larmes.

J'ai lancé un coup d'œil discret derrière moi. Qu'est-ce que Carter pouvait bien fabriquer ?

Continue à lui parler, a dit Isis d'un ton pressant.

– Euh, tu es le maître des parfums parce que... J'y suis ! Tu l'extrais des plantes avec ton pressoir, comme le vin...

– Ou le sang !

– Ça va de soi...

– Oui, le saaang !

Khéops a poussé un cri bref et a caché ses yeux derrière ses mains.

J'ai repris, m'adressant au démon :

– Donc, tu es au service d'Osiris ?

– Oui ! Enfin... je l'étais. Le trône d'Osiris est vide. Mais il reviendra !

– Naturellement. Et tes amis, ils t'appellent comment ? Chessy ? Momo le morbide ?

– Si j'avais des amis, ils m'appelleraient Massacreur des Âmes, Face Féroce. Mais comme je n'en ai pas, le secret de mon nom est bien gardé. Ah ah !

Je me suis tournée vers Bastet, me demandant si j'avais bien entendu. Elle m'a fait un grand sourire.

Au même moment, Carter a dévalé l'escalier du poste de pilotage, brandissant *Le Livre des morts*.

– Je l'ai ! a-t-il annoncé. Je n'arrive pas à déchiffrer le passage qui nous intéresse, mais...

– Dites mon nom ou je vous dévore ! a rugi Chesmou.

– C'est bon, je vais le dire ! lui ai-je rétorqué. Tu t'appelles Chesmou, Massacreur des Âmes, Face Féroce !

Le démon s'est tordu de douleur.

– GAAAAHHHH ! C'est pas juste ! Comment as-tu fait pour deviner ?

– Maintenant, laisse-nous passer, ai-je ordonné. Oh, une dernière chose : mon frère aimerait avoir un échantillon gratuit.

Je n'ai eu que le temps de m'écarter avant que Chesmou ne souffle un peu de poudre jaune dans la direction de Carter. Le démon a ensuite regagné les profondeurs du fleuve.

J'ai soupiré :

– Un type charmant !

Entièrement couvert de poudre, Carter ressemblait à un carré de poisson pané.

– Pouah ! s'est-il écrié, recrachant un peu de parfum. Pourquoi tu as fait ça ?

– Au moins, maintenant, tu sens bon. C'est quoi, l'étape suivante ?

J'étais très satisfaite de moi jusqu'à ce que, au sortir d'une courbe, je découvre l'horizon embrasé. Dans la cabine, le capitaine Dacier a actionné la cloche d'alarme.

Devant nous, la rivière était en flammes. À travers la fumée, on devinait une succession de rapides conduisant à ce qui avait tout l'air d'un cratère de volcan en éruption.

– Le lac de feu, a annoncé Bastet. C'est ici que ça devient intéressant.

SADIE

28. Mon rencard avec le dieu du papier toilette

« Intéressant », dans l'esprit de Bastet, désignait un lac bouillonnant de plusieurs kilomètres qui empestait le pétrole et la viande pourrie. Un immense disque en bronze semblable à un bouclier émergeait de la rivière à l'endroit où celle-ci se jetait dans le lac. J'ignore pourquoi il ne fondait pas, mais toujours est-il qu'il bloquait le passage. Sur chaque berge, face au disque, se dressait une statue monumentale représentant un babouin aux bras dressés vers le ciel.

– Les portes de l'Occident, a indiqué Bastet. Après les avoir franchies, la barque de Rê se régénérait dans le lac de feu, puis elle passait les portes de l'Orient, à l'opposé des précédentes, et un jour nouveau se levait sur le monde.

J'espérais que les babouins aient eu un langage secret grâce auquel Khéops nous aurait obtenu un sauf-conduit, mais il a aboyé en direction des statues avant de se réfugier courageusement entre mes jambes.

– Comment fait-on pour passer ? ai-je demandé.

– C'est à moi qu'il faut poser cette question, a fait une voix.

L'air s'est mis à scintiller. Carter a vivement reculé tandis que Bastet feulait.

Un bâ étincelant a surgi du néant devant moi – une dinde géante à tête humaine, aux ailes repliées, avec quelque chose de familier : un crâne chauve de vieillard, un visage parcheminé, des yeux laiteux, un sourire qui respirait la bonté...

– Iskandar ? ai-je dit d'une voix hésitante.

– Bonjour, chère enfant.

La voix du vieux magicien résonnait étrangement, comme si elle me parvenait depuis le fond d'un puits.

Soudain mes yeux se sont emplis de larmes.

– Mais... vous êtes mort !

Il a ri.

– On ne peut plus mort.

– Ce n'est pas moi qui...

– Tranquillise-toi, mon enfant. Tu n'y es pour rien. Simplement, mon heure était venue.

En moi, l'étonnement et la tristesse ont brusquement cédé la place à la colère.

– Ce n'est pas juste ! Vous nous avez abandonnés avant de nous avoir formés. À présent, Desjardins nous poursuit et...

– Mon enfant, vous êtes parvenus jusqu'ici sans mon aide. Vous n'aviez pas besoin de moi, ni de formation. Mes frères auraient découvert la vérité tôt ou tard. Ils sont entraînés à détecter les demi-dieux, et ils n'auraient pas compris.

– Vous saviez qu'on était possédés par des dieux, n'est-ce pas ?

– Que vous étiez des hôtes...

– Peu importe. Vous le saviez ?

– Je l'ai compris après notre deuxième rencontre, oui. Tout ce que je regrette, c'est de ne pas l'avoir su plus tôt. Toi et ton frère, j'aurais alors pu vous protéger aussi efficacement que...

– Aussi efficacement que qui ?

Le regard d'Iskandar s'est perdu dans le vague.

– J'ai dû faire des choix, Sadie. Certains m'ont paru sages sur le moment. Mais avec le recul...

– Votre décision de bannir les dieux... Ma mère vous a convaincu que c'était une mauvaise idée, pas vrai ?

Il a agité ses ailes spectrales.

– Comprends-moi bien, Sadie. Quand l'Égypte est passée sous la domination des Romains, cela m'a anéanti. Je n'ai pas supporté de voir une civilisation aussi ancienne et puissante détruite par l'arrogance d'une reine, Cléopâtre, qui s'était crue capable d'abriter une déesse. Le sang des pharaons semblait appauvri, leur lignée prête à s'éteindre. J'en voulais au monde entier – aux dieux, qui se servaient des hommes pour régler leurs querelles mesquines, aux souverains ptolémaïques, qui avaient conduit l'Égypte à sa perte, à mes frères, devenus faibles, rapaces et corrompus. Je me suis confié à Thot, et nous sommes tombés d'accord : il convenait de bannir les dieux, afin que les magiciens apprennent à se débrouiller sans eux. Cette nouvelle règle a permis à la Maison de vie de fonctionner durant les deux mille ans qui ont suivi. À l'époque, cette décision semblait appropriée.

– Et maintenant ?

L'éclat d'Iskandar a pâli.

– Votre mère a prédit que cet équilibre ne durerait pas. Elle a vu la défaite de Maât et le règne du chaos dans un avenir proche. Selon elle, seule l'union des dieux et de la Maison pouvait l'empêcher. Au fond de moi, je savais qu'elle avait raison, mais je n'étais qu'un vieil idiot. J'ai refusé de la croire... et vos parents ont décidé d'agir seuls. Ils se sont sacrifiés dans l'espoir de redresser la situation, parce que j'étais trop entêté pour changer. Crois-moi, je le regrette profondément.

Malgré mes efforts, j'avais du mal à en vouloir au vieil oiseau. C'est si rare qu'un adulte admette ses erreurs devant un ado – surtout un adulte âgé de deux mille ans – que quand ça arrive, il ne faut surtout pas bouder son plaisir.

– Je vous pardonne, ai-je dit à Iskandar. Seulement, Seth s'apprête à détruire l'Amérique du Nord avec une pyramide rouge géante. Alors, je fais quoi, moi ?

– Ça, ma chère enfant, ce n'est pas à moi de te le dire.

Il a tendu le cou et penché la tête, comme s'il écoutait une voix provenant du lac.

Puis il a repris :

– À présent, je vais devoir jouer mon rôle de gardien de la porte, et décider ou non de vous laisser accéder au lac de feu.

– Mais j'ai d'autres questions à vous poser !

– Et j'aimerais avoir le temps d'y répondre. Tu possèdes une âme forte, Sadie Kane. Un jour, ton bâ fera un excellent gardien.

J'ai grimacé.

– Merci... J'ai trop hâte de devenir une dinde pour l'éternité.

– Tout ce que je peux te dire, c'est que l'heure du choix approche pour toi. Le moment venu, ne commets pas la même erreur que moi. Tes sentiments ne doivent pas t'empêcher de prendre la meilleure décision.

– La meilleure pour qui ?

– Ah ! C'est là tout le problème. Pour ton père, ta famille, les dieux, le monde ? Maât et l'Isfet, le chaos, vont bientôt s'affronter plus violemment qu'ils ne l'ont jamais fait. L'issue de ce combat repose pour une grande part sur ton frère et toi. Soit vous parviendrez à rétablir l'équilibre, soit vous détruirez tout. Ça aussi, votre mère l'avait prédit.

– Attendez ! Qu'est-ce que...

– Au revoir, Sadie. J'espère que nous pourrons nous reparler un jour. Mais pour le moment, passe ! Ma mission consiste à évaluer ton courage, et tu en as en quantité.

J'aurais voulu lui dire qu'il se trompait, dans l'espoir qu'il reste et me dise exactement ce que ma mère avait vu. Mais il a disparu, et le silence est retombé sur le pont. Je me suis alors rendu compte que personne d'autre à bord n'avait prononcé un mot en sa présence.

Je me suis tournée vers Carter :

– C'est à moi de faire tout le boulot, si je comprends bien ?

Il avait le regard fixe et inexpressif. Khéops se cramponnait toujours à mes jambes, aussi immobile qu'une statue. Le visage de Bastet était figé dans un rictus furieux.

– Hé ho, les copains ?

J'ai claqué des doigts, les tirant de leur torpeur.

– Bâ ! a craché Bastet.

Puis elle a regardé autour d'elle sans comprendre.

– Il m'a semblé voir... Que s'est-il passé ?

Je me suis fait la réflexion qu'il fallait être sacrément balèze pour arrêter le temps et pétrifier même une déesse. Mort ou pas, il faudrait qu'Iskandar m'apprenne son truc un de ces quatre.

– Il y avait bien un bâ, ai-je répondu. Il est parti, maintenant.

Un grondement sourd s'est échappé des deux babouins géants tandis qu'ils abaissaient lentement les bras. Le disque solaire en bronze s'est enfoncé sous l'eau, dégageant l'accès au lac. Le bateau s'est brusquement élancé vers les flammes et les vagues bouillonnantes. À travers la vapeur, j'ai aperçu une île au milieu du lac. Sur son rivage se dressait la forme noire et scintillante d'un temple pas franchement accueillant.

– La salle du jugement ? ai-je supposé.

Bastet a acquiescé avant d'ajouter :

– C'est dans les moments comme celui-ci que je me réjouis de ne pas être mortelle.

Pendant qu'on abordait dans l'île, le capitaine Dacier est descendu pour nous dire au revoir.

– Vous serez toujours les bienvenus à bord de *La Reine d'Égypte*, a-t-il assuré. À moins que vous n'ayez l'intention de me libérer de ma charge ?

Derrière lui, Bastet a fait non de la tête.

– On vous garde, ai-je dit au capitaine. Merci pour tout.

– Vos désirs sont des ordres, a répondu Dacier.

Si une hache pouvait exprimer quelque chose, on aurait certainement lu du dépit sur son visage.

– Ça me fend le cœur de vous quitter, lui a dit Carter avant de s'engager sur la passerelle derrière Bastet et Khéops.

Au lieu de prendre le large, le bateau s'est enfoncé dans la lave jusqu'à disparaître.

Je me suis tournée vers Carter :

– Ça te « fend » le cœur, hein ?

– Ben quoi ? On n'a plus le droit de faire de l'humour ?

– Tu es désespérant.

On a gravi les marches du temple noir. Une forêt de colonnes soutenait le toit. Du sol au plafond, la moindre surface était gravée d'images et de hiéroglyphes noirs sur fond noir, sans aucune trace de couleur. La vapeur qui s'élevait du lac pénétrait à l'intérieur, et malgré les torches de roseau fixées aux colonnes, on ne distinguait rien au-delà de quelques mètres.

– Restez vigilants, a dit Bastet en reniflant. Il n'est pas loin.

– Qui ?

– Le clébard, a-t-elle répondu d'un ton méprisant.

On a alors entendu un grondement. Une haute silhouette noire a surgi de la pénombre et s'est jetée sur Bastet, qui a poussé un feulement furieux avant de déguerpir, nous laissant seuls face au danger. Au moins, elle n'avait pas menti en disant qu'elle était lâche.

Le nouveau venu avait le poil lisse et brillant, comme l'animal de Seth, mais en beaucoup plus gracieux. Il était même plutôt mignon, pour un chacal.

Il s'est alors transformé, et mon cœur a fait un bond. C'était le garçon de mes rêves – je veux dire, celui que j'avais rencontré à deux reprises dans mes visions.

Anubis était encore plus mortel en vrai, si possible. (J'avais pas percuté, mais merci, Carter. Le dieu des morts, trop mortel... Ah ah ! Bon, je peux reprendre, maintenant ?)

Il avait le teint pâle, des cheveux noirs en désordre, des yeux brun chocolat qui me faisaient fondre. Il portait un jean noir, des bottes militaires (le même modèle que les miennes !), un tee-shirt déchiré et une veste en cuir noir qui lui allait à merveille. Il était mince et élancé, avec des oreilles légèrement décollées, comme celles d'un chacal – trop chou, je trouve – et une chaîne en or autour du cou.

Avant d'aller plus loin, je tiens à préciser que je craque rarement pour un garçon. Au collège, je me moquais souvent de Liz et Emma, qui elles n'arrêtent pas. Si elles m'avaient vue à cet instant, elles se seraient bien fichues de moi.

Le garçon en noir s'est relevé et a brossé sa veste.

– Je ne suis pas un « clébard », a-t-il grondé.

J'ai acquiescé :

– C'est vrai. Tu es...

J'allais ajouter « délicieux », ou autre chose de tout aussi embarrassant, mais Carter m'a épargné cette honte.

– Tu es Anubis ? a-t-il demandé. On est venus chercher la plume de vérité.

Anubis a plongé ses beaux yeux dans les miens avant de remarquer :

– Vous n'êtes pas morts.

– Eh non, ai-je dit. Pourtant, on fait des efforts.

– Je ne traite pas avec les vivants, m'a-t-il rétorqué d'un ton catégorique. En même temps, vous êtes accompagnés d'un babouin. C'est une preuve de bon goût. Avant de vous tuer, je vais vous laisser une chance de vous expliquer. Pourquoi Bastet vous a-t-elle conduits ici ?

– En fait, a répondu Carter, c'est Thot qui nous envoie...

Il allait tout lui raconter quand Khéops l'a interrompu :

– Agh ! Agh !

Apparemment, le langage des babouins est plus synthétique que celui des hommes, car Anubis a acquiescé comme s'il venait d'entendre la version longue de l'histoire.

Puis il a lancé un regard noir à Carter :

– Ainsi, tu es Horus. Et toi...

– Je... je...

Je sais, ça ne me ressemble pas de bafouiller, mais face à Anubis, j'avais l'impression que ma langue faisait des nœuds dans ma bouche. Carter m'a regardée comme si j'étais devenue subitement débile.

– Je ne suis pas Isis, ai-je fini par articuler. Elle s'agite en moi, d'accord, mais je ne suis pas elle. Disons qu'elle est en visite.

– Et vous avez l'intention de défier Seth ?

– En gros, oui, a dit Carter. Tu veux bien nous aider ?

Anubis s'est brusquement rembruni. Selon Thot, il était de bonne humeur environ une fois tous les mille ans. Quelque chose me disait qu'on n'était pas tombés le bon jour.

– Non, a-t-il répondu. Je vais vous montrer pourquoi.

Ayant repris sa forme de chacal, il a filé tel l'éclair dans la direction d'où il était arrivé. Carter et moi avons échangé un regard hésitant avant de nous enfoncer dans l'obscurité derrière lui.

Au cœur du temple se trouvait une vaste salle circulaire éclairée par des braseros. Il y avait un trône vide au fond, et au centre, une immense balance en métal noir avec des plateaux en or assez grands pour contenir chacun un adulte. Mais la balance était cassée : un des plateaux était déformé, comme si on avait fait tomber quelque chose de lourd dedans, l'autre pendait au bout d'une unique corde.

Couchée en rond au pied de la balance dormait la créature la plus bizarre que j'avais jamais vue. Elle avait une tête de crocodile et une crinière de lion. L'avant de son corps rappelait également un lion, tandis que l'arrière – lisse, brun et gras – évoquait plutôt un hippopotame. Le plus curieux, c'était qu'elle avait la taille approximative d'un caniche, ce qui faisait d'elle un hippocaniche, je suppose.

En même temps que j'observais tout cela, je me trouvais au milieu d'un cimetière dont l'image en trois dimensions semblait se superposer à celle de la salle. Par endroits, les dalles de marbre cédaient la place à des flaques de boue et des pavés moussus. Des rangées de tombes pareilles à des maisons miniatures rayonnaient autour du centre de la pièce. Beaucoup étaient effondrées, certaines murées et d'autres entourées de grilles. Les colonnes proches des bords de la salle se transformaient en cyprès par intermittence. J'avais la sensation d'être à la lisière de deux mondes, sans pouvoir dire lequel était réel.

Khéops s'est dirigé vers la balance cassée et l'a escaladée pour s'asseoir à son sommet, sans se soucier de l'hippocaniche.

Le chacal a trottiné jusqu'aux marches du trône où il a retrouvé l'apparence d'Anubis.

– Soyez les bienvenus, nous a-t-il dit. Cet endroit est le dernier que vous verrez.

– La salle du jugement, a murmuré Carter avec un respect mêlé de crainte.

Puis il a posé les yeux sur l'hippocaniche endormi.

– C'est...

– Ammout la dévoreuse d'âmes, oui. Regardez-la, et tremblez.

Ammout avait dû reconnaître son nom dans son sommeil car elle a jappé et s'est renversée sur le dos en agitant ses pattes de lion et d'hippopotame. J'ignorais que les monstres du pays des morts rêvaient qu'ils couraient après les lapins.

– Je l'imaginais... plus grosse, a avoué Carter.

Anubis lui a lancé un regard sévère.

– Ammout a juste la taille qu'il faut pour dévorer les cœurs des damnés. Et crois-moi, elle fait très bien son travail... Plutôt, elle le faisait.

Toujours perché sur la balance, Khéops a failli perdre l'équilibre, et le plateau bosselé a bruyamment heurté le sol.

– Qu'est-ce qui est arrivé à cette balance ? ai-je demandé.

– Maât s'affaiblit. J'ai essayé de la réparer, mais...

Il a écarté les bras en signe d'impuissance.

– C'est pour ça que le cimetière s'immisce dans cette réalité ?

– Quel cimetière ? a fait Carter, surpris.

– Les tombes, les arbres...

– Enfin, de quoi tu parles ?

Anubis est intervenu :

– Il ne les voit pas. Mais toi, Sadie, tu as le don de clairvoyance. Qu'est-ce que tu entends ?

Je n'ai pas compris tout de suite ce qu'il voulait dire. J'entendais seulement le sang battre dans mes tempes, et la rumeur lointaine, ponctuée de crépitements, du lac de feu. (Et aussi Khéops qui grognait et se grattait, mais ça, ce n'était pas nouveau.)

Puis j'ai fermé les yeux et ai perçu d'autres sons, très faibles – une musique qui faisait resurgir des souvenirs très anciens : mon père souriait et me portait dans ses bras en dansant à travers notre maison.

– Du jazz, ai-je dit.

J'ai rouvert les yeux. La salle du jugement avait disparu. Plutôt, elle s'était effacée. Je voyais toujours la balance et le trône vide, mais il n'y avait ni colonnes ni braseros. Même Carter, Khéops et Ammout s'étaient volatilisés.

Le cimetière, en revanche, avait gagné en réalité. Des pavés descellés bougeaient sous mes pieds. La nuit sentait les épices, le poisson mijoté et le moisi. Ç'aurait pu être l'Angleterre – un cimetière perdu dans Londres, peut-être –, sauf que les inscriptions sur les tombes étaient en français et qu'il faisait trop doux pour un hiver anglais. De la mousse espagnole s'accrochait aux branches des arbres feuillus.

Et puis, il y avait la musique. Juste à l'extérieur du cimetière, un orchestre de jazz défilait le long de la rue. Les musiciens vêtus de costumes sombres étaient coiffés de chapeaux en papier aux couleurs vives. Les saxophonistes bougeaient leurs instruments en rythme. Les cornets et les clarinettes faisaient entendre des sons plaintifs. Les joueurs de caisse claire se balançaient, souriants, et leurs baguettes jetaient des lueurs dans la nuit. Et derrière eux, portant des fleurs et des torches, une foule de fêtards en habits de deuil dansait autour d'un corbillard bringuebalant.

– Où est-ce qu'on est ? ai-je demandé, émerveillée.

Anubis a sauté d'une tombe pour atterrir à mes côtés. Il a pris une profonde inspiration, et ses traits se sont détendus. Je me suis surprise à admirer sa bouche, la courbe de sa lèvre inférieure.

– À La Nouvelle-Orléans, a-t-il répondu.

– Pardon ?

– La ville noyée. Nous nous trouvons dans le quartier français, sur la rive ouest du fleuve – celle des morts. J'aime cet endroit. C'est pourquoi la salle du jugement communique avec cette partie du monde mortel.

La procession continuait sa progression le long de la rue, recrutant de nouveaux participants parmi les badauds.

– Ces gens, qu'est-ce qu'ils fêtent ?

– Un enterrement. Ils viennent de descendre le défunt dans sa tombe. À présent, ils lui rendent hommage à travers leurs chants et leurs danses tout en escortant le corbillard vide. Très égyptien, comme rituel.

– Comment sais-tu tout ça ?

– Je suis le dieu des enterrements. Je connais les rites funéraires du monde entier, comment préparer le corps et l'âme en prévision de son passage dans l'au-delà. La mort est toute ma vie.

– Tu dois être très demandé pour mettre l'ambiance dans les soirées. Pourquoi m'as-tu amenée ici ?

– Pour parler.

Il a écarté les bras. Un bruit sourd s'est élevé de la tombe la plus proche. Un long ruban blanc a jailli d'une fente d'un mur et s'est déployé dans les airs. J'ai pensé : *Ça alors ! Un rouleau de papier toilette magique...*

Puis j'ai réalisé qu'il s'agissait d'une mince bande de tissu, comme celles qui enveloppent les momies. La bandelette s'est enroulée sur elle-même, formant un banc. Anubis s'est assis dessus et m'a fait signe de le rejoindre.

– Je n'aime pas Horus, m'a-t-il avoué. C'est une grande gueule, qui se croit plus fort que moi. Mais Isis m'a toujours traité comme son fils.

– Tu n'es pas mon fils. Et je te l'ai déjà dit : je ne suis pas Isis.

– C'est vrai, tu ne te comportes pas comme une déesse. En fait, tu me rappelles ta mère.

Sa remarque m'a fait l'effet d'une douche glacée (et grâce à Zia, je sais de quoi je parle).

– Tu as connu ma mère ?

Anubis a paru comprendre qu'il avait gaffé.

– Je connais tous les morts, mais le parcours de chaque âme est secret. Désolé, j'aurais mieux fait de me taire.

– Tu en as déjà trop dit. Est-ce que ma mère est passée par ta salle du jugement ?

Anubis a lancé un regard gêné à la balance, qui miroitait tel un mirage au milieu du cimetière.

– Ce n'est pas *ma* salle. Je ne fais que la surveiller jusqu'au retour d'Osiris. Je regrette beaucoup, mais je ne peux rien te dire de plus. Je ne sais pas ce qui m'a pris. C'est juste que... Ton âme répand la même lumière que la sienne. Une lumière puissante.

– Merci du compliment. J'ai une âme lumineuse.

– Désolé, a-t-il répété. Je t'en prie, assieds-toi.

Je n'avais aucune envie de lâcher le sujet, ni de m'asseoir sur un paquet de bandelettes, mais l'approche frontale ayant échoué, je devais tenter une autre méthode pour lui soutirer des renseignements. Je me suis laissée tomber sur le banc à ses côtés en feignant d'être fâchée.

– Et toi ? ai-je demandé d'un ton maussade. C'est quoi, cette forme – un hôte ?

– Tu veux savoir si j'habite le corps d'un mortel ? a-t-il dit, une main posée sur sa poitrine. Je peux m'incarner dans un cimetière, dans n'importe quel lieu de deuil, mais c'est là mon apparence naturelle.

– Oh !

J'espérais un peu être assise à côté d'un véritable garçon – un garçon qui aurait eu la malchance d'abriter l'essence d'un dieu – mais ç'aurait été trop beau. J'étais déçue, et je m'en voulais de l'être.

Tu as toutes tes chances, Sadie, me suis-je dit pour me remonter le moral. *C'est juste le dieu de la mort, quoi... et il a à peine cinq mille ans.*

– Si tu ne peux rien me dire, ai-je repris, au moins, aide-moi. On a besoin d'une plume de vérité.

Il a secoué la tête.

– Tu ignores de quoi tu parles. La plume de vérité est dangereuse. Je violerais les règles d'Osiris en la confiant à des mortels.

– Tu aperçois Osiris quelque part ? Je vois bien son trône, mais sauf erreur de ma part, il est vide.

Anubis a tiré sur sa chaîne en or, comme si elle l'étranglait.

– C'est vrai, a-t-il dit d'un air abattu, il y a longtemps que j'attends son retour. Je n'ai pas été emprisonné comme les autres, j'ignore pourquoi. Quand j'ai appris leur libération, j'ai pensé qu'il allait revenir, mais non. Pourquoi néglige-t-il ainsi ses devoirs ?

– Sans doute parce qu'il est coincé à l'intérieur de mon père.

– Ça, le babouin ne me l'a pas dit !

– Désolée de ne pas raconter aussi bien qu'un babouin, mais pour faire bref, mon père voulait libérer les dieux pour des raisons... Peut-être s'est-il levé un matin en se disant : « Tiens, si je faisais sauter le British Museum et la Pierre de Rosette ? » Le problème, c'est qu'il a relâché Seth en même temps qu'Osiris.

– Et Seth a profité de ce qu'il abritait Osiris pour le capturer à son tour. Ça signifie qu'Osiris est prisonnier de mon... de Seth.

Il avait hésité. Intéressant.

– Maintenant, tu comprends pourquoi tu dois nous aider ? ai-je repris.

Anubis a de nouveau secoué la tête.

– Je ne peux pas. Je pourrais avoir des ennuis.

Ça a été plus fort que moi, j'ai éclaté de rire.

– Des ennuis ? On croirait entendre un gosse. Enfin, tu es un dieu !

Malgré l'obscurité, il m'a semblé le voir rougir.

– Tu ne saisis pas. La plume ne peut supporter le plus petit mensonge. Si je te la confie et que tu dis ou fais quoi que ce soit de contraire à la vérité, elle te réduira en cendres.

– En d'autres termes, tu me traites de menteuse.

– Non ! Je t'expliquais juste...

– Toi, tu dis toujours la vérité, peut-être ? À l'instant, tu as failli m'avouer quelque chose à propos de Seth, puis tu t'es ravisé. C'est ton père, pas vrai ?

Anubis est resté muet. Il avait la tête d'un type qui voudrait se mettre en colère mais qui aurait perdu le mode d'emploi. Puis il a demandé :

– Tu es toujours aussi pénible ?

– D'habitude, je le suis davantage.

– Comment se fait-il que tes parents ne t'aient pas encore mariée à un homme qui vit très, très loin de chez eux ?

À mon tour, je suis restée sans voix. Il avait parlé le plus sérieusement du monde.

– Dis donc, je te signale que j'ai douze ans ! Enfin, presque treize, et je suis très mûre pour mon âge, mais là n'est pas la question. Dans ma famille, on ne se débarrasse pas des filles en les mariant. Tu es peut-être très calé en rites funéraires, mais concernant les relations entre les sexes, on dirait que tu as des progrès à faire.

– On dirait, a acquiescé Anubis, décontenancé.

– On parlait de quoi, déjà ? Oh ! Ça me revient. Tu croyais pouvoir me distraire, hein ? Donc, Seth est ton père ? Cette fois, dis-moi la vérité.

Anubis a laissé son regard errer à travers le cimetière. Le cortège d'enterrement s'était enfoncé dans le quartier français, et on n'entendait presque plus la musique.

– C'est vrai, a-t-il fini par dire. Du moins, c'est ce que prétend la légende. Je ne l'ai jamais rencontré. Je n'étais encore qu'un enfant quand ma mère, Nephtys, m'a donné à Osiris.

– Elle t'a « donné » ?

– Elle disait qu'elle ne voulait pas que je connaisse mon père. Mais pour être franc, je crois surtout qu'elle ne savait pas quoi faire de moi. Je n'étais pas un guerrier, comme mon cousin Horus. J'étais... différent.

Je ne savais pas quoi dire. Il paraissait tellement amer... Je lui avais demandé la vérité, mais sans y croire. En général, les gens répugnent à se confier, surtout les garçons. En plus, je savais ce que c'était de se sentir différent, et d'avoir l'impression que tes parents t'ont abandonné.

– Elle essayait peut-être de te protéger, ai-je avancé. Après tout, ton père était le maître du mal...

– Peut-être. Osiris m'a pris sous son aile. Il a fait de moi le gardien des morts. J'aimais mon travail, seulement... Ici, le temps ne s'écoule pas. Si je me sens toujours jeune, le monde, lui, a vieilli. Et Osiris est absent depuis si longtemps... Il était ma seule famille.

Assis là dans la pénombre, il avait l'air d'un ado paumé. Je me suis répété qu'il était un dieu plusieurs fois millénaire, capable de maîtriser des forces autrement plus considérables qu'un rouleau de papier toilette, mais je ne pouvais m'empêcher d'avoir pitié de lui.

– Aide-nous à sauver notre père, lui ai-je dit. Quand on aura renvoyé Seth dans la Douât, Osiris retrouvera la liberté et tout le monde sera content.

– Je t'ai expliqué que...

– Ta balance est cassée. J'imagine que c'est à cause de l'absence d'Osiris. Que deviennent les âmes qui se présentent pour être jugées ?

J'avais dû toucher un point sensible car il s'est trémoussé sur le banc, mal à l'aise.

– Elles n'accèdent pas à l'immortalité, ou alors par des voies détournées. Je fais de mon mieux pour les guider, seulement... On appelle aussi la salle du jugement « salle de Maât ». Elle est le socle de l'ordre universel. Mais sans Osiris, elle tombe en ruine et ne peut plus remplir son rôle.

– Alors, qu'est-ce que tu attends ? Donne-nous la plume. À moins que tu n'aies peur que ton « pôpa » te fiche une trempe...

Une lueur de colère a brillé dans son regard. Je me suis demandé s'il n'allait pas m'embaumer sur place, mais il s'est contenté d'un soupir exaspéré.

– J'ai l'habitude d'accomplir un rituel appelé « ouverture de la bouche » pour permettre à l'âme d'un défunt de quitter son corps. Mais pour toi, Sadie Kane, je vais inventer un nouveau rite : la fermeture de la bouche.

– Très drôle... Bon, tu me la files, cette plume ?

Il a ouvert la main. Il y a eu un éclair, et une longue plume d'un blanc éblouissant est apparue, flottant au-dessus de sa paume.

– Pour l'amour d'Osiris... Mais j'y pose plusieurs conditions. D'abord, toi seule auras le droit de la toucher.

– Normal. Tu ne crois quand même pas que je vais laisser Carter...

– Ensuite, je te demande d'écouter ma mère, Nephtys. Khéops m'a dit que vous la cherchiez. Si vous réussissez à la trouver, écoute-la.

– Pas de problème, ai-je affirmé.

Pourtant, sa requête me mettait étrangement mal à l'aise : pourquoi insistait-il tellement sur ce point ?

– Et avant de partir, tu devras répondre à trois questions tout en tenant la plume, afin de me prouver ta bonne foi.

– Euh... Quel genre de questions ?

– Celles qu'il me plaira de te poser. Et n'oublie pas : un seul mensonge, et la plume te détruira.

– Passe-moi ce fichu truc.

Il m'a tendu la plume dont l'éclat s'est immédiatement terni. Elle était tiède au toucher, et plus lourde qu'une plume normale.

– C'est une plume de l'oiseau Bénou, a expliqué Anubis. L'équivalent de votre phénix. Elle a le même poids qu'une âme humaine. Tu es prête ?

– Non !

Il faut croire que j'avais dit la vérité, car je ne me suis pas consumée.

– Ça compte pour une question ? ai-je ajouté aussitôt.

Anubis a souri, et j'ai failli me liquéfier.

– Soit ! Tu es plus dure en affaires qu'un marchand phénicien, Sadie Kane. Maintenant, la deuxième question : donnerais-tu ta vie pour ton frère ?

J'ai répondu sans hésiter :

– Oui !

(Moi aussi, ça m'a étonnée. Si la plume m'obligeait à dire la vérité, elle ne me rendait pas plus intelligente, au contraire.)

Anubis n'a manifesté aucune surprise, lui.

– Dernière question : serais-tu prête à sacrifier ton père si ça te permettait de sauver le monde ?

– Ça, c'est déloyal !

– Réponds franchement.

Facile à dire ! Ce n'est pas une question à laquelle on peut répondre par « oui » ou par « non ». En général, dans les films, l'héroïne refuse de sacrifier son père, mais à la fin, elle arrive à sauver son père *et* le monde. Mais s'il fallait choisir ? Le monde, c'est vaste : papy et mamie, Carter, oncle Amos, Bastet, Khéops, Liz, Emma et tous les gens que je connais. Comment papa réagirait-il si je préférais le sauver, lui ?

– Si… si je n'avais vraiment pas le choix, mais alors vraiment pas… Oh, c'est ridicule !

La plume s'est mise à briller d'un éclat plus vif.

– C'est bon, c'est bon… Si j'étais obligée de choisir, eh bien, je crois… Je crois que je sauverais le monde.

Aussitôt, la culpabilité m'a écrasée. J'étais une mauvaise fille ! Ma main s'est refermée autour de mon amulette, le seul souvenir que m'avait laissé papa. Je sais ce que tu penses : « Tu voyais ton père deux fois par an. C'était presque un inconnu. Alors, pourquoi t'inquiéter pour lui ? »

Même si tu as raison, c'était mon père, non ? Et si l'idée de le perdre m'était insupportable, celle que je puisse le trahir, même pour sauver le monde, faisait de moi un monstre à mes propres yeux.

Après cet aveu, je n'osais pas regarder Anubis. Mais quand j'ai enfin relevé la tête, son expression s'est radoucie.

– Je te crois, Sadie.

– Ah ouais ? Et si je ne tenais pas ta fichue plume, tu me croirais quand même ?

– Beaucoup des défunts qui franchissent le seuil de la salle du jugement se révèlent incapables de renoncer à leurs mensonges. Ils nient leurs fautes, leurs sentiments, leurs erreurs… jusqu'à ce qu'Ammout dévore leur cœur. Il faut beaucoup de force et de courage pour admettre la vérité.

– Merci. Tout à coup, je me sens beaucoup plus forte et courageuse.

Anubis s'est levé.

– Je dois te laisser. Le temps presse. Dans un peu plus de vingt-quatre heures, le jour se lèvera sur l'anniversaire de Seth, et il achèvera sa pyramide – à moins que tu ne l'en empêches. À notre prochaine rencontre…

– Tu seras toujours aussi pénible ?

Ses yeux d'un brun velouté se sont posés sur moi.

– Peut-être pourrais-tu m'aider à combler mes lacunes à propos des relations entre les sexes ?

Je suis restée sans voix. Puis il a esquissé un sourire, pour me faire comprendre qu'il plaisantait, avant de se volatiliser.

J'ai crié :

– Espèce d'idiot !

La balance et le trône se sont évanouis à leur tour. La bande de tissu qui formait le banc s'est brusquement affaissée, et je me suis retrouvée assise par terre en plein cimetière. Quand Carter et Khéops ont surgi du néant à mes côtés, je hurlais toujours des injures en direction d'Anubis.

– Qu'est-ce qui t'arrive ? a demandé Carter. C'est quoi, cet endroit ?

– Il est horrible ! Arrogant, sarcastique, incroyablement sexy, insupportable...

– Agh ! a râlé Khéops.

– Sadie, tu as la plume, oui ou non ?

J'ai ouvert la main, et une plume d'un blanc étincelant s'est matérialisée au-dessus de ma paume. J'ai serré le poing, la faisant disparaître.

– Ouah ! a fait Carter. Et Anubis ? Comment as-tu...

Je lui ai coupé la parole :

– Retrouvons Bastet et fichons le camp d'ici. On a du boulot.

Je me suis dirigée vers la sortie du cimetière sans lui laisser le temps de m'interroger, parce que je n'étais vraiment pas d'humeur à dire la vérité.

CARTER

29. *Zia me fixe un rencard*

(Merci beaucoup, Sadie. À toi le récit de notre expédition au pays des morts, à moi la description de notre traversée du Texas en voiture. Sympa.)

Je te la fais brève : c'était interminable et mortellement rasoir, à moins de se passionner pour le spectacle des vaches en train de ruminer.

On a quitté La Nouvelle-Orléans le 28 décembre à une heure du matin, soit la veille du jour où Seth avait prévu de détruire le monde. Bastet avait « emprunté » un camping-car laissé sur place par les équipes de secours après l'ouragan Katrina. Elle avait d'abord proposé de prendre l'avion, puis je lui avais raconté ma vision, et on était tombés d'accord sur le fait qu'il valait mieux éviter la voie des airs. Nout avait promis de nous protéger jusqu'à Memphis, mais à présent que nous nous dirigions droit vers Seth, je préférais ne pas tenter le sort.

– Seth n'est pas notre unique problème, avait alors remarqué Bastet. Si ta vision est exacte, ça signifie que les magiciens se rapprochent – et pas n'importe quels magiciens : Desjardins en personne.

– Et Zia, avait ajouté Sadie pour me faire enrager.

On avait finalement décidé de voyager par la route, même si c'était plus long. Avec un peu de chance, on atteindrait

Phoenix juste à temps pour empêcher Seth d'agir. Quant à la Maison de vie, il ne nous restait plus qu'à prier pour qu'ils nous laissent faire notre boulot. Une fois Seth éliminé, peut-être les magiciens seraient-ils mieux disposés à notre égard. Sait-on jamais...

Je n'arrêtais pas de penser à Desjardins. La veille encore, j'aurais juré que Seth s'était incarné en lui. Desjardins détestait notre père et aspirait à écraser notre famille. Pendant des décennies, peut-être des siècles, il avait attendu que la mort d'Iskandar le propulse à la tête de la Maison de vie. Puissance, colère, arrogance, ambition, il avait toutes les qualités requises. Seth n'aurait pu rêver meilleur hôte. Et s'il parvenait à provoquer une guerre entre les dieux et les magiciens en contrôlant le chef lecteur, ce serait tout bénéfice pour les forces du chaos. En plus, Desjardins était le genre de type qu'on adorait détester.

D'un autre côté, il avait sauvé les passagers de l'avion, et ça, ça ne ressemblait pas au maître du mal.

Bastet et Khéops se relayaient au volant pendant que Sadie et moi somnolions. J'ignorais que les babouins pouvaient conduire un camping-car, mais le nôtre se débrouillait très bien. Quand j'ai ouvert les yeux, au petit matin, il se frayait un chemin à travers les embouteillages de Houston à l'heure de pointe, montrant les dents, poussant des grognements, et aucun des autres conducteurs ne semblait remarquer quoi que ce soit d'étrange.

Bastet, Sadie et moi avons pris notre petit déjeuner à l'arrière du camping-car. Les portes des placards claquaient, la vaisselle s'entrechoquait, un paysage de néant défilait derrière les vitres. Bastet avait fauché des friandises et des boissons (ainsi qu'une boîte de pâtée) dans une épicerie de nuit avant notre départ de La Nouvelle-Orléans, mais aucun de nous n'avait très faim. Notre déesse était nerveuse. Elle avait déjà lacéré les banquettes du camping-car et se faisait à présent les griffes sur la table de la cuisine.

Sadie, elle, n'arrêtait pas d'ouvrir et fermer la main, en regardant la plume comme on regarde un téléphone dont on espère qu'il va sonner. Depuis qu'elle avait disparu de la salle du jugement, elle était distante et silencieuse. Je ne m'en plaignais pas, note bien, mais je ne la reconnaissais pas.

– Qu'est-ce qui s'est passé avec Anubis ? ai-je demandé pour la millième fois au moins.

J'ai cru qu'elle allait m'arracher la tête. Mais elle a dû juger que ça n'en valait pas la peine et a de nouveau regardé la plume qui flottait au-dessus de sa main.

– On a parlé, a-t-elle lâché du bout des lèvres. Il m'a posé des questions.

– Quelles questions ?

– Pas ça, Carter. Je t'en supplie.

« Je t'en supplie ? » Pas possible, on nous l'avait changée !

Je me suis tourné vers Bastet, mais elle ne m'a été d'aucun secours. Elle arrachait méticuleusement le Formica avec ses ongles.

– Qu'est-ce qui te prend ? lui ai-je demandé.

Elle a baissé les yeux vers la table.

– Au pays des morts, je vous ai abandonnés. Une fois de plus.

– Tu as eu peur d'Anubis, c'est tout. Pas de quoi fouetter un chat...

Ses yeux jaunes se sont fixés sur moi, et j'ai compris que j'avais gaffé.

– Carter, j'ai fait une promesse à votre père. En échange de ma liberté, il m'a confié une mission encore plus importante que celle de combattre le serpent : protéger Sadie – et en cas de besoin, vous protéger tous les deux...

Sadie est intervenue :

– Bastet, c'est très gentil, mais tu ne peux pas comparer... Carter et moi, on n'a quand même pas autant d'importance que le serpent.

– Tu ne comprends pas. En plus d'être de sang royal, vous êtes les plus puissants des descendants de pharaons à avoir vu le jour depuis des siècles. Vous représentez notre seule chance de réconcilier les dieux et la Maison de vie avant qu'il ne soit trop tard. Si vous parvenez à maîtriser les pouvoirs des dieux, vous pourrez transmettre votre savoir à d'autres. À vous deux, vous rendrez sa vitalité à la Maison de vie. Tout ce que vos parents ont accompli – oui, tout – c'était afin de vous préparer la voie.

Après ça, on est restés silencieux. J'avais toujours su que nos parents nous aimaient, mais au point de donner leur vie pour nous ? Au point de se persuader que leur sacrifice était nécessaire pour que ma sœur et moi puissions frimer en sauvant le monde ? On n'en demandait pas tant.

– Vous laisser seuls ne faisait pas partie de leur plan, a repris Bastet, comme si elle avait lu dans mes pensées. Mais ils avaient conscience de prendre des risques importants en libérant les dieux. Croyez-moi, ils savaient à quel point vous étiez exceptionnels. Au début, je vous ai protégés parce que j'en avais fait le serment. Mais maintenant, je vous considère comme mes chatons. Plus jamais je ne vous abandonnerai.

J'avais la gorge serrée, je l'avoue. Personne ne m'avait encore appelé son « chaton ».

Sadie a reniflé et s'est essuyé discrètement les yeux.

– Dis, tu ne vas pas nous débarbouiller avec ta langue ?

Ça faisait plaisir de voir Bastet sourire de nouveau.

– Je ne promets rien, mais j'essaierai. Au fait, Sadie, je ne t'ai pas dit à quel point j'étais fière de toi. À toi seule, tu as fait céder Anubis. Pourtant, c'est une vraie teigne.

Sadie a haussé les épaules. Bizarrement, elle avait l'air gênée.

– Je ne dirais pas ça, a-t-elle objecté. Je ne l'ai pas trouvé très différent d'un ado ordinaire.

– Un ado ? ai-je fait, étonné. Il avait une tête de chacal !

– Après, il s'est transformé en homme.

Ma sœur commençait à m'inquiéter.

– Sadie... Il s'est transformé en homme, d'accord, mais il a gardé sa tête de chacal. Il était immense, terrifiant, avec un air vraiment pas commode. Et toi, tu le voyais comment ?

Elle a rougi.

– Euh, normal.

– Et beau gosse, j'imagine, a ajouté Bastet.

Sadie est devenue carrément écarlate.

– On se fiche de savoir à quoi il ressemblait, ai-je décrété. Tout ce qui compte, c'est qu'on ait récupéré la plume.

À voir l'expression de Sadie, il était évident qu'elle ne s'en fichait pas. Elle a serré le poing, et la plume a disparu.

– Sans le nom secret de Seth, elle ne nous servira à rien.

– J'y ai réfléchi, a dit Bastet en promenant un regard inquiet autour d'elle, comme si elle craignait qu'on ne nous espionne. J'ai un plan. Seulement, c'est dangereux.

– Explique-toi...

– Je préfère ne pas en dire plus pour le moment, pour ne pas nous porter la poisse, mais on va devoir faire un arrêt en chemin. Ça ne devrait pas nous retarder beaucoup.

Je me suis livré à un rapide calcul.

– On est le deuxième jour des démons, c'est bien ça ?

Bastet a acquiescé.

– Le jour de la naissance d'Horus.

– Et demain, c'est l'anniversaire de Seth. Ça signifie que nous avons à peu près vingt-quatre heures pour l'empêcher de détruire le monde.

– Et s'il parvient à nous capturer, a ajouté Sadie, ça renforcera encore son pouvoir.

– Ça devrait suffire, a affirmé Bastet. Phoenix se situe à environ vingt-quatre heures de route de La Nouvelle-Orléans, et ça fait déjà plus de cinq heures que nous roulons. Sauf mauvaise surprise...

– ... comme il en survient tous les jours, ai-je glissé.

– Tu as raison, a soupiré Bastet. On ne peut jurer de rien.

J'ai pris une inspiration. Encore vingt-quatre heures et tout serait terminé, d'une manière ou d'une autre. Soit on aurait sauvé papa et vaincu Seth, soit tout ça n'aurait servi à rien – pas seulement nos propres efforts, mais aussi les sacrifices consentis par nos parents. Soudain j'ai eu l'impression de me retrouver dans un des tunnels du Premier Nome, avec des millions de tonnes de terre au-dessus de ma tête. À la moindre vibration, tout s'écroulerait.

– Si vous avez besoin de moi, vous me trouverez dehors, en train de jouer avec des objets pointus.

Sur ces paroles, j'ai empoigné mon épée et me suis dirigé vers le fond du camping-car.

C'était la première fois que je voyageais à bord d'un camping-car équipé d'un balcon. La pancarte sur la porte arrière me déconseillait de m'y rendre pendant que le véhicule était en mouvement, mais je n'en ai pas tenu compte.

Ce n'était pas l'endroit rêvé pour s'entraîner au maniement de l'épée. Deux chaises occupaient presque tout l'espace, déjà restreint. J'étais exposé au vent glacé, et le moindre cahot menaçait de me déséquilibrer, mais j'avais besoin d'être un peu seul pour m'éclaircir les idées.

Je me suis entraîné à faire surgir mon épée de la Douât et à l'y remettre. Au bout d'un moment j'y arrivais presque chaque fois, à condition de me concentrer. J'ai ensuite travaillé mes attaques et mes parades, mais Horus n'a pas pu s'empêcher de la ramener.

Plus haute, ta lame. Tu dois lui faire décrire un arc. On lui a donné cette forme pour qu'elle accroche l'arme de l'adversaire.

Toi, ça va... T'étais où pendant que je me ridiculisais au basket ?

J'ai quand même essayé de tenir mon épée comme il l'avait indiqué. Il avait raison, bien sûr.

L'autoroute traversait de vastes étendues quasi désertiques. De temps en temps, on dépassait le camion d'un éleveur de bétail ou un 4 × 4. Le conducteur ouvrait de grands yeux en voyant un jeune Black brandir une épée à l'arrière d'un camping-car. Je lui adressais un sourire, un salut de la main, avant qu'il ne disparaisse derrière un écran de poussière.

Au bout d'une heure, la sueur refroidie collait ma chemise à ma poitrine, et j'étais essoufflé. J'ai décidé de faire une pause et me suis assis.

– Ça approche, a fait la voix d'Horus.

Elle avait plus de substance que d'habitude et ne résonnait pas à l'intérieur de mon crâne. J'ai tourné la tête et l'ai vu, assis sur la seconde chaise, ses pieds chaussés de sandales posés sur la rambarde. Il portait sa cuirasse et émettait une aura chatoyante. Son épée, la réplique fantomatique de la mienne, était appuyée à sa chaise.

– Qu'est-ce qui approche ? ai-je demandé. La bataille finale ?

– Avant ça, tu devras triompher d'une nouvelle épreuve, Carter. Tiens-toi prêt.

– Super ! Comme si je n'avais pas eu ma dose d'épreuves...

Les yeux d'Horus, couleur soleil et couleur lune, ont étincelé.

– Quand j'étais enfant, a-t-il repris, Seth a tenté de me tuer à plusieurs reprises. Ma mère et moi passions notre temps à fuir et à nous cacher, jusqu'à ce que je sois en âge de l'affronter.

Il déchaînera les mêmes forces contre toi. Le prochain affrontement aura lieu...

– Au bord d'un fleuve, ai-je complété, me rappelant ma dernière vision.

– Prends garde à... Que se passe-t-il ? Quelqu'un tente de...

L'image d'Horus s'est estompée, et celle de Zia Rashid l'a remplacée.

Je me suis levé d'un bond. Soudain je me sentais sale et poisseux, comme si on venait juste de m'extraire du monde des morts.

L'image de Zia a vacillé. Enveloppée dans un épais manteau gris, elle serrait fermement son bâton dans ses mains. Ses courts cheveux bruns dansaient autour de son visage.

– Carter ? a-t-elle dit. Loué soit Thot, je t'ai trouvé !

– Comment as-tu fait ?

– Pas le temps de t'expliquer ! Écoute-moi : Desjardins, les deux autres et moi sommes lancés à votre poursuite. Desjardins n'a pas réussi à vous localiser avec précision, mais nous nous rapprochons, et il connaît votre destination : Phoenix.

– Il a fini par admettre que Seth était libre ? Vous venez pour nous aider ?

Zia a secoué la tête.

– Il a l'intention de vous arrêter.

– Nous arrêter ? Zia, Seth s'apprête à faire sauter tout un continent ! Mon père...

Ma voix s'est fêlée. J'avais l'air apeuré, impuissant, et je détestais ça.

– Mon père est en danger.

Zia a tendu vers moi une main scintillante, mais ce n'était qu'une illusion. Nos doigts ne pouvaient se toucher.

– Carter, je suis désolée. Mais mets-toi à la place de Desjardins : pendant des siècles, la Maison de vie s'est efforcée de garder les dieux enfermés pour éviter ce qui est sur le point d'arriver. Maintenant que vous les avez libérés...

– L'idée ne venait pas de moi !

– Je sais, mais tu t'apprêtes à combattre Seth avec une magie d'origine divine. On ne peut pas contrôler les dieux. Au bout du compte, le remède pourrait se révéler pire que le mal. Laisse faire la Maison de vie...

– Seth est trop puissant. Et j'arrive très bien à contrôler Horus.

– Plus tu t'approcheras de Seth et plus ça deviendra difficile. Tu ne sais pas à quoi tu t'exposes.

– Parce que tu le sais, toi ?

Zia a jeté un coup d'œil inquiet sur sa gauche. Son image s'est brouillée, comme à la télé quand la réception est mauvaise.

– On n'a plus beaucoup de temps. Mel ne va pas tarder à sortir des toilettes.

– Un magicien qui s'appelle Mel ?

– Tais-toi et écoute. Desjardins a voulu qu'on se sépare. Si mon équipe est la première à vous atteindre, je devrais pouvoir retenir Mel d'attaquer assez longtemps pour engager le dialogue. À nous tous, peut-être arriverons-nous à persuader Desjardins que nous avons intérêt à nous unir.

– Surtout, ne le prends pas mal, mais pourquoi je te ferais confiance ?

Elle a semblé sincèrement blessée. Je m'en suis voulu en partie, mais d'un autre côté je craignais que ce ne soit qu'une ruse.

– Carter... J'ai quelque chose à te dire, une chose qui te convaincrait peut-être de ma bonne foi. Mais pour ça, il faudrait que nous soyons face à face.

– Dis-la-moi maintenant.

– Par le bec de Thot, ce que tu peux être têtu !

– Je sais, c'est ce qui fait mon charme.

Nos regards se sont croisés. Son image s'effaçait, et je n'avais pas envie qu'elle s'en aille déjà.

– Si tu ne me fais pas confiance, a-t-elle repris, alors je te ferai confiance pour deux. Je serai à Las Cruces, au Nouveau-Mexique, ce soir. Si tu décides de m'y rejoindre, à nous deux, on arrivera peut-être à faire plier Mel... avant de faire plier Desjardins. Tu viendras ?

J'aurais voulu répondre par l'affirmative, pour le seul plaisir de la voir, mais je n'étais pas certain que Sadie et Bastet partageraient mon enthousiasme.

– Je ne peux rien te promettre, Zia.

– Réfléchis, a-t-elle dit d'un ton suppliant. Une dernière chose : méfie-toi d'Amos. Si tu le vois...

Ses yeux se sont agrandis, et elle a achevé dans un murmure :

– Voilà Mel !

Elle a agité son bâton devant elle avant de s'évanouir.

CARTER

30. *Bastet tient sa promesse*

Quelques heures plus tard, je me suis réveillé sur le canapé du camping-car. Bastet me secouait.

– On est arrivés, a-t-elle annoncé.

J'ignorais combien de temps j'avais dormi. À un moment, assommé par l'ennui et la monotonie du paysage, j'avais glissé dans un cauchemar où de minuscules magiciens couraient dans mes cheveux, essayant de me raser la tête. J'avais également rêvé d'Amos, mais je n'en gardais qu'un vague souvenir. Je ne comprenais toujours pas pourquoi Zia m'avait mis en garde contre lui.

J'ai cligné plusieurs fois les paupières, m'efforçant de chasser le sommeil, et me suis aperçu que ma tête reposait sur les cuisses de Khéops. Le babouin fourrageait dans mes cheveux, y cherchant des amuse-gueules.

– Nooon, ai-je protesté, me redressant. Ça, c'est pas cool !

– Pourquoi ? a demandé Sadie. Au moins, maintenant, t'es bien coiffé.

– Agh agh ! a approuvé Khéops.

– Venez, a dit Bastet, ouvrant la porte du camping-car. On va devoir finir à pied.

J'ai failli faire une crise cardiaque en atteignant la porte. On était garés sur une route de montagne tellement étroite que le camping-car aurait basculé dans un précipice si j'avais éternué un peu trop fort.

Pendant une seconde, j'ai cru qu'on était déjà à Phoenix car le paysage rappelait beaucoup celui de mes visions. Le soleil était bas sur l'horizon. Deux chaînes montagneuses au relief découpé s'étiraient de part et d'autre d'une étendue désertique qui semblait ne pas avoir de limites. À gauche, une ville incolore – presque pas d'arbres ni d'herbe, juste du sable, des graviers et des bâtiments – occupait le fond d'une vallée. Toutefois, elle était beaucoup moins étendue que Phoenix. Un large fleuve qui rougeoyait dans la lumière du couchant traçait sa limite sud et contournait le pied de la montagne au-dessous de nous avant de serpenter vers le nord.

– On est sur la Lune, a murmuré Sadie.

– À El Paso, a rectifié Bastet. Et voici le Rio Grande.

Elle a empli ses poumons d'air tiède et sec avant de poursuivre :

– Un fleuve qui traverse le désert... On pourrait presque se croire en Égypte. L'endroit idéal pour invoquer Nephtys.

– Tu penses vraiment qu'elle va nous révéler le nom secret de Seth ? a dit Sadie.

Bastet a réfléchi avant de répondre.

– Nephtys est imprévisible, mais elle s'est déjà dressée contre son époux par le passé. Alors, oui, on peut l'espérer.

Elle n'avait pas l'air très sûre de ce qu'elle avançait.

– Pourquoi on s'est garés ici, sur la montagne, et pas plus près ? ai-je demandé.

Bastet a haussé les épaules, comme si la raison était évidente.

– Les chats aiment les hauteurs, pour le cas où ils devraient bondir sur une proie.

– Super ! Comme ça, si on aperçoit une souris dans la vallée, on n'aura qu'à se jeter dans le vide.

– Ce n'est quand même pas si terrible, a répliqué Bastet. Il s'agit juste de marcher plusieurs kilomètres dans le sable au milieu des cactus, en évitant les serpents à sonnette, les gardes-frontières, les trafiquants d'hommes, les magiciens, les démons, puis d'invoquer Nephtys.

– Très excitant, comme programme ! a plaisanté Sadie.

– Agh, a acquiescé Khéops d'un air sombre.

Il a reniflé et poussé un grognement.

– Il sent les ennuis, a traduit Bastet. Il va arriver quelque chose de désagréable.

– Ça, pas besoin d'être un babouin pour le prédire, ai-je marmonné avant de lui emboîter le pas.

Cet endroit m'est familier, m'a soufflé Horus.

On est à El Paso, lui ai-je rétorqué. *À moins d'une envie soudaine de tacos, tu n'avais aucune raison de venir ici.*

Je m'en souviens parfaitement, a-t-il insisté. *Les marécages, le désert...*

Je me suis arrêté, ai regardé autour de moi, et soudain la mémoire m'est revenue. Environ cinquante mètres plus bas, le lit du fleuve s'élargissait, et un marais s'étalait au fond d'une cuvette peu profonde, alimenté par tout un réseau d'affluents au débit lent. Des roseaux poussaient le long des berges. L'endroit aurait dû être étroitement surveillé – on se trouvait à la frontière avec le Mexique – mais on ne voyait de gardes nulle part.

Mon bâ était déjà venu là. Il y avait vu la hutte où Isis et le jeune Horus s'étaient cachés pour échapper à Seth. Et un peu plus loin, il avait distingué sous la surface de l'eau une masse sombre et menaçante.

Bastet marchait à quelques pas de la rive. Je l'ai brusquement tirée par le bras.

– Éloigne-toi !

Elle m'a jeté un regard interloqué.

– Carter, je te rappelle que je suis un chat. Je n'ai pas l'intention de me baigner. Mais pour invoquer une déesse aquatique, il faut bien s'approcher de l'eau.

Devant cette logique imparable, je me suis senti idiot. Pourtant, c'était plus fort que moi.

Je me suis adressé à Horus :

L'épreuve dont tu parlais, c'était quoi ?

Mais mon dieu embarqué observait un silence exaspérant.

Sadie a lancé une pierre dans l'eau brunâtre, provoquant un *plouf* sonore.

– Je ne vois aucun danger, a-t-elle dit, s'approchant du bord.

Khéops l'a suivie à contrecœur. Il a reniflé l'eau et s'est mis à grogner.

– Vous voyez ? ai-je insisté. Même Khéops n'aime pas cet endroit.

Bastet a avancé une explication :

– Ça doit être inscrit dans ses gènes. En Égypte, les abords du fleuve recelaient de nombreux dangers : serpents, hippopotames...

– Hippopotames ?

– Je ne plaisante pas. Les hippopotames peuvent être redoutables.

– L'un d'eux a attaqué Horus, pas vrai ? Quand il était enfant et que Seth le recherchait...

– Je ne connais pas cette version. On raconte plutôt que Seth l'aurait fait attaquer par des scorpions, puis par des crocodiles...

J'ai frissonné.

C'est vrai ? ai-je demandé à Horus, mais cette fois encore, il n'a pas répondu.

– Bastet, tu sais s'il y a des crocodiles dans le Rio Grande ?

– Ça m'étonnerait beaucoup, m'a-t-elle répondu en s'agenouillant sur la berge. Sadie, à toi l'honneur.

– Qu'est-ce que je dois faire ?

– Demande simplement à Nephtys d'apparaître. C'est la sœur d'Isis. Si elle se trouve de ce côté-ci de la Douât, elle devrait entendre ta voix.

Sadie n'avait pas l'air convaincue, pourtant elle s'est agenouillée près de Bastet et a touché l'eau du bout des doigts. Des ondulations se sont formées à la surface, beaucoup trop marquées – des vagues concentriques qui se propageaient jusqu'à la rive opposée.

– Euh, Nephtys ? a-t-elle fait. Hou hou ! Y a quelqu'un ?

Un bruit de plongeon m'a incité à me retourner. Non loin de nous, une famille d'émigrants – un homme et une femme portant une petite fille entre eux – s'apprêtait à traverser à gué. Bien sûr, j'avais entendu parler des milliers de malheureux qui chaque année passent illégalement la frontière mexicaine dans l'espoir de trouver une vie meilleure, mais c'était autre chose d'être confronté à la réalité. Ils étaient vêtus de guenilles et paraissaient plus pauvres que les plus pauvres des paysans égyptiens que j'avais pu voir. Je les ai suivis des yeux le temps de m'assurer qu'ils n'avaient rien d'une menace surnaturelle. L'homme m'a lancé un regard prudent, et nous avons conclu une sorte de pacte muet : chacun avait assez de ses problèmes sans s'occuper de ceux de l'autre.

Pendant ce temps, Bastet et Sadie observaient attentivement les ondulations à la surface de l'eau.

– Qu'est-ce qu'elle dit ? a murmuré Bastet, la tête penchée de côté.

– Je ne distingue pas tous les mots, a répondu Sadie sur le même ton. Sa voix est très faible.

Je me suis étonné :

– Vous entendez quelque chose ?

– Chut ! m'ont-elles répondu en chœur.

– Elle parle d'une cage, a repris Sadie. Non, pas une cage, un abri.

– Un abri lointain, a complété Bastet. « Un hôte endormi » ? Qu'est-ce qu'elle veut dire ?

J'ignorais de quoi elles parlaient, car moi je n'entendais rien.

Khéops m'a tiré par le bras, désignant le fleuve.

– Agh !

Les émigrants avaient disparu. Ils ne pouvaient pas avoir traversé aussi vite. Il n'y avait aucune trace d'eux sur l'une comme sur l'autre berge, mais l'eau était agitée de remous à l'endroit où je les avais vus pour la dernière fois, comme si on l'avait brassée avec une cuiller géante.

– Hum, Bastet...

– Carter, ce n'est pas le moment. On essaie d'écouter Nephtys, là.

J'ai serré les dents.

– Très bien. Khéops et moi, on va vérifier un truc...

– Chut ! a répété Sadie.

J'ai adressé un signe de tête à Khéops, et on s'est éloignés le long de la berge. Le babouin se cachait derrière moi et grondait en regardant le fleuve.

Quand je me suis retourné, Bastet et Sadie scrutaient toujours l'eau comme si elles regardaient des vidéos sur YouTube.

Le temps d'atteindre l'endroit où la famille de Mexicains avait disparu, l'agitation était retombée. Khéops a frappé plusieurs fois le sol du pied avant de faire l'équilibre sur les mains. Soit il prenait des cours de breakdance, soit il était vraiment nerveux.

– Qu'est-ce qu'il y a ? ai-je demandé, le cœur battant.

– Agh, agh, agh, a-t-il répondu sur un ton plaintif.

C'était la première fois qu'il me tenait un aussi long discours. L'ennui, c'est que je n'avais pas la moindre idée de ce qu'il racontait.

– Si quelque chose a entraîné ces pauvres gens sous l'eau, je dois les secourir. J'y vais !

– Agh ! a fait le babouin en s'éloignant de la berge.

– Khéops, ces malheureux avaient une petite fille. Je ne peux pas les laisser se noyer sans réagir. Reste ici et surveille mes arrières.

Khéops s'est donné une gifle en signe de protestation pendant que je pénétrais dans l'eau. Elle était plus froide et le courant plus rapide que je ne l'aurais cru. J'ai fait apparaître mon épée et ma baguette. C'était peut-être un effet de mon imagination, mais il m'a semblé que le courant se renforçait.

J'atteignais le milieu du fleuve quand Khéops a poussé un cri d'alarme. Il sautillait sur la berge en désignant un bouquet de roseaux tout proche.

J'ai trouvé les Mexicains blottis à l'intérieur. Ils tremblaient et ouvraient des yeux immenses.

J'ai pensé : *Mais pourquoi ont-ils peur de moi ?*

– Je ne vous ferai pas de mal, leur ai-je assuré.

Ils m'ont regardé sans comprendre, et j'ai regretté de ne pas parler espagnol.

Puis l'eau s'est mise à bouillonner autour de moi, et j'ai compris que ce n'était pas moi qui les terrifiais ainsi.

Saute ! a crié Horus.

J'ai fait un bond d'au moins dix mètres dans les airs. Cet exploit dont je me croyais incapable m'a sauvé la vie, car un monstre a jailli de l'eau juste au-dessous de moi.

D'abord je n'ai vu qu'une énorme gueule béante plantée de dents acérées. Je ne sais par quel miracle, j'ai atterri sur mes pieds non loin de la rive. Je me suis alors retrouvé face à un crocodile aussi long que notre camping-car – et encore, il était à moitié immergé. Ses écailles gris vert évoquaient un croisement entre une armure et une tenue de camouflage, et ses yeux avaient la couleur du lait tourné.

Les Mexicains ont hurlé et tenté d'escalader la berge, attirant sur eux l'attention du monstre. Spontanément, il s'est dirigé vers la proie la plus bruyante et la plus intéressante. J'avais toujours considéré le crocodile comme un animal lent, mais celui-ci a chargé les émigrants avec une rapidité stupéfiante.

Profite de ce qu'il est distrait pour l'attaquer par derrière, m'a conseillé Horus.

J'ai préféré appeler Bastet et Sadie à l'aide tout en lançant ma baguette.

J'avais mal calculé mon tir. La baguette a touché la surface de l'eau devant le crocodile, puis elle a ricoché tel un galet et l'a atteint entre les deux yeux avant de regagner ma main.

Il semblait n'avoir subi aucun dommage, mais il m'a jeté un regard où se lisait l'agacement.

Tu peux aussi essayer de le transpercer avec un cure-dent, a ironisé Horus.

Je me suis précipité vers le monstre en poussant des cris pour détourner son attention. Du coin de l'œil, j'ai vu la famille de Mexicains prendre pied sur la terre ferme. Khéops s'est mis à leur courir après en agitant les bras et en jappant, les exhortant à s'éloigner. Je ne sais pas s'ils fuyaient le crocodile ou le babouin déchaîné, mais tout ce qui m'importait, c'était qu'ils soient indemnes.

Des cris et des bruits de lutte s'élevaient de l'eau derrière moi, mais avant que j'aie pu me retourner, le crocodile s'est rué vers moi.

J'ai esquivé la charge, et la lame de mon épée a rebondi sur sa cuirasse. Le monstre a violemment secoué la tête. Son museau m'aurait assommé si je n'avais instinctivement levé ma baguette. Le crocodile s'est écrasé contre un champ de force invisible.

J'ai tenté d'invoquer le faucon guerrier, mais impossible de me concentrer avec un reptile de six tonnes qui s'efforçait de me couper en deux.

– NON ! a alors crié Bastet, et j'ai compris qu'il était arrivé quelque chose à ma sœur.

Galvanisé par la rage et le désespoir, j'ai brandi ma baguette devant moi. Le champ de force s'est brusquement dilaté, soulevant le crocodile du sol et l'expédiant sur la rive mexicaine du fleuve. Profitant de ce qu'il gisait sur le dos, sans défense, je me suis élancé vers lui, levant mon épée qui resplendissait, et j'ai planté la lame dans son ventre. Je l'ai maintenue enfoncée tandis que le monstre se débattait furieusement et se désintégrait peu à peu, depuis le museau jusqu'à la pointe de la queue. Bientôt, je me suis retrouvé debout sur un immense tas de sable humide.

Je me suis retourné et ai vu Bastet aux prises avec un crocodile aussi énorme que celui que je venais de détruire. Quand il a bondi, la déesse s'est glissée sous lui et lui a lacéré la gorge avec ses couteaux. Le croco s'est dissous dans l'eau en une longue traînée de sable. C'est alors que j'ai aperçu Sadie, inerte sur la berge.

J'ai rejoint Khéops et Bastet à ses côtés. Du sang coulait sur son front, et elle avait le teint cireux.

J'ai demandé :

– Qu'est-ce qui lui est arrivé ?

– Il a surgi de nulle part, a gémi Bastet. Il a fauché Sadie d'un coup de queue. Est-ce qu'elle est... ?

Khéops a posé une main sur le front de ma sœur et a fait claquer sa langue.

Bastet a poussé un soupir de soulagement.

– Khéops dit qu'elle est vivante, mais il faut qu'on la sorte de là. Ces crocodiles annonçaient peut-être...

Elle a laissé sa phrase en suspens. Au milieu du fleuve, l'eau était agitée de violents remous. Soudain une immense silhouette s'est dressée vers le ciel, tellement atroce que j'ai su d'instinct que nous n'avions aucune chance.

– ... annonçaient ça, a repris Bastet d'un ton sinistre.

Pour commencer, le type mesurait dans les huit mètres de haut, et ça, sans avatar. Il avait des bras et un torse humains, quoique vert clair, et la taille ceinte d'une espèce de jupe de maille imitant les écailles d'un reptile. Surtout, il arborait une tête de crocodile, avec une gueule massive hérissée d'horribles dents crochues, et des yeux pleins de mucus verdâtre – je sais, ça fait envie. Ses cheveux noirs tressés tombaient sur ses épaules, et deux cornes en éventail étaient plantées sur le sommet de son crâne. En plus, je n'avais jamais vu personne transpirer autant : il ruisselait littéralement de sueur, et celle-ci s'étalait en flaques huileuses à la surface de l'eau.

Il a brandi une massue en bois vert aussi longue qu'un poteau électrique.

Bastet m'a tiré en arrière juste avant que la massue de l'homme crocodile ne creuse une tranchée dans la berge à l'endroit où je me tenais précédemment.

Il s'est mis à beugler :

– Hoooooruuuusss !

La dernière chose que j'avais envie de faire était de répondre : « Présent ! » Mais déjà Horus me dispensait ses conseils : *Ne te laisse pas faire ! Sobek ne comprend que la force. Méfie-toi : s'il t'attrape, il t'attirera sous l'eau pour te noyer.*

Rassemblant mon courage, j'ai crié :

– Hé, Sobek ! Ça farte, euh... grosse patate ?

Le géant a montré les dents. C'était peut-être un sourire amical, mais je n'y croyais pas trop.

– Cet hôte ne t'avantage pas, dieu faucon, a-t-il grondé. Je vais te couper en deux d'un seul coup de dent !

À côté de moi, Bastet a dégainé ses couteaux.

– Ne le laisse pas te toucher, a-t-elle murmuré.

– J'ai déjà été briefé, ai-je répondu.

À ma droite, Khéops escaladait péniblement le talus en tirant Sadie. Je devais occuper le géant vert pour lui laisser le temps de la mettre à l'abri.

– Sobek, dieu des... Laisse-moi deviner : des crocodiles ? Fiche-nous la paix, ou je t'anéantis !

Bien dit ! a approuvé Horus.

Sobek a rugi de rire.

– Je ne te savais pas aussi drôle, Horus. Toi et ton chaton, vous allez m'anéantir ?

Ses yeux chassieux se sont fixés sur Bastet.

– Qu'est-ce qui te donne l'audace de pénétrer dans mon royaume, chatte ? Je croyais que tu n'aimais pas l'eau !

Disant cela, il a dirigé sa massue vers Bastet et lui a fait cracher un torrent d'eau verdâtre. La déesse a bondi, plus rapide que l'éclair, et a atterri juste derrière Sobek avec un avatar en parfait état de marche – une guerrière géante à tête de chat qui brillait comme un soleil.

– Traître ! a-t-elle hurlé. Pourquoi fais-tu le jeu du chaos ? Tu avais juré loyauté au roi !

– Quel roi ? a tonné Sobek. Rê ? Il n'est plus là ! Osiris ? Cet avorton est mort – encore ! Et ce gamin, là, n'a aucune chance de rétablir l'empire. À une époque, Horus avait mon soutien, c'est vrai. Mais sous cette forme, il est faible et sans partisans. Seth, lui, offre le pouvoir. Seth m'a promis de la viande fraîche. Pour m'ouvrir l'appétit, je crois que je vais goûter ce demi-dieu !

Il a fait volte-face, balançant sa massue. J'ai esquivé le coup, mais je n'ai pas été assez rapide, et sa main libre s'est refermée sur moi. Bastet s'est raidie, prête à lui sauter dessus. Sobek ne lui en a pas laissé le temps. Lâchant sa massue, il m'a empoigné avec les deux mains et m'a plongé dans l'eau trouble et glacée. Aveuglé, incapable de respirer, je m'enfonçais tandis que les grosses pattes de Sobek me broyaient la poitrine.

Laisse-moi prendre le contrôle ! m'a exhorté Horus. *C'est maintenant ou jamais !*

Pas question ! Plutôt mourir !

Cette pensée m'a paru étrangement apaisante. Si mon sort était scellé, je n'avais plus rien à redouter. Alors, autant combattre jusqu'à mon dernier souffle.

Je me suis concentré et ai senti l'énergie traverser mes muscles. En fléchissant les bras, je suis parvenu à desserrer légèrement les doigts de Sobek. J'ai ensuite invoqué mon avatar de faucon guerrier. Aussitôt, je me suis retrouvé à l'intérieur d'un champ de force aussi grand que le dieu-crocodile. À travers l'eau opaque, j'ai vu ses yeux s'agrandir de surprise.

Je me suis libéré de son étreinte et lui ai filé un coup de tête, lui brisant quelques dents. Puis j'ai sauté hors de l'eau et ai atterri sur la berge près de Bastet qui, de saisissement, a failli me lacérer.

– Merci, grand Rê ! s'est-elle exclamée.

– Oui, je suis vivant.

– Ce n'est pas pour ça, mais je m'apprêtais à plonger pour te secourir, et j'ai horreur de l'eau.

Sobek a alors jailli du fleuve, soulevant une immense gerbe d'eau. Du sang vert coulait d'une de ses narines.

– Tu ne peux pas me vaincre ! a-t-il rugi, écartant ses bras dégoulinants de transpiration. Je suis le maître des eaux ! Ma sueur est la source de toutes les rivières !

Berk... Je me suis fait la promesse de ne plus jamais me baigner dans une rivière. J'ai cherché Khéops et Sadie du regard, en vain. Tout ce que j'espérais, c'était qu'il ait pu la mettre en sécurité, ou au moins trouver une cachette pour eux deux.

Sobek a chargé, entraînant la rivière avec lui. Une vague énorme m'a submergé. Bastet a bondi, et son avatar est retombé sur le dieu-crocodile sans parvenir à le déséquilibrer. Il a tenté de l'attraper, sans succès, tandis qu'elle lui tailladait les bras, les épaules, le cou, mais sa peau verte semblait cicatriser aussitôt.

J'ai fini par me relever, au prix d'un effort surhumain – avec le poids de mon avatar, j'avais l'impression qu'un matelas m'écrasait la poitrine. Entre-temps, Sobek avait réussi à décrocher Bastet de son dos. Son aura a amorti sa chute, mais elle s'est mise à clignoter.

On a continué à jouer au chat et à la souris avec le dieu-crocodile, elle avec ses couteaux, moi avec mon épée, mais chaque coup porté paraissait augmenter sa force en même temps que sa fureur.

– À moi, mes fidèles serviteurs ! a-t-il beuglé.

Ça n'annonçait rien de bon. On n'aurait pas tenu un round de plus contre des crocos géants.

Pourquoi on n'a pas de serviteurs, nous autres ? me suis-je plaint auprès d'Horus, mais il n'a pas répondu. Il s'efforçait de canaliser son énergie à travers moi afin de poursuivre le combat.

Soudain Sobek s'est jeté sur Bastet, la renversant de nouveau. Cette fois, elle a heurté violemment le sol, et son avatar a disparu.

Je me suis précipité vers le dieu-crocodile afin de le distraire. Ma manœuvre a trop bien réussi. Sobek s'est retourné et m'a balancé de l'eau au visage. Profitant de ce que j'étais aveuglé, il m'a expédié sur la rive opposée d'un revers de main.

J'ai atterri dans les roseaux, et mon avatar s'est volatilisé. Je me suis assis, groggy, et ai alors découvert Khéops et Sadie à mes côtés. Ma sœur saignait toujours et n'avait pas repris conscience. Khéops murmurait tristement en babouin et lui caressait le front.

Sobek a pris pied sur la berge et m'a souri. Dans la lumière du crépuscule, à environ cinq cents mètres en aval, j'ai distingué à la surface de l'eau deux lignes parallèles qui se dirigeaient vers nous à vive allure : les renforts convoqués par Sobek.

Bastet m'a interpellé depuis la rivière :

– Vite, Carter ! Éloigne Sadie d'ici !

Son visage a pâli sous l'effort, son avatar s'est reformé autour d'elle, mais il était à peine visible.

– Arrête ! lui ai-je crié. Tu vas te tuer !

À mon tour, j'ai tenté d'invoquer mon guerrier faucon, et une douleur atroce m'a déchiré la poitrine. J'avais dépensé toute mon énergie, et Horus paraissait assoupi.

– Fuyez ! a hurlé Bastet. Et dites à votre père que j'ai tenu ma promesse !

– NON !

Elle s'est jetée sur Sobek, lui tailladant furieusement le visage. Les deux adversaires enlacés dans un corps à corps désespéré ont basculé dans l'eau, et le courant les a emportés.

J'ai couru vers la berge. D'abord, je n'ai vu qu'un bouillonnement d'écume, puis une explosion de lumière verte qui s'est propagée à toute la surface du fleuve. Une minuscule créature noir et sable a alors jailli de l'eau, comme si on l'avait lancée en l'air, pour atterrir sur l'herbe à mes pieds : un chat trempé et à moitié mort.

– Bastet ?

Le chat portait le collier de Bastet, mais le talisman de la déesse est tombé en poussière quand je l'ai soulevé avec précaution. Ce n'était plus Bastet, seulement Muffin.

Ma vision s'est brouillée. Sobek, vaincu, avait été précipité dans la Douât où je ne sais où, mais ses serviteurs continuaient d'avancer vers nous. Déjà, j'apercevais le dos et les yeux cruels des deux monstres.

Serrant le chat contre ma poitrine, je me suis tourné vers Khéops.

– Viens, il faut que...

La suite de ma phrase est restée coincée dans ma gorge. Juste derrière Khéops et ma sœur venait d'apparaître un autre crocodile, celui-ci entièrement blanc.

J'ai pensé : *Cette fois, on est fichus.*

Puis : *Attends une seconde... Un crocodile* blanc ?

L'animal s'est rué vers moi, la gueule grande ouverte... et m'a dépassé. En me retournant, je l'ai vu se jeter sur les deux monstres qui s'apprêtaient à m'attaquer par derrière.

– Philippe ? ai-je murmuré.

– C'est bien lui, a dit une voix d'homme dans mon dos.

J'ai fait volte-face et assisté à une scène impossible : oncle Amos, agenouillé près de Sadie, examinait sa blessure. Il a levé vers moi un visage soucieux.

– Philippe ne pourra pas retenir très longtemps les serviteurs de Sobek. En partant maintenant, nous avons une petite chance de survivre.

SADIE

31. Moi, Sadie, messagère de l'amour

Il valait mieux que ce soit Carter qui te raconte ce qui précède. D'une part, j'étais inconsciente quand c'est arrivé, et d'autre part, je ne peux pas parler de ce que Bastet a fait pour nous sans pleurer.

Mais j'y reviendrai plus tard...

J'ai repris connaissance avec l'impression que ma tête avait doublé de volume. Mes yeux voyaient des trucs complètement différents : des fesses de babouin pour le gauche, l'oncle que je croyais avoir perdu pour le droit. Naturellement, je me suis concentrée sur ce que voyait ce dernier.

– Amos ?

Il a appliqué un linge frais sur mon front.

– Repose-toi, ma chérie. Tu as été sérieusement commotionnée.

Ça, je l'aurais deviné toute seule.

Mes yeux ont fini par distinguer des étoiles au-dessus de nous. J'étais étendue sur une couverture, elle-même étalée sur une couche de sable moelleux. Son derrière coloré à quelques centimètres de mon visage, Khéops remuait au-dessus d'un feu de camp le contenu d'une casserole d'où s'échappait une odeur écœurante de goudron. Assis au sommet d'une dune, l'air abattu, Carter tenait sur ses genoux... Muffin ?

Amos n'avait pas changé depuis la dernière fois où je l'avais vu, des siècles plus tôt. Il portait le même costume bleu marine avec chapeau et manteau assortis, ses longs cheveux étaient tressés avec soin, et les verres de ses lunettes reflétaient les flammes du feu. Il semblait frais et dispos, pour un ancien prisonnier de Seth.

– Comment as-tu...

– Échappé à Seth ? J'ai été stupide de me jeter dans la gueule du loup, Sadie. J'ignorais à quel point il était devenu puissant. Son esprit est lié à la pyramide rouge.

– Donc, il n'a pas d'hôte humain ?

Amos a secoué la tête.

– Il n'en a pas besoin, grâce à sa pyramide. Plus la construction de celle-ci avance et plus son pouvoir grandit. Je venais à peine de m'introduire dans son repaire, sous la montagne, quand je suis tombé dans un piège. J'ai honte de l'avouer, mais il m'a capturé sans même avoir à combattre.

Il a montré son costume impeccable :

– Pas un accroc, rien ! J'étais comme pétrifié. Seth m'a exposé à l'extérieur de sa pyramide, tel un trophée, et ses démons se moquaient de moi.

– Tu as vu papa ?

Il s'est brusquement voûté.

– J'ai entendu les démons en parler. Le sarcophage se trouve à l'intérieur de la pyramide. Ils veulent se servir du pouvoir d'Osiris pour renforcer la tempête. Quand Seth déchaînera celle-ci, à l'aube, votre père n'y survivra pas. Quant à Osiris, il sera exilé dans la Douât, si profond qu'il ne pourra plus jamais en sortir.

Le sang cognait à mes tempes. J'avais du mal à réaliser qu'il nous restait aussi peu de temps. Si Amos ne pouvait pas sauver notre père, comment Carter et moi l'aurions-nous pu ?

– Mais tu t'es échappé, ai-je dit, me raccrochant à la moindre raison d'espérer. Ça veut dire qu'il existe des failles dans les défenses de Seth...

– La magie qui me paralysait commençait à faiblir. En me concentrant, j'ai réussi à échapper à son emprise. Ça m'a pris des heures, mais j'ai fini par y arriver. Je me suis enfui à midi, pendant que les démons dormaient. C'était trop facile.

– À t'entendre, ça ne l'était pas tant que ça.

Amos a secoué la tête, visiblement troublé.

– Seth m'a laissé m'enfuir. J'ignore pourquoi, mais c'est certainement une ruse. J'ai peur que...

Je ne sais pas ce qu'il s'apprêtait à dire, mais il s'est ravisé.

– Une fois libre, ma première pensée a été pour vous, alors j'ai fait apparaître mon bateau.

Il a montré quelque chose derrière lui. Je suis parvenue à soulever la tête, et à la clarté des étoiles, j'ai vu un étrange paysage composé de dunes brillantes qui se succédaient à perte de vue. Le sable sous mes doigts était aussi fin et blanc que du sucre. Le bateau d'Amos – celui qui nous avait transportés de Londres à Brooklyn – était échoué au sommet d'une dune toute proche, fortement incliné sur le côté, comme si quelqu'un l'avait jeté là.

– Si tu veux te changer, il y a des vêtements propres à bord, m'a-t-il proposé.

– C'est quoi, cet endroit ?

– Le désert de White Sands, au Nouveau-Mexique, a répondu Carter. C'est ici que l'armée teste les nouveaux missiles. Amos a dit que personne n'aurait l'idée de nous y chercher, alors on t'a accordé un peu de temps pour récupérer. Il est à peu près dix-neuf heures, et on est toujours le 28. Il nous reste environ douze heures avant que Seth... Tu m'as compris.

– Mais...

Les questions se bousculaient dans ma tête. La dernière chose dont je me rappelais, c'était d'avoir invoqué Nephtys, au bord du fleuve. Sa voix paraissait très lointaine, comme si elle avait traversé la moitié de la terre, portée par le courant, pour parvenir jusqu'à moi – à peine audible, et pourtant insistante. Elle m'avait dit qu'elle se trouvait loin de là, à l'intérieur d'un « hôte endormi », qu'elle ne pouvait pas m'apparaître en personne mais me ferait néanmoins parvenir un message. Puis l'eau s'était mise à bouillonner...

– On a été attaqués, a repris Carter, caressant la tête de Muffin.

C'est seulement alors que j'ai remarqué que la chatte ne portait plus l'amulette de Bastet.

– Sadie, a enchaîné Carter, j'ai une mauvaise nouvelle...

Il m'a raconté ce qui était arrivé, et j'ai fermé les yeux. J'avais envie de pleurer. C'est nul, je sais, mais je n'ai pas pu retenir mes larmes. En l'espace de quelques jours, j'avais tout perdu – ma maison, mon père, tout ce qui faisait mon existence. J'avais frôlé la mort une demi-douzaine de fois. La blessure de la disparition de ma mère, qui n'avait jamais vraiment cicatrisé, s'était rouverte. Et maintenant, Bastet était partie, elle aussi.

Quand Anubis m'avait interrogée, dans le cimetière, il m'avait demandé ce que j'étais prête à sacrifier pour sauver le monde.

À cet instant, j'aurais voulu lui crier : « Tu trouves que je n'ai pas déjà fait assez de sacrifices ? Qu'est-ce qu'il me reste ? »

Carter s'est approché et m'a tendu Muffin. La chatte s'est mise à ronronner dans mes bras, mais ce n'était pas pareil. Ce n'était pas Bastet.

J'ai adressé un regard implorant à Amos.

– Elle va revenir, dis ? Après tout, elle est immortelle...

– Je ne sais pas quoi te dire, Sadie. On dirait qu'elle s'est sacrifiée pour renvoyer Sobek dans la Douât. J'imagine qu'elle a employé les dernières miettes de son pouvoir à sauver Muffin, son hôte. Si tel est le cas, elle aura beaucoup de mal à revenir. Un jour, peut-être, dans quelques siècles...

– Non, pas dans quelques siècles ! Jamais je ne...

Je n'ai pu achever. Carter a posé une main sur mon épaule, et j'ai su qu'il comprenait ce que je ressentais. Lui et moi, on ne pouvait perdre davantage. C'était impossible.

– Repose-toi un peu, m'a dit Amos. On peut rester ici encore une heure, puis il faudra y aller.

Khéops m'a offert un bol plein du liquide épais qu'il avait fait chauffer. On aurait dit une soupe oubliée dans la cambuse de l'arche de Noé. Je me suis tournée vers Amos, espérant qu'il m'accorderait une dispense, mais il m'a encouragée à boire d'un signe de tête.

C'était bien ma veine. En plus de tout ce que j'avais déjà subi, j'allais devoir avaler une potion concoctée par un babouin.

J'ai bu une gorgée. Le goût du breuvage était presque aussi infect que son odeur. Immédiatement, mes paupières sont devenues lourdes, et je me suis endormie.

Je croyais pourtant avoir été claire avec mon bâ : plus question d'aller traîner je ne sais où pendant mon sommeil. Mais j'avais à peine fermé les yeux qu'il s'est fait la malle. Pas étonnant, dans un sens : c'est moi tout craché, non ?

Cette fois, il a conservé sa forme humaine (je préférais ça au look pintade), mais il s'est mis à grandir, grandir, jusqu'à dominer tout le désert. On m'avait déjà dit que j'étais grande pour mon âge, mais là, ça frisait le ridicule ! Mon bâ avait à peu près la taille du Washington Monument.

Vers le sud, par-delà des kilomètres et des kilomètres de sable blanc, de la vapeur s'élevait du Rio Grande, à l'endroit où Bastet et Sobek s'étaient affrontés dans un combat mortel. Malgré ma taille, ma vue n'aurait jamais dû porter jusqu'au Texas, surtout la nuit, et pourtant... Encore plus loin vers le nord, j'apercevais une clarté rougeâtre – l'aura de Seth. Son pouvoir grandissait, et sa pyramide était à présent presque achevée.

J'ai baissé les yeux et distingué un groupe de taches près de mon pied : notre campement. Des mini-Carter, Khéops et Amos étaient assis autour du feu. Le bateau d'Amos, lui, n'était pas plus gros que mon petit orteil. Je me suis également vue dormir, enroulée dans une couverture, tellement minuscule que j'aurais pu m'écraser moi-même par accident.

J'étais immense, et le monde, tout petit.

– C'est ainsi que les dieux voient toutes choses, a fait une voix proche.

J'ai regardé autour de moi, mais je n'ai vu qu'une immensité moutonnante de sable blanc. Soudain, un frémissement a parcouru la dune face à moi. J'ai d'abord cru que c'était le vent, puis elle s'est déplacée en glissant, telle une vague. Bientôt, ses voisines l'ont imitée. J'ai alors réalisé qu'elles formaient une silhouette humaine – un géant couché sur le côté, les genoux repliés. Il s'est levé, projetant du sable autour de lui. Je me suis accroupie et ai mis mes mains en coupole au-dessus de mes compagnons pour leur éviter d'être ensevelis. Étrangement, ils ne semblaient pas perturbés, comme si la pluie de sable n'était qu'une averse printanière.

L'homme s'est dressé de toute sa hauteur. Il me dépassait d'une bonne tête. Son corps était fait de sable, et celui-ci ruisselait sur sa poitrine, le long de ses bras, telle une cascade de sucre glace. Après un instant de flottement, les traits de son visage ont composé un vague sourire.

– Sadie Kane, a-t-il dit. Je t'attendais.

– Geb...

Je ne sais pas pourquoi, mais j'avais immédiatement reconnu le dieu de la Terre. Ça devait être le sable qui m'avait mise sur la voie.

– J'ai quelque chose pour vous.

Il n'y avait aucune raison pour que mon bâ se promène avec une enveloppe, pourtant j'ai plongé une main dans ma poche fantôme et en ai sorti la lettre de Nout.

– Vous manquez à votre femme, ai-je dit.

Geb a pris l'enveloppe avec précaution et l'a approchée de ses lèvres pour la baiser. Au lieu d'une lettre, des feux d'artifice en ont jailli quand il l'a ouverte. Un millier d'étoiles se sont incrustées dans le ciel au-dessous de nous, dessinant une constellation à l'image de Nout. Presque aussitôt, le vent s'est levé, effaçant le visage de la déesse, mais j'ai entendu Geb pousser un soupir de bonheur. Il a refermé l'enveloppe et l'a glissée à l'intérieur de sa poitrine, sous le sable, comme s'il y avait une poche à l'emplacement de son cœur.

– Tu as droit à toute ma gratitude, Sadie Kane, m'a-t-il dit. Cela faisait des millénaires que je n'avais pas vu le visage de ma bien-aimée. Demande-moi ce que tu veux en échange. S'il est en mon pouvoir de te l'accorder, je le ferai volontiers.

– Sauvez mon père, ai-je répondu spontanément.

L'étonnement s'est peint sur les traits de Geb.

– Quelle fille dévouée tu es ! Isis devrait prendre modèle sur toi. Hélas, je ne peux pas exaucer ton souhait. Le destin de ton père est lié à celui d'Osiris, et la Terre ne peut s'ingérer dans les affaires entre les dieux.

– J'imagine que vous ne pouvez pas non plus provoquer un effondrement de la montagne pour détruire la pyramide de Seth ?

Le rire de Geb évoquait le crissement du sable sous les pas d'une armée.

– Je ne peux pas intervenir contre l'un ou l'autre de mes enfants. Seth est aussi mon fils.

De colère, j'ai failli frapper du pied. Puis je me suis rappelée que j'étais une géante, et que je risquais d'écraser le campement. Est-ce qu'un bâ pouvait faire ça ? Je n'avais aucune envie de le vérifier.

– Dans ce cas, votre gratitude ne m'est pas très utile.

Geb a haussé les épaules, se délestant d'une tonne de sable.

– Je peux te donner un conseil qui t'aidera à accomplir ton dessein. Rends-toi à la croisée des chemins.

– C'est où, ça ?

– Tout près d'ici, m'a-t-il assuré. Et puis, Sadie Kane, tu as raison : tu as déjà subi beaucoup trop de pertes. Ta famille a souffert. Je sais ce que c'est. N'oublie pas, les parents feraient n'importe quoi pour sauver leurs enfants. J'ai renoncé au bonheur, à ma femme, j'ai bravé la malédiction de Rê pour que les miens voient le jour.

Il a levé un regard plein de mélancolie vers le ciel.

– Même si je ressens chaque millénaire plus cruellement l'absence de ma bien-aimée, je sais que si c'était à refaire, ni elle ni moi n'agirions autrement. J'aime chacun de nos cinq enfants.

– Même Seth ? ai-je dit d'un ton incrédule. Il s'apprête à détruire des millions de vies.

– Seth vaut davantage qu'il n'y paraît. Il est de notre sang.

– Pas du mien.

– Crois-tu ?

J'ai cru que Geb s'était accroupi, avant de comprendre qu'il était en train de se fondre dans le désert.

– Réfléchis-y, Sadie Kane, et sois prudente. Un danger

t'attend à la croisée des chemins, mais tu y trouveras également ce dont tu as le plus besoin.

– Vous pourriez être un peu plus précis ?

Mais Geb avait disparu, laissant derrière lui une dune plus élevée que la normale, et mon bâ a regagné mon corps.

SADIE

32. *La croisée des chemins*

À mon réveil, Muffin, blottie contre ma tête, me mâchouillait les cheveux en ronronnant. Pendant quelques secondes, j'ai cru que j'étais à la maison. Puis il m'est revenu que je n'avais plus de maison, que Bastet était partie, et mes yeux se sont de nouveau emplis de larmes.

Isis m'a aussitôt rappelée à l'ordre : *Reste concentrée.*

Pour une fois, elle avait raison. Je me suis assise et ai essuyé le sable de mon visage. Muffin a protesté, avant de prendre ma place encore chaude sur la couverture.

– Ah, tu es levée ! a remarqué Amos. Nous nous apprêtions à te réveiller.

Il faisait encore nuit. À bord du bateau, Carter s'enveloppait dans un manteau en lin propre. Khéops s'est approché de Muffin en faisant de petits bruits de gorge. À ma grande surprise, la chatte a sauté dans ses bras.

– J'ai chargé Khéops de ramener Muffin à Brooklyn, a expliqué Amos. Elle n'a rien à faire ici.

Khéops a grogné, visiblement mécontent de la mission qui lui avait été confiée.

– Je sais, mon vieil ami, a repris Amos d'une voix pleine d'autorité – il semblait vouloir affirmer son rang de babouin alpha. Mais c'est mieux ainsi.

– Agh, a fait Khéops, détournant le regard.

Un malaise m'a envahie. Je n'avais pas envie de voir partir Khéops. De son propre aveu, Amos craignait que Seth n'ait facilité sa fuite. Et dans sa vision, Carter avait entendu le Seigneur rouge dire qu'il comptait sur notre oncle pour nous mener à lui. Qui sait si Amos n'était pas sous l'influence de Seth ?

D'un autre côté, on ne pouvait pas se passer de son aide. Et quand je voyais Muffin dans les bras de Khéops, l'idée d'exposer l'un ou l'autre au danger me devenait insupportable. Finalement, Amos avait peut-être raison.

– Il ne court aucun risque à voyager seul ? ai-je demandé.

– Oh non ! Les babouins possèdent leur propre magie. Il s'en sortira très bien. Et en cas de besoin, il pourra toujours compter sur ceci, a-t-il achevé en montrant une figurine en cire représentant un crocodile.

– Quoi, un crocodile ? Après ce qui nous...

– C'est Philippe de Macédoine.

– Philippe est en cire ?

– Bien sûr. C'est trop compliqué de garder un vrai crocodile chez soi. Je t'avais bien dit qu'il était magique !

Amos a lancé la figurine au babouin, qui l'a reniflée avant de la glisser dans la sacoche où il rangeait son matériel de cuisine. Après m'avoir adressé un regard anxieux et un autre, rempli de crainte, à Amos, il s'est éloigné, serrant sa sacoche et Muffin contre lui.

Magie ou pas, comment allaient-ils survivre au désert ? J'ai attendu que Khéops réapparaisse au sommet de la dune suivante, mais il semblait s'être volatilisé.

Amos a repris :

– Selon ce que m'a dit Carter, Seth projette de déchaîner le chaos demain au lever du jour. Ça nous laisse très peu de temps. Ce que ton frère ne m'a pas dit, en revanche, c'est comment vous comptez détruire Seth.

J'ai regardé Carter, et son expression m'a remplie de gratitude. Il n'était peut-être pas si bête que ça, après tout. Lui aussi se méfiait d'Amos.

– Ça, on préfère le garder pour nous, ai-je rétorqué à Amos. Tu l'as dit toi-même : imagine que Seth t'ait équipé d'une sorte de micro espion magique...

– Tu as raison, a acquiescé Amos, serrant les dents. Je ne peux pas me faire confiance. C'est... frustrant.

Son désespoir paraissait sincère. Prise de remords, j'ai failli céder et lui confier notre plan, mais un nouveau coup d'œil à Carter a renforcé ma détermination.

J'ai dit :

– On ferait bien de se mettre en route. Mais avant d'atteindre Phoenix, on pourrait peut-être...

J'ai glissé la main dans ma poche. La lettre de Nout n'y était plus. Je brûlais de rapporter à Carter la conversation que j'avais eue avec Geb, mais je n'étais pas sûre de pouvoir le faire devant Amos. J'étais tellement habituée à faire équipe avec Carter à présent que la présence de notre oncle me gênait un peu. Ça me fait mal de l'avouer, mais mon frère était le seul à qui j'avais envie de me confier.

– En chemin, on devrait s'arrêter à Las Cruces, a subitement déclaré Carter.

Je ne sais pas qui, d'Amos ou de moi, a été le plus surpris. Las Cruces... Ce nom m'évoquait quelque chose, mais quoi ?

– Nous n'en sommes pas loin, a dit Amos. Seulement...

Il a ramassé une poignée de sable et murmuré une formule avant de la lancer en l'air. Au lieu de se disperser, les grains scintillants se sont agrégés pour former une flèche aux contours mouvants qui indiquait une chaîne de montagnes dont les sommets déchiquetés tranchaient sur l'horizon.

– C'est bien ce que je pensais, a repris Amos, et le sable est retombé. Las Cruces est à une soixantaine de kilomètres au sud-ouest, derrière ces montagnes, tandis que Phoenix se trouve au nord-ouest.

– Soixante kilomètres, c'est rien du tout, ai-je plaidé. Carter, pourquoi tiens-tu tant à aller là-bas ?

– Parce que...

Devant son air gêné, j'ai compris que ça avait un rapport avec Zia.

– J'ai eu une vision, a-t-il fini par lâcher.

– Une vision idyllique ?

Il a dégluti plusieurs fois, comme s'il voulait avaler une balle de golf, confirmant ainsi mes soupçons.

– Je pense qu'on devrait s'y arrêter, c'est tout. Qui sait, on pourrait y découvrir quelque chose d'important.

– Trop risqué, a décrété Amos. N'oubliez pas que la Maison de vie vous traque. On ferait mieux d'éviter les villes.

Et soudain, *blam* ! J'ai eu comme une illumination. C'est rare que mon cerveau fonctionne correctement, mais quand c'est le cas...

– Carter a raison, ai-je insisté. On doit aller là-bas.

Cette fois, c'est mon frère qui a été surpris.

– Ah bon ? Tu le penses vraiment ?

– Oui.

Je me suis jetée à l'eau et leur ai raconté mon entrevue avec le dieu de la Terre.

– Intéressant, a simplement commenté Amos. Mais je ne vois pas le rapport avec Las Cruces.

– Geb a parlé d'un endroit appelé « la croisée des chemins ». Las Cruces, la croisée... Compris ?

Amos a acquiescé à contrecœur.

– Montez à bord, a-t-il dit.

– Sans eau, ça va pas être simple d'aller là-bas en bateau, ai-je objecté.

Je suis quand même montée. Amos a enlevé son manteau et prononcé un mot magique. Aussitôt, le manteau a pris vie, s'est dirigé vers la poupe et a saisi fermement la barre.

Amos m'a souri avec un éclair de malice dans le regard, et pendant un bref instant, j'ai retrouvé l'oncle que j'avais connu.

– Qu'est-ce que tu disais, Sadie ?

Le bateau a frémi et s'est élevé dans les airs.

Si Amos s'était lassé un jour de la magie, il aurait pu gagner sa vie en organisant des excursions en bateau volant. Depuis le ciel, la vue était à couper le souffle.

Au début, le désert m'avait paru sinistre, comparé à la verdoyante Angleterre, mais je commençais à lui trouver une certaine beauté austère, surtout la nuit. Les montagnes émergeaient telles des îles d'un océan de lumières. Je n'avais jamais vu autant d'étoiles dans le ciel, et l'air sec embaumait la sauge et la résine de pin. Un damier étincelant de rues et de bâtiments s'étalait dans la vallée que nous survolions : Las Cruces.

Vue de plus près, la ville n'avait rien de remarquable. Ç'aurait pu être Manchester, Swindon ou n'importe où ailleurs. Mais Amos a dirigé notre bateau vers sa partie sud, beaucoup plus ancienne, aux rues bordées d'arbres et de maisons en briques de terre.

– On ne risque pas de se faire repérer ? ai-je demandé, inquiète, tandis que notre embarcation amorçait sa descente. Je sais que la magie est difficile à détecter, mais quand même...

– Nous sommes au Nouveau-Mexique, m'a rétorqué Amos. Ici, les gens voient tous les jours des ovnis.

On s'est posés sur le toit d'une petite église. C'était comme si on avait remonté le temps, ou atterri au milieu d'un décor de western. La place était entourée de bâtiments en adobe, comme dans un *pueblo* indien. Une foule nombreuse se pressait dans les rues brillamment éclairées – on aurait dit un marché nocturne. Des vendeurs proposaient sur des étals des chapelets de piments rouges, des couvertures indiennes ainsi que d'autres objets typiques. Une diligence ancienne était garée près d'un bouquet de cactus. Sous un kiosque à musique, des mariachis jouaient de la guitare et chantaient avec des voix sonores.

– Le quartier historique, a indiqué Amos. Il me semble qu'on l'appelle la Mesilla.

– On trouve beaucoup de trucs égyptiens, dans le coin ? ai-je demandé d'un air dubitatif.

– L'ancienne civilisation mexicaine a beaucoup en commun avec l'Égypte, a répondu Amos en récupérant son manteau sur le gouvernail. Mais je propose que nous reprenions cette conversation un autre jour.

J'ai murmuré :

– S'il y en a un.

Soudain une odeur étrange, mais délicieuse, est parvenue à mes narines. Ça sentait le pain en train de cuire, le beurre fondu, mais en plus épicé, plus appétissant.

– Je meurs de faim ! ai-je déclaré.

En parcourant la place, il ne m'a pas fallu longtemps pour découvrir un stand de tortillas artisanales. Bon sang, quel délice... Je suppose qu'on trouve des restaurants mexicains à Londres – il y en a pour tous les goûts – mais je doute qu'on y serve des tortillas aussi sublimes. Une grosse femme en robe blanche roulait la pâte entre ses mains enduites de farine, l'aplatissait, la faisait cuire dans une poêle et servait les tortillas brûlantes sur des serviettes en papier. Pas besoin de sucre, de confiture ou de quoi que ce soit. Les galettes moelleuses fondaient dans la bouche. J'ai demandé à Amos d'en acheter une douzaine rien que pour moi.

Carter aussi se régalait, jusqu'à ce qu'il goûte des *tamales* au piment rouge à un stand voisin. J'ai cru qu'il allait exploser.

– Ça brûle ! a-t-il gémi. Vite, à boire !

– Prends une bouchée de tortilla, lui a conseillé Amos, réprimant son envie de rire. Le pain combat le feu du piment plus efficacement que l'eau.

J'ai moi-même goûté les *tamales*. Je les ai trouvés délicieux et pas plus relevés qu'un bon curry. Que veux-tu, mon frère est une petite nature.

Une fois rassasiés, on a marché au hasard le long des rues, cherchant... j'ignorais quoi au juste. En attendant, le temps filait. Cette nuit serait la dernière pour nous tous, à moins qu'on ne parvienne à arrêter Seth, mais je ne savais toujours pas pourquoi Geb m'avait envoyée là. « Tu y trouveras également ce dont tu as le plus besoin. » Qu'avait-il voulu dire ?

Soudain, en promenant mon regard sur la foule, j'ai aperçu un garçon grand et brun. J'ai frissonné de la tête aux pieds. Anubis ? Peut-être m'avait-il suivie, pour s'assurer que j'allais bien. Peut-être était-ce de lui que j'avais le plus besoin...

Une idée séduisante... Hélas, ce n'était pas lui. Je me suis traitée d'idiote. En plus, Carter avait vu Anubis avec une tête de chacal. Si ça se trouvait, la forme sous laquelle il avait choisi de m'apparaître était une ruse destinée à m'embrouiller l'esprit – une ruse très efficace, d'ailleurs.

J'étais en train de rêvasser, me demandant si on trouvait des tortillas au pays des morts, quand mon regard a croisé celui d'une fille de l'autre côté de la place.

J'ai saisi Carter par le bras.

– On dirait que quelqu'un veut te parler.

Zia Rashid était en tenue de combat, vêtements amples en lin noir, baguette et bâton bien en main. Ses cheveux bruns en bataille donnaient l'impression qu'elle avait volé contre le vent pour arriver là. Ses yeux ambrés étaient à peu près aussi chaleureux que ceux d'un jaguar.

Elle tournait le dos à un étal de souvenirs décoré d'une affiche sur laquelle on pouvait lire : NOUVEAU-MEXIQUE, TERRE DE MAGIE. Le vendeur était sans doute loin d'imaginer qu'un bloc de magie pure se tenait devant sa marchandise.

– Tu es venu, a-t-elle dit.

C'était évident, non ? Il m'a semblé qu'elle jetait à Amos un regard plein d'appréhension, voire de peur.

– Oui, a répondu Carter avec nervosité. Euh, tu te souviens de Sadie ? Et voici...

– Amos, a complété Zia, de plus en plus mal à l'aise.

Notre oncle s'est incliné devant elle.

– Zia Rashid, quelle surprise ! Ça faisait des années qu'on ne s'était pas croisés. Je vois qu'Iskandar nous a envoyé son meilleur élément.

Zia s'est brusquement figée. J'ai alors réalisé qu'Amos n'était pas au courant de tous les derniers développements.

– Hum, Amos, lui ai-je glissé. Iskandar est mort.

La surprise s'est peinte sur le visage de notre oncle.

– Je vois, a-t-il dit enfin. Donc, le nouveau chef lecteur est...

– Desjardins.

– Ah ! Mauvaise nouvelle.

Au lieu de répondre à Amos, Zia s'est tournée vers moi :

– Ne sous-estimez pas Desjardins. Il est très puissant. Vous aurez besoin de son aide – notre aide – pour combattre Seth.

– Il ne t'est jamais venu à l'esprit que Desjardins pouvait s'être allié à Seth ? ai-je demandé.

Elle m'a fusillée du regard.

– Jamais ! D'autres, peut-être. Mais Desjardins, non.

De toute évidence, elle visait Amos. Cette insinuation aurait dû renforcer mes propres soupçons, mais elle m'a plutôt mise en colère.

– T'es aveugle ou quoi ? La première décision de Desjardins comme chef lecteur a été de nous condamner à mort. Il cherche à nous arrêter, même sachant que Seth s'apprête à détruire le continent. Et Desjardins se trouvait au British Museum lors de cette fameuse nuit. Si Seth cherchait un hôte...

L'extrémité du bâton de Zia s'est enflammée.

Carter s'est vivement interposé.

– Du calme, vous deux. Il faut qu'on parle.

– C'est ce que je m'efforce de faire, lui a rétorqué Zia. Vous avez besoin du soutien de la Maison de vie. Pour l'obtenir, vous devez convaincre Desjardins que vous ne représentez pas une menace.

– En nous livrant à lui ? ai-je repris. Non merci ! Je n'ai aucune envie qu'il me transforme en insecte avant de m'écraser.

– Je crains que Sadie n'ait raison, est intervenu Amos. À moins d'avoir beaucoup changé, Desjardins n'est pas du genre à écouter la voix de la raison.

– Carter, a dit Zia, furieuse, est-ce que je pourrais te parler en privé ?

Mon frère se dandinait, mal à l'aise.

– Écoute, je suis favorable à ce qu'on unisse nos forces. Mais si tu espères me persuader de me rendre...

– J'ai quelque chose à te dire, a-t-elle insisté. C'est important.

La façon dont elle avait dit ça m'a fait frissonner. J'ai repensé aux paroles de Geb. Se pouvait-il que Zia détienne la clé de la victoire contre Seth ?

Soudain Amos s'est raidi. Il a fait surgir son bâton du néant, s'écriant :

– C'est un piège !

– Quoi ? a fait Zia, abasourdie. Non !

On a alors vu Desjardins en personne se diriger vers nous depuis l'extrémité est de la place. Il était vêtu d'une longue robe écrue, sa cape de chef lecteur en peau de léopard drapée autour des épaules. Une lumière pourpre irradiait de son bâton. Les touristes et les passants, troublés et inquiets, s'écartaient de son chemin. S'ils ignoraient ce qui se passait, ils devinaient qu'ils n'avaient pas intérêt à s'en mêler.

– Vite, ai-je dit. L'autre côté...

Mais en me retournant, j'ai aperçu deux magiciens en robe noire qui arrivaient de l'ouest.

J'ai attrapé ma baguette et l'ai pointée vers Zia.

– Tu nous as trahis !

– Je te jure que non ! Mel... C'est sans doute lui qui a averti Desjardins.

– Ben voyons !

– Plus tard, les explications, a décrété Amos avant de balancer un éclair à Zia.

Projetée en arrière, elle a percuté l'étal de souvenirs.

– Hé ! a protesté Carter.

– C'est une ennemie, a dit Amos. Et nous avons déjà assez d'ennemis comme ça.

Carter s'est précipité vers Zia – naturellement – tandis que la foule, prise de panique, se dispersait.

– Sadie, Carter, a enchaîné Amos. Si les choses tournent mal, retournez au bateau et fuyez.

– Pas question de te laisser, ai-je répliqué.

– Vous êtes plus importants que moi. Je vais retenir Desjardins le plus... Attention !

Amos a dirigé son bâton vers les deux magiciens en noir qui marmonnaient des incantations. Une mini-tornade les a renversés et repoussés le long de la rue dans un nuage de poussière, de feuilles mortes et de *tamales*, avant de les soulever du sol. Les deux hommes hurlants ont disparu derrière le toit d'un bâtiment.

À l'autre extrémité de la place, Desjardins a poussé un cri de rage et frappé le sol de la pointe de son bâton. Une fissure s'est ouverte dans l'asphalte et s'est élargie en zigzaguant dans notre direction. Les bâtiments ont tremblé, leurs murs de terre cuite se sont effrités. La crevasse nous aurait avalés si Isis ne m'avait soufflé le mot dont j'avais besoin.

– *Hah-ri*, ai-je dit, levant ma baguette.

Des hiéroglyphes se sont matérialisés devant nos yeux :

La fissure s'est arrêtée à quelques centimètres de mes pieds ; le sol a cessé de vibrer.

Amos a pris une profonde inspiration.

– Sadie, comment as-tu...

– Les mots divins, Kane !

Desjardins s'est avancé vers nous, livide.

– Cette enfant ose utiliser le langage des dieux. Isis a corrompu son esprit, avec votre complicité !

– Reculez, Michel, lui a lancé Amos d'un ton menaçant.

D'un côté, je trouvais amusant que Desjardins se prénomme Michel, mais j'avais trop peur pour apprécier pleinement cette découverte.

Amos a pointé sa baguette devant lui, prêt à nous défendre.

– Nous devons arrêter Seth, a-t-il repris. La sagesse vous commande de...

– De faire quoi ? l'a interrompu Desjardins. De me joindre à vous ? De collaborer ? Les dieux n'apportent que la destruction.

– Non !

C'était la voix de Zia. Avec l'aide de Carter, elle était parvenue à se relever.

– Maître, a-t-elle plaidé, nous ne devons pas nous entre-déchirer. Iskandar ne l'aurait pas voulu.

– Iskandar est mort ! Écarte-toi, Zia, ou tu mourras avec eux !

Zia a regardé Carter, puis elle s'est retournée vers Desjardins avec une expression résolue.

– Non. Nous devons travailler ensemble.

Elle est brusquement remontée dans mon estime.

– C'est vrai, ce n'est pas toi qui l'as conduit ici ? lui ai-je demandé.

– Je ne suis pas une menteuse.

Desjardins a brandi son bâton. Les murs des bâtiments qui l'entouraient se sont lézardés, des morceaux de briques ont volé dans notre direction, mais Amos a invoqué le vent, qui les a balayés.

– Fuyez ! nous a-t-il crié. Les deux autres magiciens vont finir par revenir.

– Pour une fois, il a raison, a acquiescé Zia. Mais impossible d'ouvrir un portail...

– Nous avons un bateau volant, a dit Carter.

– Où ?

Mon frère a indiqué l'église. Malheureusement, Desjardins nous séparait de celle-ci.

D'autres briques volaient vers nous. Amos les a également déviées.

– Le vent, les éclairs, a commenté Desjardins avec un rictus ironique. Depuis quand Amos Kane maîtrise-t-il les énergies du chaos ? Vous avez vu, les enfants ? Comment peut-il se prétendre votre protecteur ?

– Silence ! a grondé Amos.

D'un geste, il a déclenché une tempête de sable qui a recouvert la place en un rien de temps.

– Venez, nous a soufflé Zia.

Après un grand détour pour éviter Desjardins, on a couru vers l'église. Le sable nous aveuglait, criblait notre peau de minuscules piqûres, pourtant on a trouvé les escaliers qui menaient au toit. Soudain le vent est retombé. Sur la place,

Desjardins et Amos se faisaient face, protégés chacun par un champ de force. Notre oncle semblait à peine tenir sur ses jambes. Visiblement, l'effort qu'il était en train de fournir l'épuisait.

– Il faut que je l'aide, a dit Zia à contrecœur. Sinon Desjardins va le tuer.

– Je croyais que tu n'avais pas confiance en lui, a remarqué Carter.

– C'est vrai. Mais si Desjardins remporte ce duel, nous sommes tous morts.

Elle a serré les dents, comme si elle se préparait à souffrir. Tenant son bâton à bout de bras, elle a ensuite murmuré une incantation. L'air s'est réchauffé de plusieurs degrés. Elle a lâché le bâton qui s'est enflammé, formant bientôt une colonne de feu de cinq mètres de haut.

– Pourchasse Desjardins, lui a-t-elle ordonné.

La colonne de feu s'est détachée du toit et s'est dirigée vers le chef lecteur, lentement mais sûrement.

Les jambes de Zia l'ont lâchée, et Carter et moi avons dû la soutenir pour l'empêcher de tomber.

Desjardins a levé la tête, et ses yeux se sont agrandis à la vue de la colonne de flammes.

– Zia ! a-t-il rugi. Tu oses me défier ?

La colonne a amorcé une descente, créant une trouée dans la ramure d'un arbre, et s'est immobilisée à quelques centimètres du sol. Elle dégageait une chaleur si intense que l'asphalte fondait sous elle. Puis elle a continué à progresser vers Desjardins, coupant en deux une voiture en stationnement.

– Bien joué, Zia ! s'est écrié Amos.

Desjardins s'est déporté vers la gauche. La colonne a aussitôt ajusté sa trajectoire. Il a voulu l'éteindre avec de l'eau, mais celle-ci s'est évaporée. Il a tenté de l'étouffer sous des blocs de roche, mais ceux-ci ont traversé les flammes et ont éclaté en une multitude de fragments noircis et fumants.

– Qu'est-ce que c'est que ce truc ? me suis-je exclamée.

Zia avait perdu conscience, et Carter a secoué la tête, aussi stupéfait que moi.

Un pilier ardent, a répondu Isis, admirative. *Le sort le plus puissant dont dispose un maître du feu. Il est impossible de le vaincre ou de lui échapper. On peut l'invoquer pour qu'il vous guide, ou pour forcer un ennemi à fuir. À la moindre distraction de sa part, Desjardins sera consumé. Il ne connaîtra aucun répit jusqu'à ce qu'il se dissipe.*

Ça prendra combien de temps ? ai-je demandé.

Entre six et douze heures, selon la puissance de son créateur.

J'ai éclaté de rire. Quelle idée géniale ! D'accord, Zia avait perdu connaissance, mais quand même.

Le sort a épuisé ses forces, a expliqué Isis. *Elle ne pourra pas les reconstituer tant que le pilier sera actif. Elle s'est volontairement privée de ses pouvoirs afin de vous aider.*

– Elle s'en remettra, ai-je assuré à Carter.

Puis j'ai crié en direction de la place :

– Dépêche-toi, Amos ! Il faut qu'on y aille !

Desjardins reculait devant les flammes. Pourtant, on n'en avait pas tout à fait terminé avec lui.

– Vous allez le regretter ! Vous vous prenez pour des dieux ? Vous ne me laissez pas le choix !

Il a fait surgir du néant une poignée de baguettes – non, de flèches. J'en ai compté sept.

Amos leur a jeté un regard épouvanté.

– Vous n'oseriez pas ! a-t-il protesté. Aucun chef lecteur ne...

– J'invoque Sekhmet ! a rugi Desjardins.

Il a jeté en l'air les flèches qui se sont mises à tournoyer autour d'Amos.

Desjardins s'est ensuite adressé à nous avec un sourire satisfait :

– Vous avez placé votre foi dans les dieux ? Alors, vous allez mourir de la main de l'un d'eux !

Puis il a fait volte-face et est parti en courant, poursuivi par le pilier ardent.

– Sauvez-vous ! nous a crié Amos, encerclé par les flèches. Je vais tenter de la distraire !

J'ai demandé :

– C'est qui, Sekhmet ?

Ce nom m'évoquait vaguement quelque chose, mais j'avais entendu beaucoup de noms égyptiens en quelques jours.

Carter s'est tourné vers moi. Malgré tous les dangers que nous avions affrontés ensemble, je ne l'avais encore jamais vu aussi terrifié.

– Fuyons, a-t-il dit. Vite !

CARTER

33. Salsa piquante

Tu n'oublies rien ? m'a demandé Horus.

Pardon, mais je suis occupé, là...

Si tu crois que c'est facile de diriger un bateau magique à travers les airs, eh bien, tu te trompes. Je n'avais pas de manteau animé, moi, aussi je m'efforçais de manœuvrer le gouvernail moi-même, debout à la poupe. Mais autant essayer de manœuvrer un bloc de ciment. Notre embarcation tanguait dangereusement, et Sadie faisait de son mieux pour empêcher Zia, toujours inconsciente, de basculer par-dessus bord.

C'est mon anniversaire, a insisté Horus. *Tu pourrais au moins me le souhaiter.*

J'ai hurlé :

– Bon anniversaire ! Maintenant, la ferme !

– Comment ça, la ferme ? m'a crié Sadie, se cramponnant d'une main au bastingage tout en retenant Zia de l'autre. Ça va pas, la tête ?

– Je parlais à... Oh, oublie ça !

J'ai jeté un coup d'œil derrière moi. Quelque chose approchait – une silhouette vaguement humaine qui brillait d'un éclat vif dans la nuit. Ça n'annonçait rien de bon. J'ai ordonné au bateau d'accélérer.

Horus est revenu à la charge :

Tu as un cadeau pour moi ?

Et si tu te rendais utile, plutôt ? Ce truc derrière nous, c'est bien ce que je pense ?

Oh ! ça... a fait Horus d'un ton blasé. *C'est Sekhmet, l'Œil de Rê, Destructrice des méchants, Maîtresse du feu, etc.*

Génial. Et elle nous suit parce que...

Le chef lecteur a le pouvoir de l'invoquer une fois dans sa vie. Un privilège très, très ancien, remontant à l'époque où Rê a accordé la magie aux hommes.

Une fois dans sa vie, et il a choisi de le faire maintenant ?

Il n'a jamais été très patient.

Je croyais que les magiciens n'aimaient pas les dieux !

Ça prouve à quel point il est hypocrite. Mais sans doute a-t-il jugé plus important de vous tuer que de se cramponner à ses principes. Je peux le comprendre.

Je me suis de nouveau retourné. Je distinguais à présent une géante à l'armure flamboyante, avec un arc à la main et un carquois rempli de flèches dans le dos, qui se dirigeait vers nous à la vitesse d'une fusée.

Comment fait-on pour s'en débarrasser ?

À la base, elle est invincible. Elle incarne la fureur du soleil. Quand Rê était encore actif, elle était beaucoup plus impressionnante. Mais même ainsi, elle reste une tueuse-née, une arme de destruction massive...

– Ça va, j'ai compris le topo !

– Qu'est-ce que tu dis ? a crié Sadie, tellement fort que Zia a ouvert les yeux.

– Qu... quoi ? a-t-elle bredouillé.

– Rien ! On est poursuivis par une machine à tuer. Rendors-toi.

Zia s'est redressée avec précaution.

– Une machine à tuer ? Tu veux parler de...

– Carter ! a hurlé Sadie. Vire à droite !

C'est ce que j'ai fait. Une flèche enflammée aussi longue qu'un drone de combat a éraflé le flanc gauche du bateau avant d'exploser au-dessus de nous et d'enflammer le toit de notre cabine.

J'ai ordonné au bateau de plonger. Sekhmet nous a dépassés, s'est retournée avec une agilité exaspérante et a piqué droit sur nous.

Sadie a pointé un doigt vers l'incendie, pour le cas où je ne l'aurais pas remarqué.

– On brûle !

– Merci, j'avais vu !

J'ai jeté un coup d'œil vers le sol. Des lotissements, des zones d'activités... Impossible d'atterrir sans risque.

– Ennemis de Rê, tremblez ! a rugi Sekhmet. Vous allez périr dans les tourments !

J'ai dit à Horus :

Elle est presque aussi pénible que toi.

Impossible, m'a-t-il rétorqué. *Nul ne peut égaler Horus en quoi que ce soit.*

Je m'apprêtais à virer de nouveau quand Zia a poussé une exclamation :

– Là !

Elle désignait un complexe industriel brillamment éclairé, comprenant des hangars, des silos et un parking couvert de camions. Un piment rouge géant était peint sur le côté de l'entrepôt le plus vaste, et une enseigne lumineuse indiquait : MAGIC SALSA, INC.

Sadie a aussitôt réagi :

– C'est juste une marque ! Ça n'a rien de magique.

Mais Zia a insisté :

– J'ai une idée.

– Les sept rubans d'Hathor, comme avec Serket ? ai-je supposé.

– Non, on ne peut les utiliser qu'une fois par an. Mon plan...

Une autre flèche a frôlé le bateau.

– Cramponnez-vous !

J'ai tiré d'un coup sec sur la barre, faisant basculer le bateau sur le flanc juste avant que la flèche n'explose. La coque nous a protégés, mais tout le fond de notre embarcation était à présent en flammes, et nous tombions.

Avant d'en perdre complètement le contrôle, j'ai réussi à diriger le bateau vers le toit du grand hangar, que nous avons traversé avant de nous écraser sur un immense tas crépitant.

Je me suis extrait de la coque en rampant, hébété. Par chance, nous avions atterri sur une surface molle. Par malchance, il s'agissait d'une pile de piments rouges séchés de dix mètres de haut, que le bateau avait enflammée. Mes yeux me piquaient, mais je me suis retenu de les frotter car j'avais les mains enduites d'huile pimentée.

J'ai appelé :

– Sadie ? Zia ?

– À l'aide ! a fait la voix de Sadie.

Je l'ai trouvée de l'autre côté du bateau, occupée à tirer Zia de sous la coque enflammée. À nous deux, on a réussi à la dégager et on a roulé avec elle au bas de la pile.

Le hangar abritait trente ou quarante montagnes de piments identiques à celle sur laquelle on s'était écrasés, ainsi que des rangées de séchoirs en bois. Une fumée irritante se dégageait de l'épave du bateau. À travers le trou dans le toit, j'ai aperçu la silhouette flamboyante de Sekhmet, qui descendait vers nous.

On a couru se cacher derrière un séchoir, provoquant l'éboulement d'une pile. Entre les claies chargées de piments, l'air brûlait comme de l'acide chlorhydrique.

Sekhmet a atterri sur le sol du hangar, qui a tremblé. Vue de près, elle était encore plus terrifiante. Sa peau avait l'éclat de l'or liquide, sa cuirasse et sa jupe paraissaient faites de tuiles de laves. Elle avait une crinière léonine et des yeux félins, mais tandis que ceux de Bastet pétillaient de malice ou exprimaient la tendresse, les siens, qui flambaient du même feu que ses flèches, semblaient servir uniquement à traquer et à détruire. Elle était belle, oui, mais comme une explosion atomique.

– Je respire l'odeur du sang ! a-t-elle grondé. Je boirai celui des ennemis de Rê jusqu'à en être rassasiée !

– Charmante, a murmuré Sadie. Alors, Zia, ton plan ?

La magicienne frissonnait, très pâle, et avait du mal à fixer son regard sur nous.

– Quand Rê... quand il a fait appel à Sekhmet pour punir les hommes qui s'étaient rebellés contre lui, elle... elle est devenue incontrôlable.

– Sans blague ? ai-je ironisé, tandis que Sekhmet saccageait la carcasse encore fumante de notre bateau.

– Elle s'est mise à tuer tout le monde, a repris Zia, pas seulement les méchants. Aucun des autres dieux ne pouvait l'arrêter. Elle se livrait au massacre toute la journée durant, se repaissant du sang de ses victimes, puis elle se retirait pour la nuit. Alors le peuple a supplié les magiciens d'agir, et...

– Vous osez vous cacher ? Je vais vous brûler vifs !

Sekhmet a entrepris de détruire les piles de piments l'une après l'autre, dans un grondement de flammes.

– C'est pas le moment de discuter, ai-je décidé. Filons !

Traînant Zia entre nous, on a réussi à sortir du hangar juste avant qu'il n'implose littéralement, projetant vers le ciel un nuage tourbillonnant de fumée âcre. Après s'être éloignés, on a couru se cacher derrière un des nombreux semi-remorques garés sur le parking. J'ai jeté un coup d'œil vers le hangar, m'attendant à voir Sekhmet traverser les flammes pour en sortir, mais elle en a surgi sous la forme d'une lionne géante. Un disque de feu semblable à un soleil miniature flottait au-dessus de sa tête.

– Le symbole de Rê, a murmuré Zia.

Sekhmet a rugi :

– Où êtes-vous, délicieux enfants ?

Elle a ouvert la gueule et soufflé de l'air brûlant. Son haleine faisait fondre l'asphalte, pulvérisait les véhicules, métamorphosant le parking en une étendue désertique.

– Elle fait ça comment ? a chuchoté Sadie.

– Son souffle crée le désert, a répondu Zia. Ce n'est pas qu'une légende.

– De mieux en mieux...

J'avais la gorge serrée par l'angoisse. En même temps, je savais qu'on ne resterait plus très longtemps cachés. J'ai fait apparaître mon épée.

– Je vais la distraire. Vous deux, fuyez !

– Non, a répliqué Zia. Il y a un autre moyen.

Elle indiquait à l'extrémité du parking une rangée de silos hauts comme des immeubles de deux étages, avec un piment rouge géant peint sur le flanc.

– Des cuves de pétrole ? a demandé Sadie.

– Non, ai-je répondu. De la salsa piquante.

– La salsa, c'est pas de la musique ?

– De la sauce pimentée. C'est ce qu'on fabrique ici.

Sekhmet a soufflé dans notre direction. Les trois camions les plus proches de nous se sont transformés en tas de sable. On a détalé et sauté derrière un muret en parpaings.

Zia respirait difficilement, et la sueur perlait sur son visage.

– Écoutez-moi, a-t-elle gémi. Pour arrêter Sekhmet, les hommes se sont procuré de pleines cuves de bière qu'ils ont teintée en rouge avec du jus de grenade.

Je l'ai interrompue.

– Ça me revient ! Ils ont fait croire à Sekhmet que c'était du sang, et elle a bu jusqu'à en perdre connaissance. Rê a alors pu la rappeler au ciel, où il l'a transformée en vache.

– Hathor, a acquiescé Zia. La face pacifique de Sekhmet.

Sadie a secoué la tête d'un air incrédule.

– Donc, on n'a qu'à offrir quelques pintes à Sekhmet et elle deviendra une vache ?

– Pas exactement, a rectifié Zia. Mais la sauce pimentée, c'est aussi rouge, non ?

On a discrètement longé le muret pendant que Sekhmet continuait à désagréger des camions et à transformer de larges bandes d'asphalte en sable.

– Je déteste ce plan, a ronchonné Sadie.

– Tout ce que tu as à faire, c'est la distraire quelques secondes... et éviter de te faire tuer.

– C'est la seconde partie qui m'inquiète.

J'ai compté :

– Un... deux... trois !

Sadie s'est avancée à découvert, prononçant son mot magique préféré :

– *Ha-di* !

Des hiéroglyphes ont brillé au-dessus de la tête de Sekhmet :

Puis le chaos s'est déchaîné autour d'elle. Plusieurs camions ont volé en morceaux, le sol s'est soulevé, créant un profond cratère qui a englouti la déesse-lionne.

Impressionnant. Mais je n'avais pas le temps d'admirer l'œuvre de ma sœur. Je me suis changé en faucon et me suis élancé vers les cuves de sauce piquante.

Avec un rugissement assourdissant, Sekhmet a jailli du cratère et soufflé en direction de Sadie, mais celle-ci avait pris la fuite, se cachant derrière les camions et semant des cordes magiques dans son sillage. Les cordes se déployaient, tentant de s'enrouler autour de la gueule de la lionne. Elles n'y arrivaient pas, bien entendu, mais leurs efforts agaçaient la Destructrice.

– Montre-toi ! a rugi Sekhmet. Je vais te dévorer le cœur !

Perché sur un silo, j'ai rassemblé toute mon énergie afin de passer directement du faucon à mon avatar guerrier. Celui-ci était tellement lourd que le dessus du silo a fléchi sous son poids.

J'ai appelé :

– Hé, Sekhmet !

La lionne a fait volte-face, cherchant à localiser ma voix.

– Par ici, minette !

Elle m'a repéré et a couché les oreilles en arrière.

– Horus ?

– T'en connais beaucoup, des types avec une tête de faucon ?

Elle s'est balancée d'un pied sur l'autre, hésitante, avant de me lancer d'un air de défi :

– Pourquoi m'adresses-tu la parole alors que je suis en furie ? Tu sais que dans cet état, il me faut détruire tout ce qui se dresse sur mon chemin, même toi !

– Puisqu'il le faut... Mais avant, tu ne voudrais pas te désaltérer avec le sang de tes ennemis ?

J'ai plongé mon épée dans la cuve, faisant jaillir une cascade écarlate. Puis j'ai sauté sur le toit de la cuve voisine que j'ai percée de la même manière, et ainsi de suite, jusqu'à ce que les six répandent leur contenu sur le parking.

Ravie, Sekhmet a plongé dans le torrent, se roulant dans la sauce, la lapant à grands coups de langue tout en grognant :

– Du sang... Miam ! Quel délice !

Il faut croire que les lions ne sont pas très malins, ou qu'ils n'ont pas un sens du goût très développé, parce que Sekhmet a bu jusqu'à ce que son ventre soit tout gonflé et qu'il lui sorte de la fumée de la bouche.

– Corsé, a-t-elle commenté. J'ai les yeux qui piquent. C'est du sang de quelle origine ? Nubien ? Perse ?

– Jalapeño. Reprends-en. Plus on y goûte, plus on l'apprécie.

Elle a tenté de boire encore. À présent, il lui sortait également de la fumée des oreilles. Les yeux pleins de larmes, elle tenait à peine sur ses jambes.

– J'ai... la bouche en feu.

– Tu devrais boire du lait, lui ai-je conseillé. Évidemment, si tu étais une vache...

– Traître ! Tu... tu m'as...

Elle a décrit un cercle sur elle-même avant de s'écrouler et de se ramasser en boule sur le sol. Les contours de son corps sont devenus flous, son armure rougeoyante a fondu par endroits, dénudant sa peau dorée, et bientôt, je me suis trouvé en train de contempler une énorme vache endormie.

J'ai sauté de la cuve et ai contourné prudemment la déesse qui ronflait dans son sommeil : *Mouzzzz... Mouzzzz...* J'ai agité une main devant son visage pour m'assurer qu'elle était bien inconsciente avant de faire disparaître mon avatar. Sadie et Zia ont émergé de derrière un camion.

– C'était pas banal, a commenté ma sœur.

– Je ne mangerai plus jamais de sauce pimentée de toute ma vie, ai-je décidé.

– Vous avez fait du bon travail, tous les deux, a dit Zia. Mais vous n'avez plus de bateau. Comment allons-nous nous rendre à Phoenix ?

– « Nous » ? a réagi Sadie. Je ne me souviens pas de t'avoir invitée.

Le visage de Zia est devenu aussi rouge que la Magic Salsa.

– Tu ne crois quand même pas que je vous ai attirés dans un piège ?

– Pourquoi, c'est le cas ?

Je n'en croyais pas mes oreilles. Quand j'ai pris la parole, ma voix trahissait une colère qui m'a étonné moi-même.

– Lâche-la, Sadie ! Zia a invoqué le pilier ardent, elle a sacrifié sa magie pour nous sauver. Et c'est elle qui nous a indiqué comment vaincre la déesse-lionne. On a besoin d'elle.

Sadie m'a regardé, puis elle s'est tournée vers Zia, tentant probablement d'estimer jusqu'où elle pouvait pousser le bouchon.

– D'accord, a-t-elle fini par dire d'un air boudeur. Mais d'abord, il faut retrouver Amos.

– C'est une très mauvaise idée, lui a rétorqué Zia.

– Ah ouais ? Tu voudrais qu'on te fasse confiance, mais pas à notre oncle ?

Zia a hésité. J'ai eu le sentiment que c'était exactement le fond de sa pensée, mais elle a tenté une approche différente :

– Amos ne voudrait pas vous retarder. Il vous a demandé de poursuivre votre route, tu te rappelles ? S'il a survécu à Sekhmet, il nous retrouvera. Sinon...

– Comment va-t-on aller à Phoenix, maintenant ? a repris ma sœur, vexée. À pied ?

J'ai regardé autour de nous. Un unique camion avait échappé à la fureur destructrice de Sekhmet.

– Pas forcément, ai-je dit.

J'ai retiré mon manteau en lin et ai demandé à Zia :

– Amos animait son imperméable pour qu'il pilote son bateau. Tu sais faire ça ?

– C'est assez simple. J'y arriverais si j'avais encore mes pouvoirs.

– Tu pourrais m'apprendre ?

– Le plus important, c'est la figurine. Pour enchanter un vêtement, il faut broyer un ouchebti, faire pénétrer ses débris dans l'étoffe et prononcer une formule pour les lier l'un à l'autre. Pour ça, on a besoin d'une figurine d'argile ou de cire déjà imprégnée par un esprit.

Sadie et moi, on s'est écriés d'une seule voix :

– Tibiscuit !

CARTER

34. Tibiscuit as du volant

J'ai fait apparaître le kit magique de papa et en ai sorti notre copain sans jambes.

– Tibiscuit, il faut qu'on parle.

Le bonhomme en cire a ouvert les yeux.

– Pas trop tôt ! On étouffe là-dedans. Enfin, vous avez compris que vous n'arriveriez à rien sans mes conseils avisés.

– En fait, on aurait besoin que tu deviennes un manteau. Mais c'est provisoire.

Une protestation a fusé de sa bouche minuscule :

– J'ai l'air de venir d'une boutique de prêt-à-porter ? Je suis le maître du savoir suprême, le puissant...

Je l'ai fourré dans la poche de mon manteau et ai roulé celui-ci avant de le jeter par terre et de le piétiner.

– Zia, la formule !

J'ai répété l'incantation après elle. Le manteau s'est dressé devant moi, a relevé son col et brossé ses manches. S'il existait un vêtement capable d'exprimer l'indignation, c'était bien celui-ci.

Sadie l'a examiné d'un œil critique.

– Il va faire comment pour conduire sans pieds ?

– C'est un manteau long, a remarqué Zia. Il devrait pouvoir atteindre les pédales.

J'ai poussé un soupir de soulagement. Pendant une seconde, j'avais craint de devoir aussi animer mon pantalon. Ç'aurait pu devenir gênant.

– Emmène-nous à Phoenix, ai-je ordonné au manteau.

Il m'a adressé un geste obscène – ou qui l'aurait été s'il avait eu des doigts – avant de se glisser à la place du conducteur.

La cabine du camion était plus vaste que je ne l'aurais cru. Derrière les sièges, un rideau dissimulait un lit à deux places que Sadie s'est immédiatement approprié.

– Je suis certaine que vous avez plein de choses à vous raconter, a-t-elle insinué. Aussi, je vais vous laisser seuls un moment... Seuls avec votre manteau.

Elle s'est faufilée derrière le rideau, m'empêchant de la gifler.

Bientôt, on roulait sur l'autoroute en direction de l'ouest. Un banc de nuages noirs avalait les étoiles, et l'air sentait la pluie.

Au bout d'un long moment, Zia s'est éclairci la voix.

– Carter, je regrette beaucoup... J'aurais aimé que la situation soit différente.

– Moi aussi. J'imagine que tu vas avoir plein d'ennuis ?

– Je vais être bannie, mon bâton brisé, mon nom effacé des registres de la Maison de vie. Puis on m'enverra en exil, si toutefois on ne me tue pas.

J'ai repensé au refuge secret de Zia, aux photos de ce village, de cette famille dont elle ne gardait aucun souvenir. Tandis qu'elle évoquait l'exil, son visage exprimait le même sentiment que lorsque je l'avais surprise : ni le regret ni la tristesse, mais le désarroi. Comme si elle ignorait elle-même les raisons de sa rébellion, ou ce que le Premier Nome avait signifié pour elle. Elle m'avait dit qu'Iskandar était la seule famille qu'elle avait jamais connue. À présent, elle n'avait plus personne.

– Tu n'as qu'à venir avec nous, ai-je suggéré.

On était assis côte à côte, son épaule touchant la mienne. Derrière l'odeur âcre de brûlé qui imprégnait nos vêtements, je respirais son parfum égyptien. Un piment séché s'était collé à ses cheveux, et d'une certaine manière, je ne l'en trouvais que plus jolie.

D'après Sadie, c'est la preuve que je n'avais plus toute ma tête. (Sadie, je te signale que je ne t'interromps pas autant quand c'est toi qui racontes.)

Zia m'a lancé un regard triste.

– Pour aller où ? Même si vous arrivez à vaincre Seth et à sauver le continent, que ferez-vous après ? La Maison ne cessera jamais de vous traquer. Les dieux vous pourriront l'existence.

– On se débrouillera. J'ai l'habitude des voyages et de l'improvisation, et Sadie n'est pas trop nulle non plus...

– J'ai entendu ! a fait celle-ci à travers le rideau.

– Et avec toi... Je veux dire, avec ta magie, ce serait plus facile.

Zia a pressé ma main. J'en ai eu des picotements tout le long du bras.

– Tu es gentil, Carter. Mais tu ne me connais pas. Pas vraiment. Je suppose qu'Iskandar avait prévu tout ça.

– Pourquoi ?

Elle a lâché ma main, à ma grande déception.

– Quand Desjardins et moi sommes revenus du British Museum, Iskandar m'a prise à part. Il m'a dit que j'étais en danger, qu'il allait me conduire en sécurité et...

Elle a froncé les sourcils, troublée.

– C'est étrange. Je ne me rappelle pas ce qui s'est passé ensuite.

Il m'a semblé que mon sang se glaçait dans mes veines.

– Attends ! Il t'a mise en lieu sûr, oui ou non ?

– Je... je crois. Non, c'est impossible. Sinon, je ne serais pas là. Il n'en a peut-être pas eu le temps. Presque aussitôt après, il m'a envoyée vous retrouver à New York.

Il avait commencé à pleuvoir doucement. Le manteau a activé les essuie-glaces.

J'ai réfléchi à ce que Zia venait de me raconter. Peut-être Iskandar, ayant perçu un changement chez Desjardins, avait-il tenté de protéger son élève préférée. Mais quelque chose me tracassait dans son récit, sans que je puisse mettre le doigt dessus.

Zia contemplait la pluie comme si elle décelait de mauvais présages dehors, dans la nuit.

– Le temps presse, a-t-elle déclaré. Il revient.

– Qui ça ?

Elle m'a jeté un regard plein d'urgence.

– La chose que je voulais te dire, celle dont tu as besoin... C'est le nom secret de Seth.

Soudain l'orage a éclaté. Le tonnerre a grondé et une bourrasque de vent a secoué le camion.

J'ai bredouillé :

– Com... comment connais-tu son nom secret ? Et d'abord, comment sais-tu qu'on en a besoin ?

– Tu as volé le livre de Desjardins. C'est lui qui nous l'a dit. Il a ajouté que ça n'avait aucune importance, que sans le nom de Seth, il ne vous serait d'aucune utilité, et que vous n'aviez aucune chance de le découvrir.

– Alors comment se fait-il que tu le saches, toi ? Selon Thot, seul Seth peut nous le révéler, ou bien... Ou bien la personne la plus proche de lui, ai-je achevé, saisi par un horrible pressentiment.

Zia a fermé les yeux. Elle paraissait en proie à une grande souffrance.

– Je... je n'arrive pas à l'expliquer. Mais j'entends cette voix, et elle me dit son nom.

– Nephtys... Toi aussi, tu étais au British Museum ce soir-là.

– Non ! a protesté Zia. C'est impossible...

– Iskandar t'a dit que tu étais en danger. Il voulait te mettre en sécurité parce qu'il avait senti la présence de la déesse en toi.

Elle a secoué énergiquement la tête.

– Mais il ne l'a pas fait. Regarde, je suis là ! Si j'abritais une déesse, les autres magiciens de la Maison s'en seraient aperçus depuis longtemps. Ils me connaissent trop bien. Ils auraient constaté un changement dans ma pratique de la magie, et Desjardins m'aurait éliminée.

Elle avait marqué un point. Pourtant... Une autre pensée horrible m'est venue.

– À moins que Seth ne contrôle Desjardins...

– Ce que tu peux être têtu, Carter ! Desjardins n'est pas Seth.

– Tu dis ça parce que tu crois qu'Amos est Seth. Amos, qui a risqué sa vie pour nous, qui nous a demandé de poursuivre sans lui. En plus, Seth n'a pas besoin d'un hôte humain. Il tire son pouvoir de sa pyramide.

– Et ça, tu le tiens de qui ?

J'ai hésité avant de répondre :

– D'Amos.

– Cette discussion ne nous mènera nulle part. Je connais le nom secret de Seth, et je te le dirai si tu me promets de ne pas le répéter à Amos.

– Oh, ça va ! Et d'abord, puisque tu connais son nom, pourquoi tu ne l'utilises pas toi-même pour le détruire ?

– Je l'ignore. Tout ce que je sais, c'est que ce n'est pas à moi de le faire, mais à Sadie ou à toi, les héritiers des pharaons. Si vous échouez...

Soudain le camion a ralenti. Environ vingt mètres devant nous, un homme en imper bleu se tenait immobile dans la lumière des phares : Amos. Ses vêtements étaient en lambeaux, comme s'il avait essuyé un tir de barrage, mais à part ça, il avait l'air indemne. Sans même attendre que le camion soit complètement arrêté, j'ai sauté de la cabine et ai couru vers lui.

– Amos ! Qu'est-ce qui t'est arrivé ?

– J'ai distrait Sekhmet, a-t-il dit, glissant un doigt dans un des nombreux trous de son imper. Pendant une dizaine de secondes. Je suis heureux de voir que vous avez survécu.

– On s'est écrasés sur une fabrique de sauce pimentée...

Amos m'a interrompu d'un geste de la main.

– Tu me raconteras ça plus tard. Pour le moment, il faut poursuivre notre route.

Il a indiqué le nord-ouest, où semblait se trouver le foyer de l'orage. Un mur de ténèbres occultait le ciel, les montagnes, la route, comme s'il voulait avaler le monde entier.

– Seth s'apprête à déchaîner la tempête, a repris Amos. Qu'en dis-tu, on fonce droit dessus ?

SADIE

35. *Les hommes demandent leur chemin (entre autres signes avant-coureurs de l'Apocalypse)*

Je ne sais pas comment j'avais pu m'endormir à l'arrière de la cabine, avec le boucan que faisaient Carter et Zia, mais même après l'émotion des retrouvailles avec Amos, j'ai repris mon somme sitôt remontée à bord du camion. Mine de rien, un *ha-di*, ça épuise.

Bien sûr, mon bâ a sauté sur l'occasion pour partir en balade. Décidément, il n'y a jamais moyen de se reposer tranquillement.

Je me suis retrouvée à Londres, au bord de la Tamise. L'aiguille de Cléopâtre se dressait devant moi. C'était un jour gris, doux et paisible. Même l'odeur de vase me rendait nostalgique.

Isis se tenait à mes côtés, vêtue d'une robe blanche. Des diamants scintillaient dans sa chevelure brune tressée, ses ailes chatoyaient dans son dos telle une aurore boréale.

– L'initiative de tes parents était juste, a-t-elle dit. Bastet aurait fini par perdre contre le serpent.

– C'était mon amie.

– Une auxiliaire précieuse et loyale. Mais on ne peut contenir éternellement le chaos. Il croît sans relâche, profitant de la moindre faille dans le mur de la civilisation, parce que telle est sa nature.

L'obélisque s'est mis à briller faiblement tandis qu'une rumeur sourde s'élevait du sol.

– Aujourd'hui, c'est le continent américain, a repris Isis. Mais à moins que les dieux n'unissent leurs pouvoirs, le chaos détruira bientôt l'humanité entière.

– On fait de notre mieux, ai-je assuré. On va vaincre Seth.

Elle a posé sur moi des yeux pleins de tristesse.

– Je ne parlais pas de ça. Seth n'est que le commencement.

Soudain le décor a changé, et j'ai vu Londres en ruine. Les photos que j'avais pu voir des dégâts causés par les bombardements allemands durant la Seconde Guerre mondiale n'étaient rien comparées à ça. La ville était anéantie. Un nuage de poussière de plusieurs kilomètres flottait au-dessus des décombres, la surface de la Tamise disparaissait presque sous des débris de toute nature. Seul l'obélisque était encore debout. Puis je l'ai vu se disloquer, ses quatre côtés s'écartant peu à peu, tels les pétales d'une fleur funèbre en train d'éclore.

– Pitié, ai-je supplié. Je ne veux pas en voir davantage.

– Cela arrivera bientôt, ainsi que ta mère l'avait prédit. Mais si tu ne peux pas regarder la réalité en face...

Le décor a changé de nouveau. Cette fois, nous nous trouvions dans la salle du trône d'un palais – celle que j'avais visitée lors d'une précédente vision, et où Seth avait enfermé Osiris dans un coffre. Les dieux y apparaissaient l'un après l'autre, comme des traits de lumière qui traversaient l'espace et s'enroulaient autour des colonnes avant de revêtir une apparence humaine. J'ai vu se matérialiser Thot, avec sa blouse de labo tachée, ses lunettes et ses cheveux en pétard, puis Horus, le jeune et fier guerrier aux yeux dissemblables. Sobek, le dieu-crocodile, m'a regardée avec un rictus féroce en serrant son bâton. Une masse de scorpions s'est glissée derrière une colonne et a réapparu de l'autre côté sous la forme de Serket. Mon cœur a fait un bond à la vue d'un garçon vêtu de noir, à demi caché dans l'ombre du trône : Anubis. Quand ses yeux sombres se sont fixés sur moi, il m'a semblé y lire du regret.

Il a tendu le bras pour m'indiquer le trône toujours vacant. Le palais avait perdu son âme. En voyant cette salle froide et obscure, comment imaginer qu'elle avait pu accueillir des réjouissances ?

Isis s'est tournée vers moi.

– Nous avons besoin d'un souverain. Horus doit devenir pharaon afin de réconcilier les dieux et la Maison de vie. C'est la seule issue.

– Carter, pharaon ? C'est une blague ?

– Il faudra l'aider, toi et moi.

Ça paraissait tellement ridicule que j'aurais éclaté de rire si les dieux ne m'avaient pas regardée d'un air aussi grave.

– L'aider ? Et si c'était plutôt lui qui m'aidait à devenir reine ?

– C'est vrai, il a existé des reines-pharaons. Hatchepsout a régné sur l'Égypte durant de longues années, et Néfertiti était l'égale de son époux. Mais ce n'est pas ton destin, Sadie. Ton pouvoir, tu ne l'exerceras pas du haut d'un trône. Tu en as conscience, n'est-ce pas ?

Elle avait raison. Rester des heures assise avec une couronne sur la tête, m'efforcer de gouverner une assemblée de dieux tous plus caractériels les uns que les autres, très peu pour moi. Mais quand même... Carter ?

– Tu es devenue forte, Sadie, a ajouté Isis. Tu ne sais pas encore à quel point. Bientôt, nous aurons à relever un nouveau défi, toi et moi. Nous y parviendrons, si tu gardes confiance et courage.

– La confiance et le courage, ai-je répété. On ne peut pas dire que ce soient mes points forts.

– Ton heure approche. Notre sort à tous est entre tes mains.

Les dieux m'ont lancé des regards pleins d'espoir, puis ils ont fait cercle autour de moi, me serrant de si près que je n'arrivais plus à respirer, se cramponnant à mes bras, me secouant...

Je me suis réveillée en sursaut.

– Sadie, a dit Zia, me touchant l'épaule à travers le rideau. On est arrêtés.

J'ai instinctivement cherché ma baguette.

– Hein ? Où ça ?

Elle a écarté le rideau et s'est penchée vers moi depuis le siège avant, une position qui m'évoquait un peu un vautour.

– À une station-service. Amos et Carter sont descendus. Tu dois te préparer.

– Pourquoi ?

Je me suis assise et ai dirigé mon regard vers le pare-brise. À l'extérieur du camion, une tempête de sable faisait rage. Le ciel était si sombre que je n'aurais su dire si c'était le jour ou la nuit. À travers un nuage de poussière, j'ai distingué un bâtiment éclairé.

– On est à Phoenix, a précisé Zia. Presque tout est fermé. Les gens fuient la ville.

– Quelle heure ?

– Quatre heures et demie du matin. Plus on se rapproche de la montagne, moins la magie opère. Et le système de navigation GPS du camion ne marche plus. Amos et Carter sont allés demander notre chemin.

Mauvais signe. Quand deux magiciens de sexe masculin se résignent à demander leur chemin, c'est que la situation est vraiment grave.

De violentes bourrasques secouaient la cabine. Après tous les dangers que j'avais affrontés au cours des derniers jours, ça paraissait ridicule d'avoir peur d'une tempête. Pourtant, j'ai enjambé le dossier du siège avant pour m'asseoir près de Zia.

– Ça fait combien de temps qu'ils sont partis ?

– Pas longtemps. Je voulais te parler avant leur retour.

J'ai haussé les sourcils.

– De Carter ? Tu te demandes s'il t'aime ? La réponse est évidente ; il n'y a qu'à l'entendre bégayer quand il t'adresse la parole.

– Non ! Je...

– Tu veux savoir si ça me dérange ? Merci de t'en soucier. Je t'avoue qu'au début, je n'étais pas très chaude – tu avais menacé de nous tuer, je te rappelle – puis j'ai appris à te connaître. Tu n'as pas un mauvais fond, et Carter est fou de toi, donc...

– Il n'est pas question de Carter.

– Oups ! Dans ce cas, merci d'oublier tout ce que je viens de te dire.

– C'est de Seth que je veux te parler.

J'ai soupiré.

– Ah non, pas encore ! Tu n'as toujours pas confiance en Amos ?

– Il faut être aveugle pour ne rien voir. La tromperie est l'arme préférée de Seth.

Je savais au fond de moi qu'elle avait raison. Je me doute de ce que tu penses, que j'étais stupide de ne pas vouloir l'écouter. J'ignore si tu t'es déjà trouvé assis à côté de quelqu'un qui débine un membre de ta famille, mais il me semble que dans ce cas, c'est une réaction naturelle de vouloir défendre la personne attaquée. Mais si je réagis comme ça, c'est sans doute parce qu'il ne me reste presque aucune famille.

– Zia, je suis certaine qu'Amos ne ferait jamais...

– Lui, non. Mais Seth ? Il n'a pas son pareil pour contrôler les esprits. Sans être une spécialiste de la possession, je sais que ça arrivait fréquemment dans les temps anciens. Un démon mineur est déjà difficile à déloger, alors un dieu...

– Amos n'est pas possédé !

J'ai grimacé. Une sensation de brûlure avait traversé la paume de ma main, à l'endroit où s'était posée la plume. Pourtant je n'avais pas menti ! J'étais convaincue de l'innocence d'Amos... Enfin, je crois.

Zia m'a dévisagée.

– Tu cherches à te persuader que tu peux faire confiance à Amos. C'est ton oncle, et tu as déjà perdu beaucoup de proches. Je comprends.

J'ai failli lui rétorquer qu'elle se trompait, qu'elle ne comprenait rien du tout, mais le ton de sa voix laissait penser qu'elle avait également connu la douleur de perdre des êtres chers – sans doute encore plus que moi.

– On n'a pas le choix, ai-je décrété. Il nous reste quoi, trois heures d'ici au lever du soleil ? Amos est le seul capable de nous guider jusqu'à Seth. Piège ou pas, on doit tout faire pour l'arrêter.

Il me semblait voir tourner les rouages de son cerveau tandis qu'elle cherchait un argument, n'importe lequel, pour me faire changer d'avis.

Elle a fini par renoncer.

– D'accord. Je voulais confier quelque chose à Carter, mais je n'en ai pas eu l'occasion. Je vais donc te le dire à toi. Pour vaincre Seth, vous avez besoin de...

– Ne me dis pas que tu connais son nom secret ?

Zia a plongé son regard dans le mien. Je ne sais pas si c'était à cause de la plume de vérité, mais j'ai eu la certitude qu'elle ne bluffait pas. Elle connaissait le nom secret de Seth – ou du moins, elle croyait le connaître.

Pour être tout à fait honnête, j'avais entendu des bribes de sa conversation avec Carter pendant que je me reposais à l'arrière de la cabine. Je n'avais pas l'intention de les espionner, mais c'était difficile de faire autrement. J'ai tenté de me persuader que Zia abritait Nephtys, sans y parvenir. J'avais parlé à la mère d'Anubis. Elle m'avait dit se trouver à l'intérieur d'un hôte endormi, et Zia était là, devant moi.

– Si, je le connais, a-t-elle répondu. Mais je ne peux rien en faire. C'est à toi de l'utiliser.

– Pourquoi pas toi ? Parce que tu es à court de magie ?

Elle a esquivé la question.

– Promets-moi seulement de l'utiliser sur Amos avant d'atteindre la montagne. Tu n'auras peut-être pas de seconde chance.

– Et si tu te trompes, j'aurais gâché la seule que j'avais. Le livre disparaît après usage, je crois ?

Elle a acquiescé à contrecœur.

– Après lecture, il s'évanouit pour réapparaître ailleurs. Mais si tu attends trop longtemps, nous sommes perdus. Une fois en présence de la source du pouvoir de Seth, tu n'auras plus la force de l'affronter. Sadie, je t'en supplie...

– Dis-moi le nom. Je te promets de l'utiliser au moment opportun.

– Le moment opportun, c'est maintenant.

J'ai hésité, espérant un conseil éclairé d'Isis, mais la déesse était silencieuse.

Les choses auraient peut-être tourné différemment si j'avais souscrit au plan de Zia. Mais avant que j'aie pu prendre une décision, les portières du camion se sont ouvertes, laissant entrer le vent et le sable, puis Carter et Amos sont remontés à bord.

– On est proches du but, a annoncé Amos, comme s'il s'agissait d'une bonne nouvelle. Tout proches, même.

SADIE

36. Les Kane s'évaporent

À moins de deux kilomètres de Camelback Mountain, on a pénétré dans une zone de calme plat.

– L'œil de la tempête, a supposé Carter.

Le spectacle était à la fois grandiose et terrifiant. La montagne se trouvait au centre d'une cheminée de nuages noirs. Des traînées de fumée se déployaient entre le sommet et les bords du vortex, tels les rayons d'une roue, mais juste au-dessus de nous, le ciel parfaitement dégagé virait lentement au gris. Le jour approchait.

Des maisons et des hôtels se pressaient autour de la montagne, laquelle émettait une étrange clarté rougeâtre. Quand on met la main sur l'embout d'une lampe-torche allumée, la peau devient translucide, pas vrai ? Eh bien, c'était pareil pour la montagne : elle donnait l'impression d'abriter en son cœur une source de chaleur et de lumière si intense que son rayonnement traversait la roche.

– La ville est déserte, a remarqué Zia. Si on emprunte la route qui mène au sommet...

– On sera immédiatement repérés, ai-je achevé.

– Et le sort que je t'ai vue utiliser au Premier Nome ? a dit Carter à Zia. On pourrait l'essayer...

– Quel sort ? ai-je demandé.

– Un sort d'invisibilité, a expliqué Zia. L'ennui, c'est que je n'ai pas encore récupéré mes pouvoirs. Et il ne se fait pas en un claquement de doigts, il nécessite plusieurs ingrédients.

Je me suis tournée vers notre oncle :

– Amos ?

Il a longuement réfléchi avant de parler.

– Je crains qu'on ne doive renoncer à l'invisibilité. Mais j'ai une autre idée.

Je croyais qu'il n'existait rien de pire que de devenir un oiseau, jusqu'à ce qu'Amos nous transforme en nuages d'orage.

Il nous avait préalablement exposé son plan, sans pour autant dissiper mes craintes :

– Nul ne remarquera quatre petits nuages noirs au milieu de la tempête.

– Impossible, a rétorqué Zia. Cette magie relève du chaos. Nous ne devrions pas...

Amos a levé sa baguette, et Zia s'est volatilisée.

– Non ! a hurlé Carter avant de se changer également en un tourbillon de vapeur.

Amos s'est ensuite tourné vers moi.

– C'est très gentil, ai-je dit, mais non mer...

Pouf ! J'étais devenue un nuage. Imagine que tes pieds et tes mains disparaissent subitement, que ton corps s'évapore et que tu ressentes des picotements à l'estomac alors que tu n'as même pas d'estomac... Imagine-toi enfin obligé de te concentrer pour ne pas te disperser dans l'atmosphère.

Dans ma colère, j'ai émis un éclair.

Amos m'a aussitôt réprimandée :

– Calme-toi. C'est seulement pour quelques minutes. Suivez-moi.

Il s'est métamorphosé en un nuage plus dense, plus sombre, qui s'est élancé vers le sommet de la montagne. Ce n'était pas facile de le suivre. Au début, j'étais tout juste capable de flotter. Le moindre souffle d'air menaçait de me disloquer. J'ai fait un tour sur moi-même et ai constaté que ça m'aidait à maintenir mes particules ensemble. Puis j'ai imaginé que je me remplissais d'hélium, et je me suis envolée.

Je n'aurais su dire si Carter et Zia m'avaient suivie ou non. Un nuage ne voit pas comme nous. Je percevais ce qui m'entourait mais de façon partielle et confuse, comme si des parasites brouillaient ma vision.

Mon « moi nuage » était irrésistiblement attiré par la montagne. En matière de chaleur, de pression, de turbulences, elle représentait l'idéal pour un petit tourbillon de poussière.

J'ai suivi Amos jusqu'à une corniche. J'ai repris forme humaine un peu trop tôt et ai fait une chute de plusieurs mètres pour atterrir sur Carter.

– Ouch ! a-t-il gémi.

– Pardon, ai-je bredouillé, me retenant de vomir : la tempête faisait toujours rage dans mon estomac.

Pendant ce temps, Zia et Amos scrutaient l'intérieur d'une crevasse entre deux gros blocs de grès. La lumière rougeâtre qui s'en échappait donnait une expression diabolique à leur visage.

Zia s'est retournée vers nous. Apparemment, elle n'avait pas aimé ce qu'elle venait de voir.

– Il ne manque plus que le pyramidion, a-t-elle annoncé.

– Le quoi ?

À mon tour, j'ai approché mon regard de la crevasse, et ce que j'ai aperçu m'a paru presque aussi déroutant que l'état de nuage. La montagne avait été entièrement creusée, ainsi que l'avait décrite Carter, de manière à créer une caverne dont le sol se trouvait à plus de cinq cents mètres au-dessous de nous. Les nombreux brasiers baignaient les parois d'une lueur sanglante. Une immense pyramide écarlate se dressait au centre de cet espace. Une foule de démons se pressait à son pied, comme le public d'un concert de rock. Loin au-dessus d'eux, à hauteur de mes yeux, deux barques magiques manœuvrées par des équipages de démons se dirigeaient vers la pyramide avec une lenteur majestueuse. Elles tiraient entre elles, suspendue à des cordes, une pointe dorée destinée à coiffer le sommet de la pyramide.

– Ils paradent, a remarqué Carter. Ils savent qu'ils ont gagné.

– En effet, a acquiescé Amos.

– On n'a qu'à faire exploser les barques, ai-je suggéré.

Amos m'a regardée.

– C'est ça, ton plan ?

J'ai réalisé que j'avais dit une bêtise. La taille de la pyramide, l'armée de démons... Mes douze ans ne faisaient pas le poids face à cette réalité.

– Il faut tenter quelque chose, a lancé Carter. Papa est à l'intérieur de ce truc.

J'ai immédiatement cessé de m'apitoyer sur moi-même. S'il fallait mourir, autant que ce soit en essayant de sauver notre père – et le continent nord-américain, par la même occasion.

J'ai repris :

– Voici ce que je propose : on s'approche des barques, on les empêche d'installer cette espèce de chapeau pointu...

– Le pyramidion, a rectifié Zia.

– On s'en fiche. Ensuite, on n'aura plus qu'à s'introduire dans la pyramide et chercher papa.

– Et Seth ? a demandé Amos. On fera quoi quand il tentera de nous arrêter ?

J'ai regardé Zia, qui m'a adressé un signe discret, m'invitant à me taire.

– Chaque chose en son temps, ai-je affirmé. D'abord, il faut trouver un moyen pour s'approcher des barques.

– Je peux nous retransformer en nuages, a proposé Amos.

– NON !

Le même cri avait jailli de nos trois poitrines.

– Je ne veux plus avoir affaire à la magie du chaos, a ajouté Zia. Ce n'est pas naturel.

Amos a désigné le spectacle qui se déroulait au-dessous de nous :

– Et ça, c'est naturel, peut-être ? À moins que vous n'ayez une solution de rechange...

– Les oiseaux, ai-je dit, et je me suis aussitôt haïe pour avoir seulement envisagé cette idée. Je vais me changer en milan et Carter en faucon.

– Pas ça, a protesté mon frère. Sadie, rappelle-toi...

– Je dois quand même essayer.

J'ai enchaîné avant de revenir sur ma décision :

– Zia, ça fait presque dix heures que tu as invoqué le pilier ardent. Tes pouvoirs ne sont toujours pas revenus ?

Elle a tendu un bras et s'est concentrée. D'abord, on n'a rien vu, puis une flamme rouge a dansé le long de ses doigts, et son bâton encore fumant s'est matérialisé dans sa main.

– Quel timing ! s'est exclamé Carter.

– Oui et non, a rétorqué Amos. Ça veut également dire que Desjardins est débarrassé du pilier ardent. Il sera bientôt là, et je fais le pari qu'il ne viendra pas seul.

– Ma magie est encore faible, nous a avertis Zia. Je ne vous serai pas d'un grand secours en cas de combat, mais je peux assurer moi-même mon transport.

Elle a produit l'amulette avec laquelle elle avait fait apparaître un vautour géant à Louxor.

– Quant à moi, a repris Amos, je me débrouillerai tout seul. Concentrons nos efforts sur la barque de gauche. Quand nous l'aurons investie, nous nous occuperons de l'autre. Espérons que la surprise jouera en notre faveur.

Je n'étais pas d'humeur à laisser Amos élaborer des plans, mais son raisonnement se tenait.

Il a ajouté :

– Sitôt qu'on en aura terminé avec les bateaux, on pénétrera dans la pyramide. Avec un peu de chance, on arrivera à en sceller l'entrée derrière nous.

– Je suis prêt, a assuré Carter.

Au début, le plan d'Amos semblait fonctionner. Je n'ai eu aucun mal à me transformer en milan, et une fois posée à l'arrière du bateau, j'ai retrouvé forme humaine à ma première tentative. J'en ai été la première étonnée... mais pas autant que le démon qui se trouvait devant moi.

Sous le coup de l'émotion, une lame de couteau à cran d'arrêt a jailli de sa tête. Sans lui laisser le temps de m'en transpercer ou d'appeler à l'aide, j'ai invoqué le vent, et il a été éjecté du bateau. Deux de ses frères se sont rués vers moi, mais Carter a surgi dans leur dos et les a coupés en deux avec son épée.

Zia était moins discrète, hélas. Forcément, un vautour géant transportant une ado accrochée à ses serres, ça attire l'attention. Les démons au sol pointaient le doigt vers elle en poussant des cris, et plusieurs lances l'ont manquée de peu.

Distraits par cette entrée spectaculaire, les deux démons qui restaient encore à bord ont été surpris de voir Amos apparaître derrière eux. La forme qu'il avait choisie – une chauve-souris – m'évoquait de mauvais souvenirs, mais il s'est aussitôt retransformé et a poussé les démons dans le vide.

Zia a atterri à point nommé pour saisir le gouvernail. Carter et moi, on s'est cramponnés au plat-bord. J'ignorais ce qu'Amos avait en tête, mais depuis notre dernier voyage en bateau volant, je préférais ne prendre aucun risque. Notre oncle a entonné une incantation en pointant son bâton vers le second bateau, à bord duquel les démons commençaient à s'agiter.

L'un d'eux, grand et maigre, aux yeux très sombres, ressemblait à un écorché – dégoûtant.

– C'est Face de Cauchemar, a dit Carter. Le bras droit de Seth.

– Vous ! a vociféré le démon. Tuez-les !

Au même moment, Amos a achevé son incantation. Le second bateau s'est dématérialisé, remplacé par une écharpe de brume grise. Les démons hurlants ont été précipités dans le vide. Le pyramidion doré est également tombé, nous entraînant dans sa chute.

J'ai crié :

– Carter, coupe les cordes !

D'un coup d'épée, Carter nous a libérés du poids de la pierre triangulaire. La barque est aussitôt remontée de plusieurs mètres, laissant mon estomac derrière elle.

Le pyramidion s'est écrasé sur le sol de la caverne avec un bruit écœurant : apparemment, on venait de produire une belle pile de crêpes au démon.

– Jusqu'ici, tout va bien, a remarqué Carter.

Une fois de plus, il avait parlé trop vite.

– Regardez ! s'est exclamée Zia, le doigt pointé vers le bas.

Tous les démons ailés – peu nombreux en proportion, ils étaient quand même une bonne cinquantaine – avaient pris leur envol et se dirigeaient vers nous tel un essaim vrombissant de guêpes furieuses.

– Essayez de rejoindre la pyramide, nous a dit Amos. Je vais tâcher de les distraire.

L'entrée de la pyramide – une simple ouverture flanquée de colonnes à sa base – était proche. Quelques démons la gardaient, mais le gros des troupes de Seth s'était éloigné et lançait des pierres vers notre bateau. (La plupart leur retombaient sur la tête, mais si les démons étaient malins, ça se saurait.)

J'ai protesté :

– Ils sont trop nombreux. Amos, tu ne feras pas le poids !

– Ne t'inquiète pas pour moi, m'a-t-il rétorqué d'un air sombre. Une fois à l'intérieur, scellez l'entrée de la pyramide.

Puis il m'a poussée par-dessus bord. Je n'avais pas le choix, je me suis de nouveau changée en milan. Carter volait déjà vers l'entrée en décrivant des cercles, et j'entendais battre derrière moi les immenses ailes du vautour de Zia.

– Pour Brooklyn ! a clamé Amos.

Tu parles d'un cri de bataille ! En jetant un coup d'œil derrière moi, j'ai vu le bateau s'embraser. Il s'est éloigné de la pyramide en tombant en direction de l'armée de monstres. Des boules de feu fusaient dans tous les sens tandis que la coque se décomposait. Mais je n'avais pas le temps d'admirer la magie d'Amos, ni de m'inquiéter de son sort. Avec son spectacle pyrotechnique, il avait réussi à capter l'attention de la plupart des démons, toutefois certains nous avaient repérés.

Carter et moi avons atterri à l'intérieur de la pyramide et repris aussitôt forme humaine. Zia nous a rejoints et a retransformé son vautour en amulette. Les gardiens n'étaient qu'à quelques pas de nous – une douzaine de brutes avec des têtes d'insectes, de dragons et un assortiment d'accessoires intégrés, façon couteau suisse.

Carter a étendu le bras, faisant apparaître entre Zia et moi un poing géant qui a violemment refermé les portes. Puis il s'est concentré, et un symbole doré s'est gravé en travers des deux battants, tel un sceau : l'Œil d'Horus. Les démons se sont mis à marteler les portes, essayant de les enfoncer.

– Ça ne les arrêtera pas très longtemps, a annoncé Carter.

J'étais très impressionnée, mais bien sûr, je n'en ai rien dit. Tandis que je regardais les portes scellées, je n'avais qu'une image en tête : Amos à bord du bateau en feu, cerné par une armée démoniaque.

– Amos savait ce qu'il faisait, a dit Carter sans beaucoup de conviction. Je suis certain qu'il s'en sortira.

Zia nous a tirés de nos réflexions :

– Venez. On n'a pas le temps de se poser des questions.

Le tunnel étroit, rouge et suintant donnait l'impression de parcourir une artère dans le corps d'une énorme bête. On marchait en file indienne. La pente était d'environ quarante degrés, ce qui aurait fait un toboggan génial mais ne facilitait pas notre progression. Les murs étaient décorés de fresques, comme la plupart des murs égyptiens qu'on avait vus jusqu'ici, mais Carter ne semblait pas apprécier ceux-ci. Il s'arrêtait tous les dix pas et examinait les dessins d'un air soucieux.

J'ai fini par demander :

– Qu'est-ce qu'il y a ?

– Ce n'est pas le genre d'images qu'on trouve habituellement dans les tombes. Pas de représentations de l'au-delà, ni des dieux.

Zia est intervenue :

– Cette pyramide n'est pas une sépulture, mais le réceptacle de la puissance de Seth. Ces images sont destinées à augmenter le chaos et à faire en sorte que son règne dure éternellement.

J'ai prêté plus d'attention aux fresques et j'ai compris ce que voulait dire Zia. Monstres, scènes de guerre, images de capitales telles que Paris et Londres en flammes, portraits de Seth et de son animal massacrant des armées... Nul Égyptien n'aurait jamais osé graver dans la pierre des visions aussi épouvantables. Plus on avançait, plus les images devenaient réalistes et mon malaise augmentait.

On a enfin atteint le cœur de la pyramide.

À l'endroit où aurait dû se trouver la chambre funéraire, Seth avait installé sa salle du trône, vaste comme un court de tennis et entourée d'un fossé rempli d'un liquide rouge bouillonnant – Sang ? Lave ? Ketchup maléfique ? J'aimais mieux ne pas le savoir.

Ce fossé paraissait facile à franchir, pourtant j'hésitais à le faire car le sol de la salle était entièrement recouvert de formules magiques en appelant au pouvoir de l'Isfet, le chaos. Une ouverture carrée au centre du plafond laissait pénétrer une clarté rougeâtre. On ne voyait aucune autre issue. Devant chacun des quatre murs était posée une statue en obsidienne, figurant l'animal de Seth accroupi. Ses babines retroussées dévoilaient des dents en perles, et ses yeux d'émeraude étincelaient.

Le pire, c'était le trône. On aurait dit une formation sédimentaire qui, au fil des siècles, s'était développée de façon anarchique au-dessus d'un sarcophage doré – celui de notre père – dont l'extrémité lui servait de marchepied.

– Comment va-t-on sortir papa de là ? ai-je demandé d'une voix tremblante.

À mes côtés, Carter a étouffé un cri de surprise :

– Amos ?

En levant les yeux, j'ai vu une paire de jambes dépasser du puits de lumière rouge. Amos s'est lâché dans le vide, utilisant son manteau déployé comme un parachute, et a atterri sans mal sur le sol. De la fumée s'échappait de ses vêtements, ses cheveux étaient saupoudrés de cendres. Il a pointé son bâton vers le plafond et formulé un ordre. On a entendu un bruit sourd, de la poussière et des gravats sont tombés de l'ouverture qui lui avait livré passage, et la lumière s'est brusquement éteinte.

Amos a brossé ses manches, souriant.

– Ça devrait les retarder un moment, a-t-il commenté.

J'ai demandé :

– Comment tu as fait ça ?

Il nous a fait signe de le rejoindre. Carter a bondi au-dessus du fossé sans hésiter. Il n'était pas question de nous séparer, alors je l'ai suivi, malgré mes réserves. Mon malaise s'est aussitôt accentué. Je me sentais déséquilibrée, comme si le sol était en pente.

Zia a sauté à son tour.

– Vous devriez être mort, a-t-elle dit, posant un regard soupçonneux sur Amos.

Notre oncle a ri.

– Ce n'est pas la première fois que j'entends ça. Mais venons-en aux choses sérieuses.

– En effet, ai-je acquiescé. Comment va-t-on extraire le sarcophage de là ?

Carter a levé son épée, prêt à l'abattre sur le trône, mais Amos a retenu son bras.

– Non, les enfants. Ce n'est pas ce que je voulais dire. Maintenant que personne ne risque plus de nous interrompre, il est temps que nous parlions.

Un frisson glacé a parcouru mon dos.

– Parler de quoi ?

Soudain Amos est tombé à genoux et a été pris de convulsions. Je me suis précipitée vers lui. Il a tourné vers moi un visage crispé par la douleur. Ses yeux étaient rouge sang.

– Fuyez ! a-t-il gémi.

Puis il s'est écroulé, inconscient, et une vapeur rougeâtre s'est échappée de son corps.

Zia m'a saisie par le bras.

– Il faut partir ! Vite !

Paralysée par l'horreur, je ne pouvais détacher mon regard de la forme inerte d'Amos. Le nuage rouge s'est dirigé vers le trône où il a peu à peu pris la forme d'un homme assis – un guerrier à l'armure flamboyante, avec un bâton en fer dans une main et la tête d'un monstre vaguement canin.

Seth a éclaté de rire.

– Maintenant, j'imagine que Zia va dire : « Je vous avais prévenus. »

CARTER

37. La revanche de Robbie

Je dois avoir l'esprit un peu lent, car c'est seulement en voyant Seth sur son trône, au cœur de la pyramide entourée d'une armée de démons, et alors que le monde était sur le point d'exploser, que j'ai pensé : *On n'aurait peut-être pas dû venir.*

Seth s'est levé. Les traits de son visage oscillaient sans cesse entre l'homme et la bête. Une seconde, il avait le regard carnassier et la gueule écumante de ce bon vieux Robbie, le monstre de l'aéroport, la suivante, j'avais devant moi un beau gosse aux cheveux blond roux, aux yeux brillants d'ironie et d'intelligence, au sourire cruel. Il a poussé notre oncle du pied pour l'écarter de son chemin. Amos a gémi, ce qui prouvait au moins qu'il était vivant.

Je serrais mon épée si fort que la lame tremblait.

– Zia avait raison, ai-je dit. Tu possédais Amos.

Seth a écarté les bras, jouant la modestie.

– Oh ! Tu sais, je ne le possédais pas entièrement. Les dieux peuvent exister en plusieurs endroits simultanément, Carter. Horus te le dirait s'il était honnête. Je suis sûr qu'il a cherché un mémorial de guerre à occuper, ou une école militaire, n'importe quoi pour échapper à ta carcasse chétive. Moi-même, j'ai presque entièrement transféré mon essence dans ce magnifique édifice. Pour contrôler Amos Kane, une infime partie de moi suffisait.

Il a dressé le petit doigt. Un filet de fumée rouge a serpenté en direction d'Amos, s'est glissé sous ses vêtements, et notre oncle a tressailli comme s'il avait été frappé par la foudre.

J'ai crié :

– Assez !

J'ai couru vers Amos, mais la brume rougeâtre s'était déjà dissipée.

Seth a laissé retomber sa main d'un air ennuyé.

– Amos s'est bien battu, je dois dire. Il a exigé de moi davantage d'énergie que je ne l'avais prévu. Dans un sens, c'était distrayant. La magie du chaos – c'était son idée. Il a fait de gros efforts pour vous avertir, pour qu'il devienne évident que je le contrôlais. Le plus drôle, c'est que je l'ai obligé à puiser dans ses réserves vitales pour vous adresser ces fusées de détresse. Il a failli s'y consumer. Se transformer en nuage d'orage, je vous demande un peu... Plus personne ne fait ça.

– Espèce de monstre ! a hurlé Sadie.

Seth a feint d'être horrifié.

– Un monstre, moi ?

Puis il a éclaté de rire tandis que Sadie s'efforçait d'éloigner Amos du trône.

J'ai tenté de distraire Seth :

– Amos se trouvait à Londres la nuit où notre père nous a amenés au British Museum. Il a dû nous suivre là-bas, et c'est là que tu t'es emparé de lui. Desjardins n'a jamais été ton hôte.

– Ce roturier ? Sûrement pas ! Les dieux préfèrent le sang des pharaons, comme tu dois le savoir. Mais je me suis bien amusé à t'égarer sur une fausse piste. Je suis très content de mon « bonsoir », en particulier.

– Tu savais que mon bâ était là, en train de t'épier. Tu as forcé Amos à saboter sa propre maison pour permettre à tes serviteurs de s'y introduire. Puis tu l'as attiré dans un piège. Pourquoi ne pas l'avoir simplement obligé à nous enlever ?

– Comme je te l'ai dit, Amos s'est bien battu. Si j'avais voulu le contraindre à faire certaines choses, ça l'aurait détruit, et je ne voulais pas casser mon nouveau jouet trop vite.

Je bouillais intérieurement. La conduite étrange d'Amos s'expliquait enfin. Seth le contrôlait, mais il lui avait opposé une vive résistance. Le conflit que j'avais perçu chez lui provenait de ses tentatives pour nous prévenir. Il avait frôlé la destruction pour nous sauver, et Seth l'avait jeté après usage.

Cède-moi le contrôle, m'a soufflé Horus d'un ton pressant. *À nous deux, on vengera ton oncle.*

Je me débrouillerai tout seul.

Non ! Tu n'es pas prêt. Laisse-moi faire.

Seth a ri, comme s'il avait entendu notre discussion.

– Pauvre Horus... Ton hôte n'est encore qu'un blanc-bec. Sérieusement, tu espères pouvoir me vaincre avec *ça* ?

Pour la première fois, Horus et moi avons ressenti la même émotion au même moment – la colère.

Sans réfléchir, on a tendu le bras, dirigeant toute notre énergie vers Seth. Un poing étincelant a projeté le Seigneur rouge contre une colonne, tellement fort qu'elle s'est écroulée sur lui.

L'écho de sa chute s'est répercuté à travers la salle. Puis un rire dément s'est élevé de sous les décombres, et Seth a surgi du nuage de poussière, repoussant un énorme bloc de pierre.

– Joli coup ! Inefficace, mais joli quand même. Ce sera un plaisir de te découper en morceaux, Horus, comme ton père avant toi. Je vais vous ensevelir tous les quatre dans cette salle – toi, mon frère, et toi, mon neveu... Et vous aussi, mes sœurs.

– Tes sœurs ? ai-je répété, déconcerté.

Seth a regardé Zia, qui se tenait un peu à l'écart.

– Eh oui, ma chère. Je ne t'ai pas oubliée.

– Ne t'occupe pas de moi, m'a lancé Zia aux abois. Il essaie de te déconcentrer.

– Adorable déesse, a susurré Seth. Cet hôte ne te met pas vraiment en valeur, mais tu n'avais guère le choix, n'est-ce pas ?

Il s'est avancé vers Zia, et son bâton s'est mis à rougeoyer.

– Non ! ai-je hurlé, tentant de m'interposer.

Seth a tendu un bras devant lui, et je me suis retrouvé plaqué contre un mur avec l'impression que toute une équipe de football américain pesait contre ma poitrine.

– Carter, c'est Nephtys ! m'a crié Sadie. Elle peut se débrouiller toute seule !

– C'est faux !

Mon instinct me disait que Zia ne pouvait pas être Nephtys. D'abord, je l'avais cru aussi, mais cette idée ne résistait pas à la réflexion. Pour commencer, je ne décelais en elle aucune trace de magie divine. Seth allait l'écraser, à moins que je n'intervienne. Mais j'avais beau lutter, je ne parvenais pas à me libérer. Plus je m'efforçais de combiner mon pouvoir et celui d'Horus, comme je venais de le faire, plus la peur et l'affolement m'en empêchaient.

Horus est revenu à la charge : *Laisse-moi faire, je te dis !*

Le combat que nous nous livrions pour contrôler mon esprit me donnait une migraine atroce.

Seth a fait un pas supplémentaire vers Zia.

– Ah ! Nephtys... À l'origine des temps, tu étais ma sœur traîtresse. Dans une incarnation postérieure, tu étais mon épouse déloyale. À présent, tu feras un excellent amuse-gueule. Tu es la moins puissante de nous tous, c'est vrai, mais j'entends remporter ce match en cinq sets gagnants...

Un sourire s'est dessiné sur ses lèvres.

– Cinq *sets* gagnants... Elle est bonne, celle-là ! Mais trêve de plaisanterie. Il est temps de consumer ton énergie et d'enfermer ton essence.

Zia a levé sa baguette. Une sphère d'énergie défensive s'est formée autour d'elle, mais on voyait qu'elle ne tiendrait pas longtemps. Le bâton de Seth a craché du sable, et la sphère s'est dissoute. Zia a chancelé ; le sable déchirait ses vêtements.

Comme je faisais une nouvelle tentative pour m'arracher au mur, elle a crié :

– Carter, je ne compte pas ! Reste concentré ! Ne lui résiste pas !

Puis elle a brandi son bâton, s'exclamant : « Pour la Maison de vie ! » avant de décocher un éclair de feu à Seth. Cette attaque avait dû lui coûter ses dernières forces. Seth a détourné les flammes vers Sadie, qui a vivement levé sa baguette pour éviter qu'Amos et elle ne soient carbonisés. Seth a fait mine de tirer sur une corde invisible, emmenant vers lui Zia, aussi inerte qu'une poupée de chiffon.

« Ne lui résiste pas »... Comment Zia pouvait-elle dire ça ? J'avais beau lutter, pas moyen d'échapper à l'emprise de Seth. Impuissant, je l'ai vu se pencher vers Zia.

Tandis qu'il l'examinait, son sourire triomphant a rapidement cédé la place à l'incompréhension, puis au mécontentement.

– Quelle est cette ruse ? a-t-il grondé. Où l'as-tu cachée ?

– Jamais tu ne la posséderas, a articulé Zia malgré la main de Seth qui l'étranglait.

– Où est-elle ?

Furieux, le Seigneur rouge a jeté notre amie contre un mur. Elle serait tombée dans le fossé si Sadie n'avait eu le réflexe de crier : « Vent ! » Un souffle d'air l'a soulevée et déposée sur le sol.

Sadie s'est ruée vers elle et l'a éloignée du fossé d'où irradiait une clarté rougeâtre.

– C'est encore un de tes tours, Isis ? a rugi Seth.

Une tempête de sable a jailli de son bâton. Sadie a levé sa baguette, et le vent s'est brisé contre un champ de force. Dévié de sa trajectoire, le sable a bombardé le mur derrière elle, y dessinant un cercle criblé de minuscules trous.

J'ignorais ce qui mettait Seth dans une telle rage, mais je ne pouvais pas le laisser faire du mal à ma sœur.

En la voyant protéger Zia de la fureur du dieu rouge, un déclic s'est fait dans mon esprit. Ma réflexion s'est accélérée, comme si mon cerveau avait passé la vitesse supérieure. La colère et la peur étaient toujours là, mais elles n'avaient plus d'importance. Elles ne me seraient d'aucune aide pour sauver Sadie.

« Ne lui résiste pas », m'avait dit Zia. J'ai compris soudain qu'elle ne parlait pas de Seth, mais d'Horus. Ça faisait des jours que le dieu-faucon et moi luttions pour prendre le contrôle de mon corps.

La vérité, c'était qu'aucun de nous deux ne devait dominer l'autre. On devait se faire mutuellement confiance et agir à l'unisson, faute de quoi on mourrait.

C'est ça, a approuvé Horus.

Il a cessé de faire pression sur moi, et j'ai cessé de résister. Nos esprits ont fusionné. Son pouvoir, ses souvenirs, ses peurs n'avaient plus de secret pour moi. J'ai vu tous les hôtes qu'il avait habités au cours des millénaires, et il a pu lire en moi comme dans un livre ouvert – même les choses dont je n'étais pas particulièrement fier.

C'est difficile à décrire, comme sensation. D'après les souvenirs d'Horus, ce genre d'union était extrêmement rare – aussi rare que de voir une pièce retomber non du côté pile ou du côté face, mais en équilibre sur la tranche. Il ne me contrôlait pas, je ne l'utilisais pas pour accroître ma force, nous ne formions plus qu'un.

– Maintenant ! avons-nous dit d'une même voix.

Mon avatar guerrier m'a soulevé du sol, m'enfermant dans une bulle d'énergie dorée. Je me suis rué vers Seth, brandissant mon épée. Le faucon géant s'est également élancé, en accord parfait avec mes moindres pensées.

Seth a fait volte-face et a fixé sur moi son regard de feu.

– Tu as fini par trouver les vitesses de ton petit vélo, Horus ? Pour autant, ça ne fait pas de toi un champion.

– Je suis Carter Kane, lui ai-je rétorqué. L'Œil d'Horus, l'héritier des pharaons. Quant à toi, Seth – frère, oncle, traître – je vais t'écraser comme de la vermine.

CARTER

38. La Maison rapplique

C'était un combat à mort, et je me sentais au top.

Chaque mouvement, chaque coup porté était un bonheur qui me donnait envie d'éclater de rire. Seth était à présent plus grand que moi, et son bâton aussi long que le mât d'un voilier. Les traits de son visage se transformaient sans cesse.

Le choc de mon épée contre son bâton en fer a fait jaillir des étincelles. Déséquilibré, j'ai renversé une des statues, qui s'est brisée. M'étant rétabli, j'ai chargé mon adversaire, et ma lame a mordu dans son épaule à travers son armure. Il a hurlé, et un sang noir a fusé de la blessure.

J'ai roulé sur le sol. Le bâton de Seth s'est abattu à quelques centimètres de ma tête. Nous avons continué à rendre coup pour coup, fracassant les murs et les colonnes ; des morceaux du plafond pleuvaient autour de nous quand j'ai réalisé que Sadie criait pour attirer mon attention.

Du coin de l'œil, je l'ai vue essayer de préserver Zia et Amos de notre fureur destructrice. Elle avait tracé un cercle protecteur autour d'eux et déployé au-dessus de leurs têtes un bouclier qui déviait la chute des débris, mais je comprenais son inquiétude : si on continuait comme ça, c'était toute la salle qui allait s'écrouler sur nous. Seth en réchapperait. Il est même probable que ça faisait partie de son plan pour nous ensevelir dans sa pyramide.

Il fallait que je l'attire à l'extérieur. Si je lui en laissais le temps, Sadie arriverait peut-être à extraire le cercueil de papa du trône.

Soudain j'ai repensé à la description que Bastet nous avait faite de son combat contre Apophis : une lutte incessante contre les ténèbres.

C'est ça ! a acquiescé Horus.

Le poing brandi, j'ai dirigé toute mon énergie vers le puits d'aération afin de le rouvrir, et un flot de lumière rouge s'est déversé dans la salle. Lâchant mon épée, je me suis ensuite jeté sur Seth et l'ai empoigné par les épaules. Avec un grognement, il a lâché son bâton, totalement inutile dans un corps à corps, et a tenté de se libérer. Il était beaucoup plus fort que moi, mais Horus connaissait quelques trucs. J'ai réussi à me glisser derrière lui, un bras passé sous le sien, et j'ai serré son cou dans un étau. Il a basculé vers l'avant, manquant d'écraser le bouclier protecteur de Sadie.

Qu'est-ce qu'on fait de lui, maintenant ? ai-je demandé à Horus.

Ironiquement, la réponse m'est venue d'Amos. J'ai repensé à la manière dont il avait vaincu la conscience que j'avais de moi-même pour me transformer en nuage d'orage. Mon esprit avait brièvement lutté, mais il lui avait imposé sa volonté en m'imaginant en nuage.

J'ai dit à Seth :

Tu es une chauve-souris.

Non ! a-t-il protesté.

Mais je l'avais décontenancé, et j'ai mis cette seconde de flottement à profit. J'avais vu Amos devenir une chauve-souris alors qu'il était possédé par Seth, aussi n'avais-je aucun mal à me représenter celui-ci sous cette forme. Je l'ai imaginé minuscule, avec des ailes parcheminées, et encore plus hideux qu'au naturel. Quelques secondes plus tard, j'étais un faucon de taille normale tenant une chauve-souris dans ses serres.

Il n'y avait pas de temps à perdre : je me suis engouffré dans le puits de lumière, volant en spirale et luttant contre la chauve-souris qui se débattait et tentait de me mordre. Sitôt à l'air libre, on a repris nos formes de guerriers sur le flanc de la pyramide.

Je me suis relevé avec difficulté à cause de la pente. Mon avatar scintillait le long du bras droit, à l'endroit où mon propre bras saignait. Seth s'est redressé, essuyant du sang noir de ses lèvres.

Son sourire s'est figé dans un rictus de prédateur.

– Belle tentative, Horus. Mais il est trop tard. Regarde !

J'ai jeté un coup d'œil vers le sol, et mon estomac s'est soulevé. L'armée des démons affrontait un nouvel ennemi. Plusieurs dizaines de magiciens plus ou moins rangés en cercle tentaient de progresser vers la pyramide. Apparemment, la Maison de vie avait jeté toutes ses forces dans la bataille, mais celles-ci paraissaient dérisoires auprès des légions de Seth. Debout dans un cercle protecteur mobile comme dans la lumière d'un projecteur, chaque magicien se frayait un passage dans les rangs ennemis. Les bâtons crachaient des flammes, des éclairs ou des tornades, et toutes sortes d'animaux – lions, serpents, sphinx et même hippopotames – chargeaient la foule des démons. Des hiéroglyphes flottaient dans l'air, causant des explosions et des tremblements de terre. Mais de nouveaux démons surgissaient, noyant les magiciens dans leur masse de plus en plus compacte. J'ai vu le cercle de l'un d'eux disparaître dans un éclair vert, et le malheureux submergé par une vague grouillante.

– C'est la fin de la Maison de vie, a déclaré Seth d'un air satisfait. Ils n'ont aucune chance tant que ma pyramide tient debout.

Les magiciens semblaient au courant, car les plus proches bombardaient la pyramide d'éclairs et de traînées de feu qui s'évanouissaient avant de la toucher, consumés par son aura flamboyante.

C'est alors que j'ai repéré le pyramidion doré. Quatre géants à têtes de serpents l'avaient récupéré et le portaient avec précaution à travers la cohue. Le lieutenant de Seth, Face de Cauchemar, leur criait des ordres et les frappait avec un fouet pour les inciter à accélérer. Ayant atteint la base de la pyramide, ils ont entrepris de l'escalader.

J'ai voulu me précipiter à leur rencontre, mais Seth s'est dressé sur mon chemin.

– N'y pense même pas, a-t-il ricané. Pas question que tu gâches la fête.

Nos armes respectives sont apparues dans nos mains au même moment, et nous nous sommes jetés l'un sur l'autre avec une férocité renouvelée. Mon épée a décrit un arc meurtrier, Seth a esquivé le coup et ma lame a heurté la pierre avec une violence telle que l'onde de choc s'est propagée à tout mon corps.

– *Ha-wi* ! s'est écrié Seth avant que j'aie pu me ressaisir. Frappe !

Les hiéroglyphes m'ont explosé au visage, et j'ai dévalé le flanc de la pyramide.

Il m'a fallu quelques secondes pour retrouver la vue. J'ai alors aperçu Face de Cauchemar et les géants à têtes de serpent qui tiraient leur fardeau doré loin au-dessus de moi, à quelques pas à peine du sommet.

J'ai tenté de me relever, mais mon avatar était un poids mort.

Un magicien a alors surgi au milieu du groupe de démons. Un vent violent a soufflé ; les porteurs ont lâché le pyramidion avant d'être balayés. Le magicien a retenu la pierre triangulaire avec son bâton, l'empêchant de glisser. C'était Desjardins. Les flammes avaient roussi sa barbe, sa robe et sa cape en peau de léopard, et ses yeux brillaient de colère. Il a appliqué l'extrémité de son bâton contre le pyramidion dans l'intention de le détruire, mais Seth s'est dressé derrière lui et l'a assommé avec son bâton en fer.

Desjardins a roulé jusqu'au pied de la pyramide où la foule de démons l'a englouti. Mon cœur s'est serré. Je n'avais jamais aimé ce vieux cafard, mais personne ne méritait une fin aussi atroce.

– Agaçant, mais pas très efficace, a commenté Seth. Dis-moi, Horus, c'est tout ce dont la Maison de vie est capable aujourd'hui ?

J'ai remonté la pente à toute allure, et nos armes se sont de nouveau entrechoquées. Les fissures dans la roche au-dessus de nous laissaient à présent passer une clarté grisâtre.

Les sens aiguisés d'Horus m'indiquaient qu'il restait environ deux minutes, peut-être moins, avant le lever du jour.

L'énergie du dieu-faucon bouillonnait toujours en moi. Mon avatar n'avait subi que des dommages superficiels, ma vitesse et ma puissance étaient intactes. Mais ça ne suffirait pas à vaincre Seth, et il le savait. Il prenait son temps. De minute en minute, la résistance des magiciens faiblissait et le triomphe du chaos approchait.

Patience, m'a soufflé Horus. *La première fois, nous l'avons combattu pendant sept ans.*

L'ennui, c'est qu'on n'avait même pas sept minutes devant nous... Je regrettais l'absence de Sadie, mais j'espérais au moins qu'elle avait pu délivrer papa et protéger Zia et Amos.

Cette pensée m'a déconcentré. Quand Seth a balancé son bâton, au lieu de sauter, j'ai voulu reculer. Le coup a atteint ma cheville droite. Déséquilibré, j'ai dégringolé le long de la pyramide.

– Bon voyage ! m'a lancé Seth, hilare, avant de ramasser le pyramidion.

Je me suis relevé avec un grognement. Mes pieds étaient en plomb. En titubant, j'ai entrepris de remonter la pente. Je me trouvais à peine à mi-distance de Seth quand il a mis le pyramidion en place, parachevant son œuvre. Un flot de lumière rouge a dévalé les quatre côtés de la pyramide avec un son qui semblait provenir d'une guitare basse géante. La montagne entière a tremblé tandis que mon corps s'engourdissait.

Seth exultait :

– Plus que trente secondes avant le lever du soleil, et cette terre m'appartiendra à jamais ! Tu n'es pas de force à m'arrêter, Horus... Surtout dans le désert, la source de mon pouvoir !

– Exact, a fait une voix toute proche.

En me retournant, j'ai vu Sadie émerger du puits d'aération, baignée d'une lumière multicolore.

– Mais Horus n'est pas seul, et nous n'allons pas t'affronter dans le désert.

Elle a frappé la pyramide avec son bâton et lancé le plus improbable des cris de bataille.

SADIE

39. *Le secret de Zia*

Waouh ! Racontée par Carter, je dois dire que la scène en jette grave.

La réalité était nettement moins classe.

Flash-back : mon frère, le guerrier emplumé, se transforme en faucon et file par la cheminée avec sa nouvelle copine, la chauve-souris, me laissant jouer les infirmières auprès de deux grands blessés – un rôle qui ne me plaisait pas des masses, sans compter que je n'étais pas particulièrement douée pour ça.

Les blessures du pauvre Amos semblaient moins physiques que magiques. Son corps ne portait pas la moindre trace de coup, mais il avait les yeux révulsés et respirait à peine. Sa peau dégageait de la vapeur quand je lui touchais le front, aussi ai-je préféré le laisser tranquille.

Zia, c'était une autre histoire. Elle était d'une pâleur mortelle, et sa jambe présentait plusieurs entailles profondes qui saignaient abondamment. Un de ses bras formait un angle bizarre, et sa respiration évoquait le crissement du sable mouillé sous les pas.

J'ai déchiré le bas de mon pantalon et ai entrepris de lui bander la jambe.

– Tiens bon ! lui ai-je dit. Il existe peut-être un remède magique ou...

Elle a serré faiblement mon poignet et murmuré :

– Pas le temps. Sadie, écoute-moi.

– Si j'arrive à stopper l'hémorragie...

– Son nom. Il te le faut.

– Mais tu n'es pas Nephtys ! Seth l'a dit.

Elle a secoué la tête.

– Un message... Je m'exprime avec sa voix. Le nom de Seth... Jour Funeste. Quand il est né, ça a été un *Jour Funeste*.

C'était ça, le nom secret de Seth ? En plus, l'explication de Zia ne tenait pas debout : elle n'était pas Nephtys, mais elle s'exprimait avec sa voix ? J'ai alors repensé à la voix que j'avais entendue au bord de la rivière. Nephtys avait dit qu'elle m'enverrait un message. Et Anubis m'avait fait promettre d'en tenir compte...

Soudain la vérité m'a sauté aux yeux. Les paroles d'Iskandar, certains des propos que nous avait tenus Thot, tout prenait sens à présent. S'il avait réalisé plus tôt que Carter et moi abritions des dieux, m'avait dit Iskandar, il nous aurait protégés comme il l'avait fait pour « quelqu'un ». Ce quelqu'un, c'était Zia, et je savais à présent comment il l'avait protégée.

Le visage de la magicienne était crispé par la douleur, mais son regard n'avait rien perdu de son intensité.

– Sers-toi de son nom contre Seth, a-t-elle repris. Soumets-le à ta volonté. Oblige-le à vous aider...

– Zia, il a voulu te tuer ! Ça m'étonnerait qu'il nous aide.

Elle a fait le geste de me repousser. De minuscules flammes ont jailli de ses doigts, aussitôt éteintes.

– Va, maintenant. Carter a besoin de toi.

Mon frère était en danger... Elle n'aurait pas pu trouver de meilleur argument.

– Je reviens dès que possible, ai-je promis. En attendant, euh... ne bouge pas d'ici.

J'ai levé les yeux vers l'ouverture au plafond, répugnant à me retransformer en milan. Puis mon regard est tombé sur le cercueil encastré dans le trône. Il émettait un faible rayonnement, comme s'il était radioactif. Si j'avais pu briser le trône...

Isis est intervenue :

Occupe-toi d'abord de Seth.

Mais si j'arrive à libérer papa...

Non ! Tu risquerais alors de voir quelque chose de trop dangereux.

N'importe quoi !

Agacée, j'ai posé une main sur le cercueil doré.

Je me suis instantanément retrouvée dans la salle du jugement. Des images de tombes plus ou moins en ruine se superposaient au décor par endroits. Des âmes défuntes s'agitaient dans la brume. Un monstre miniature dormait au pied de la balance cassée – Ammout la dévoreuse. Elle a soulevé une paupière et m'a scrutée de son œil jaune avant de se rendormir.

Anubis a surgi de l'ombre, vêtu d'un costume en soie noir, la cravate dénouée, comme s'il revenait d'un enterrement ou d'une convention de croque-morts trop sexy.

– Sadie ? Tu ne devrais pas être ici !

– Sans blague ?

En même temps, j'étais tellement heureuse de le revoir que j'en aurais pleuré de soulagement.

Il m'a prise par la main et m'a guidée jusqu'au trône vide.

– L'équilibre est rompu, m'a-t-il dit. Le trône ne peut rester vacant plus longtemps. Le rétablissement de Maât doit commencer ici même, dans cette salle.

Au son de sa voix, on aurait dit qu'il exigeait de moi un sacrifice. Je ne comprenais pas de quoi il parlait, mais une immense tristesse m'a envahie en l'écoutant.

J'ai protesté :

– C'est pas juste.

Il a pressé ma main.

– Je sais. J'attendrai ici. Sadie, je suis désolé. Vraiment, je...

Son image s'est estompée.

– Attends !

Je me suis cramponnée à sa main, m'efforçant de le retenir, mais il s'est dissous dans la brume en même temps que le cimetière.

J'étais de retour dans la salle du trône d'Osiris. Le palais paraissait abandonné depuis des siècles. Le toit s'était écroulé, de même que la moitié des colonnes. Les braseros éteints étaient piqués de rouille. Le magnifique sol de marbre présentait des craquelures, comme le lit d'un lac asséché.

Bastet se tenait près du trône vide, seule. Elle m'a adressé un sourire espiègle, pourtant le fait de la revoir m'a causé une douleur presque intolérable.

– Ne sois pas triste, m'a-t-elle dit d'un ton grondeur. Les chats ignorent les regrets.

– Tu n'es pas... morte ?

– Ça dépend. La Douât est dans la tourmente. Il y a trop longtemps que les dieux n'ont plus de roi. Si Seth ne prend pas le pouvoir, quelqu'un d'autre doit le faire. L'ennemi approche. Fais en sorte que je ne sois pas morte en vain.

– Tu reviendras, dis ? ai-je demandé, la gorge serrée. S'il te plaît... Je n'ai même pas pu te dire au revoir !

– Bonne chance, Sadie. N'hésite pas à sortir les griffes !

Bastet a disparu, et le décor s'est de nouveau modifié.

Je me trouvais à présent dans la salle des temps du Premier Nome, devant un autre trône vide. Assis au pied de celui-ci, Iskandar attendait depuis deux mille ans l'avènement d'un nouveau pharaon.

– Un souverain, a dit le vieil homme. Ma chère enfant, Maât exige un souverain.

– Ça fait trop de trônes. Vous ne croyez pas que Carter...

– Pas seul, bien sûr. Mais ce devoir incombe à votre famille. Vous avez déclenché le processus. À présent, seuls les Kane peuvent nous guérir ou nous détruire.

– Je ne comprends rien à ce que vous racontez !

Iskandar a ouvert la main, il y a eu un éclair, et mon environnement s'est une fois de plus transformé.

J'étais au bord de la Tamise. Ce devait être le milieu de la nuit, parce que l'Embankment était désert. Le brouillard voilait les lumières de la ville, et il faisait un froid glacial.

Un homme et une femme chaudement vêtus se tenaient par la main devant l'aiguille de Cléopâtre. D'abord, j'ai cru à un couple d'amoureux ordinaire, puis j'ai eu un choc en comprenant qu'il s'agissait de mes parents.

Papa a levé les yeux vers le sommet de l'obélisque. La clarté diffuse des lampadaires sculptait ses traits, qui rappelaient ceux des statues de pharaons qu'il aimait étudier. Il avait un visage vraiment royal, à la fois beau et fier.

– Tu es sûre ? a-t-il demandé à maman. Absolument sûre ?

Elle a passé une main dans ses cheveux blonds. Elle était encore plus belle que sur les photos, mais ses sourcils froncés, ses lèvres pincées exprimaient l'inquiétude. On aurait dit moi quand je me regardais dans le miroir en essayant de me convaincre que les choses n'allaient pas si mal en définitive. J'aurais voulu l'appeler, lui faire savoir que j'étais là, mais aucun son n'aurait franchi mes lèvres.

– Elle a dit de commencer ici, a-t-elle affirmé.

Elle a rajusté son manteau, et j'ai brièvement aperçu son pendentif – l'amulette d'Isis, *mon* amulette – dans l'entrebâillement de son col.

– Pour vaincre l'ennemi, nous devons d'abord découvrir la vérité.

Visiblement mal à l'aise, papa a tracé un cercle à la craie bleue autour d'eux. Quand il a touché la base de l'obélisque, le cercle s'est illuminé.

– Ça ne me plaît pas, a-t-il dit. Tu ne veux pas l'appeler en renfort ?

– Non, a répondu maman d'un ton catégorique. Je connais mes limites, Julius. Si j'essayais de nouveau...

Mon cœur s'est affolé. Les paroles d'Iskandar me sont revenues à l'esprit – « Elle a vu des choses qui l'ont incitée à solliciter certains avis peu orthodoxes » –, et j'ai lu dans le regard de ma mère qu'elle avait fusionné avec Isis.

J'avais envie de lui crier : « Pourquoi ne m'as-tu rien dit ? »

Mon père a fait apparaître sa baguette et son bâton.

– Ruby, si nous échouons...

– Nous ne pouvons pas échouer. Le sort du monde en dépend.

Ils ont échangé un long baiser, comme s'ils avaient l'intuition que ce serait le dernier, avant d'entonner une incantation. L'aiguille de Cléopâtre resplendissait de puissance.

J'ai brusquement retiré ma main du sarcophage, les yeux pleins de larmes.

Tu connaissais ma mère, ai-je lancé à Isis d'un ton accusateur. *Tu l'as encouragée à ouvrir une porte dans cet obélisque. C'est à cause de toi qu'elle est morte !*

Je m'attendais à une réaction de sa part, mais à ma grande surprise, l'image de mon père a surgi devant moi, baignée par la clarté dorée du sarcophage.

– Sadie, a-t-il dit avec un sourire.

Sa voix était grêle et métallique, comme lorsqu'il me téléphonait depuis l'Égypte, l'Australie, ou Dieu sait où.

– Tu ne dois pas en vouloir à Isis de ce qui est arrivé à ta mère. Ni elle ni moi ne savions où tout cela allait nous mener.

Elle-même ne voyait que des bribes d'avenir. Mais le moment venu, elle a embrassé son destin. C'était son choix.

– Quoi, de mourir ? Isis aurait dû venir à son secours. Tu aurais dû l'aider. Je te déteste !

Quelque chose s'est brisé en moi, et j'ai éclaté en sanglots. Ça faisait des années que j'avais envie de dire ça à mon père. Je lui en voulais d'avoir laissé maman mourir, je lui en voulais de m'avoir abandonnée. Mais à peine avais-je prononcé ces mots que ma colère s'est envolée, cédant la place au remords.

– Pa... pardon. Je ne...

– Tu n'as pas à t'excuser de ce que tu ressens, ma belle, ma courageuse petite fille. Tu as bien fait de le laisser sortir. Quelle que soit ta décision, elle doit se fonder sur de bonnes raisons, et non sur la rancœur que tu éprouves à mon égard.

– Je ne sais pas de quoi tu parles.

Il a voulu essuyer une larme sur ma joue, mais sa main était aussi immatérielle qu'une brume chatoyante.

– Avant ta mère, personne n'avait fusionné avec Isis depuis des siècles. C'était dangereux et contraire à l'enseignement de la Maison de vie, mais Ruby avait le don de divination. Elle avait prévu l'avènement du chaos. La Maison était affaiblie. Nous avions besoin des dieux. Isis ne pouvait s'échapper de la Douât. Sa voix n'était qu'un murmure, mais elle nous a renseignés sur leur captivité et sur le moyen d'y mettre fin. Leur retour exigerait de nombreux sacrifices, a-t-elle ajouté. Nous pensions que l'obélisque les libérerait tous, mais ce n'était que le commencement.

– Isis aurait pu donner davantage de pouvoirs à maman, ou même Bastet !

– Non, Sadie. Ta mère connaissait ses limites. Si elle avait accueilli un dieu en elle, ça l'aurait consumée. Elle a libéré Bastet et utilisé sa propre magie pour refermer le portail. Elle a sacrifié sa vie pour t'offrir du temps.

– À moi ? Mais...

– Ton frère et toi êtes les Kane les plus puissants à avoir foulé cette terre depuis trois mille ans. Votre mère avait étudié la généalogie des pharaons. Elle savait que vous étiez les plus à même de combler le fossé entre les dieux et les magiciens. Elle a lancé le processus, j'ai libéré les dieux de la Pierre de Rosette, mais c'est à vous qu'il appartient de rétablir l'équilibre du monde.

– Tu nous y aideras, une fois qu'on t'aura délivré.

Il a soupiré tristement.

– Sadie, tu comprendras mieux quand tu seras devenue mère. Le défi le plus difficile que j'ai eu à relever en tant que père a été d'admettre que mes rêves et mes projets passaient après ceux de mes enfants. Avec votre mère, nous vous avons ouvert la voie. À présent, c'est à vous de jouer. Cette pyramide a été conçue pour alimenter le chaos. Elle consume le pouvoir des autres dieux en renforçant celui de Seth.

– Je sais. Si j'arrivais à briser le trône et à ouvrir le sarcophage...

– Tu me sauverais peut-être. Mais la pyramide absorberait le pouvoir contenu en moi – le pouvoir d'Osiris – et augmenterait celui de Seth. Tu dois la détruire entièrement, et tu sais comment.

J'allais lui rétorquer que c'était faux, que je l'ignorais, mais la plume de vérité m'en a empêchée. Je savais ce qui allait arriver depuis qu'Anubis m'avait demandé si j'étais prête à sacrifier mon père pour sauver le monde.

J'ai gémi :

– Je ne peux pas faire ça...

– La mort n'est que le prolongement de la vie. Osiris doit récupérer son trône. C'est le seul moyen d'y parvenir. Puisse Maât te guider, Sadie. Je t'aime.

Son image s'est évanouie.

Quelqu'un a prononcé mon nom.

En me retournant, j'ai vu Zia qui tentait de se redresser, serrant faiblement sa baguette dans ses doigts.

– Sadie, qu'est-ce que tu fais ?

Tout tremblait autour de nous. De profondes fissures sillonnaient les murs, comme si un géant avait utilisé la pyramide comme punching-ball.

Combien de temps avait duré ma vision ? Aucune idée.

J'ai fermé les yeux. Presque aussitôt, Isis s'est adressée à moi.

Tu comprends pourquoi je ne pouvais pas t'en dire davantage ?

J'ai senti poindre la colère, mais je l'ai réprimée.

On reparlera de ça plus tard. Pour le moment, on a un dieu du chaos à vaincre.

J'ai imaginé que mon esprit fusionnait avec l'essence de la déesse.

Elle avait déjà partagé son pouvoir avec moi, mais c'était différent. Ma détermination, ma rage, même mon chagrin accentuaient ma confiance. Je regardais Isis droit dans les yeux (au plan spirituel, bien sûr), et on se comprenait parfaitement.

J'ai vu sa soif de pouvoir, ses tentatives pour découvrir le nom secret de Rê par la ruse, son mariage avec Osiris, son rêve de fonder un empire. Puis j'ai vu ses espoirs anéantis par Seth, j'ai ressenti son amertume, sa fierté et son ardeur à protéger son fils Horus. Et j'ai vu le même schéma se répéter au fil des siècles, à travers un millier d'hôtes différents.

« Les dieux possèdent d'immenses pouvoirs, avait dit Iskandar, mais seuls les hommes ont la capacité de changer l'histoire. »

J'ai également décelé l'empreinte de ma mère sur la mémoire de la déesse : ses dernières pensées, son sacrifice. Sa mort avait été le premier maillon d'une chaîne d'événements qui aboutissait à cet instant.

– Sadie ! a répété Zia d'une voix à peine audible.

– Je vais bien, ai-je affirmé. Il faut que j'y aille, maintenant.

Elle a étudié mon visage, et ce qu'elle a vu n'a pas eu l'air de lui plaire.

– Non, tu ne vas pas bien. Tu as été gravement secouée. Ce serait du suicide de combattre Seth dans ton état.

– Ne t'inquiète pas. Nous avons un plan.

Sur cette assurance, je me suis transformée en milan et engouffrée dans le conduit qui menait au sommet de la pyramide.

SADIE

40. Comment j'ai raté un sort super-important

Ça n'allait pas fort, là-haut.

J'ai trouvé Carter en vrac au bord du vide. Seth venait d'achever sa pyramide et braillait : « Plus que trente secondes avant le lever du soleil ! » En bas, les magiciens de la Maison menaient un combat désespéré contre la horde des démons.

Le spectacle était terrifiant en soi, mais il l'était encore plus à travers le regard d'Isis. De la même manière qu'un crocodile nageant au ras de l'eau voit à la fois au-dessus et au-dessous de la surface, la Douât et le monde réel se superposaient devant mes yeux. Dans la Douât, l'essence des démons brûlait d'un éclat ardent – on aurait dit une armée de bougies d'anniversaire – et à la place de mon frère, il y avait un guerrier faucon – pas un avatar, mais un vrai, avec des plumes, un bec sanglant, des yeux d'un noir de jais et une épée rutilante. Quant à Seth... Imagine une montagne de sable qu'on aurait arrosée de pétrole avant d'y mettre le feu et de l'enfermer dans une centrifugeuse – une énergie destructrice si puissante que les pierres éclataient à ses pieds.

Je ne sais pas de quoi j'avais l'air, mais je me sentais invincible. Le pouvoir de Maât m'habitait, et j'avais une maîtrise absolue des mots divins. J'étais à la fois Sadie Kane, héritière des pharaons, et Isis, déesse de la magie, détentrice des noms secrets.

Alors que Carter tentait d'escalader le flanc de la pyramide, Seth exultait :

– Tu n'es pas de force à m'arrêter, Horus... Surtout dans le désert, la source de mon pouvoir !

J'ai crié :

– Exact !

Seth s'est retourné, et la tête qu'il a faite en me voyant valait à elle seule le déplacement.

J'ai repris, rassemblant mon énergie :

– Mais Horus n'est pas seul, et nous n'allons pas t'affronter dans le désert.

Puis j'ai abattu mon bâton et crié :

– Washington, D.C. !

Sur le moment, il ne s'est rien passé, sinon que la pyramide a tremblé.

Apparemment, Seth avait deviné mes intentions. Il a eu un rire nerveux.

– Article un : Il est impossible d'ouvrir un portail pendant les jours des démons.

J'ai rétorqué :

– Pour un mortel, oui. Mais pas pour la déesse de la magie.

À présent, des éclairs crépitaient au-dessus de nous. Puis un vortex aussi vaste que la pyramide s'est ouvert dans le plafond de la caverne.

Les démons ont cessé le combat pour observer le phénomène avec des expressions horrifiées. Les magiciens surpris en pleine incantation sont restés bouche bée de stupeur.

Le vortex était si puissant que son souffle arrachait des blocs de pierre à la pyramide. Soudain, tel un couvercle géant, le portail a amorcé sa descente.

Seth a rugi :

– Noooon !

Il a dirigé un jet de flammes vers l'ouverture, puis il s'est tourné vers moi et m'a bombardée de pierres, mais il était trop tard. Le portail nous a tous avalés.

Pendant une seconde, je me suis demandé si je n'avais pas commis une terrible erreur de calcul – si la pyramide n'allait pas exploser à l'intérieur du portail, et si un milliard d'atomes de Sadie n'allaient pas passer l'éternité à flotter à travers la Douât. Puis il y a eu un grand *bang*, et on a été recrachés dans l'air glacé du petit matin. Au-dessus de nous s'étendait un ciel d'un bleu éclatant, et au-dessous, sous une couche de neige, le National Mall de Washington D.C.

La pyramide rouge était intacte, mais son extérieur commençait à se fissurer. Sa pointe dorée s'efforçait de conserver sa magie, seulement on n'était plus à Phoenix. Elle avait été coupée de sa source d'énergie, le désert, et devant nous se dressait le point focal du pouvoir de Maât sur le continent nord-américain, le Washington Monument.

Seth m'a crié quelque chose en égyptien ancien – à mon avis, ce n'était pas un compliment.

– Je vais t'arracher les membres un à un, a-t-il rugi, je...

– Et si tu mourais plutôt ? a suggéré Carter, debout derrière lui.

Il a planté son épée dans l'armure de Seth. Le coup n'était pas assez puissant pour tuer, mais suffisant pour déséquilibrer le Seigneur rouge et lui faire dévaler la pente. Carter s'est élancé à sa suite. Dans la Douât, j'ai vu l'obélisque émettre des faisceaux de lumière blanche en direction de l'avatar d'Horus afin de le recharger en énergie.

– Sadie, le livre ! m'a lancé Carter au passage.

Il faut croire que l'invocation du portail avait grillé mes derniers neurones, parce que Seth a compris avant moi de quoi il parlait.

– Non ! a-t-il hurlé.

Il s'est rué vers moi, mais Carter l'a saisi à bras-le-corps. Des pierres ont roulé, la pyramide s'est un peu plus fissurée sous le poids des deux combattants. En bas, les démons et les magiciens qui avaient été engloutis par le portail retrouvaient peu à peu leurs esprits.

Parfois, c'est utile d'avoir dans la tête quelqu'un qui vous botte les fesses.

Le livre, Sadie !

Le... livre ? Oh ! zut...

J'ai tendu la main et fait apparaître le petit volume bleu qu'on avait volé dans la bibliothèque de Desjardins. Je l'ai ouvert avec précaution. Il était aussi facile à déchiffrer qu'un manuel de lecture niveau maternelle. J'ai invoqué la plume de vérité, qui s'est aussitôt matérialisée au-dessus des pages.

J'ai commencé à lire dans la langue des dieux, et mon corps s'est élevé dans les airs. Le papyrus relatait la création du monde – la première montagne à avoir émergé des eaux du chaos, la naissance des dieux Rê, Geb et Nout – et celle du premier grand empire humain, l'Égypte.

Le Washington Monument s'est illuminé tandis que sa surface se couvrait de hiéroglyphes. La pointe de la pyramide brillait à présent d'un éclat argenté.

Seth a une nouvelle fois tenté de m'atteindre, et Carter l'en a de nouveau empêché. La pyramide rouge était en train de tomber en morceaux.

J'ai pensé à Amos et Zia, enfermés sous des tonnes et des tonnes de pierres, et j'ai senti ma résolution vaciller. La voix de ma mère a alors surgi dans mon esprit :

Reste concentrée, chérie. Ne quitte pas ton ennemi des yeux.

Elle a raison, a approuvé Isis. *Détruis-le !*

Mais ce n'était pas ce qu'avait voulu dire ma mère. Elle m'avait exhortée à surveiller Seth. Quelque chose d'important allait se produire, j'en avais la certitude.

L'énergie magique se massait autour de moi, étendant un voile blanc sur la réalité, renforçant le pouvoir de Maât et repoussant le chaos. Carter et Seth s'affrontaient toujours.

La plume de vérité resplendissait, tel un projecteur braqué sur Seth. Vers la fin de ma lecture, le tourbillon embrasé qui désignait le dieu dans la Douât a commencé à se défaire, révélant peu à peu son essence maléfique : une créature visqueuse, à la peau noire, version décharnée de son animal. Mais dans le monde mortel, au même endroit, se dressait la fière silhouette d'un guerrier à l'armure flamboyante, déterminé à combattre jusqu'à la mort.

– Je te nomme Seth, ai-je scandé. Je te nomme Jour Funeste...

Avec un grondement assourdissant, la pyramide s'est effondrée, précipitant Seth parmi les ruines. L'épée de Carter s'est abattue sur lui. Le bâton du dieu a arrêté la lame, mais en pesant de toutes ses forces, Carter a réussi à lui faire mettre un genou en terre.

– À toi, Sadie !

J'ai poursuivi :

– Tu as été mon ennemi, et un fléau pour le monde...

Un trait de lumière blanche a parcouru toute la hauteur du Washington Monument, avant de s'élargir pour former une faille – un portail entre ce monde et l'abîme d'un blanc aveuglant qui renfermerait l'essence de Seth, peut-être pas pour l'éternité, mais pour une longue, très longue période.

Je n'avais plus qu'une phrase à lire pour compléter la formule : « En tant qu'ennemi de Maât, tu ne mérites aucune pitié, c'est pourquoi je t'exile sous terre. »

Ces mots devaient être prononcés avec une conviction absolue, la plume de vérité l'exigeait. D'ailleurs, pourquoi en aurais-je douté ? Seth ne méritait vraiment aucune pitié, et il était l'ennemi de Maât.

Pourtant j'ai hésité.

« Ne quitte pas ton ennemi des yeux », avait dit ma mère.

J'ai dirigé mon regard vers le sommet de l'obélisque et là, sur le plan de la Douât, j'ai vu les débris de la pyramide et les âmes des démons fuser vers le ciel tel un feu d'artifice. Les nuages absorbaient toute l'énergie amassée par Seth dans le but de détruire un continent. Tandis que j'observais le spectacle, le chaos a pris l'apparence d'un immense fleuve rouge, semblable à un reflet sanglant du Potomac, qui se tordait de rage dans une vaine tentative pour devenir solide. Mais pour ça, il lui aurait fallu plus de pouvoir ou de chaos. Il lui aurait fallu des millions de morts, et la destruction d'un continent entier.

Ce n'était pas un fleuve, mais un serpent.

– Sadie ! a hurlé Carter. Qu'est-ce que t'attends ?

J'ai réalisé alors que j'étais seule à voir le serpent.

Seth agenouillé se débattait contre le flot d'énergie qui l'encerclait et cherchait à l'attirer vers la faille.

– Où est passé ton courage, sorcière ? a-t-il grincé. Tu vois, Horus ? Isis a toujours été lâche, incapable d'aller au bout de ses intentions.

Carter s'est tourné vers moi, et durant une seconde, j'ai lu le doute sur son visage. Horus l'exhortait probablement à se venger, tandis que j'hésitais. Leurs divergences avaient déjà dressé Isis et Horus l'un contre l'autre par le passé, et je ne voulais pas que ça recommence.

Mais surtout, à cet instant, Carter me regardait comme il le faisait quand on ne se voyait que deux jours par an – quand on était deux quasi-étrangers obligés de passer du temps ensemble, de prétendre qu'on formait une famille unie parce que c'était le souhait de notre père. Or, à présent, on formait une vraie famille, et il était important qu'on coopère.

J'ai interpellé mon frère :

– Regarde !

Puis j'ai lancé la plume de vérité vers le ciel, rompant le sortilège.

– Non ! a hurlé Carter.

La plume a explosé, recouvrant brièvement le serpent de poussière argentée et le rendant ainsi visible.

Carter est resté bouche bée devant le spectacle du monstre qui se débattait dans le ciel au-dessus de Washington, perdant peu à peu son pouvoir.

C'est alors que quelqu'un a crié près de moi :

– Maudits dieux !

J'ai fait volte-face et vu à quelques centimètres de mon visage le masque grotesque de Face de Cauchemar, le lieutenant de Seth. Il brandissait un couteau au-dessus de ma tête. Le temps de me dire *Cette fois, c'est la fin*, j'ai aperçu un reflet métallique du coin de l'œil. Il y a eu un bruit écœurant, et le démon s'est figé.

Carter avait lancé son épée avec une précision mortelle. Lâchant son couteau, le démon est tombé à genoux et a regardé la lame plantée dans son flanc.

Puis il s'est affaissé avec un râle sifflant, a fixé ses yeux noirs sur moi et m'a parlé d'une voix râpeuse qui faisait songer à un reptile progressant sur le sable.

– Ce n'est pas terminé. Ceci était l'œuvre d'une infime partie de mon essence, qui s'agite dans sa cage délabrée. Imagine de quoi je serai capable une fois pleinement formé !

Ses traits se sont soudain relâchés, un filet de brume rouge a jailli de sa bouche, s'enroulant sur lui-même tel un ver ou un serpent tout juste sorti de l'œuf, et s'est élevé vers le ciel pour rejoindre sa source tandis que le corps du démon se désintégrait.

J'ai jeté un dernier regard au serpent géant dont la silhouette s'estompait lentement, et j'ai invoqué le vent pour qu'il achève de le disperser.

Le Washington Monument s'est éteint, le portail s'est refermé, et le livre bleu a disparu.

Je me suis dirigée vers Seth, toujours entravé par des cordes d'énergie pure. Je l'avais appelé par son nom secret, donc il n'était pas près de s'échapper.

– Vous l'avez vu comme moi, ai-je dit. Apophis...

Carter a acquiescé, sonné.

– Il projetait de s'introduire dans ce monde en utilisant la pyramide rouge comme portail. S'il avait réussi...

Il a regardé avec dégoût le tas de sable à l'endroit où était tombé le démon avant d'ajouter :

– Face de Cauchemar... Apophis s'est servi de lui pour amener Seth à servir ses desseins.

– Ridicule ! a protesté Seth. Ce serpent était encore une de tes ruses, Isis. Une illusion.

– Tu sais que c'est faux. J'aurais pu t'expédier dans l'abîme, Seth, mais tu as vu notre véritable ennemi, tu l'as entendu s'exprimer à travers Face de Cauchemar. Il s'est servi de toi.

– Personne ne se sert de moi !

Carter a laissé son avatar se dissoudre. Il s'est posé en douceur et a fait apparaître son épée dans sa main.

– Apophis souhaitait que tu déclenches un cataclysme pour renforcer son propre pouvoir, a-t-il dit à Seth. Je te parie ce que tu veux qu'une fois revenu de la Douât, il t'aurait bouffé tout cru à côté de nos cadavres. Le chaos aurait triomphé.

– Je suis le chaos !

– En partie, oui. D'accord, tu es cruel, fourbe, impitoyable, ignoble...

– Arrête, Isis, tu vas me faire rougir !

– ... mais tu es aussi le plus puissant des dieux. Dans les temps anciens, Rê t'avait choisi pour défendre son bateau contre Apophis. Jamais il n'aurait pu vaincre le serpent sans toi.

– Je suis puissant, c'est vrai. Mais Rê est parti pour toujours... Grâce à toi, chère sœur.

– Peut-être pas. Nous allons devoir le retrouver. Apophis va devenir de plus en plus dangereux. Nous aurons besoin de tous les dieux pour le combattre. Même de toi.

Seth a testé la solidité de ses liens. Voyant qu'il ne pouvait pas les briser, il m'a adressé un sourire fourbe.

– Tu suggères une alliance ? Vous êtes prêts à me faire confiance ?

Carter a éclaté de rire.

– Dans tes rêves ! Mais on dispose d'un moyen de pression, maintenant. On connaît ton nom secret. Pas vrai, Sadie ?

J'ai fermé le poing. Les liens de Seth se sont resserrés, lui arrachant un cri de douleur. Cette manœuvre exigeait une grosse dépense d'énergie. Je n'aurais pas tenu très longtemps, mais ça, Seth n'avait pas besoin de le savoir.

J'ai repris :

– La Maison de vie a tenté de bannir les dieux, mais ça n'a pas marché. Si on vous enferme, ça veut dire qu'on ne vaut pas mieux que vous. Ça ne résoudra rien.

– C'est bien mon avis, a grogné Seth. Aussi, si tu voulais bien me débarrasser de ces liens...

– Tu es une pourriture... Mais tu as un rôle à jouer dans cette histoire. J'accepte de te relâcher, si tu me promets de regagner la Douât et de t'y tenir tranquille jusqu'à ce qu'on te rappelle. Alors, tu pourras faire tout le mal que tu voudras, mais seulement à Apophis.

– Ou si tu préfères, je peux te couper la tête tout de suite, a proposé Carter. Comme ça, au moins, on ne te reverrait pas avant un bout de temps.

Seth nous a regardés à tour de rôle.

– Faire du mal à Apophis, hein ? Justement, le mal, c'est ma spécialité.

– D'abord, tu dois me promettre de partir dès que je t'aurai libéré et de ne pas revenir avant que je ne t'appelle. Jure-le sur ton nom et sur le trône de Rê.

– Je le jure, a répondu Seth – un peu trop rapidement à mon goût. Sur mon nom, le trône de Rê et les coudes étoilés de notre mère.

– Au cas où tu voudrais nous trahir, n'oublie pas que je connais ton nom. Je n'aurai pas pitié de toi une seconde fois.

– Tu as toujours été ma sœur préférée.

J'ai tiré de nouveau sur ses liens, histoire de lui rappeler qui détenait le pouvoir, avant de les laisser se dissoudre.

Seth s'est relevé, a étiré ses bras. Dans ce monde-ci, il avait l'apparence d'un guerrier à la peau rouge, à la barbe fourchue, aux yeux cruels. Mais dans la Douât, il révélait sa face cachée : un incendie sous contrôle, qui attendait l'instant propice pour se déchaîner et tout dévorer sur son passage. Il a adressé un clin d'œil à Carter, a pointé deux doigts vers moi et fait semblant de me tirer dessus.

– J'ai hâte de vous revoir, tous les deux. Je sens qu'on va bien s'amuser.

– Disparais, Jour Funeste.

Il s'est changé en une colonne de sel avant de se désagréger.

Un carré de pelouse aux dimensions exactes de la pyramide de Seth se découpait sur la neige du National Mall. Une douzaine de magiciens inconscients gisaient tout autour. Pauvres choux... Ils reprenaient leurs esprits quand notre portail s'était refermé, mais l'explosion de la pyramide les avait renvoyés dans les vapes. D'autres mortels présents dans le secteur à ce moment-là avaient également été affectés. Un joggeur matinal était étalé sur le trottoir. Dans les rues environnantes, des moteurs de voiture tournaient au ralenti tandis que les conducteurs faisaient un somme, le front appuyé sur le volant.

Cependant, tout le monde ne dormait pas. Des sirènes rugissaient au loin, et étant donné qu'on avait atterri pratiquement dans le jardin du président, on n'allait sans doute pas tarder à voir rappliquer une compagnie de policiers armés jusqu'aux dents.

Carter et moi avons couru vers Amos et Zia, étendus au centre du carré. Il n'y avait plus trace du trône de Seth ni du sarcophage doré, mais je me suis efforcée de chasser cette pensée de mon esprit.

Amos a gémi. À peine ouverts, ses yeux se sont emplis de terreur.

– Seth... Que... Il...

– Calme-toi.

J'ai posé une main sur son front. Il était brûlant de fièvre. J'ai perçu dans son esprit une douleur aussi coupante qu'un rasoir. Me rappelant un sort qu'Isis m'avait enseigné au Nouveau-Mexique, j'ai dit :

– *Hah-ri.*

Le visage d'Amos s'est couvert de hiéroglyphes qui brillaient faiblement.

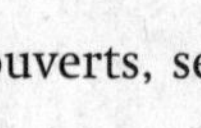

Il s'est aussitôt rendormi, mais je savais que le remède ne lui apporterait qu'un soulagement temporaire.

Zia était encore plus mal en point. Carter lui soutenait la tête et lui murmurait des paroles rassurantes, mais elle ne montrait aucune réaction. Sa peau étrangement rouge semblait se détacher, comme après un terrible coup de soleil. Apparemment, elle avait employé ses dernières forces à les protéger, Amos et elle, de l'effondrement de la pyramide.

– Il est parti ? a-t-elle dit dans un souffle.

Carter et moi avons échangé un regard et décidé tacitement de passer sous silence notre accord avec Seth.

– Grâce à toi, tout s'est bien terminé, a prétendu Carter. Son nom secret a produit l'effet espéré.

Elle a acquiescé, satisfaite, avant de refermer les yeux.

– Hé ! s'est exclamé Carter d'une voix tremblante. Reste éveillée ! Pitié, ne me laisse pas seul avec Sadie...

Zia a tenté de sourire, mais son visage s'est crispé sous l'effort.

– Je... je n'ai jamais été là, Carter. Je n'étais qu'un message... Un substitut.

– Qu'est-ce que tu racontes ? C'est faux !

Une larme a glissé le long de la joue de Zia.

– Promets-moi de la retrouver. Un rencard au centre commercial... Elle... elle aimerait ça.

Son regard s'est tourné vers le ciel, puis est devenu fixe.

Carter a saisi sa main.

– Zia ? Arrête ! Tu ne peux pas...

Je me suis agenouillée près de lui et ai touché la joue de Zia. Elle était aussi froide que du marbre. Même si j'étais consciente de ce qui venait de se passer, je ne trouvais aucun mot pour consoler mon frère. Il a fermé les yeux et baissé la tête.

C'est alors que le visage de Zia s'est fendillé suivant le tracé de la larme, depuis le coin de l'œil jusqu'à la commissure des lèvres. Sa peau s'est couverte d'un réseau de fines craquelures, elle a séché et durci, se transformant en argile.

J'ai murmuré :

– Carter ?

Il a relevé la tête juste comme une minuscule lumière bleue jaillissait de la bouche de Zia et s'envolait vers le ciel.

– Que... Qu'est-ce que tu lui as fait ? m'a-t-il lancé d'un ton horrifié.

– Rien du tout. C'était un ouchebti. Elle a dit qu'elle n'était qu'un substitut.

Une fois passé le choc de cette découverte, une lueur d'espoir s'est allumée dans le regard de Carter.

– Alors... Zia est vivante ?

– Iskandar la protégeait. Quand l'esprit de Nephtys s'est glissé à l'intérieur de la véritable Zia, à Londres, il a compris qu'elle était en danger. Il l'a alors cachée et remplacée par un ouchebti. Rappelle-toi ce que nous a dit Thot : « Les ouchebtis font d'excellentes doublures. » Et Nephtys m'a confié qu'elle se trouvait dans un hôte endormi.

– Où...

– Je n'en sais rien.

Dans l'état où était Carter, je ne me sentais pas le courage de poser la seule question qui importait : on n'avait jamais côtoyé la vraie Zia, aussi que savait-on d'elle au juste ? De même, elle n'avait pas eu l'occasion de découvrir à quel point j'étais géniale. Pire encore, ce n'était même pas sûr qu'elle craquerait pour mon frère.

Carter a effleuré son visage, qui est tombé en poussière. Il a ramassé sa baguette d'ivoire avec précaution, comme s'il craignait qu'elle ne se désagrège à son tour.

– Cette lumière bleue... J'ai vu Zia en libérer une au Premier Nome. Comme les ouchebtis à Memphis, afin de transmettre leurs pensées à Thot. Ça signifie que l'ouchebti de Zia était en contact avec celle-ci, qu'il partageait ses souvenirs avec elle. Donc, elle sait tout ce qu'il savait. Elle-même doit être plongée dans un sommeil magique, ou bien... Il faut qu'on la retrouve !

Je doutais que ce soit aussi simple, mais il avait l'air tellement malheureux que je n'ai pas voulu discuter.

Une voix familière m'a alors fait sursauter :

– Qu'est-ce que vous avez fait ?

Desjardins fumait littéralement, car sa robe avait été brûlée durant la bataille (selon Carter, je devrais taire le fait qu'on apercevait son caleçon rose à travers les déchirures, mais tu penses bien que je ne peux pas garder ça pour moi), sa moustache avait roussi et son bâton jetait des étincelles. Trois magiciens tout aussi dépenaillés se tenaient derrière lui. À voir leurs têtes, ils venaient juste de se réveiller.

J'ai remarqué :

– Vous êtes vivant. Tant mieux.

– Vous avez laissé Seth s'enfuir ? Vous avez négocié avec lui ?

– On n'a pas à se justifier devant vous, lui a rétorqué Carter.

Il s'est avancé vers eux, la main sur la poignée de son épée, mais je l'ai retenu.

– Desjardins, ai-je dit, m'efforçant de garder mon calme. Au cas où ça vous aurait échappé, je vous signale qu'Apophis nous a fait une petite visite. Il est en train de reprendre des forces. On a besoin des dieux. La Maison de vie doit renouer avec la tradition.

– La tradition a failli nous détruire !

À peine une semaine plus tôt, j'aurais tremblé devant l'expression qu'il avait à cet instant. Sa fureur était presque palpable, des hiéroglyphes embrasaient l'air autour de lui. Il était le chef lecteur, et je venais d'anéantir tout ce pour quoi la Maison de vie avait lutté depuis la chute de l'empire d'Égypte. Il était à deux doigts de me transformer en insecte, et cette seule idée aurait dû me terrifier.

Mais je l'ai regardé droit dans les yeux. À cette seconde, j'étais beaucoup plus puissante que lui, et je tenais à ce qu'il le sache.

– Ce qui a failli vous détruire, c'est l'orgueil, l'égoïsme et la cupidité. La voie des dieux n'est pas facile, mais elle fait partie de la magie. Vous ne pouvez pas prétendre le contraire.

– Le pouvoir te monte à la tête. Bientôt, tu oublieras même ton humanité. Nous allons te combattre et te détruire. Quant à toi, a enchaîné Desjardins avec un regard noir en direction de Carter, ne crois pas que j'ignore les intentions d'Horus. Jamais tu ne monteras sur le trône. Jusqu'à mon dernier souffle...

– En parlant de ça, vous feriez mieux de l'économiser. Carter, tu sais ce qui nous reste à faire ?

Je me suis tournée vers mon frère, et j'ai eu la surprise de constater que je lisais en lui comme dans un livre ouvert. J'ai d'abord attribué cette compréhension intuitive à l'influence des dieux, puis l'évidence m'a sauté aux yeux : lui et moi, on était des Kane. Et Carter était plus que mon frère, il était mon ami – je sais, moi non plus je n'aurais jamais cru dire ça un jour.

– Tu en es sûre ? a-t-il demandé. C'est comme si on se mettait tout nus.

– Oui, j'en suis sûre.

J'ai fermé les yeux et me suis concentrée.

Réfléchis bien, m'a dit Isis. *Ce que nous avons accompli jusqu'ici n'est qu'un avant-goût de ce que nous pourrions atteindre ensemble.*

C'est bien ça le problème. Je ne me sens pas prête. Je préfère apprendre par moi-même, à la dure.

Dans ce cas, soit ! Tu fais preuve de beaucoup de bon sens, pour une mortelle.

Imagine-toi refusant une valise pleine de billets de banque, ou jetant à la poubelle le plus beau diamant du monde... Eh bien, me séparer d'Isis m'a paru beaucoup, beaucoup plus douloureux.

Mais j'ai tenu bon. « Je connais mes limites », avait dit ma mère, et je comprenais à présent combien elle avait été sage.

J'ai senti la déesse se retirer. Un peu de son essence s'est glissée dans mon amulette, mais la plus grande partie s'est écoulée vers le Washington Monument pour rejoindre la Douât, et de là... Un nouvel hôte ? J'aurais parié que non.

En rouvrant les yeux, j'ai vu Carter serrer son amulette d'un air infiniment triste.

Desjardins était tellement choqué que pendant quelques secondes, il en a oublié son anglais.

– *Ce n'est pas possible !* s'est-il exclamé en français. *Personne ne peut...*

Je lui ai coupé la parole :

– Nous, on le peut. On a renoncé au pouvoir des dieux de notre propre gré. On dirait que vous avez beaucoup à apprendre.

– Je ne veux pas de votre trône, Desjardins, a ajouté Carter en jetant son épée. Du moins, pas avant de l'avoir mérité, ce qui risque de prendre du temps. On a l'intention d'apprendre la voie des dieux et de l'enseigner à d'autres. Maintenant, soit vous gaspillez un temps précieux à tenter de nous détruire, soit vous nous aidez.

Les sirènes s'étaient rapprochées. On apercevait les gyrophares des véhicules de police qui affluaient de toutes parts afin d'encercler le National Mall.

Desjardins s'est tourné vers les autres magiciens, se demandant probablement dans quelle mesure il pouvait compter sur leur soutien. Tous semblaient frappés de stupeur. L'un d'eux a même fait mine de s'incliner devant moi avant de se ressaisir.

Desjardins avait sans doute les moyens de nous détruire à lui seul. On était deux magiciens ordinaires à présent – des magiciens exténués et encore novices.

Ses narines ont frémi, et à mon grand étonnement, il a baissé son bâton.

– Il n'y a déjà eu que trop de carnage aujourd'hui. Mais la voie des dieux demeurera close. Si votre route croise de nouveau celle de la Maison de vie...

Sur cette menace à peine voilée, il a frappé le sol de son bâton, et les quatre magiciens se sont dissous dans la vague d'énergie qui les emportait.

Soudain la fatigue s'est abattue sur moi, ainsi que l'horreur de notre situation. On avait survécu, certes, mais c'était une maigre consolation. Mes parents me manquaient terriblement. Je n'étais plus une déesse, mais une ado banale, seule au monde avec son frère.

Amos a gémi et tenté de s'asseoir. Des voitures de police et des fourgons noirs à l'allure sinistre bloquaient toutes les voies d'accès au National Mall. Le rugissement des sirènes était assourdissant. Un hélicoptère brassait l'air au-dessus du Potomac, approchant à toute allure. J'ignore ce que les mortels croyaient trouver au National Mall, mais je n'avais aucune envie de faire la une du journal du soir.

J'ai dit à Carter :

– Filons d'ici. Tu te sens la force de changer Amos en quelque chose de petit – une souris, par exemple ? Comme ça, on pourrait le transporter.

Il a acquiescé d'un air hébété.

– Et papa ? On n'a pas...

Il a regardé autour de lui, désemparé. Je savais ce qu'il ressentait. Pyramide, trône, sarcophage, tout avait disparu. Malgré nos efforts, on avait échoué à sauver notre père, et la première copine de Carter était tombée en morceaux sous ses yeux. (Carter prétend que Zia n'était pas sa « copine ». Ben tiens...)

Mais ce n'était pas le moment de s'apitoyer. Je devais me montrer forte pour deux, ou bien on irait croupir en prison.

– Chaque chose en son temps, ai-je dit. La priorité, c'est de mettre Amos à l'abri.

– Où ?

Pour ça, je ne voyais qu'un endroit.

CARTER

41. *Fin (provisoire) de l'enregistrement*

Je n'en reviens pas que Sadie me laisse le dernier mot. Il faut croire que cette aventure l'a métamorphosée. Aïe ! Oublie ce que je viens de dire...

En tout cas, je préfère que ce soit elle qui ait raconté ce qui précède. Je crois qu'elle a mieux compris que moi ce qui s'était passé. Et puis, le fait que Zia n'ait pas été Zia, qu'on n'ait pas réussi à sauver notre père... C'était trop pour moi.

Si quelqu'un allait encore plus mal que moi, c'était Amos. Il me restait juste assez de magie pour me changer en faucon et lui en hamster (on était pressés, d'accord ?) avant de fuir le National Mall. Mais quelques kilomètres plus loin, il a commencé à s'agiter et à manifester l'intention de se retransformer. On a dû atterrir en catastrophe devant une gare. Sitôt redevenu humain, Amos s'est mis à grelotter, recroquevillé sur le sol. On a tenté de discuter avec lui, mais il avait du mal à aligner deux mots.

On l'a amené à l'intérieur de la gare. Pendant qu'il dormait sur un banc, Sadie et moi, on s'est réchauffés et on a regardé les actualités.

Selon Channel 5, la ville de Washington était en état d'alerte. On évoquait des explosions et de mystérieuses lumières autour du Washington Monument, mais les caméras n'avaient pu filmer qu'un vaste carré de pelouse sur le Mall enneigé, et la même image diffusée en boucle finissait par lasser. Des experts ont agité la menace terroriste, mais quand il est apparu que le site n'avait subi aucun dommage permanent, les journalistes ont commencé à évoquer une soudaine activité orageuse ou une aurore polaire, deux phénomènes également rares en cette saison et à cette latitude. Une heure plus tard, on apprenait que les autorités avaient levé l'alerte.

Je regrettais l'absence de Bastet, parce que Amos n'était pas en état de tenir son rôle d'adulte à nos côtés. On a quand même réussi à acheter des billets pour New York, pour nous deux et notre oncle « malade ».

J'ai dormi pendant tout le voyage, serrant dans mon poing mon amulette d'Horus.

On est arrivés à Brooklyn au coucher du soleil.

La maison était complètement dévastée, comme on s'y attendait, mais on n'avait nulle part ailleurs où aller. Mais pendant qu'on aidait Amos à en franchir le seuil, j'ai eu la certitude qu'on avait fait le bon choix en entendant un cri familier :

– Agh ! Agh !

Sadie s'est exclamée :

– Khéops !

Le babouin a bondi dans ses bras avant de grimper sur ses épaules et de farfouiller dans ses cheveux à la recherche de succulents parasites. Puis il a sauté au sol, empoigné un ballon de basket à moitié fondu et m'a désigné le panier qu'il avait bricolé avec des poutres calcinées et une corbeille à linge. J'ai compris qu'il me pardonnait d'être nul à son jeu préféré et qu'il proposait même de me donner des leçons. En promenant mon regard autour de la pièce, j'ai vu qu'il avait fait du rangement, à sa manière de babouin. Il avait brossé les cendres du seul canapé à avoir survécu à l'incendie, empilé des paquets de

Cheerios dans la cheminée et même rempli un bol d'eau et une assiette de nourriture à l'intention de Muffin, qui dormait en rond sur un petit coussin. Dans la partie la mieux préservée de la grande salle, à l'abri d'un pan de toit intact, il avait aménagé trois lits de fortune avec des couvertures et des oreillers.

Ma gorge s'est serrée en songeant au mal qu'il s'était donné pour nous. Vraiment, on n'aurait pu rêver meilleur accueil.

J'ai dit :

– Khéops, t'es incroyable, comme babouin.

– Agh ! a-t-il acquiescé en indiquant le panier de basket.

– Tu veux m'entraîner ? T'as raison, j'en ai besoin. Accorde-moi une minute...

Mon sourire s'est effacé à la vue d'Amos.

Il avait réussi à se traîner jusqu'à la statue de Thot. La tête d'ibis du dieu gisait à ses pieds, ses mains étaient cassées, les morceaux de sa tablette et de son calame éparpillés sur le sol. Amos contemplait le dieu décapité – le maître de la magie –, et il me semblait lire dans ses pensées : *Mauvais présage pour un retour.*

– T'en fais pas, lui ai-je dit. On va réparer ça.

Amos ne donnait pas l'impression d'avoir entendu. Il s'est éloigné en traînant les pieds, s'est laissé tomber dans le canapé et a mis la tête entre ses mains.

Sadie m'a lancé un coup d'œil inquiet, puis elle a regardé les murs noircis, le plafond effondré, les débris calcinés du mobilier, et a déclaré avec une gaieté forcée :

– Je propose que ce soit moi qui joue avec Khéops pendant que tu feras le ménage.

Il nous a fallu plusieurs semaines pour rendre la maison à peu près habitable. C'était plus difficile sans l'aide d'Isis et d'Horus, mais on pouvait toujours utiliser la magie – simplement, ça demandait plus de temps et d'efforts. Soir après soir, je m'endormais en ayant l'impression d'avoir enchaîné douze heures d'un travail harassant, mais on a fini par reconstruire les murs et le plafond, et une fois débarrassée des débris qui l'encombraient, la maison ne sentait plus le brûlé. On a même réussi à réparer la terrasse. On a amené Amos au bord de la piscine avant d'y relâcher le crocodile en cire, afin qu'il assiste à la résurrection de Philippe de Macédoine.

Il a presque esquissé un sourire, puis il s'est laissé tomber sur une chaise et s'est mis à contempler l'horizon d'un air maussade.

Je commençais à me demander s'il se rétablirait jamais. Il avait beaucoup maigri, son visage s'était creusé, et le plus souvent, il traînait en robe de chambre sans même prendre la peine de se peigner.

– Seth l'a possédé, m'a dit Sadie un matin où je lui confiais mes inquiétudes. C'est pire qu'un viol ! Sa volonté a été brisée, il doute de lui-même et... Il va lui falloir du temps pour se remettre.

On s'activait sans relâche pour éviter de trop réfléchir. On a réparé la statue de Thot et les ouchebtis de la bibliothèque. J'assurais le travail de force – déplacer des blocs de pierre, remettre les poutres en place – tandis que Sadie excellait dans les tâches qui réclamaient de la minutie, comme la restauration des sceaux hiéroglyphiques sur les portes. Là où elle m'a vraiment bluffé, c'est le jour où elle a remis sa chambre à neuf. Elle a imaginé la pièce telle qu'elle était avant l'incendie, puis a prononcé le sort de réparation : *hi-nehm*. Les morceaux de meubles ont surgi des décombres et se sont instantanément recollés. Trop cool ! D'accord, Sadie est restée douze heures inconsciente après ça, mais quand même... Lentement mais sûrement, la maison devenait de plus en plus accueillante.

La nuit, je dormais avec mon repose-nuque enchanté, pour éviter que mon bâ n'aille se balader. Mais ça ne m'empêchait pas de voir des trucs bizarres : la pyramide rouge, le serpent dans le ciel, le visage de mon père enfermé dans son sarcophage... Une fois, j'ai cru entendre la voix de Zia. Elle essayait de me faire passer un message, mais elle était si loin que je ne distinguais pas ses paroles.

Sadie et moi, on avait rangé nos amulettes dans une boîte. Tous les matins, je descendais discrètement à la bibliothèque pour m'assurer qu'elles y étaient toujours. Elles étaient tièdes au toucher et brillaient faiblement. J'avais très envie de passer l'Œil d'Horus à mon cou, mais c'était trop dangereux. Son pouvoir entraînait une dépendance. J'avais atteint un point d'équilibre avec Horus, dans des circonstances extrêmes, mais je craignais d'avoir le dessous si je renouvelais l'expérience. Je devais m'améliorer avant de pouvoir contrôler une telle puissance.

Un soir, on a reçu de la visite.

Amos s'était couché tôt, comme tous les jours. À l'intérieur, Khéops regardait une chaîne sportive, Muffin couchée sur ses genoux. Avec Sadie, on s'était attardés sur la terrasse, face à la rivière. Philippe de Macédoine nageait sans bruit dans la piscine. Hormis le bourdonnement diffus de la ville, on n'entendait aucun bruit.

Soudain, un type est apparu, debout sur la rambarde. Grand et mince, le teint pâle, les cheveux en désordre, il était entièrement vêtu de noir, à croire qu'il avait racketté un curé. Je lui donnais dans les seize ans, et même si son visage m'était inconnu, j'avais l'impression étrange de l'avoir déjà rencontré.

Sadie s'est levée si brusquement qu'elle a renversé sa soupe aux pois cassés. Dans un bol, c'est déjà dégueu, mais en flaque sur la table... Berk !

– Anubis ! s'est-elle exclamée.

Anubis ? Le nouveau venu ne ressemblait pas du tout au dieu à tête de chacal qu'on avait vu au pays des morts, les babines dégouttantes de salive. Quand il a fait un pas dans notre direction, j'ai instinctivement cherché ma baguette.

L'inconnu a pris la parole :

– Sadie, Carter, vous voulez bien m'accompagner ?

– Bien sûr ! a répondu Sadie d'une drôle de voix.

– Pas si vite ! ai-je protesté. Où est-ce qu'on va ?

Sur un geste d'Anubis, une porte s'est découpée dans le ciel juste derrière lui – un rectangle de pure noirceur.

– Quelqu'un vous demande.

Sadie a saisi la main qu'il lui tendait et s'est enfoncée dans l'obscurité. Elle ne me laissait pas le choix, alors je l'ai suivie.

La salle du jugement avait subi un lifting complet. La balance avait été remise en état, les contours de la pièce étaient toujours mouvants, mais à présent, je voyais l'image en 3D qui se superposait aux piliers noirs – pas le cimetière que m'avait décrit Sadie, mais un vaste living-room blanc, haut de plafond, avec des baies panoramiques. Une porte-fenêtre ouvrait sur une terrasse surplombant l'océan.

À voir l'expression de Sadie, j'ai compris qu'elle avait elle aussi reconnu notre maison de Los Angeles, nichée dans les collines au-dessus du Pacifique – le dernier endroit où notre famille avait vécu au complet.

– La salle du jugement est très intuitive, a fait une voix familière. Elle réagit aux souvenirs les plus puissants.

Alors seulement, j'ai remarqué que le trône n'était plus vide. Et l'homme qui l'occupait, avec Ammout la dévoreuse couchée à ses pieds, n'était autre que notre père.

Mon premier réflexe a été de me précipiter vers lui, mais quelque chose m'en a empêché. En apparence, il n'avait pas changé. Il portait un long manteau brun sur un costume chiffonné, ses chaussures étaient couvertes de poussière, sa tête rasée de frais et sa barbe soigneusement taillée. Et son regard étincelait, comme toujours quand il était fier de moi.

En même temps, il était enveloppé d'un halo chatoyant : de même que la pièce, il existait sur deux plans à la fois. Je me suis concentré, et mes yeux se sont ouverts sur une strate inférieure de la Douât.

Papa était toujours là, mais plus grand, plus fort. Il était vêtu et paré de bijoux à la manière d'un pharaon, et sa peau était d'une nuance de bleu qui rappelait les profondeurs sous-marines.

Anubis est allé se placer à côté de lui.

– Venez, a dit papa. Je ne vais pas vous mordre.

Ammout la dévoreuse a grogné quand on s'est approchés.

– Chut ! a fait papa en caressant sa tête de crocodile. Du calme, Ammout. Ce sont mes enfants.

J'ai bredouillé :

– P-papa ?

Soyons clairs : même s'il s'était écoulé plusieurs semaines depuis notre combat contre Seth, et même si la reconstruction du manoir d'Amos m'avait bien occupé depuis, je n'avais pas cessé une minute de penser à notre père. Les livres de la bibliothèque me rappelaient les histoires qu'il me racontait. Je gardais une valise pleine de vêtements dans le placard de ma chambre, parce que l'idée de ne plus jamais voyager avec lui m'était insupportable. Pour te dire à quel point il me manquait, il m'arrivait d'oublier qu'il n'était plus là et de me retourner pour lui parler. Pourtant, malgré les émotions qui se bousculaient en moi, la seule chose que j'aie trouvée à dire était :

– T'es tout bleu.

Papa a éclaté d'un rire dont l'écho s'est répercuté à travers la salle. Un rire tellement normal, qui lui ressemblait tellement, que la tension s'est aussitôt relâchée. Même Anubis a esquissé un sourire.

– Ça fait partie de la fonction, a répondu papa. Désolé de ne pas vous avoir fait venir plus tôt, mais c'était un peu...

Il s'est retourné vers Anubis, cherchant le mot qui convenait.

– Compliqué ? a suggéré celui-ci.

– C'est ça. Je tenais à vous dire à quel point j'étais fier de vous deux, et combien les dieux vous sont redevables...

– Une minute !

Sadie s'est plantée au pied du trône. Ammout a grogné, elle a grogné à son tour, et le monstre, décontenancé, s'est tu.

– T'es quoi, au juste ? a-t-elle demandé. Mon père ? Osiris ? Est-ce que t'es seulement vivant ?

Papa a adressé un regard entendu à Anubis.

– Qu'est-ce que je t'avais dit ? Plus féroce qu'Ammout !

– Je m'en étais aperçu, a dit le dieu-chacal. Elle a la langue aussi acérée que les griffes d'un chat.

– Pardon ? s'est exclamée Sadie, scandalisée.

Papa a repris :

– Pour répondre à ta question, je suis à la fois Osiris et Julius Kane. Je suis vivant et mort, quoique le terme « recyclé » serait plus proche de la réalité. Osiris est le dieu des morts ET de la résurrection. Pour qu'il retrouve son trône...

– Il fallait que tu meures, ai-je achevé à sa place. Et ça, tu le savais depuis le début. Tu as volontairement accueilli Osiris, sachant que tu allais mourir. « Je promets de tout réparer. » C'était de ça que tu parlais, pas vrai ?

Je tremblais de colère. La violence de ma réaction m'étonnait moi-même, mais je n'en revenais pas que mon père ait pu faire une chose pareille.

Lui continuait à me regarder avec fierté, comme si tout ce que je faisais, même crier contre lui, le comblait de ravissement. C'était rageant.

– Tu m'as manqué, Carter, a-t-il avoué. Tu n'imagines pas à quel point. Mais nous avons fait les bons choix, tous autant que nous sommes. Si vous m'aviez sauvé dans le monde du dessus, nous aurions tout perdu. Grâce à vous, pour la première fois depuis des millénaires, nous avons une chance de vaincre le chaos.

– Il y avait sûrement d'autres moyens. Tu aurais pu poursuivre le combat sans... sans...

– Vivant, Osiris était déjà un grand roi. Mais une fois mort...

– Je sais : il est devenu mille fois plus puissant.

Notre père a acquiescé.

– La Douât est le fondement du monde réel. Le chaos ici-bas a des répercussions là-haut. Aider Osiris à reconquérir son trône n'était qu'une première étape, infiniment plus importante que tout ce que j'ai pu accomplir au cours de mon existence, hormis vous donner la vie. Et je demeure votre père.

Mes yeux me piquaient. Si je comprenais son point de vue, ce n'était pas pour autant que je l'acceptais. Sadie avait l'air encore plus furieuse que moi, mais sa colère était dirigée contre Anubis.

Je l'ai entendue marmonner :

– Aussi acérée que les griffes d'un chat, hein ?

Papa s'est éclairci la voix avant de poursuivre :

– Comme vous vous en doutez probablement, mon choix obéissait à d'autres raisons...

Il a fait un geste, et une femme en robe noire s'est matérialisée à ses côtés. Elle avait des cheveux dorés, des yeux bleus qui respiraient l'intelligence, et elle ressemblait à Sadie.

J'ai murmuré :

– Maman.

Elle nous a regardés tour à tour, ma sœur et moi, d'un air interdit – comme si c'était nous les fantômes.

– Julius m'avait dit que vous aviez beaucoup grandi, mais quand même, je n'en reviens pas... Carter, je parie que tu te rases, maintenant...

– Maman...

– ... Et tu as sûrement une petite amie, non ?

– Maman !

Je ne sais pas si tu as remarqué, mais même les parents les plus formidables peuvent se transformer en boulets d'une seconde à l'autre.

Devant son sourire, au moins une vingtaine de sentiments différents s'affrontaient en moi. Pendant des années, j'avais rêvé de voir notre famille réunie, mais pas de cette manière – pas dans un décor qui n'était qu'une image rémanente, avec un fantôme de mère et un père « recyclé ». Il me semblait que le sol se dérobait sous mes pieds tels des sables mouvants.

– Nous ne pouvons pas revenir, Carter, a repris maman, à croire qu'elle avait lu dans mes pensées. Mais rien ne se perd, pas même dans la mort. Tu te rappelles la première loi de la thermodynamique ?

Six années s'étaient écoulées depuis l'époque où, dans cette même pièce, elle m'expliquait les lois de la physique comme les autres mères lisent des contes à leurs enfants, mais je m'en souvenais comme si ç'avait été la veille :

– L'énergie et la matière ne peuvent être ni créées ni détruites.

– On peut seulement les transformer, a ajouté ma mère... Parfois pour le meilleur.

Elle a pris la main de papa, et j'ai dû admettre qu'ils avaient l'air heureux – même relookés en bleu, même à l'état de spectre.

Sadie a fini par détacher son regard d'Anubis pour demander :

– Dis, maman, tu as vraiment... Tu sais...

– Oui, ma chérie. Mes pensées se sont mêlées aux tiennes. Je suis si fière de toi… et grâce à Isis, je te connais enfin.

Elle s'est penchée vers Sadie avec un sourire complice.

– Moi aussi, j'adorais les caramels au chocolat. Mais ta grand-mère ne voulait pas de sucreries à la maison.

Ma sœur a souri.

– Ça n'a pas changé, tu sais. Elle est impossible !

Elles semblaient bien parties pour papoter pendant des heures quand un grondement a parcouru la salle. Papa a jeté un coup d'œil à sa montre, et je me suis brusquement demandé dans quel fuseau horaire se trouvait le pays des morts.

– Les autres vous attendent, a-t-il remarqué.

J'ai demandé :

– Quels autres ?

– Avant que vous ne partiez, nous avons un cadeau pour vous.

Maman s'est avancée vers moi et m'a tendu un paquet de la taille de ma main, enveloppé dans un morceau de tissu noir. Sadie m'a aidé à le déballer. À l'intérieur, on a découvert une nouvelle amulette dont la forme évoquait une colonne, un tronc d'arbre ou…

– Une colonne vertébrale ? s'est écriée Sadie.

– Le *djed*, a répondu notre père. Il symbolise la colonne vertébrale d'Osiris.

– Berk ! a fait Sadie.

Maman a ri.

– D'accord, c'est un peu « berk », mais c'est quand même un symbole puissant. Il signifie force, stabilité…

– Épine dorsale ? ai-je suggéré.

– Au sens figuré, oui.

Maman m'a gratifié d'un regard approbateur. J'ai eu une impression d'irréalité. Je n'en revenais pas d'être là, en train de bavarder avec mes parents morts.

Maman a refermé mes mains autour de l'amulette. Les siennes étaient chaudes, comme celles d'une personne vivante.

– Le djed représente aussi le pouvoir d'Osiris – la renaissance. Vous en aurez besoin si vous devez transmettre l'héritage des pharaons et reconstruire la Maison de vie.

– Ça ne va pas leur plaire, a remarqué Sadie.

– En effet, a acquiescé maman d'un ton enjoué.

De nouveau, on a entendu un grondement.

– Il est l'heure, a dit papa. Nous nous reverrons, les enfants. D'ici là, prenez bien soin de vous.

– Méfiez-vous de vos ennemis, a ajouté maman.

– Et dites à Amos... Rappelez à mon frère que les anciens Égyptiens considéraient chaque lever de soleil non comme le début d'un nouveau jour, mais d'un nouveau monde.

Je m'interrogeais encore sur le sens de ses paroles quand la salle du jugement a disparu, nous laissant, Sadie et moi, dans l'obscurité.

– Je vais vous montrer le chemin, a dit Anubis. Après tout, c'est mon travail.

Rien ne distinguait l'endroit où il nous a conduits des ténèbres qui l'entouraient. Mais il a tendu la main devant lui, et une porte s'est ouverte. On apercevait la lumière du jour dans l'embrasure.

Anubis m'a adressé un salut un peu guindé, puis il s'est tourné vers Sadie et lui a dit, avec une lueur malicieuse dans le regard :

– C'était très... stimulant.

Sadie, rouge comme une pivoine, a pointé vers lui un index accusateur.

– On n'en a pas terminé, toi et moi. T'as intérêt à bien veiller sur mes parents. Et à ma prochaine visite, j'aurai deux mots à te dire.

Anubis a eu un sourire en coin.

– J'attends ça avec impatience.

On a franchi la porte et pénétré dans le palais des dieux.

Celui-ci était tel que me l'avait décrit Sadie : des colonnes élancées, des braseros, des dalles de marbre, un trône rouge et or au centre de la salle. À notre entrée, les dieux ont convergé vers nous. Certains n'étaient que des éclairs de feu ou de lumière, d'autres passaient sans cesse d'une apparence humaine à une forme animale. J'en ai reconnu quelques-uns : Thot m'est brièvement apparu avec sa blouse de labo et ses cheveux en pétard avant de se dissoudre dans un nuage vert. Hathor, la déesse à tête de vache, m'a lancé un regard perplexe, comme si elle se souvenait vaguement de l'incident de la salsa piquante. J'ai cherché Bastet des yeux, mais elle ne semblait pas se trouver parmi la foule. En réalité, la plupart des dieux présents m'étaient inconnus.

– Qu'est-ce qu'on a déclenché ? a murmuré Sadie.

J'ai compris ce qu'elle voulait dire. Plusieurs centaines de divinités, majeures et mineures, sillonnaient le palais sans relâche, se transformant, rayonnant de puissance. Une véritable armée surnaturelle... et tous avaient les yeux fixés sur nous.

Heureusement, deux vieux amis nous attendaient près du trône. Horus portait une armure de combat, et un khépesh pendait à sa ceinture. Le regard de ses yeux soulignés de khôl – un doré, l'autre argenté – était plus perçant que jamais. Isis se tenait à ses côtés, vêtue d'une robe blanche chatoyante, avec des ailes lumineuses dans le dos.

– Soyez les bienvenus, a dit Horus.

J'ai répondu :

– Hum ! Salut...

– Il est tellement éloquent, a murmuré Isis.

J'ai entendu Sadie glousser.

Horus a désigné le trône.

– Ton esprit n'a plus de secret pour moi, Carter, aussi je crois connaître d'avance ta réponse. Toutefois, je te pose une dernière fois la question : oui ou non, veux-tu régner avec moi sur le ciel et la terre ? Maât exige un souverain.

– Je l'ai entendu dire, en effet.

– Avec toi comme hôte, je serais plus fort. Ensemble, nous accomplirions de grandes choses, et tu es né pour diriger la Maison de vie. Tu pourrais être deux fois roi.

J'ai regardé Sadie, qui a haussé les épaules.

– Tu veux savoir ce que j'en pense ? Eh bien, je trouve cette idée flippante.

Horus l'a fusillée du regard, mais je partageais l'avis de ma sœur. Tous ces dieux qui attendaient un guide, ces magiciens qui nous détestaient... La perspective de devoir régner sur eux me glaçait le sang.

J'ai répondu à Horus :

– Un jour, peut-être. Dans très longtemps.

Il a soupiré.

– Même après cinq mille ans, j'ai toujours autant de mal à comprendre les mortels. Mais soit !

Il a gravi les quelques marches qui menaient au trône et a promené ses yeux sur l'assemblée des dieux.

– Moi, Horus, fils d'Osiris, je réclame le trône des cieux en vertu de mon droit de naissance, a-t-il déclaré d'une voix forte. Y a-t-il ici quelqu'un qui s'y oppose ?

Un frisson lumineux a parcouru l'assistance divine. Des murmures se sont élevés, il m'a semblé entendre une voix prononcer le mot « fromage », mais je l'ai sans doute imaginé. J'ai aperçu Sobek, ou un autre dieu-crocodile, qui montrait les dents dans l'ombre, mais personne n'a osé défier ouvertement Horus.

Il s'est assis sur le trône. Isis lui a alors apporté une crosse et un fléau, les deux sceptres du pharaon. Il les a croisés sur sa poitrine et tous les dieux se sont inclinés devant lui.

Isis s'est ensuite avancée vers nous.

– Carter et Sadie Kane, vous avez fait beaucoup pour Maât. Grâce à vous, nous disposons d'un répit pour rassembler nos forces, même si nous savons qu'il sera de courte durée. La prison d'Apophis ne le retiendra plus très longtemps.

– J'espère qu'elle tiendra encore quelques siècles, a dit Sadie.

Isis a souri.

– Quoi qu'il advienne, c'est vous que nous célébrons en ce jour. Les dieux ont une dette envers vous, et ils veillent toujours à honorer leurs dettes.

Avec un clin d'œil à mon intention, Horus s'est alors prosterné devant nous. Après un temps d'hésitation, les autres dieux l'ont imité. Même ceux qui avaient l'aspect du feu ont un peu atténué leur éclat.

Horus a éclaté de rire devant mon air abasourdi.

– Tu en fais une tête ! s'est-il exclamé. Comme la fois où Zia t'a dit...

– Euh, on pourrait éviter de parler de ça ?

Crois-moi, partager son cerveau avec un dieu ne présente pas que des avantages.

Horus a repris :

– Maintenant, allez en paix, Carter et Sadie. Vous découvrirez notre cadeau demain à votre réveil.

– Quel cadeau ? ai-je demandé, inquiet.

Pitié, pas encore une amulette !

– Tu verras bien, a dit Isis. Maintenant nous allons veiller sur vous, et attendre.

– C'est bien ce qui me fait peur, a répliqué Sadie.

Isis a fait un geste, et on s'est retrouvés sur la terrasse d'Amos, à croire qu'il ne s'était rien passé.

– Stimulant, non ? a dit Sadie.

J'ai ouvert la main. Le djed reposait sur son carré de tissu, tiède et resplendissant.

J'ai demandé :

– À ton avis, ça fait quoi, ce truc ?

– M'en fiche. Dis... Anubis, il ressemblait à quoi ?

– À quoi il res... Euh, à un type.

– Un type canon, ou un monstre baveux à tête de chacal ?

– Eh bien... Il n'avait pas une tête de chacal.

– Ah !

Sadie a pointé l'index vers moi, comme si elle venait de marquer un point dans une discussion.

– Il est canon ! Je le savais !

Avec un sourire grotesque, elle a exécuté un tour sur elle-même et a regagné la maison en faisant des sauts de cabri.

Je ne sais pas si je te l'ai dit, mais ma sœur est un peu bizarre, parfois.

Le lendemain, on a découvert le cadeau des dieux.

À notre réveil, la maison avait été restaurée dans les moindres détails. Il nous aurait fallu encore au moins un mois de travail pour arriver au même résultat.

Mon placard contenait de nouveaux vêtements. Après une seconde d'hésitation, je me suis habillé. En bas, j'ai trouvé Sadie et Khéops en train de danser dans le salon entièrement refait. Khéops avait un ballon et un maillot des Lakers tout neufs. Sadie a levé les yeux vers moi, et son sourire s'est figé.

– Carter, c'est quoi, ces fringues ?

J'ai descendu les dernières marches, atrocement gêné. Mon placard m'avait laissé le choix entre plusieurs tenues ce matin-là. En plus d'une collection de robes en lin, il abritait mes anciens vêtements – pantalon kaki, chemise à col boutonné – lavés et repassés de frais, mais j'avais décidé d'innover : jean, tee-shirt, sweat à capuche et Reebok.

– Cent pour cent coton, ai-je plaidé. Aucune contre-indication avec la magie. Papa trouverait sans doute que ça fait racaille...

Je m'attendais à ce que Sadie me charrie à ce sujet, c'est pourquoi je lui avais tendu une perche. Mais elle m'a examiné sous toutes les coutures avant d'éclater d'un rire ravi.

– Carter, c'est top ! On dirait presque un ado normal. Et papa trouverait – elle a rabattu ma capuche sur ma tête –, il trouverait que tu fais un magicien impeccable, ce qui est le cas. Viens, le petit déjeuner nous attend sur la terrasse.

On était en train de se servir quand Amos est apparu. Sadie et moi, on s'est regardés. Il portait un costume chocolat qui semblait sortir de chez le tailleur avec un manteau et un chapeau assortis. Ses chaussures avaient été cirées, les verres de ses lunettes rondes essuyés, et ses cheveux tressés avec des perles d'ambre.

– Quoi ? a-t-il demandé.

– Rien, a-t-on répondu d'une seule voix.

Sadie a articulé « J'le crois pas » avant de retourner à ses œufs et ses saucisses. J'ai attaqué mes pancakes tandis que Philippe s'ébattait joyeusement dans la piscine.

Amos nous a rejoints à table. Il a claqué des doigts, et sa tasse s'est remplie de café. C'était la première fois que je le voyais utiliser la magie depuis les jours des démons.

– Je vais m'absenter quelque temps, a-t-il déclaré. Pour me rendre au Premier Nome.

– T'es sûr que c'est une bonne idée ? ai-je demandé.

Amos a bu une gorgée de café, les yeux tournés vers l'East River.

– C'est là que se trouvent les meilleurs guérisseurs. Ils ne refuseront pas leur aide à un magicien en détresse, même à moi. En tout cas, je pense que ça vaut la peine d'essayer...

Sa voix semblait sur le point de se briser, toutefois il n'avait pas parlé autant depuis des semaines.

– Moi, je trouve ça génial, a affirmé Sadie. On gardera la maison en ton absence. Hein, Carter ?

– Bien sûr !

– Il se pourrait que je ne revienne pas tout de suite, a repris Amos. Faites comme si vous étiez chez vous – d'ailleurs, c'est le cas.

Il a paru peser ses mots avec soin avant de poursuivre :

– Je pense aussi que vous pourriez commencer à recruter. Il existe à travers le monde quantité d'enfants qui descendent des pharaons. La plupart l'ignorent. C'est peut-être notre unique chance de faire revivre la tradition.

Sadie s'est levée et l'a embrassé sur le front.

– Laisse-nous faire, tonton. J'ai un plan.

– Ça n'annonce rien de bon, ai-je dit.

Amos a réussi à sourire. Il a pressé la main de Sadie et ébouriffé mes cheveux avant de rentrer.

J'ai mordu dans un pancake. C'était une matinée parfaite. Pourtant, je me sentais un peu triste, comme si j'étais incomplet. Cette avalanche de bonnes nouvelles rendait les manques d'autant plus cruels, j'imagine.

De son côté, Sadie avait à peine touché à ses œufs brouillés.

– Ce serait de l'égoïsme de demander davantage, non ?

On s'est regardés, et j'ai lu sur son visage qu'elle pensait la même chose que moi. Quand les dieux avaient parlé d'un cadeau... L'espoir était permis, mais comme l'avait souligné Sadie, on n'avait pas le droit de se montrer trop exigeants.

– Si on veut recruter, il va falloir voyager, ai-je remarqué. Pas simple, pour deux mineurs.

– C'est vrai, a acquiescé Sadie. Je ne crois pas que Khéops compte pour un accompagnateur adulte.

C'est alors que les dieux nous ont fait leur plus beau cadeau.

– Bonjour, je viens pour l'annonce, a dit une voix familière derrière nous.

Je me suis retourné, et le poids qui m'écrasait la poitrine s'est subitement envolé. Nonchalamment appuyée à la porte-fenêtre se tenait une jeune femme brune aux yeux dorés, moulée dans une combinaison léopard et armée de deux couteaux redoutables.

Sadie a poussé un cri.

– Bastet !

La déesse-chatte a eu un sourire espiègle.

– C'est bien ici qu'on demande une baby-sitter ?

Quelques jours plus tard, Sadie a téléphoné à nos grands-parents. Ils n'ont pas demandé à me parler, et je n'ai pas écouté leur conversation. Quand Sadie a regagné la grande salle, elle avait un regard mélancolique. Comme je le craignais, Londres lui manquait.

J'ai surmonté mes réticences pour demander :

– Alors ?

– Je leur ai dit qu'on allait bien. La police a arrêté de les embêter avec le British Museum. Apparemment, la Pierre de Rosette a réapparu, intacte.

– Comme par magie...

– L'enquête a conclu à une explosion due à une fuite de gaz. Papa a été mis hors de cause, et nous aussi. Ils m'ont dit aussi que je pouvais rentrer chez nous et reprendre les cours. Mes copines, Liz et Emma, ont demandé de mes nouvelles.

On n'entendait que le crépitement du feu dans la cheminée. Soudain la salle m'a paru encore plus grande, et vide.

J'ai fini par me jeter à l'eau :

– Et tu leur as répondu quoi ?

– À ton avis ?

– Oh ! Tu dois être contente de retrouver bientôt tes amies, et ta chambre...

– Carter, ce que tu peux être bête, des fois ! Je leur ai répondu que chez moi, c'était ici, maintenant. En voyageant à travers la Douât, je pourrai voir mes copines quand j'en aurai envie. Et puis, qu'est-ce que tu deviendrais sans moi ?

Mon soulagement devait se lire sur mon visage, parce que Sadie m'a dit de remballer mon sourire de crétin. En même temps, elle avait l'air contente. Sans doute était-elle consciente d'avoir raison, pour une fois : sans elle, j'aurais été perdu. (Je sais, Sadie. Moi non plus, je ne pensais pas dire ça un jour.)

Juste comme on s'installait dans une confortable routine, nous avons entamé notre nouvelle mission. Notre destination ? Une école que ma sœur avait vue en rêve. Je ne te dirai pas où elle se trouvait, mais on a fait une longue route pour s'y rendre. C'était Bastet qui conduisait. On a fait cet enregistrement pendant le voyage. À plusieurs reprises, les forces du chaos ont tenté de nous arrêter. Des rumeurs prétendaient également que nos ennemis avaient entrepris de traquer les autres descendants des pharaons pour contrarier nos plans.

On a atteint notre but un dimanche. L'école était déserte. On n'a eu aucun mal à s'y introduire. On a pris un casier au hasard, et Sadie m'a laissé le choix de la combinaison : 13/32/33 – on ne change pas une formule gagnante.

Sadie a prononcé un sort, et le casier s'est éclairé. Elle a glissé le paquet à l'intérieur.

J'ai demandé :

– Tu es sûre de toi ?

Elle a acquiescé de la tête.

– Ce casier se trouve en partie dans la Douât. L'amulette y sera en sécurité en attendant que la bonne personne l'ouvre.

– Mais si le djed tombait entre de mauvaises mains…

– Ça n'arrivera pas. Les gosses qui trouveront l'amulette descendront forcément des pharaons. S'ils parviennent à l'utiliser, leurs pouvoirs s'éveilleront. Il faut espérer que les dieux les guideront ensuite jusqu'à Brooklyn.

– Comment fera-t-on pour les former ? Personne n'a étudié la voie des dieux depuis plus de deux mille ans.

– On se débrouillera, m'a rétorqué Sadie. Il le faudra bien.

– À moins qu'Apophis ou Desjardins n'aient notre peau d'ici là. Ou que Seth ne rompe sa promesse. Ce plan pourrait échouer pour un millier de causes différentes.

– Ce serait moins drôle sinon, tu ne crois pas ?

On a refermé le casier avant de repartir

À présent on est de retour au Nome Vingt et un, à Brooklyn.

On a décidé d'envoyer une copie de cet enregistrement à quelques personnes choisies avec soin. Sadie croit au destin. Si ce récit tombe entre tes mains, il y a probablement une raison à ça. Cherche le djed. Il ne lui faudra pas longtemps pour révéler ton pouvoir. Le truc, c'est d'apprendre à t'en servir sans qu'il te tue.

Comme je l'ai dit au début, cette histoire n'est pas achevée. Nos parents nous ont promis qu'on se reverrait. Ça signifie qu'on va devoir retourner au pays des morts. Sadie sera contente, ça lui permettra de retrouver Anubis.

Et puis, la vraie Zia est quelque part, je ne sais où, mais j'ai bien l'intention de le découvrir.

Surtout, Apophis devient chaque jour plus puissant, ce qui oblige les hommes et les dieux à s'unir, comme dans les temps anciens. C'est le seul moyen d'éviter la destruction du monde.

Comme tu le vois, la famille Kane a du travail devant elle, et toi aussi.

Peut-être voudras-tu suivre la voie d'Horus ou d'Isis, de Thot ou d'Anubis, ou même de Bastet. Mais quel que soit ton choix, la Maison de vie a besoin de sang neuf si nous voulons survivre.

C'était Carter et Sadie Kane.

Rejoins-nous à Brooklyn. Nous t'attendons.

Note de l'auteur

Ce récit repose pour une grande part sur des faits réels. On peut en déduire que les deux narrateurs, Sadie et Carter, se sont livrés à des recherches approfondies... ou qu'ils disent la vérité.

La Maison de vie a bien existé, et a été un pilier de la société égyptienne pendant plusieurs millénaires. A-t-elle survécu jusqu'à notre époque ? Nous l'ignorons. Mais indéniablement, les magiciens égyptiens étaient réputés dans tout le monde antique, et une partie de leurs rituels sont décrits ici avec exactitude.

Des preuves archéologiques viennent appuyer la description que les deux narrateurs font de la magie égyptienne. De nombreux musées exposent des ouchebtis, des baguettes courbées et des coffrets de magie. De même, tous les artefacts et monuments cités par Carter et Sadie existent, à l'exception possible de la pyramide rouge. On trouve bien une « pyramide rouge » à Dahchour, en Égypte, mais on l'appelle ainsi en raison de la disparition des blocs de calcaire qui recouvraient à l'origine ses pierres roses. Son commanditaire, Snéfrou, serait probablement horrifié d'apprendre que sa pyramide arbore à présent la couleur de Seth.

Si d'autres enregistrements tombaient entre nos mains, nous ne manquerions pas de le faire savoir. D'ici là, on peut seulement espérer que les prédictions de Sadie et Carter concernant l'avènement du chaos soient erronées.

Lexique

Sorts

Ha-di : « Détruire »
Ha-wi : « Frapper »
Hah-ri : « Calmer »
Hi-nehm : « Réparer »
I-ei : « Venir »
Sahad : « Ouvrir »
Tas : « Attacher »

Autres termes égyptiens

Ankh : hiéroglyphe signifiant « Vie »
Bâ : âme, esprit
Bénou : oiseau semblable au phœnix
Cartouche : dessin représentant une corde magique qui entoure et protège le nom d'un roi ou d'une reine
Djed : hiéroglyphe symbolisant la force, la stabilité et le pouvoir d'Osiris
Douât : royaume magique
Hiéroglyphes : caractères de l'écriture des anciens Égyptiens, représentant des concepts, des objets ou des sons

Isfet : chaos
Khépesh : épée à lame recourbée
Maât : l'équilibre de l'univers
Nome : district, région
Ouchebti : figurine magique en cire ou en argile
Pharaon : souverain de l'Égypte ancienne
Sahlab : boisson chaude égyptienne
Sarcophage : cercueil de pierre, souvent décoré de sculptures et d'inscriptions
Sesh : scribe ou magicien
Tyet : nœud magique, symbole d'Isis

Divinités égyptiennes

Anubis : dieu de la mort et des enterrements
Apophis : dieu du chaos
Bastet : déesse-chatte
Chesmou : dieu du sang et du vin
Geb : dieu de la Terre
Horus : dieu de la guerre, fils d'Isis et Osiris
Isis : déesse de la magie, épouse d'Osiris et mère d'Horus
Khonsou : dieu de la lune
Nephtys : déesse des rivières
Nout : déesse du ciel
Osiris : dieu du monde souterrain, époux d'Isis et père d'Horus
Rê : dieu du soleil. Également appelé Amon-Rê
Sekhmet : déesse-lionne
Serket : déesse-scorpion
Seth : dieu du mal et du chaos
Shou : dieu de l'air
Sobek : dieu-crocodile
Thot : dieu de la connaissance

Découvrez un extrait du roman

Percy Jackson

Tome 1

Le voleur de feu

de Rick Riordan

1

Je pulvérise ma prof de maths sans le faire exprès

Croyez-moi, je n'ai jamais souhaité être un sang-mêlé.

Si vous lisez ces lignes parce que vous soupçonnez en être un, vous aussi, écoutez mon conseil : refermez ce livre immédiatement. Prenez pour argent comptant le mensonge que vos parents vous ont raconté sur votre naissance et tentez de mener une vie normale.

Une vie de sang-mêlé, c'est dangereux. C'est angoissant. Et, le plus souvent, ça se termine par une mort abominable et douloureuse.

Si vous êtes un gamin normal qui avez ouvert ce livre en pensant qu'il s'agissait d'une œuvre de fiction, parfait. Poursuivez votre lecture. Je vous envie de pouvoir croire que rien de toute cette histoire n'est jamais arrivé.

Mais si vous vous reconnaissez dans ces pages – si vous sentez quelque chose remuer en vous – arrêtez tout de suite de lire. Il se pourrait que vous soyez des nôtres. Or dès l'instant où vous le saurez, il ne leur faudra pas longtemps pour le percevoir, *eux aussi*, et se lancer à vos trousses.

Je vous aurai prévenu, ne dites pas le contraire.

Je m'appelle Percy Jackson. Il y a quelques mois encore, j'étais pensionnaire à l'Institut Yancy, une boîte privée pour enfants à problèmes qui se trouve dans le nord de l'État de New York.

Suis-je un enfant à problèmes ?

Oui. C'est une façon de le dire.

Je pourrais en donner comme preuve n'importe quel moment de ma brève et pitoyable existence, mais c'est en mai dernier que les choses se sont vraiment gâtées, lorsque notre classe de sixième est partie à New York dans le cadre d'une sortie éducative : vingt-huit gamins perturbés et deux professeurs dans un car scolaire jaune, tous en route pour le musée des Beaux-Arts, département des antiquités grecques et romaines.

Je sais : ça ressemble énormément à un supplice. Comme la plupart des sorties éducatives de Yancy.

Seulement c'était M. Brunner, notre prof de latin, qui encadrait l'excursion, et cela me rendait optimiste.

M. Brunner était un quinquagénaire en fauteuil roulant électrique. Il avait les cheveux clairsemés, la barbe hirsute et une veste en tweed élimée qui sentait toujours le café. A priori pas le portrait-robot du type supercool, pourtant il racontait des histoires, plaisantait et nous faisait faire des jeux en cours. Comme, en plus, il avait une redoutable collection d'armes et d'armures romaines, c'était le seul professeur dont les cours ne m'endormaient pas.

J'espérais que l'excursion se passerait bien. Enfin, j'espérais, pour une fois, ne pas m'attirer d'ennuis.

Je me trompais, et comment.

Vous comprenez, il m'arrive toujours un tas d'ennuis pendant les sorties éducatives. Par exemple, à l'école où j'étais en CM2, lorsque nous sommes allés au champ de bataille de Saratoga, j'ai provoqué un accident avec un canon de la guerre d'Indépendance. Je ne visais pas le car scolaire, mais je me suis fait renvoyer quand même, bien sûr. Et avant cela, à mon école de CM1, quand nous avons visité le bassin aux requins du Monde aquatique par « l'envers du décor », j'ai, je ne sais trop comment, actionné la mauvaise manette sur la passerelle et toute la classe a piqué un plongeon qui n'était pas au programme. Et la fois d'avant… bref, vous voyez le topo.

Alors, cette fois-ci, j'étais bien décidé à me tenir à carreau.

Sur tout le trajet, j'ai laissé Nancy Bobofit, la cleptomane rousse aux taches de rousseur, bombarder mon meilleur ami Grover de boulettes de sandwich beurre de cacahouètes-ketchup dans la nuque.

Grover était une cible facile. C'était un poids plume.

Il pleurait quand il était frustré. Il avait dû redoubler plusieurs fois car il était le seul sixième à avoir de l'acné et une ombre de duvet sur le menton. Pour arranger le tout, il était handicapé. Il était dispensé de cours de gym à vie parce qu'il souffrait d'une maladie musculaire aux jambes. Il marchait d'une drôle de façon, comme si chaque pas lui faisait mal, mais il ne fallait pas se fier aux apparences : si vous l'aviez vu courir à la cafétéria le jour où on avait des enchiladas !

Toujours est-il que Nancy Bobofit n'arrêtait pas de lui lancer des morceaux de sandwich qui se plantaient dans ses cheveux bruns et bouclés, sachant pertinemment que je ne pouvais pas riposter parce que j'étais déjà en période d'essai. Le directeur m'avait menacé de mort-par-heures-de-colle s'il se passait quoi que ce soit de mal, de gênant ou même d'un tout petit peu distrayant pendant cette excursion.

— Je vais la tuer, ai-je grommelé.

Grover a essayé de me calmer :

— Ce n'est pas grave. J'aime bien le beurre de cacahouètes.

Il a esquivé une autre bouchée du déjeuner de Nancy.

— Là, c'est bon. (J'ai voulu me lever mais Grover m'a forcé à me rasseoir.)

— Tu es déjà en période d'essai, m'a-t-il rappelé. Tu sais sur qui ça va retomber s'il se passe quoi que ce soit.

En y repensant, je regrette de ne pas avoir fichu une bonne raclée à Nancy Bobofit sur-le-champ. Passer des heures de colle enfermé dans une salle de classe, ce n'était rien comparé au pétrin dans lequel j'allais me fourrer.

M. Brunner dirigeait la visite.

Il avançait en tête du groupe dans son fauteuil roulant, nous faisant traverser les grandes galeries sonores du musée en longeant des statues de marbre et des vitrines pleines de poteries orange et noir vraiment très anciennes.

J'étais sidéré de savoir que tous ces trucs-là avaient survécu à deux mille, et même trois mille ans.

Il nous a rassemblés devant une colonne de pierre haute de quatre mètres surmontée d'un grand sphinx, et il s'est mis à nous expliquer que c'était une pierre tombale, une *stèle*, construite pour une fille de notre âge. Il nous a parlé des reliefs sculptés sur les côtés. J'essayais d'écouter ce qu'il avait à dire parce que c'était plutôt intéressant, mais tout le monde bavardait autour de moi et chaque fois que je leur disais de se taire, Mme Dodds, l'autre professeur qui encadrait le groupe, me fusillait du regard.

Mme Dodds était une prof de maths pas très grande, originaire du sud des États-Unis et qui portait toujours un blouson de cuir noir malgré ses cinquante ans. Elle avait l'air assez méchante pour vous pilonner votre casier de vestiaire en rentrant dedans en Harley-Davidson. Elle était arrivée à Yancy au milieu de l'année, quand la professeur précédente avait fait une dépression nerveuse.

Dès le premier jour, Mme Dodds a adoré Nancy Bobofit et décidé que j'étais un suppôt de Satan. Quand elle pointait sur moi son doigt crochu en disant : « Écoutez, mon chou… » d'un ton doucereux, je savais que j'allais écoper d'un mois de retenue après les cours.

La fois où elle m'avait fait gommer les solutions écrites au crayon dans de vieux livres d'exercices jusqu'à minuit, j'ai dit à Grover que je pensais que Mme Dodds n'était pas humaine. Il m'avait regardé très sérieusement et répondu :

— Tu as entièrement raison.

M. Brunner nous parlait toujours de l'art funéraire grec.

Nancy Bobofit a fini par sortir une idiotie sur l'homme nu sur la stèle, tout en gloussant, alors je me suis retourné et je lui ai lancé :

— Tu vas pas la fermer ?

Seulement j'avais parlé plus fort que je ne l'aurais voulu.

Tout le groupe a ri. M. Brunner s'est interrompu.

— Monsieur Jackson, a-t-il dit. Souhaitez-vous faire un commentaire ?

Je me suis senti devenir écarlate.

— Non, monsieur, ai-je répondu.

M. Brunner a montré du doigt une des scènes gravées sur la stèle.

— Peut-être pourriez-vous nous dire ce que représente cette gravure ?

J'ai regardé la scène et je me suis senti soulagé car, en fait, je la reconnaissais.

— C'est Cronos dévorant ses enfants, n'est-ce pas ?

— Oui, a dit M. Brunner, qui n'avait pas l'air satisfait du tout. Et il a fait cela parce que…

— Eh bien… (Je me suis creusé les méninges.) Cronos était le roi des dieux et…

— Des dieux ? a interrogé M. Brunner.

— Des Titans, ai-je rectifié. Et… il ne faisait pas confiance à ses enfants, qui étaient les dieux. Alors, euh, Cronos les a mangés, d'accord ? Mais sa femme a caché le petit bébé Zeus et donné à Cronos une pierre à manger à la place. Et plus tard, quand Zeus a grandi, il a recouru à la ruse pour pousser son père, Cronos, à vomir ses frères et sœurs…

— Beurk ! a fait une des filles derrière moi.

— … et ensuite, ai-je continué, il y a eu un grand combat entre les dieux et les Titans, et ce sont les dieux qui ont gagné.

Quelques ricanements ont fusé du groupe.

Derrière moi, Nancy Bobofit a murmuré à l'oreille d'une de ses copines :

— Le truc qui va nous être vraiment utile dans la vraie vie. Genre tu te présentes à un boulot et sur le formulaire de candidature on va te demander : « Prière d'expliquer pourquoi Cronos a mangé ses enfants. »

— Et en quoi, monsieur Jackson, a dit M. Brunner, cela a-t-il de l'importance dans la vraie vie, pour paraphraser l'excellente question de Mlle Bobofit ?

— Et toc, prends-toi ça ! a marmonné Grover.

— Tais-toi ! a persiflé Nancy, le visage encore plus flamboyant que ses cheveux roux.

Au moins, Nancy se faisait rabrouer, elle aussi. M. Brunner était le seul à jamais la surprendre en train de dire quelque chose qu'il ne fallait pas. Il avait des oreilles radar.

J'ai réfléchi à la question, puis j'ai haussé les épaules.

— Je ne sais pas, monsieur.

— Je vois. (M. Brunner a paru déçu.) Eh bien, monsieur Jackson, ce n'est qu'une moitié de bonne réponse. Zeus a effectivement donné à Cronos un mélange de vin et de moutarde qui l'a fait régurgiter ses cinq autres enfants, lesquels, bien sûr, étant des dieux immortels, avaient vécu et grandi jusqu'à présent dans le ventre du Titan sans être digérés du tout. Les dieux ont vaincu leur père, l'ont découpé en morceaux avec sa propre faux et ont jeté ses restes dans le Tartare, qui est le lieu le plus sombre des Enfers. Et sur cette note joyeuse, allons déjeuner. Madame Dodds, voulez-vous bien prendre la tête du groupe ?

Les élèves se sont dirigés en désordre vers la sortie, les filles se tenant le ventre, les garçons se bousculant et faisant les imbéciles.

Grover et moi allions les suivre quand M. Brunner a lancé :

— Monsieur Jackson.

J'ai deviné ce qui m'attendait.

J'ai dit à Grover de continuer sans moi, puis je me suis tourné vers M. Brunner.

— Oui, monsieur ?

M. Brunner avait un de ces regards qui ne vous lâchent pas – des yeux bruns pleins de vie qui auraient pu avoir mille ans d'âge et semblaient avoir tout vu.

— Vous devez apprendre la réponse à ma question, m'a dit M. Brunner.

— Sur les Titans ?

— Sur la vraie vie. Et sur le rôle qu'y jouent vos études.

— Ah.

— Ce que vous apprenez avec moi, a-t-il poursuivi, est d'une importance vitale. Je compte sur vous pour le traiter comme tel. Je n'accepterai que le meilleur de votre part, Percy Jackson.

J'avais envie de me mettre en colère ; ce type était d'une telle exigence à mon égard !

Bien sûr, c'était plutôt sympa, les jours de tournoi, quand il arrivait en armure romaine, criait « À l'assaut ! » et nous mettait au défi, pointe de l'épée contre bâton de craie, de courir au tableau et de nommer tous les Grecs et les Romains qui aient jamais vécu, leurs mères et les dieux qu'ils adoraient. Seulement M. Brunner s'attendait à ce que je sois aussi bon que tous les autres, alors que je suis dyslexique, que je souffre du trouble du déficit de l'attention et que de ma vie entière, je n'ai jamais eu la moyenne. Non, il ne s'attendait pas à ce que je sois aussi bon que les autres ; il voulait que je sois meilleur. Et moi j'étais incapable d'apprendre tous ces noms et ces faits, encore moins de les écrire correctement.

J'ai vaguement bredouillé que je m'appliquerais davantage, tandis que M. Brunner lançait un dernier regard empli de tristesse à la stèle, comme s'il était allé à l'enterrement de cette fille.

Il m'a dit de sortir déjeuner avec mes camarades.

Tous les élèves s'étaient rassemblés sur les marches du musée, d'où on pouvait regarder les gens qui passaient sur la Cinquième Avenue.

Au-dessus de nous couvait une énorme tempête, avec des nuages plus noirs que je n'en avais jamais vu sur la ville. J'ai pensé que ça devait être un effet du réchauffement planétaire car, depuis Noël, le temps était détraqué dans tout l'État de New York. On avait eu de violentes tempêtes de neige, des inondations et des incendies provoqués par la foudre. Cela ne m'aurait pas étonné outre mesure qu'un ouragan se prépare.

Personne, à part moi, ne semblait s'en apercevoir. Certains garçons bombardaient les pigeons avec des morceaux de biscuit, Nancy Bobofit essayait de voler quelque chose dans le sac à main d'une dame et Mme Dodds, comme de bien entendu, ne voyait rien.

Grover et moi étions assis à l'écart, sur le rebord de la fontaine. Nous pensions que de cette façon, avec un peu de chance, les gens ne sauraient pas que nous appartenions à cette école – l'école des losers et des tarés dont on ne voulait nulle part ailleurs.

— Collé ? m'a demandé Grover.

— Non, ai-je répondu. Pas avec Brunner. Mais

j'aimerais bien qu'il me lâche un peu les baskets. Je veux dire… je ne suis pas un génie.

Grover s'est tu un bon moment. Puis, quand j'ai cru qu'il allait me gratifier d'un commentaire philosophique profond pour me remonter le moral, il m'a demandé :

— Je peux prendre ta pomme ?

Je n'avais pas très faim, alors je la lui ai donnée.

J'ai regardé le flot des taxis qui descendaient l'avenue et j'ai pensé à l'appartement de ma mère, qui n'était pas bien loin de là où nous étions assis, au nord de la ville. Je ne l'avais pas vue depuis Noël. Je mourais d'envie de sauter dans un taxi et de rentrer à la maison. Elle serait contente de me voir et m'embrasserait, mais elle serait déçue, également. Elle me renverrait illico à Yancy en me rappelant que je devais m'appliquer davantage, même si c'était ma sixième école en six ans et que j'allais sans doute me faire renvoyer une fois de plus. Je ne supporterais pas la tristesse dans ses yeux.

M. Brunner avait garé son fauteuil roulant au pied de la rampe d'accès pour handicapés. Il mangeait des bâtonnets de céleri tout en lisant un roman en édition de poche. Un parapluie rouge était planté à l'arrière de son fauteuil, ce qui lui donnait l'air d'une table de café motorisée.

J'allais déballer mon sandwich quand Nancy Bobofit a débarqué devant moi avec ses horribles copines – elle avait dû se lasser de voler les touristes – et a jeté son pique-nique à moitié mangé sur les genoux de Grover.

— Oh, pardon !

Elle m'a souri de toutes ses dents de travers. Son visage était couvert de taches de rousseur orange, comme si quelqu'un l'avait aspergé de mimolette liquéfiée.

J'ai essayé de garder mon calme. La psychologue de l'école me l'avait dit mille fois : « Compte jusqu'à dix, maîtrise ta colère. » Mais j'étais tellement furieux que je ne pouvais plus penser. Une vague a rugi dans mes oreilles.

Je ne me souviens pas de l'avoir touchée, pourtant tout d'un coup Nancy s'est retrouvée sur son derrière dans la fontaine et s'est mise à hurler :

— Percy m'a poussée !

Mme Dodds s'est matérialisée devant nous.

Certains gamins murmuraient :

— Tu as vu…

— … l'eau…

— … comme si elle l'attrapait…

Je ne comprenais pas de quoi ils parlaient. Tout ce que je savais, c'est que je m'étais encore attiré des ennuis.

Après s'être assurée que la pauvre petite Nancy allait bien, lui avoir promis de lui acheter un tee-shirt neuf à la boutique du musée, etc., Mme Dodds s'est tournée vers moi. Il y avait une lueur de triomphe dans ses yeux, comme si j'avais fait quelque chose qu'elle attendait depuis le début du semestre.

— Écoutez, mon chou…

— Je sais, ai-je grommelé. Un mois à gommer des livres d'exercices.

Ce n'était sans doute pas la chose à dire.

— Venez avec moi, a rétorqué Mme Dodds.

— Attendez ! a glapi Grover. C'était moi. C'est moi qui l'ai poussée.

Je l'ai regardé, estomaqué. Je n'arrivais pas à en croire mes oreilles : Grover essayait de me couvrir. Lui qui était terrorisé par Mme Dodds.

Elle l'a toisé avec une telle dureté que son menton duveteux s'est mis à trembler.

— Je ne vous crois pas, monsieur Underwood.

— Mais…

— VOUS NE BOUGEZ PAS D'ICI.

Grover m'a lancé un regard désespéré.

— T'inquiète pas, vieux, lui ai-je dit. Merci d'avoir essayé.

— On se dépêche, mon chou, a aboyé Mme Dodds.

Nancy Bobofit a ricané.

Je lui ai décoché mon regard le plus féroce, genre « Tu ne perds rien pour attendre ». Puis je me suis tourné vers Mme Dodds, mais elle n'était plus là. Elle était postée à l'entrée du musée, tout en haut des marches, et me faisait signe avec impatience de la rejoindre.

Comment avait-elle fait pour arriver là-haut si vite ?

C'est une chose qui m'arrive souvent, ces moments où mon cerveau s'absente ou s'endort, et je m'aperçois soudain que j'ai raté quelque chose, comme si un morceau de puzzle était tombé de l'univers et que je contemplais soudain l'espace vide qu'il laissait. La psychologue de l'école m'avait dit que ça faisait partie du syndrome d'HADA, « Hyperactivité Avec Déficit de l'Attention », que c'était mon esprit qui interprétait les choses de travers.

Ça ne m'avait pas convaincu.

Je suis parti rejoindre Mme Dodds.

À mi-hauteur des marches, j'ai jeté un coup d'œil à Grover. Il était pâle et ses yeux faisaient le va-et-vient entre M. Brunner et moi, comme s'il souhaitait que M. Brunner remarque ce qui se passait, mais M. Brunner était absorbé par son roman.

J'ai tourné la tête de nouveau. Et, de nouveau, Mme Dodds avait changé de place. Elle était entrée dans le bâtiment et elle se dirigeait vers le fond du hall.

D'accord, ai-je pensé. *Elle va me demander d'acheter un tee-shirt neuf pour Nancy à la boutique de cadeaux.*

Mais visiblement, ce n'était pas son plan.

Je l'ai suivie dans les profondeurs du musée. Lorsque je l'ai enfin rattrapée, nous étions de retour au département gréco-romain.

En dehors de nous, la galerie était déserte.

Mme Dodds s'est plantée bras croisés devant une grande frise de marbre représentant les dieux grecs. Elle émettait un drôle de bruit de gorge, une sorte de grondement.

Même sans ce bruit, j'aurais été mal à l'aise. C'était déjà bizarre d'être seul avec un professeur, et encore plus quand il s'agissait de Mme Dodds. Elle regardait la frise d'une manière troublante, comme si elle voulait la pulvériser…

— Vous nous causez bien du souci, mon chou, a-t-elle dit.

J'ai joué la prudence et répondu :

— Oui, m'dame.

Elle a tiré sur les poignets de son blouson de cuir.

— Vous ne pensiez tout de même pas vous en tirer comme ça ?

L'expression de son regard allait au-delà de la folie : c'était de la méchanceté à l'état pur.

C'est un professeur, ai-je pensé avec inquiétude. *Elle ne peut pas me faire de mal.*

— Je… je vais m'appliquer davantage, ai-je dit.

Un roulement de tonnerre a secoué le bâtiment.

— Nous ne sommes pas des imbéciles, Percy Jackson, a dit Mme Dodds. Nous t'aurions repéré tôt ou tard. Avoue et tu souffriras moins.

Je n'avais aucune idée de ce qu'elle voulait dire.

Les seules choses auxquelles j'ai pu penser, c'était que les professeurs avaient dû découvrir le stock de bonbons que je vendais illégalement dans ma chambre. Ou bien qu'ils s'étaient rendu compte que j'avais pompé ma rédaction sur *Tom Sawyer* sur Internet sans avoir lu le livre et qu'ils allaient annuler ma note. Ou, pire encore, me forcer à lire le livre.

— Alors ? a-t-elle demandé.

— M'dame, je…

— Ton heure est venue, a-t-elle craché entre ses dents, et ses yeux ont lui comme des charbons de barbecue rougeoyants. Ses doigts se sont allongés et transformés en serres. Son blouson a fondu et s'est étiré en deux grandes ailes parcheminées. Elle n'était pas humaine. C'était une vieille sorcière flétrie ; elle avait des ailes de chauve-souris, des griffes et une bouche pleine de crocs jaunes et elle s'apprêtait à me mettre en lambeaux.

Là-dessus, les choses sont devenues encore plus bizarres.

M. Brunner, qui était devant le musée à peine une minute plus tôt, a franchi le seuil de la galerie dans son fauteuil roulant, un stylo-bille à la main.

— À l'assaut, Percy ! a-t-il crié en lançant le stylo-bille dans ma direction.

Mme Dodds s'est jetée sur moi.

Étouffant un cri, j'ai esquivé et senti le souffle des griffes qui fendaient l'air tout contre mon oreille. J'ai cueilli le Bic en plein vol mais au contact de ma main, il a cessé d'être un stylo-bille. C'était maintenant une épée – l'épée de bronze de M. Brunner, dont il se servait toujours pour les tournois.

Mme Dodds a pivoté, une lueur meurtrière dans le regard.

J'avais les genoux en compote. Mes mains tremblaient si fort que j'ai presque lâché l'épée.

— Meurs, mon chou ! a-t-elle aboyé.

Une vague de terreur absolue a déferlé dans mon corps. J'ai fait l'unique chose qui me venait naturellement : un moulinet avec l'épée.

La lame de métal a touché Mme Dodds à l'épaule

et traversé son corps comme si elle était faite entièrement d'eau. *Pfuitt !*

Mme Dodds a disparu comme un château de sable devant un ventilateur. Elle a explosé en gerbe de poudre jaune et s'est volatilisée devant moi, laissant pour seules traces une odeur de soufre, un râle d'agonie et un frisson maléfique en suspension dans l'air, comme si ses deux yeux de braise me regardaient encore.

J'étais seul.

J'avais un stylo-bille à la main.

M. Brunner n'était pas là. Il n'y avait personne d'autre que moi dans la galerie.

Mes mains tremblaient toujours. Pas possible, mes céréales du petit déjeuner devaient avoir été en contact avec des champignons magiques.

Avais-je imaginé toute cette histoire ?

Je suis ressorti.

Il avait commencé à pleuvoir.

Grover était assis près de la fontaine, s'abritant la tête sous un plan du musée. Nancy Bobofit était encore là, trempée après son plongeon dans le bassin, et bavardait à mi-voix avec ses horribles copines. En me voyant, elle a dit :

— J'espère que Mme Kerr t'a passé un bon savon.

— Qui ça ?

— Notre *professeur*, patate !

J'ai accusé le coup. Aucun de nos professeurs ne s'appelait Mme Kerr. J'ai demandé à Nancy ce qu'elle voulait dire.

Elle a levé les yeux au ciel et s'est éloignée.

J'ai demandé à Grover où était Mme Dodds.

— Qui ça ? a-t-il répondu.

Mais il avait hésité un bref instant et ne me regardait pas dans les yeux, alors j'ai pensé qu'il me faisait marcher.

— Ce n'est pas drôle, vieux, ai-je dit. Je suis sérieux, là.

Un coup de tonnerre a retenti.

J'ai aperçu M. Brunner qui lisait son livre, assis sous son parapluie rouge, comme s'il n'avait jamais bougé.

Je me suis approché de lui.

Il a levé la tête, l'air un peu distrait.

— Tiens, mon stylo-bille. À l'avenir, monsieur Jackson, vous serez gentil, vous penserez à prendre de quoi écrire avec vous.

Je lui ai tendu le stylo-bille. Je ne m'étais même pas rendu compte que je le tenais encore dans ma main.

— Monsieur, ai-je demandé. Où est Mme Dodds ?

Il m'a regardé d'un œil impassible :

— Qui donc ?

— L'autre accompagnateur de l'excursion. Mme Dodds. Le professeur de mathématiques.

M. Brunner s'est penché en avant en fronçant les sourcils, l'air un peu soucieux.

— Percy, aucune Mme Dodds ne participe à cette excursion. Autant que je sache, il n'y a jamais eu de Mme Dodds à l'Institut Yancy. Vous vous sentez bien ?

2

Trois vieilles dames tricotent les chaussettes de la mort

J'avais l'habitude de vivre une expérience bizarre de temps à autre mais, d'ordinaire, elles se terminaient rapidement. Tandis que là, cette hallucination permanente, sept jours sur sept et vingt-quatre heures sur vingt-quatre, c'était insupportable. Pendant le reste de l'année scolaire, j'ai eu l'impression que tout le monde à la pension me faisait marcher. Les élèves se comportaient tous comme s'ils étaient absolument persuadés que Mme Kerr – une jeune femme blonde pleine d'entrain que je n'avais jamais vue avant qu'elle monte dans notre car scolaire à la fin de la sortie éducative – était notre prof de maths depuis Noël.

De temps en temps, je lançais une allusion à

Mme Dodds en espérant que mon interlocuteur, pris par surprise, se trahirait, mais chaque fois, on me regardait comme si j'étais dérangé.

J'en suis presque venu à les croire : Mme Dodds n'avait jamais existé.

Presque.

Mais Grover n'arrivait pas à me berner. Chaque fois que j'évoquais Mme Dodds, il hésitait d'abord, puis il affirmait qu'elle n'existait pas. Je savais qu'il mentait.

Il y avait anguille sous roche. Il s'était véritablement passé quelque chose au musée.

Je n'avais pas trop le temps d'y penser pendant la journée mais la nuit, je me réveillais avec des sueurs froides, en proie à des visions de Mme Dodds dotée de griffes et d'ailes de chauve-souris.

Le temps a continué de se détraquer, ce qui n'arrangeait pas mon humeur. Une nuit, un orage a fait voler en éclats les carreaux de ma fenêtre. Quelques jours plus tard, la tornade la plus forte jamais relevée dans la vallée de l'Hudson est passée à quatre-vingts kilomètres seulement de Yancy. Entre autres phénomènes d'actualité, nous avions étudié en cours le nombre inhabituel de petits avions qui s'étaient abîmés dans l'Atlantique, pris dans une bourrasque soudaine, au cours de cette année.

J'ai fini par me sentir irritable et de mauvaise humeur presque en permanence. Mes notes ont dégringolé de D à F. Je me disputais de plus en plus souvent avec Nancy Bobofit et sa clique. Je me faisais mettre à la porte de la plupart des cours.

Pour finir, quand notre prof d'anglais, M. Nicoll, m'a demandé pour la millième fois pourquoi je ne me donnais même pas la peine de réviser avant les dictées, j'ai fait mon insolent. Je l'ai traité de vieux pochard. Je ne savais pas trop ce que ça signifiait, d'ailleurs, mais je trouvais que ça sonnait bien.

La semaine suivante, le directeur a envoyé à ma mère une lettre qui officialisait la chose : je ne serais pas invité à revenir à l'Institut Yancy l'année suivante.

Bien, me suis-je dit. *Parfait*.

J'avais le cafard.

J'avais envie d'être avec ma mère dans notre petit appartement de New York, même si cela m'obligeait à aller à l'école publique et à supporter mon horrible beau-père et ses stupides parties de poker.

Et pourtant… certaines choses à Yancy me manqueraient. La vue des bois par la fenêtre de la chambre que je partageais avec Grover, l'Hudson au loin, l'odeur des sapins. Grover me manquerait ; il avait toujours été un bon ami pour moi, même s'il était un peu bizarre. Je me demandais avec inquiétude comment il ferait pour survivre sans moi l'année prochaine.

Et les cours de latin me manqueraient, eux aussi : les tournois fous de M. Brunner et sa foi dans ma capacité à réussir.

À l'approche des examens de fin d'année, je ne révisais plus que mon latin. Je n'avais pas oublié que

M. Brunner m'avait dit que cette matière était d'une importance vitale pour moi. J'ignorais pourquoi, mais j'avais fini par le croire.

La veille de l'examen, j'ai été pris d'un tel sentiment de frustration que j'ai balancé mon *Guide de la mythologie grecque* en travers de ma chambre. Les mots s'étaient mis à danser devant mes yeux, à tourner autour de ma tête, les lettres à faire des grands 8. Jamais je ne pourrais retenir la différence entre Chiron et Charon, Polydectès et Polydeucès. Et toutes ces conjugaisons latines ? N'en parlons pas.

J'arpentais ma chambre avec la sensation d'avoir des fourmis qui grouillaient sur ma peau, sous mon tee-shirt.

Je me suis souvenu de l'expression grave de M. Brunner, de ses yeux vieux de mille ans. *Je n'accepterai que le meilleur de votre part, Percy Jackson.*

J'ai respiré à fond. J'ai ramassé le livre de mythologie.

Je n'avais encore jamais demandé de l'aide à un professeur. Peut-être que si j'allais trouver M. Brunner, il pourrait me donner quelques tuyaux. Et, au moins, je pourrais m'excuser pour le gros « F » que je m'apprêtais à récolter à son examen. Je ne voulais pas quitter Yancy sans qu'il sache que j'avais essayé.

Je suis descendu aux bureaux des enseignants. Pour la plupart, ils étaient vides et sombres, mais la porte de M. Brunner était entrebâillée ; la lumière de sa fenêtre s'étirait sur le sol du couloir.

Je n'étais plus qu'à trois pas de la poignée quand j'ai entendu des voix dans le bureau. M. Brunner a posé une question. Une voix qui était indiscutablement celle de Grover a répondu :

— ... du souci pour Percy, monsieur.

Je me suis figé sur place.

Je ne suis pas du genre à écouter aux portes, normalement, mais je vous mets au défi de vous retenir d'écouter si vous entendez votre meilleur ami parler de vous à un adulte.

Je me suis rapproché.

— ... seul cet été, disait Grover. Je veux dire, une Bienveillante dans notre école ! Maintenant que nous en avons la certitude, et qu'ils le savent eux aussi...

— Nous ne ferions qu'aggraver les choses en le bousculant, a dit M. Brunner. Il faut que ce garçon mûrisse davantage.

— Mais il risque de ne pas en avoir le temps. L'échéance du solstice d'été...

— ... devra être résolue sans lui, Grover. Qu'il profite de son ignorance tant qu'il le peut encore.

— Mais il l'a vue, monsieur...

— Son imagination, a insisté M. Brunner. La Brume sur les élèves et les enseignants suffira à l'en convaincre.

— Monsieur... je ne peux pas échouer à nouveau dans mes fonctions. (Grover avait la voix étranglée par l'émotion.) Vous savez ce que cela signifierait.

« Pour l'éditeur, le principe est d'utiliser des papiers composés de fibres naturelles, renouvelables, recyclables et fabriquées à partir de bois issus de forêts qui adoptent un système d'aménagement durable. En outre, l'éditeur attend de ses fournisseurs de papier qu'ils s'inscrivent dans une démarche de certification environnementale reconnue. »

Édité par la Librairie Générale Française - LPJ
(43 quai de Grenelle, 75905 Paris Cedex 15)

Composition Nord Compo
Achevé d'imprimer en Italie par ROTOLITO LOMBARDA
Dépôt légal 1re publication février 2013
32.0105.0/01 - ISBN : 978-2-01-320105-6
Loi n° 49-956 du 16 juillet 1949 sur les publications destinées à la jeunesse
Dépôt légal : février 2013